民法典研究丛书

家事法通义

郭明瑞 著

商务印书馆
The Commercial Press

图书在版编目（CIP）数据

家事法通义 / 郭明瑞著. —北京：商务印书馆，2022
（民法典研究丛书）
ISBN 978-7-100-19148-7

Ⅰ.①家… Ⅱ.①郭… Ⅲ.①婚姻法—法律解释—中国
②家庭—法律关系—法律解释—中国 Ⅳ.①D925.205

中国版本图书馆 CIP 数据核字（2020）第 184751 号

权利保留，侵权必究。

教育部人文社会科学重点研究基地重大项目"中国家事法改革研究"（16JJD820014）最终成果。

民法典研究丛书
家事法通义
郭明瑞 著

商 务 印 书 馆 出 版
（北京王府井大街36号 邮政编码100710）
商 务 印 书 馆 发 行
北京艺辉伊航图文有限公司印刷
ISBN 978-7-100-19148-7

2022年9月第1版 开本 880×1230 1/32
2022年9月北京第1次印刷 印张 19 插页 2
定价：99.00元

当是指调整亲属关系的法律规范的总称，包括通常所称的婚姻家庭法（亲属法）和继承法。

自20世纪70年代起，各国普遍展开家事法改革尤其是家事审理制度的改革。我国自2017年起在法院开始进行家事审判制度改革。2018年3月9日，周强在第十三届全国人民代表大会第一次会议上所作的《最高人民法院工作报告》中就指出，"最高人民法院会同全国妇联等14个单位建立家事审判改革联席会议制度，在山西、江苏、贵州、新疆等地的118个法院开展家事审判方式改革试点，探索建立家事案件冷静期、心理测评服务等制度。"

家事法改革之所以受到重视，是因为新时代在家事法的领域出现新情况、新问题。这至少表现在以下方面：

其一，家庭团体性与个体自主性的冲突。不可否认，家庭结构与地位是随着社会的发展而不断改变的。在传统的农业社会，家庭的结构是以大家庭为主，因为家庭完全担负着生产和人类再生产这两种生产的职能，大家庭可以避免因分家而导致的家产特别是土地的分割，可以避免小家庭因某种意外的天灾人祸而导致的败落，这样可以更好地实现家庭的两种职能。可以说，在农业社会，"大户人家"自然而然是受人尊敬和羡慕的。而维系一个大家庭是需要有自己的家规家法的，大家庭的家长有着绝对的不可挑战的权威，家庭其他成员只能服从家长的决定。中国古代的礼以及孝悌规都是为维护大家庭服务的。而这些行为规则在维系家庭关系的同时，也限制甚至泯灭了家庭成员的个人自由与独立。自进入工业社会，家庭的生产职能开始减弱，因为个人从事工业生产的能力并不弱于家庭共同体

前　　言

　　2020年春节期间，一场突如其来的新型冠状病毒肺炎疫情打乱了人们的生活和工作秩序，在这场全民抗疫之战中，成千上万人有家不能归，"居家隔离"成为防疫措施之一，家庭、亲情，格外受到牵挂和重视，也使我们更加认识到家事法的重要性。

　　家事法顾名思义是关于家事的法律。字面意义上家事是指家庭成员间的事务，但家事法上的家事不限于家庭成员间的事务，实际上是指涉及有法律上权利义务关系的亲属之间的事务。在司法实践中，家事纠纷指的是基于婚姻家庭亲属关系以及继承关系发生的纠纷。如，2018年8月30日《人民法院报》第8版中报道称：据河南洛宁法院关于家事纠纷案件审理情况的调研，家事纠纷案件数量逐年持续增长，2016年占民事案件的21.38%，2017年同比上升22.16%，2018年上半年同比上升22.68%。传统家事纠纷案件涉及家庭内部成员，如离婚、赡养、抚养、扶养、继承、分家析产等。随着社会转型的加速，现在家事纠纷涵盖了婚姻无效、撤销婚姻、人身权、隐私权、肖像权、姓名权、夫妻财产约定、婚生子女否认、生父确认、探望权、监护权、被继承人债务清偿、遗赠抚养协议和涉外婚姻等，案件类型多样，案由多元化。由此看来，家事法从实体上说应

内容概要

家事法为亲属法（婚姻家庭法）和继承法的统称。《家事法通义》包括绪论和本论两部分。绪论阐述家事法的概念和特点、家事法的功能、家事法与民法其他部分的关系、家事法的发展。本论分为上下两卷，上卷为婚姻家庭法，下卷为继承法。本论两卷分别以婚姻家庭法和继承法的立法体例为线索，按照《民法典》婚姻家庭编和继承编的章节，根据婚姻家庭法和继承法的理论体系、制度原理以及立法资料、研究成果、司法实务，以法解释学的方法对《民法典》婚姻家庭编和继承编的条文逐条阐释，以适应学习、宣传、研究、适用婚姻家庭法和继承法的需求。本书既可作为学习、适用《民法典》婚姻家庭编和继承编的参考资料，也可作为法科学生学习婚姻家庭与继承法课程的教材。

郭明瑞，1947年9月出生于山东招远的一个小乡村。1966年值高中毕业之际，"文革"爆发，高考中止，于1967年回村务农。1969年3月至1975年4月在部队服役。退伍后在农村中学任民办老师。1977年恢复高考后考入北京大学法律系学习，于1982年1月毕业后留校任教。1985年8月为支援烟台大学建设和解决两地分居，调入烟台大学。1982年获法学学士学位（北京大学），1995年获法学博士学位（中国人民大学）。1985年晋升讲师，1988年晋升副教授，1992年晋升教授。曾任烟台大学校长。2011年9月至2017年9月被山东大学特聘为人文社科一级教授。长期致力于民商法研究，现为中国民法学研究会学术委员会副主任，中国人民大学、山东大学博士生导师、山东大学荣聘教授。

的能力,家庭成员可以走出家庭、家族,以个人的名义去从事生产活动,个人的自主性和独立性日益增强。但是,只要有私有经济的存在,家庭的生产职能也就不会完全消灭。我国农村改革的经验证明了这一点。作为社会主义国家的中国于20世纪70年代后期进行的农村经济体制改革之所以取得成功,就是因为实行家庭联产承包责任制,发挥了家庭还未失去的生产职能。同时,特别需要强调的是,在社会化大生产的新形势下,家庭作为一个团体,其生活消费职能并未减弱,其人类再生产职能并未改变,一个人从生到死都离不开家和亲属。家庭仍为社会的基本细胞,具有团体性。强化和维护家庭的团体性,是社会稳定和发展的基本要求。同时,随着社会的发展,自然人的个性日益突出,家庭成员个人的自由与独立性的要求也越来越强烈,从而也就出现家庭团体性与个体自主性的冲突。法律上也就表现为在家事法事项上要求国家、社会干预与私法自治的平衡,任意性规范与强制性规范的平衡。

其二,家庭成员内部行为的隐秘性与危害的社会性的冲突。家事纠纷甚至家庭成员间的不法行为发生于家庭成员内部、家庭环境之内,具有隐秘性,外人难以知道真相或者有证据证明行为人的行为性质。俗话说:清官难断家务事。之所以清官也难断家务事的是与非,就是因为外人难以了解纠纷的真相和相关的证据。但是,家庭内部成员或者亲属间实施的某些行为却会有严重的社会危害性。例如,家庭暴力造成的社会后果就是十分严重的,不仅影响家庭的稳定、和谐,也严重侵害受害人的人权,但受害人往往并不愿意声张,认为家丑不可外扬。特别是在现代网络化的条件下,家庭成员尤其是夫妻之间的软暴力现象突出。例如，在虚拟世界中谈恋爱、结婚、过家庭生活，而对于现实世界的配偶漠然视之。因此，法律上应当旗帜鲜明地保护弱者，积极预防家庭暴力及性侵、虐待、遗弃家庭成员等违法行为，让受害人勇于同不法行为做斗争、捍卫自己的权益。同时，还应看到，家庭成员、亲属间的纠纷有时也是不易或者不必要完全分清是非曲直的。如果对家庭成员、亲属间的所有纠纷一定要严格按照证据规则查明真相，做出决断，反而会更加伤害亲属间的感情，不利于家庭成员或亲属间的团结。所以，一方面需要从源头上为人们提供处理家庭亲属关系的行为规范；另一方面在发生家事纠纷时对家事案件的审理有时需要采取"和稀泥"的做法，以"和谐"价值观作为目标趋向，以期取得更好的社会效果。

其三，家事的私人性、伦理性与公共性的冲突。家事是家庭成员或者亲属间的事务，无疑地都属于私事，所以人们常说，"家事无大事"。但是，如上所述，这种私事、这种"小事"也会关涉公共利益。家事往往具有公共性。例如，养儿育女，这可以说是夫妻间的私事，但却又是关系国家人口政策和社会发展的大事。同时，家事强调伦理性，我国古代法的"亲亲相隐"强调的就是家事的伦理性。亲人相互间揭发、告发，被认为是违反伦理的，但是对于亲属的不法行为的制止和告发又是维护公共利益的需要。

其四，家事的重要性与对其认识不足的冲突。家庭是社会的细胞。家事关涉社会整体利益。常言道：家事、国事、天下事。此三事并提，这说明"家事非小事"，家事有相当的重要性。例如，对未成年人的保护，贯彻儿童利益最大化原则，这是关系未来一代健康成长的大事。但是，社会和家庭成员对于家事的认识并没有提到应有的高度，往往认为家事仅仅是家庭内部的小事，而不予重视。甚至家庭中发生遗弃及严重的虐待事件或者暴力事件，有关单位或者部门也仅以为属家中的小事、私事而不予重视。对家事重要性的认识不足，会导致纠纷的处理不及时，从而使小事变为大事，最终酿成大祸，严重影响社会的安定。因此，家事法的改革须引起全社会包括党和政府及社会组织对家事的重视，调动和利用各方面的因素化解家庭矛盾。

为应对家事领域出现的新情况，解决新问题，家事法需要从程序和实体两方面进行改革。程序方面的改革主要是家事纠纷的解决途径及家事案件审判方式的改革，而实体方面的改革则是家事法实体制度的改进和完善。

《中华人民共和国民法典》的婚姻家庭编和继承编对我国的家事法制度进行了许多创新和完善，为家事法改革构建了实体法制度。民法典对家事法制度的创新与发展主要有以下方面：

- 取消了夫妻实行计划生育的义务和收养子女仅限于一对夫妻有一个子女的规则，取消了"鼓励晚婚晚育"的规定。
- 规定"家庭成员应当树立优良家风，弘扬家庭美德，重视家庭文明建设"。
- 规定亲属包括配偶、血亲和姻亲，界定了近亲属和家庭成员范围。
- 规定结婚的效力始于完成结婚登记，而不以取得结婚证为婚姻成立的时间。
- 取消了患有医学上认为不应当结婚的疾病为禁婚条件的

规定，规定"一方患有重大疾病的，应当在结婚登记前如实告知另一方，不如实告知的，另一方可以向人民法院请求撤销婚姻。"

• 规定请求撤销受胁迫婚姻的期间自胁迫行为终止之日起算。

• 规定婚姻无效或者被撤销的，无过错方有权请求损害赔偿。

• 规定了家事代理权。

• 规定了夫妻共同债务的认定规则。

• 规定了婚姻关系存续期间一方请求分割共同财产的法定事由。

• 规定了婚生子女的确认与否认。

• 规定登记离婚应有书面离婚协议。

• 规定了协议离婚的冷静期限。

• 规定"经人民法院判决不准离婚后，双方分居满一年，一方再次提起离婚诉讼的，应当准予离婚。"

• 规定"离婚后，不满两周岁的子女，以由母亲直接抚养为原则。"

• 取消夫妻书面约定婚姻关系存续期间所得财产归各自所有为离婚补偿的前提条件。

• 规定有其他重大过错导致离婚的，无过错方有权请求损害赔偿。

• 规定收养应当遵循最有利于被收养人的原则。

• 取消了被收养人为不满 14 周岁的限制，规定未成年人都可为被收养人，收养 8 周岁以上未成年人须征得本人同意。

- 规定"无不利于被收养人健康成长的违法犯罪记录"也为收养人应具备的条件。
- 取消无配偶收养人性别上的区别,规定无配偶者收养异性子女的双方年龄应相差40周岁以上。
- 规定办理收养登记的民政部门应依法对收养进行评估。
- 规定除依照法律规定或者根据其性质不得继承的财产外,自然人死亡时遗留的个人财产都为遗产。
- 规定以欺诈、胁迫手段迫使或者妨碍被继承人设立、变更或者撤回遗嘱的,也为继承权丧失的事由。
- 规定了继承权的相对丧失。
- 扩大了代位继承的适用范围,并以此扩大法定继承人的范围。
- 规定打印遗嘱和录像遗嘱。
- 取消自书、代书、录音、口头遗嘱不得撤销、变更公证遗嘱的规定。
- 规定了附义务的遗嘱继承或者遗赠。
- 规定了遗产管理制度。
- 规定了转继承制度。
- 规定继承人以外的组织或者个人都可作为扶养人与自然人签订遗赠扶养协议。
- 规定清偿遗产债务应当为缺乏劳动能力又没有生活来源的继承人保留适当的遗产。
- 规定无人承受遗产归国家所有的用于公益事业。

当然,家事法改革是一个动态过程,民法典对家事法实体制度的发展并不是家事法实体制度改革的终结,家事法制度仍需要继续完善，以适应社会发展的需求。

为了深入学习民法典确立的家事法制度，正确地理解和适用新法，预见家事法制度的完善趋势，笔者从法解释学的角度撰写了这本《家事法通义》。本书既可为学习、宣传、执行民法典的参考书，也可作为法科学生婚姻家庭与继承法课程的教科书。

《家事法通义》也是教育部人文社会科学重点研究基地中国人民大学民商事法律科学研究中心重大项目《中国家事法改革研究》（项目批准号：16JJD820014）的研究成果之一。

本书的出版得到商务印书馆的大力支持，编审王兰萍博士付出辛勤劳动，范李瑛教授、张玉东教授对书稿进行了审读和订正，烟台大学给予了资助。笔者借此一并表示衷心的感谢！笔者也诚恳地希望各位法学同仁和读者不吝赐教，提出宝贵的意见和建议。

郭明瑞
2020年6月于山东烟台

目 录

绪论···1
　一、家事法的概念和特点···1
　二、家事法的功能···6
　三、家事法与民法其他部分的关系·······································9
　四、我国家事法的发展···14

本　论
上卷　婚姻家庭法
《民法典》第五编　婚姻家庭

第一章　一般规定···19
　一、婚姻家庭法的调整对象和性质·····································19
　　（一）婚姻家庭法的调整对象···19
　　（二）婚姻家庭法的性质···22
　二、婚姻家庭法的基本原则···23
　　（一）保护婚姻家庭原则···24
　　（二）婚姻自由原则···24
　　（三）一夫一妻原则···26
　　（四）男女平等原则···26

（五）保护妇女、未成年人、老年人、残疾人合法权益原则……28
　三、禁止实施的违反基本原则的行为……32
　　　（一）违反婚姻自由原则的行为……32
　　　（二）违反一夫一妻原则的行为……35
　　　（三）违反保护妇女、未成年人、老年人、残疾人合法权益原则的行为……37
　四、夫妻、家庭成员间的共同责任……41
　五、收养的基本准则……46
　六、亲属……48
　　　（一）亲属的概念和特征……48
　　　（二）亲属关系变动的法律事实……51
　　　（三）亲属的种类……56
　　　（四）法律调整的亲属范围……61
　　　（五）亲系和亲等……61
　　　（六）近亲属的范围……66
　　　（七）家与家庭成员……68

第二章　结婚……75
　一、结婚的含义和特征……75
　　　（一）结婚的含义……75
　　　（二）结婚的特征……76
　二、婚姻成立的要件……77
　　　（一）婚姻成立的实质要件……78
　　　（二）婚姻成立的形式要件……86
　　　（三）婚约……92
　三、婚姻成立的效力……99
　四、无效婚姻和可撤销婚姻……100
　　　（一）无效婚姻……100
　　　（二）可撤销婚姻……106

五、婚姻无效和被撤销的法律后果……………………………………113
  （一）对当事人的法律后果……………………………………114
  （二）对子女的法律后果………………………………………116
  （三）过错方的赔偿责任………………………………………116
六、事实婚姻………………………………………………………………117
  （一）事实婚姻的含义与特征…………………………………117
  （二）事实婚姻的效力…………………………………………119
七、同居关系………………………………………………………………122
  （一）同居关系的含义和特征…………………………………122
  （二）同居关系的法律规制……………………………………123
  （三）同居关系的效力…………………………………………125

第三章　家庭关系……………………………………………………127

第一节　夫妻关系……………………………………………127

一、夫妻在家庭中的地位…………………………………………………127
二、夫妻人身关系…………………………………………………………128
  （一）夫妻姓名权………………………………………………129
  （二）夫妻自由权………………………………………………130
  （三）夫妻对未成年子女抚养、教育和保护的平等权………132
  （四）夫妻相互扶养义务………………………………………133
  （五）夫妻家事代理权…………………………………………134
  （六）夫妻相互遗产继承权……………………………………138
  （七）夫妻婚姻住所决定权……………………………………139
三、夫妻财产关系…………………………………………………………140
  （一）夫妻财产关系的含义和类别……………………………140
  （二）夫妻共同财产制…………………………………………143
  （三）夫妻个人特有财产制……………………………………148
  （四）夫妻共同债务……………………………………………152

（五）夫妻约定财产制……………………………………156
　　（六）夫妻共同财产的分割…………………………………161
第二节　父母子女关系和其他近亲属关系……………………164
　一、父母子女关系……………………………………………164
　　（一）父母子女关系的含义与种类…………………………164
　　（二）父母子女间的抚养和赡养的权利义务………………166
　　（三）父母对未成年子女的教育、保护的权利义务………168
　　（四）子女尊重父母婚姻决定权的义务……………………174
　　（五）父母子女相互间继承遗产的权利……………………176
　　（六）非婚生子女的权利……………………………………176
　　（七）继父母与继子女的权利义务…………………………178
　　（八）亲子关系的认定………………………………………180
　二、其他近亲属关系…………………………………………184
　　（一）祖父母、外祖父母与孙子女、外孙子女的关系……184
　　（二）兄弟姐妹关系…………………………………………186

第四章　离婚……………………………………………………190
　一、离婚的含义与种类………………………………………190
　　（一）离婚的含义……………………………………………190
　　（二）离婚的种类……………………………………………192
　二、离婚制度的历史沿革……………………………………194
　　（一）离婚制度的立法例……………………………………194
　　（二）我国离婚制度的变迁…………………………………196
　三、协议离婚…………………………………………………199
　　（一）协议离婚的含义和条件………………………………199
　　（二）协议离婚的冷静期……………………………………202
　　（三）协议离婚的办理程序…………………………………204
　四、诉讼离婚…………………………………………………205

  （一）诉讼离婚的含义 ··· 206
  （二）诉讼离婚的程序 ··· 207
  （三）判决离婚的法定事由 ·· 209
 五、离婚的生效时间 ·· 216
  （一）行政离婚的离婚生效时间 ·· 217
  （二）诉讼离婚的离婚生效时间 ·· 218
 六、诉讼离婚的特别限制 ·· 219
  （一）对现役军人配偶的离婚请求权的限制 ······················· 219
  （二）对男方离婚请求权的限制 ·· 220
  （三）其他限制 ·· 221
 七、离婚后的复婚 ··· 222
 八、离婚的法律后果 ·· 223
  （一）离婚在夫妻人身关系方面的后果 ······························ 223
  （二）离婚在父母子女关系及抚养方面的后果 ···················· 223
  （三）离婚后父母对子女的探望权 ···································· 230
  （四）离婚时夫妻共同财产的分割 ···································· 234
  （五）离婚时的补偿请求权 ·· 240
  （六）离婚时共同债务的清偿 ·· 243
  （七）离婚时的经济帮助义务 ·· 245
  （八）离婚损害赔偿 ··· 248
  （九）夫妻一方侵害共同财产的法律后果 ·························· 252

第五章　收养 ·· 254

 第一节　收养关系的成立 ·· 254
 一、收养的概念和特征 ·· 254
  （一）收养的概念 ·· 254
  （二）收养的法律特征 ·· 255
  （三）收养与相关概念的区别 ·· 257

（四）收养的类型……………………………………………260
　二、收养的历史沿革………………………………………………261
　三、收养关系的成立要件…………………………………………262
　　　（一）收养关系成立的实质要件………………………………262
　　　（二）收养关系成立的形式要件………………………………274
　四、亲权外的抚养关系……………………………………………280
　五、死亡配偶一方父母的优先抚养权……………………………281
　六、外国人收养的特别规定………………………………………282
　七、收养秘密和知情人的保密义务………………………………283

第二节　收养的效力……………………………………………………285
　一、有效收养的法律效力…………………………………………285
　　　（一）收养的拟制效力…………………………………………285
　　　（二）收养的解消效力…………………………………………287
　二、养子女姓氏的确定……………………………………………287
　三、无效收养的原因和法律后果…………………………………288
　　　（一）收养行为无效的原因……………………………………288
　　　（二）确认无效收养的程序……………………………………289
　　　（三）收养无效的法律后果……………………………………290

第三节　收养关系的解除………………………………………………291
　一、收养关系解除的含义…………………………………………291
　二、收养关系解除的法定事由……………………………………292
　　　（一）养子女未成年时解除收养关系的事由…………………292
　　　（二）养子女成年时解除收养关系的事由……………………293
　三、收养关系解除的程序…………………………………………294
　　　（一）收养关系协议解除的程序………………………………294
　　　（二）收养关系诉讼解除的程序………………………………295
　四、收养关系解除的法律后果……………………………………296

（一）收养关系解除在身份关系方面的效力……296
（二）收养关系解除在财产关系方面的效力……297

下卷 继承法
《民法典》第六编 继承

第一章 一般规定……301
一、继承法的调整对象与性质……301
（一）继承法调整的对象……301
（二）继承法的性质……304
二、继承法的基本原则……308
（一）保护继承权原则……308
（二）继承权平等原则……310
（三）当然继承原则……312
（四）有限继承原则……313
（五）维护亲属和睦，发挥家庭职能的原则……314
三、继承法律关系……315
（一）继承法律关系发生的原因和时间……315
（二）遗产……320
（三）继承法律关系的主体……326
（四）继承法律关系的内容……329
四、遗产的处置顺序……330
五、继承权……331
（一）继承权的含义和性质……331
（二）继承的接受、放弃和受遗赠的接受、放弃……336
（三）继承权的丧失……346
（四）继承权回复请求权……363

第二章　法定继承 370

一、法定继承的概念与特征 370
（一）法定继承的概念 370
（二）法定继承的特征 371
（三）法定继承中的男女平等原则 373

二、法定继承人的范围和顺序 374
（一）法定继承人的范围 374
（二）法定继承人的继承顺序 387

三、代位继承 393
（一）代位继承的概念和特征 394
（二）代位继承的性质 398
（三）代位继承的条件 401
（四）代位继承的效力 403

四、丧偶儿媳、丧偶女婿的继承权 404

五、法定继承的遗产分配 408
（一）法定继承的遗产分配原则 408
（二）非继承人对遗产的取得 414
（三）遗产分配的时间、办法和份额的确定方式 418

第三章　遗嘱继承和遗赠 419

一、遗嘱继承的含义和适用条件 419
（一）遗嘱继承的概念和特征 419
（二）遗嘱继承的适用条件 422

二、遗嘱 423
（一）遗嘱的含义与内容 423
（二）遗嘱能力 435
（三）遗嘱的形式 438
（四）遗嘱见证人的条件 451

（五）遗嘱处分遗产的限制 454
　　（六）遗嘱的撤回和变更 458
　　（七）遗嘱的无效 464
　　（八）共同遗嘱 471
　　（九）遗嘱的执行 476
　三、遗赠 479
　　（一）遗赠的概念和特征 479
　　（二）遗赠与遗嘱继承、赠与的区别 483
　　（三）遗赠的执行 485
　四、附义务遗嘱继承或者遗赠 487
　　（一）附义务遗嘱继承或者遗赠的含义 487
　　（二）附义务遗嘱继承或者遗赠的效力 489

第四章　遗产的处理 491

　一、遗产的管理 491
　　（一）遗产管理的含义 491
　　（二）遗产管理人的确定和指定 492
　　（三）遗产管理人的职责 495
　　（四）遗产管理人不履行职责的责任 499
　　（五）遗产管理人的报酬请求权 500
　　（六）遗产管理人的辞任和解任 501
　二、继承开始的通知 503
　三、继承开始的地点 504
　四、遗产存有人的保管义务 506
　五、转继承 507
　　（一）转继承的含义与性质 507
　　（二）转继承的适用条件和效力 511
　　（三）转继承与代位继承的区别 512

六、遗产的确定 ……………………………………………………… 514
七、法定继承的适用范围 ………………………………………… 516
八、遗产的法律地位和遗产分割 ………………………………… 518
 （一）遗产的法律地位和共同继承 …………………………… 518
 （二）遗产分割的原则 ………………………………………… 522
 （三）遗产分割的归扣 ………………………………………… 528
 （四）遗产分割的效力 ………………………………………… 532
九、配偶处分所继承财产的权利 ………………………………… 537
十、遗赠扶养协议 ………………………………………………… 538
 （一）遗赠扶养协议的概念和特征 …………………………… 538
 （二）遗赠扶养协议的订立 …………………………………… 543
 （三）遗赠扶养协议的效力 …………………………………… 543
 （四）遗赠扶养协议与继承协议的区别 ……………………… 546
十一、遗产债务的清偿 …………………………………………… 551
 （一）遗产债务的概念和范围 ………………………………… 551
 （二）遗产债务的清偿顺序 …………………………………… 553
 （三）遗产债务的清偿原则 …………………………………… 554
 （四）遗产债务的清偿时间和方式 …………………………… 558
 （五）遗产债务的清偿义务人 ………………………………… 559
十二、无人承受遗产的处理 ……………………………………… 560
 （一）无人承受遗产的概念和范围 …………………………… 560
 （二）无人承受遗产的确定 …………………………………… 561
 （三）无人承受遗产的归属 …………………………………… 562

附录　中华人民共和国民法典（节选） ……………………… 565

绪 论

一、家事法的概念和特点

何为家事法？法无规定，学者的定义不一。如，有的认为，家事法是关于民法调整家庭领域中的亲属身份关系和亲属之间生前死后的财产关系的法律规范的总和。[1] 也有的认为，家事法是我们对已经熟知的婚姻法、亲属法或婚姻家庭法等称谓的替代，它是传统民法中对于调整婚姻家庭关系的法律规范的一种通用的称谓。家事法的概念应当表述为：规定婚姻家庭关系的发生、终止和效力以及夫妻、父母子女和其他近亲属间的权利与义务，收养、抚养、监护和继承制度的法律规范的总和。[2] 实际上，关于家事法的概念的各种不同观点之间并没有实质性区别，其界定的家事法的内容和范围是一致的。不过，前者对家事法的定义更加简明、准确。依照这一定义，家事法的内容主要分为三部分：一是亲属身份法。亲属身份法是亲属法的基本内容。亲属法研究结婚、离婚、亲子、收养、解除收养；二是亲属生前财产法；三是亲属死后财产法，也就是继承法。[3] 按照

---

[1] 杨立新：《家事法》，法律出版社2013年版，第2页。
[2] 张伟主编：《家事法学》，法律出版社2016年版，第7页。
[3] 参见杨立新：《家事法》，法律出版社2013年版，第3页。

恩师李志敏先生主编的《比较家庭法》的体系，比较家庭法上家庭法的内容包括结婚法、离婚法、亲子法、收养法、监护法和继承法。① 如此看来，家事法与比较法上的家庭法内容相当。家事也就是家庭成员即亲属间发生的事务，既包括人身方面的事务，也包括财产方面的事务。可以说，家事法也有实质意义的家事法与形式意义的家事法之分。实质意义上的家事法，是指调整与家庭、亲属有关的人身、财产关系的法律规范的总和；形式意义的家事法则应是指以家事法命名的法律。形式意义的家事法，在他国和地区一般是指亲属法和继承法；在我国是指《中华人民共和国民法典》（以下简称《民法典》）中的婚姻家庭编和继承。《家事法通义》所论述的家事法以形式意义家事法为主，但不限于形式意义家事法。

家事法具有以下法律特性：

其一，家事法是私法、民法。私法是与公法相对应的法律部门，民法属于私法。由于受苏联立法的影响，我国法学界曾长期不认可公法与私法的区分，加之我国于1950年就单独制定了《中华人民共和国婚姻法》，1986年才通过《中华人民共和国民法通则》（以下简称《民法通则》），一些学者认为，婚姻家庭法已经是独立于民法的一个独立的法律部门，甚至认为"婚姻法独立于民法是法学史上的进步"。也有的认可家事法属于民事法律规范的一部分，但认为"具有独立部门法的地位"。② 然而，确定一部法律的性质，不能仅凭主观臆断。法律部门归属的性

---

① 参见李志敏主编：《比较家庭法》，北京大学出版社1988年版。
② 参见张伟主编：《家事法学》，法律出版社2016年版，第9页。

质决定于法律调整的社会关系和法律的调整方法。家事法是调整亲属间身份关系与财产关系的法律。在他国和地区，调整亲属间身份关系的法律一般称为亲属法，在我国以往称为婚姻法现称为婚姻家庭法；而亲属法中的财产法规范和继承法则是调整亲属间财产关系的。亲属之间的关系，无论是身份关系还是与身份有关的财产关系，都属于私法的权利义务关系，而不属于公法的权力义务关系，因此，家事法为私法，而不属于公法。在我国，民法即是私法的基本法，家事法既为私法也就属于民法。就大陆法系国家立法而言，除个别国家外，亲属法或婚姻家庭法、继承法都为民法典的重要组成部分。

其二，家事法为实体法。实体法是相对于程序法而言的。规定主体具体的实体权利义务的法为实体法，而规定行使实体权利的程序的法为程序法。家事法是确认亲属之间的具体的实体权利义务关系的，因而属于实体法，而不属于程序法。尽管家事法中也有程序法的规范，但这些规范都是与确立主体的实体权利义务相关，而不是解决主体间纠纷的程序性规范。家事法的法律关系主体为具有特定身份的亲属。亲属之间因身份关系或者财产关系发生纠纷的审理程序，适用民事诉讼法的规定。民事诉讼法是解决家事纠纷的程序法。

其三，家事法为人法，也包括与身份有关的财产法。民法调整人身关系和财产关系两部分社会关系。调整人身关系的法律规范总称为人法，调整财产关系的法律规范总称为财产法。人身关系包括人格关系和身份关系。调整人格关系的法，为人格权法；调整身份关系的法，为亲属法。家事法的主要部分为亲属法，因此，家事法应属于人法的范畴。当然，家事法也包括继承法,继承法虽为财产法,但是继承法是与身份有关的财产法,而不是纯粹的财产法。在传统民法中物权法、债权法为纯粹财产法,构成财产法的两大支柱,在现代民法中知识产权法也为财产法的组成部分,但知识产权也包含有人身权的内容,如著作权中的署名权、发表权、修改权以及保护作品完整权等,就属于人身权。

其四,家事法具有强烈的伦理性。家事法是调整家庭成员及亲属间身份关系和财产关系的法律规范总称,而家庭关系、亲属关系原本就是一种伦理关系。伦理,即"人伦之理"。所谓人伦主要就是指家庭、家族成员之间的血缘、辈分、亲疏、位次关系或顺序。古语有"伦类以为理"之说,讲的就是一旦有人伦关系就有自然的且必然的伦序之理。① 因此,调整亲属关系的家事法必然具有强烈的伦理性。家事法所调整的社会关系是发生在家庭、家族成员之间的具有深厚亲情因素的社会关系,这些关系的结构需要依靠伦理维系,因此,家事法有关当事人间权利义务的规定只能维护家庭伦理而不能违反家庭伦理,反映和维护家庭伦理是社会对家事法的必然要求。而家庭成员之间的伦理性是不同于社会成员之间的伦理性的,"一般社会成员之间的法律关系,更多地体现为意思自治,只要这种意思自治不违反社会公序良俗和社会利益即可。但对于家庭成员之间,除了遵守作为社会成员之间的要求和规定之外,还对于家庭成员之间提出了更高的要求,不能仅仅停留在个体的尊严和感受

---

① 宋希仁:《中国传统伦理学的特点》,载《光明日报》2019年7月8日,第15版。

之上，还要表现在对个体之上家庭整体性的尊重和保全，甚至需要为了家庭整体性利益而需要压抑或一定程度上牺牲个人利益。"①

其五，家事法具有本土性。一个的国家的家庭结构、亲属关系，因受本国的政治、经济、文化、历史、宗教、习俗的制约和影响，必定具有自己独特的特点，家事法当然也要反映这些特点。因此，虽然各国的家事法有一些法律规范具有相似性，相互也具有一定的可借鉴性，但不具有同一性。一国的家事法难以移植他国的家事法。正是从这一意义上说，家事法具有本土性，决定于本国的政治经济制度，反映和体现本国的优良传统和习俗。

其六，家事法规范具有强行性。因为家事法调整亲属的身份关系和财产关系，维护家庭伦理，而亲属的身份、位序等是不可以任由当事人自行约定的，引发亲属关系变动的法律行为也不能是可由当事人任意实施的，而亲属间的财产关系又是维护正常亲属身份关系的物质基础，因此，家事法中有关亲属的范围、亲属关系变动的法律事实、亲属间的身份权利义务、亲属间财产流动的规则等规定，都具有强行性，不能任由当事人选择适用。当然，家事法中也有一些任意性规定，当事人可以自愿地决定是否实施变动身份关系、财产关系的法律行为。但当事人一经决定实施身份法律行为，就须依法律规定的条件为之。例如，当事人可以决定是否结婚，但一经决定结婚，就须

---

① 梁西圣：《家事审判改革之基石——一种伦理性实体》，载《人民法院报》2019年8月2日第5版。

依法律规定的条件和程序结婚;再如,当事人可以决定是否设立遗嘱对其财产为死后处分,但一经决定设立遗嘱,就须依法律规定的遗嘱要件为之,否则不能发生预期的设立遗嘱的法律效果。

其七,家事法具有团体性。家事法是调整家庭成员、亲属之间的身份关系和财产关系的,而家庭具有一定的团体性,因此,家事法必须体现和反映这种团体性。尽管在现代社会,民事立法已经从"团体本位"转向"个人本位",但在家事法领域,法律仍必须维持"家庭"这一团体或整体性利益。在我国,"家"不仅是一个自然人成长的处所,也是每个自然人亲情的精神寄托所在。"常回家看看"的观念和每年春运时为回家一票难求的现象,反映出"家"在人们心中的地位。因此,维护家的团体性,也就成为家事法的一个特征。

其八,家事法规范具有利他性。家事法规定家庭成员、亲属之间的权利义务。民事权利一般是体现权利人个人利益的,而家庭成员、亲属间的权利并不仅仅是着眼于自己的利益,而是要着眼于他人的利益。家庭中的每个人在考虑个人利益之时还须考虑家庭这一共同体内的其他成员的利益,也正因为如此,亲属间的权利也就被称为义务性权利,体现出家事法规范的利他性。

二、家事法的功能

家事法的功能,也就是家事法的作用。关于家事法的功能可以从多角度考察。总的说来,家事法主要有以下功能:

1. 构建和谐的家庭和亲属关系，维护社会的安定团结

家庭及亲属关系和谐，是家事法的基本价值目标。家事法构建和谐的家庭和亲属关系的功能主要体现在以下方面：第一，家事法界定亲属和家庭成员的范围，规定亲属身份关系变动的法律事实尤其是身份法律行为如结婚和收养的特别要件，以使确立的亲属关系和谐。第二，家事法一方面规定夫妻之间、父母子女之间以及其他亲属之间的权利义务，另一方面规定禁止实施家庭暴力，禁止虐待、遗弃家庭成员，禁止重婚等，为当事人提供处理家事的行为规范。第三，家事法规定家庭成员间的财产归属以及个人死亡后其财产的处理规则，以避免家庭成员、亲属之间因争夺财产而发生纠纷。第四，家事法为出现家庭成员、亲属间的不和谐声音提供消除通道。如，家事法规定了婚姻的无效和撤销，规定了离婚制度以及收养解除制度，以免激化矛盾。第五，家事法明确亲属间的权利义务，创建"幼有所育、老有所养、死有所归"的和谐的家庭环境。第六，家事法明确规定了继承人有故意杀害被继承人、为争夺遗产杀害其他继承人等不法行为的，丧失继承权，以维护亲属间的团结。第七，家事法明确要求"继承人应当本着互谅互让、和睦团结的精神，处理继承问题。"

俗话说得好，"家和万事兴。"家庭关系和谐，亲属之间团结，"其利断金"，也就能办成各种事情。而家庭是社会的基本单位，是社会机体的细胞。国是千万家，家庭和谐是社会和谐的基础，亲属团结是社会团结的条件。家庭不和谐，亲属不团结，又何谈社会的和谐和团结呢？社会不和谐、不团结，也就不会稳定。因此，家事法构建和谐的家庭、亲属关系，实际也

发挥着维护社会安定团结的功能。

2. 保障和促进社会的持续发展

家庭为社会的基本构成单位，在社会生活中承担着重要的职能。在传统社会中，家庭不仅承担人类再生产的职能，也承担着生产的职能。在现代社会，家庭的生产职能不再是主要的，但仍承担着人类再生产的职能和一定的经济职能。家事法决定于社会生活条件，社会的发展推动着家事法的发展。反过来，家事法也保障和促进社会的持续发展。家事法保障和促进社会持续发展的功能主要体现在以下方面：第一，家事法为创建良好的育人环境提供法律保障。人是社会发展的根本要素。只有培育出有能力的人，才能保障社会各项事业的健康发展。家事法的各项制度均以贯彻儿童利益最大化为原则，着眼于培育社会未来的希望，在亲子关系中坚持以"子女"为本位，赋予父母抚养、教育和保护未成年子女的法定权利义务。第二，家事法从制度上鼓励家庭成员参与社会事业发展。家事法规定夫妻享有独立的人格，各自都享有参加生产、工作、学习和社会活动的自由，从而可以保护和调动家庭成员参加社会活动的积极性，使社会各项事业的发展有充足的人力资源。第三，家事法保护人们发展经济的积极性。家事法中的继承制度保障亲属个人的私有财产按照自己的意愿传承，有利于保护自然人创造财富和积蓄财产的积极性，这可以有力地促进社会财富的积聚和经济发展。

3. 传承和发扬优良传统

我国家事法植根于民族的传统文化，传承了中华民族的优良传统。例如，第一，我国历来就有重视家训、家教、家风的传统。家风正,社会风气正。家事法重视家风建设,倡导"树立优良家风,弘扬家庭美德,重视家庭文明建设。"第二,尊老爱幼、重视孝道是中华民族的优良传统。家事法规定,父母有抚养未成年子女的义务,成年子女有赡养父母的义务;有负担能力的祖父母、外祖父母,对于父母已经死亡或者父母无力抚养的未成年孙子女、外孙子女有抚养的义务;有负担能力的孙子女、外孙子女对于子女已经死亡或者无力赡养的祖父母、外祖父母有赡养的义务。这是我国"父慈子孝"优良传统的体现。第三,"扶弱济贫"是历来倡导的道德风尚。为发扬这一优良传统,家事法规定:父母对不能独立生活的成年子女也有抚养义务,一定条件下兄弟姐妹有相互扶养的义务;在分配遗产时,对生活有特殊困难又缺乏劳动能力的继承人,应当予以照顾;对继承人以外的依靠被继承人扶养的人或者继承人以外的对被继承人扶养较多的人,可以分给适当的遗产;被继承人以遗嘱处分遗产的,应当为没有劳动能力又没有其他生活来源的继承人保留必要的遗产份额;分割遗产应当清偿被继承人依法应当缴纳的税款和债务,但是应当为缺乏劳动能力又没有生活来源的继承人保留适当的遗产,等等。

三、家事法与民法其他部分的关系

依我国民法典的体系结构,民法典包括总则和分则两大部分。民法分则部分包括物权法、合同法、人格权法、婚姻家庭法、继承法、侵权责任法。婚姻家庭法与继承法同为家事法的内容,物权法和合同法为典型的财产法,因此,家事法与民法其他部分的关系可以从以下四个方面考察：

1. 家事法与民法总则的关系

家事法与民法总则的关系是分则与总则的关系。从法律适用上说，民法分则的规定属于特别法规范，而民法总则的规定属于一般法规范，按照"特别法优于一般法"的法律适用规则，特别法没有规定的适用一般法。因此，涉及家事领域的民事关系，家事法有特别规定的，应适用特别规定。例如，家事法对于结婚、收养、遗嘱有特殊的规定，在认定结婚、收养、遗嘱的效力上应首先适用家事法的规定。又如，家事法关于婚姻的无效和撤销有特别规定，因此对于婚姻的无效和撤销应适用家事法的规定，而不能适用总则关于民事法律行为无效和撤销的一般规定。但是家事法没有特别规定的事项，是否可以和应否适用民法总则的规定呢？对此有否定说、肯定说和折中说三种观点。折中说主张应当具体分析，区别对待。总则中有悖于身份行为、身份关系性质的规定，是不应当适用的，可类推适用亲属法中的有关规定。如无上述情形即可适用或者变通适用。①折中说看起来最有道理。但实际上，这仍是肯定说。也就是说，对于家事法没有特别规定的事项，只要不与民法总则的规定冲突，不违背法律规制的根本目的，仍应适用民法总则的规定。例如，家事法并没有规定婚姻有效、收养有效的一般要件，因此，对于婚姻、收养的一般有效要件就应当适用民法总则关于民事法律行为有效条件的一般规定。又如，民法总则规定了"代理包括委托代理和法定代理。"家事法中规定了夫妻的家事

---

① 参见张伟主编：《家事法学》，法律出版社2016年版，第10页。

代理权,家事代理权为法定代理权的一种,除家事法另有规定外,关于家事代理的效力应当适用民法总则关于代理效力的规定。再如,民法总则在自然人一章规定了监护制度,确立了以家庭监护为基础、以社会监护为补充、国家监护为保障的监护体系,而家庭监护也属于亲属法的内容,在民法典编纂过程中,有的学者提出应在亲属法中规定监护,但民法典最终仍是在总则规定监护制度。但是即便如此,监护制度仍是家事法的内容,就家庭监护而言,监护人一般是被监护人的亲属,因此,在家事法中涉及监护人确定的事项,应当适用民法总则的规定。

2. 家事法与物权法、合同法的关系

家事法与物权法、合同法的关系也就是家事法与纯粹财产法的关系。家事法虽然也调整一定的财产关系,但其以调整身份关系为主,其所调整的财产关系也仅限于与身份有关的财产关系,是以身份关系为基础的。而物权法和合同法是纯粹调整财产关系的财产法。家事法与物权法、合同法调整的社会关系性质的不同,决定了二者追求的价值目标不同:家事法的价值目标为家庭关系的和谐与稳定,而物权法、合同法的价值目标是维护财产的动和静的安全及市场交易秩序。因此,在家事法调整的家庭成员、亲属的内部财产关系上,不能适用纯粹财产法的规范;同样也不能以家庭伦理去衡量物权法、合同法规则。在适用家事法规范与物权法、合同法规范上特别应注意以下问题:

第一,变动财产关系的财产法律行为引发财产关系的变动,而不能引发身份关系的变动;相应的,变动身份关系的身份法律行为引发身份关系变动,但基于身份关系的变动也会引发相应的财产关系变动。例如,结婚不会导致男女婚前财产关系的当然变动，但结婚不仅导致夫妻人身关系的产生，而且同时会发生婚后男女双方的财产归属问题；离婚导致婚姻关系解除，同时发生夫妻共同财产的分割等财产变动问题。亲属死亡不仅发生亲属关系消除，而且发生死者的遗产归属问题。

第二，夫妻之间、家庭成员或亲属之间的财产关系是以特定身份为基础或前提的，不同于纯粹的财产关系，因此，物权法、合同法关于财产变动的规则不能完全适用于以身份关系为基础的财产关系。所谓"法不入家门"，从民事上讲，就是指物权法、合同法规则不入家门。夫妻之间、亲属间的财产关系属于家庭这个团体内部的财产关系，应适用家事法的特别规定。例如，夫妻间关于财产归属的约定自约定生效之日起即在当事人间发生效力，而不能适用物权法规定的不动产物权和动产物权的物权变动规则，只有在对第三人关系上才适用物权法规定的物权变动规则。夫妻婚前个人财产在婚后的天然孳息的归属，不能按照物权法关于天然孳息归原物所有人的规则处理，而应视孳息的产生是否有配偶他方的付出来决定是否为夫妻共有。① 夫妻间的赠与也不能适用合同法规定的赠与规则，于离婚时赠与方不能以赠与财产未交付或未登记而主张撤销赠与。② 再如，

---

① 最高人民法院《关于适用〈中华人民共和国民法典〉婚姻家庭编的解释（一）》（以下简称《婚姻家庭编解释》）第26条规定，"夫妻一方个人财产在婚后产生的收益，除孳息和自然增殖外，应当认定为夫妻共同财产。"该规定，将婚前个人财产的婚后孳息完全认定为个人财产，就是适用物权法关于孳息归属规则的结果。这并不完全合适。

② 最高人民法院《婚姻家庭编解释》第32条规定，"婚前或者婚姻关系存续期间，当事人约定将一方所有的房产赠与另一方，赠与方在赠与房产变更登记前撤销赠与，另一方请求判令继续履行的，人民法院可以按照民法典第六百五十八条的规定处理。"这一规定不加区别地将合同法赠与规定适用于夫妻之间的赠与，混淆了社会一般成员间财产关系变动规则与亲属间财产关系的变动规则的区别。

共同继承人对遗产的共有，不能完全等同于物权法规定的共有，不能完全适用物权法关于共有的规定。因继承发生的物权变动也不能适用一般的物权变动规则，而应适用物权法关于因继承发生物权变动的特别规定。

第三，应当将夫妻之间、亲属之间的财产关系与夫妻、亲属与第三人之间的财产关系区别开来。夫妻、亲属不论是以个人名义还是以家庭团体名义与第三人发生的财产关系，属于夫妻、亲属、家庭的外部财产关系，应适用物权法和合同法的相关规则。因此，夫妻之间关于财产归属以及赠与的约定不能对抗善意第三人。

3. 家事法与人格权法的关系

人格权法调整人格关系，规定主体的人格及其权利。家事法中的婚姻家庭法即亲属法是调整身份关系的身份法，规定主体的身份及其权利。身份法与人格权法，共同构成民法的人法。家事法中的继承法又是以身份关系为基础的，身份也是一种人格，只不过身份权是有相对人的人格权而已。从这一意义上说，家事法与人格权法具有并列的关系。基于现代法上主体的人格独立性，人格权法在家事法中也有适用，不能以主体的身份权否定主体的人格权。例如，父母也不能侵犯子女的隐私权。

4. 家事法与侵权责任法

侵权责任法调整因侵害民事权益产生的民事关系，规定侵害民事权益的民事责任。家事法规定的亲属身份权益和财产权益同样受侵权责任法的保护，因此，侵害家事法权益的也应当依照侵权责任法的规定承担相应的民事责任。但是，特定身份关系的人之间发生侵权责任时，其责任的承担应适用家事法的特别规定。例如,夫妻之间发生侵权责任的,受害人一方只能于离婚时请求侵权损害赔偿。

四、我国家事法的发展

我国家事法的发展史,也可以分为古代、近代和中华人民共和国成立后三个历史时期。

我国古代社会,整体来说,是宗法社会,家事法是为维护宗法制度服务的。家事领域的身份关系和财产关系主要是由礼来调整的,同时在"诸法合一"的律令中,《户婚律》也是调整家事关系的。也就是说,古代的礼、律中有关规制家庭、家族及亲属实体权利义务的规范共同构成家事法规范。

我国近代的家事法立法始于清末民初的《大清民律草案》。1911年制定的《大清民律草案》中包括亲属和继承两编。清朝灭亡后,北洋军阀政府于1915年制定《民律亲属编草案》,1926年制定的民国《民律草案》(又称"第二次民律草案")中也包括亲属和继承两编,在亲属编中还以专章规定了宗祧继承。但上述《民律草案》均未正式通过施行。1930年南京国民政府正式公布民法典,亲属法和继承法为该法典中的两编。这可谓我国近代家事法的正式立法。

中华人民共和国成立后,我国于1950年以《中华人民共和国政治协商会议共同纲领》的有关规定为立法依据,制定颁布了《中华人民共和国婚姻法》,这部婚姻法包括总则、结婚、夫妻间的权利义务、父母子女间的关系、离婚、离婚后子女的抚养和教育、离婚后的财产和生活、附则,共八章。该法第一条规定的立法宗旨是"废除包办强迫、男尊女卑、漠视子女利益的封建主义婚姻制度。实行男女婚姻自由、一夫一妻、男女权利平等、保护妇女和子女合法利益的新民主主义婚姻制度。"1980年根据新情况,第五届全国人民代表大会第三次会议通过了重新制定的《中华人民共和国婚姻法》(以下简称《婚姻法》),这是我国第二部婚姻法。该部婚姻法与前部婚姻法相比,主要增加了保护老年人合法权益和实行计划生育的原则规定;规定了祖孙之间、兄弟姐妹之间的权利义务;增补了离婚的法定程序和法定理由以及离婚后子女抚育等规定。2001年,经第九届全国人民代表大会常务委员会第二十一次会议审议,对《婚姻法》进行了修正。该次修正的内容主要包括:一是增加了保障婚姻法各项原则实施的禁止性条款;二是规定了无效婚姻和可撤销婚姻;三是界定了夫妻双方共有财产和一方所有财产的范围;四是对准予离婚的法定理由增设了列举性、例示性规定;五是增设了离婚后的一方探望权和经济补偿及离婚损害赔偿等;六是以专章规定了救助措施和法律责任。在2001年婚姻法修正后,最高人民法院相继出台了《关于适用〈中华人民共和国婚姻法〉若干问题的解释(一)》《关于适用〈中华人民共和国婚姻法〉若干问题的解释(二)》《关于适用〈中华人民共和国婚姻法〉若干问题的解释(三)》[以下分别简称《婚姻法解释(一)》《婚姻法解释(二)》《婚姻法解释(三)》]。

1985年第六届全国人民代表大会第三次会议通过《中华人民共和国继承法》(以下简称《继承法》),该法包括总则、法定继承、遗嘱继承和遗赠、遗产的处理及附则五章,自1985年10月1日起施行。1985年9月最高人民法院制定了《关于贯彻执行〈中华人民共和国继承法〉若干问题的意见》(以下简称《执行继承法的意见》)。

1991年第七届全国人民代表大会常务委员会第二十三次会议通过《中华人民共和国收养法》(以下简称《收养法》),该法于1998年经第九届全国人民代表大会常务委员会第五次会议进行了修正。《收养法》包括总则、收养关系的成立、收养的效力、收养关系的解除、法律责任及附则六章。

上述法律和司法解释共同构成新中国家事法的基本内容。

中华人民共和国成立后,国家曾于1954年、1962年、1979年和2001年四次启动民法典编纂工作,但由于各种原因,民事法律的制定一直采取"零售方式"。2014年10月,中共十八届四中全会决定启动民法典编纂工作。依据中共中央的部署和安排,在民法典编纂过程中对《婚姻法》《收养法》《继承法》进行修正,并作为婚姻家庭编和继承编纳入民法典。2020年5月28日,第十三届全国人民代表大会第三次会议正式通过《民法典》,作为民法典组成部分的包括婚姻家庭法和继承法在内的家事法于《民法典》生效后施行,原《婚姻法》《收养法》《继承法》同时废止。至此,可以说,我国的现代家事法制度在民法体系中的地位已经正式确立,并且得到进一步完善。

本 论

上卷 婚姻家庭法

《民法典》第五编 婚姻家庭

第一章　一般规定

一、婚姻家庭法的调整对象和性质

（一）婚姻家庭法的调整对象

第一千零四十条　本编调整因婚姻家庭产生的民事关系。

本条规定了婚姻家庭法的调整对象。

婚姻家庭法，有的称为亲属法，也有的称为家庭法，以因婚姻家庭产生的民事关系为调整对象。

婚姻是指男女双方以共同生活为目的互为配偶的结合。家庭是以婚姻、血缘关系和共同经济为纽带的亲属团体。① 因婚姻家庭产生的民事关系也就是亲属关系。这类社会关系的主体是具有特定身份的亲属，如夫、妻、父、母、子、女、祖父母、外祖父母、兄弟姐妹、孙子女、外孙子女、公、婆、岳父、岳母、儿媳、女婿，等等。

从性质上说，婚姻是一种民事法律行为，因此，婚姻的成立必有双方建立夫妻关系的合意。既然婚姻是当事人双方以建立夫妻关系为目的法律行为，而夫妻关系是一种身份关系，因

---

① 杨大文主编：《婚姻家庭法》（第五版），中国人民大学出版社2012年版，第2页。

此，婚姻属于身份法律行为，而不属于财产法律行为。婚姻作为一种法律事实，不仅在婚姻当事人之间确立夫妻关系，并且由此而会产生家庭关系、家族关系。不仅婚姻会发生家庭关系，收养也会发生家庭关系。这种因婚姻及收养而引发的婚姻家庭关系、家族关系，是人与人之间的一种特殊关系，通常称为亲属关系。亲属关系是与非亲属关系相对应的，是一种身份关系。因此，婚姻家庭法实质是调整因婚姻家庭产生的亲属关系的法律规范的总称，称为亲属法更为合理。当然，因我国法上未使用亲属法这一概念，因此，学者是将亲属法与婚姻家庭法作为同一概念使用的。

依《民法典》第2条规定，民法的调整对象包括平等主体之间的人身关系和财产关系。民法调整的人身关系包括人格关系和身份关系。民法上所称的身份是民事主体在特定关系中所处的不可让与的一种地位和资格。[1] 这种身份也就是自然人所享有的亲属身份，"亲属的身份"是与特定的"身份人"，所结合之固有的法律上地位。[2] 因此，亲属关系是一种人身关系。但是，在亲属之间不仅存在身份关系，而且基于这种身份关系也会发生一定的财产关系。亲属间的财产关系依附于人身关系，也为亲属关系的内容。婚姻家庭法或亲属法正是调整亲属间的人身关系和财产关系的法律规范的总称。婚姻家庭法的调整对象也就决定了其当然为民法的重要组成部分。

亲属法自罗马法时期就属于私法。自近代起，在大陆法系

---

[1] 郭明瑞：《民法总则通义》，商务印书馆2018年版，第14页。
[2] 陈棋炎：《亲属、继承法基本问题》，三民书局1980年版，第12页。

国家凡制定民法典的，亲属法均为民法典中的一编，为民法的重要组成部分。但也有学者主张亲属法应与私法法典分离。苏联于 20 世纪 20 年代进行立法时，因为当时列宁认为，在社会主义国家不存在私法，一切都是"公"的，理论上不承认公法与私法之区分，不认私法之存在，所以立法实践上分别制定了民法典和婚姻法典。苏联的这一立法理念曾深深地影响着中华人民共和国成立以后的我国民事立法。由于革命的需要，1950 年我国就单独制定了《婚姻法》，尽管自 1954 年起曾几次启动民法典的编纂工作，但在每次的民法典草案中也都未将婚姻法纳入其中。1986 年后，随着《民法通则》的实施，学者重新提出公法与私法的法律部门划分问题，关于婚姻法为私法的观念也开始逐渐为大多数人接受。但是对于婚姻家庭法是否为民法的组成部分，是否应作为民法典的一编，仍有不同的观点。有学者主张，婚姻法独立于民法是法学史上的一大进步，婚姻法是一独立的法律部门。还有学者认为，家事法作为民事法律规范的组成部分，与民法具有相同的法律地位，均为独立的法律部门。[1]但多数学者认为，民法为私法的基本法，婚姻家庭法不能是独立于民法的一个独立法律部门，而只能是民法的一个组成部分。立法者最终接受了婚姻家庭法应为民法组成部分的观点，将婚姻家庭法作为民法典的一编。学者称立法机关的这一做法实际上开启了婚姻法性质上的回归之门。

由于自然人因婚姻家庭产生特定群体间的关系不仅仅有单

---

[1] 张伟主编：《家事法学》，法律出版社 2016 年版，第 19 页。该书所称的家事法包括婚姻家庭法和继承法。

纯亲属身份关系，而且还有亲属之间的财产关系。因此，婚姻家庭法不仅规定亲属间的身份权利义务关系，也规定与身份密切相关的亲属间的财产权利义务关系。

（二）婚姻家庭法的性质

关于婚姻家庭法的性质，学者有不同的表述。与民法的其他部分相比较，婚姻家庭法具有以下特别性质：

1. 婚姻家庭法是身份法。自然人基于婚姻家庭发生的社会关系是一种亲属身份关系，婚姻家庭法正是规制亲属身份关系发生、变更及消灭的法律，以规范亲属间的权利义务关系为目的，因此，婚姻家庭法属于身份法。婚姻家庭法既不同于以调整财产关系为目的的物权法、合同法以及知识产权法，也不同于以调整人格关系为目的的人格权法。正因为如此，尽管婚姻家庭法为民法的组成部分，婚姻家庭编为民法典中的一编，但其保持自己相对独立的身份法特点。当然，婚姻家庭法为身份法，并不意味着婚姻家庭法中没有财产法的内容。婚姻家庭法中也有调整有关财产关系的内容，但这些财产关系不是纯粹财产关系，而是与身份关系密切相关的财产关系。①

2. 婚姻家庭法为固有法。婚姻家庭制度具有强烈的习俗性、伦理性，受各国、各民族固有的传统文化、习俗、风尚等影响极深，因此，各国的婚姻家庭法无不反映本国的国情，从而具有本土性。在这一点上，婚姻家庭法与物权法相似，而有别于

---

① 参见陈苇主编：《婚姻家庭继承法学》（第三版），群众出版社2017年版，第8页。

合同法。

3. 婚姻家庭法是强行法。婚姻家庭法作为民法的组成部分，当然也贯彻"私法自治"原则。但是由于婚姻家庭关系的稳定和谐是社会稳定和谐的基础，因此，婚姻家庭法中虽然有任意性规范，但有关婚姻、收养等身份行为的要件及其效力的规定，都属于强行性规范。可以说，婚姻家庭法的内容是以强行性规范为主、以任意性规范为辅的。[①] 婚姻家庭法的强行性与物权法强行性相似，而与合同法的任意性大不相同。但是，婚姻家庭法中的强行性与物权法的强行性有不同特点。婚姻家庭法中的强行性更多是强调社会对婚姻家庭关系的干预，强化家庭责任，维护婚姻秩序，而不是强调国家公权力的干预、维护静的财产秩序。

4. 婚姻家庭法为团体法。婚姻家庭法调整的关系是以婚姻家庭为基础而发生的一定范围内的亲属关系，因此，婚姻家庭法规定一定范围的亲属之间的权利义务关系，而一定范围的亲属之间构成一个团体即亲属群体。从而可以说，婚姻家庭法主要是规范亲属团体内部关系的法律。

二、婚姻家庭法的基本原则

第一千零四十一条　婚姻家庭受国家保护。

实行婚姻自由、一夫一妻、男女平等的婚姻制度。

[①] 相同观点参见陈苇主编:《婚姻家庭继承法学》（第三版），群众出版社2017年版，第11页。

保护妇女、未成年人、老年人、残疾人的合法权益。

本条规定了婚姻家庭法的基本原则。

婚姻家庭法的基本原则是法律调整亲属关系的基本准则,既是婚姻家庭法立法的指导思想,也是解释和适用婚姻家庭法的基本依据和出发点。婚姻家庭法的基本原则是私法基本原则在婚姻家庭法中的具体体现,贯穿于亲属制度的各个领域。我国婚姻家庭法的基本原则主要有以下五项:

(一) 保护婚姻家庭原则

婚姻是家庭的基础,家庭是社会的细胞,婚姻家庭关系是自然人之间的最基本社会关系。只有稳定和谐的婚姻家庭,才会也有稳定和谐的社会。《宪法》第49条中规定,"婚姻、家庭、母亲和儿童受国家的保护。"为贯彻宪法,民法典婚姻家庭编规定"婚姻家庭受国家保护"。保护婚姻家庭,也就成为婚姻家庭法的一项基本原则。这一原则主要体现以下方面:一是倡导婚姻当事人及家庭成员维护婚姻家庭关系,树优良家风,创和谐文明家庭关系;二是赋予婚姻家庭关系的主体各种身份权,明确婚姻家庭关系主体相互间的权利义务;三是对破坏婚姻家庭的行为作出禁止性规定;四是为因婚姻家庭受侵害而受害的当事人予以救济。

(二) 婚姻自由原则

婚姻自由原则是指婚姻当事人在婚姻问题上享有充分自由,完全依据自己的真实意愿自主决定婚姻问题,不受任何组织和个人的强制和非法干涉。

婚姻自由原则是民法的自由原则在婚姻家庭法中的直接体现，是婚姻家庭法的首要原则。婚姻自由是宪法赋予公民的一项基本权利，是公民享有的自由权的重要内容。当然，如同任何自由都不是绝对的一样，婚姻自由也不是绝对的，自然人的婚姻自由权也只能是在法律规定的范围内、在不违反公序良俗的前提下行使。

婚姻自由包括结婚自由与离婚自由两方面的内容。结婚自由是缔结婚姻关系的自由。婚姻是一种民事法律行为，平等、自由是民事法律行为的基本理念。在现代社会，男女具有平等的独立人格，平等的法律地位，这为实现婚姻自由创设了前提条件。结婚也就是当事人实施以缔结婚姻为目的民事法律行为。结婚自由的实质是由当事人自主决定婚姻关系，当事人有权决定是否结婚、与何人结婚，任何人包括父母不得以任何理由干涉。离婚自由是解除婚姻关系的自由。婚姻当事人即夫妻中的任何一方在感情破裂、难以维持婚姻关系时，都有权解除婚姻关系。夫妻双方有权达成离婚协议，自主解除婚姻关系；在双方不能达成离婚协议的情况下，任何一方都有权向法院诉请准予离婚。结婚自由与离婚自由二者相辅相成，缺一不可。没有结婚自由，当然没有婚姻自由；而没有离婚自由，也不能实现真正的婚姻自由。可见，结婚自由与离婚自由都是为了保证婚姻是男女双方自主自愿的行为，是当事人双方的真实意思表示。结婚自由和离婚自由也是保持婚姻关系和谐、稳定的保障。

婚姻自由原则是婚姻家庭法中的自由原则的核心，但不是全部。因为婚姻自由原则只是实施婚姻行为的自由，婚姻是一种身份行为，但并不是身份行为的全部。自由原则是所有身份行为的原则,也就是说,身份行为都是以当事人的意志自由为其基本生效要件的。例如,收养也是发生身份关系变动的身份行为,也适用自由原则。收养行为也不能违反自由原则。原《收养法》第2条曾规定,收养法的基本原则之一就是"遵循平等自愿原则"。

(三) 一夫一妻原则

一夫一妻原则,是指我国实行一夫一妻的婚姻制度。一夫一妻又称为单偶婚姻或双单式婚姻,是指一男一女结为夫妻互为配偶的婚姻形式。

一夫一妻婚姻是相对于群婚、对偶婚、一夫多妻、一妻多夫等其他婚姻形式而言的一种个体婚。从群婚制发展到个体婚是人类婚姻史的巨大进步。个体婚是私有制的产物,但在私有制社会里一夫一妻制往往仅是片面的、男女不平等的。自中华人民共和国成立以来,我国一直坚持实行真正的真实的一夫一妻制。一夫一妻已经是我国唯一合法的婚姻形态。

一夫一妻原则的基本含义,是指任何人不得同时有两个以上的配偶,一切公开的或者隐蔽的一夫多妻或一妻多夫的两性关系都是非法的。坚持一夫一妻原则,既是遵循婚姻关系发展的普遍规律的要求,也是社会主义婚姻制度的必然要求。

(四) 男女平等原则

男女平等原则是现代法上一项基本原则,也是民法平等原则在婚姻家庭法中的体现。婚姻家庭法上的男女平等原则,指的是男女两性在婚姻家庭中具有平等的地位,平等地享有权利和负担义务。男女平等原则是对以男性为中心的以往婚姻家庭制度的否定。当代大陆法系国家和地区的夫妻人身关系立法,历经相似改革,价值取向已由妻服从夫转为夫妻平等,重构了家庭组织结构。① 在婚姻家庭法上,男女平等原则主要体现在以下方面:

其一,男女在婚姻方面权利平等。法律关于结婚和离婚的条件及程序、夫妻的权利义务和责任的规定,同样地适用于男女双方。无论是结婚还是离婚,男女双方都享有平等的权利,任何一方都不能将自己的意志强加给对方。男女双方不仅可以自主决定结婚,而且在婚后男方可以到女家落户,女方也可以到男家落户。在离婚时男女双方也仍平等地享有抚育子女和分割共有财产的权利义务,平等地享有请求对方给予扶助的权利等。

其二,在家庭关系中夫妻地位平等,男女家庭成员地位平等。男女结婚后无论是成为男方的还是女方的家庭成员,所有家庭成员不论男女,法律地位都是平等的。夫妻双方具平等的法律地位,无论是在人身关系领域还是在财产关系领域,双方都平等地享有权利、平等地负担义务。在父母子女关系上,父母子女间的权利义务不因性别而有差异,子女可以随母姓,也可以随父姓;父母对未成年子女有平等的监护权。在其他家庭成员关系上,兄弟姐妹有平等的地位,祖父母与外祖父母有平等的地位,等等。

---

① 蒋月:《当代民法典中夫妻人身关系的立法选择》,载《法商研究》2019年第6期。

婚姻家庭制度上的男女平等原则是以男女人格独立和平等为基础的。在古代社会，在婚姻家庭制度上男女双方并没有平等的地位，"夫为妻纲，父为子纲"被视为家庭基本伦理，在夫妻关系上，"夫妻一体，夫唱妇随"被视为夫妻共同关系的理想，因此，"嫁鸡随鸡，嫁狗随狗"为女子对待婚姻关系的基本理念，妻之人格于夫妻关系成立后为夫之人格吸收，妻不具有独立的法律人格。在现代社会，随着女权和人权运动的深入，各国立法普遍赋予男女在身份关系中的平等地位。我国在中华人民共和国成立后，自第一部婚姻法就特别强调女子与男子有平等的独立人格，男女平等原则自第一部婚姻法就成为婚姻家庭法贯彻实行的基本原则。

（五）保护妇女、未成年人、老年人、残疾人合法权益原则

保护妇女、未成年人、老年人、残疾人合法权益的原则，是指对于妇女、未成年人、老年人、残疾人在婚姻家庭关系中的权益应予以特别重视，给予特别保护。之所以要特别强调保护妇女、未成年人、老年人、残疾人的合法权益，是因为这些人群总体来说处于弱势地位，属于弱势群体，而其权益的保护又有特别的意义。也正因为如此，保护妇女、未成年人、老年人、残疾人合法权益原则也可以称为保护弱者原则。这一原则包括以下内容：

1. 保护妇女合法权益

男女平等这本是现代法的基本原则，但由于男女生理上的差别、社会分工的不同以及在家庭中承担的职责的差异，加之历史上男尊女卑、重男轻女的传统观念和歧视、压迫妇女的劣

习，男女不平等的现象仍然存在，特别是因妇女在婚姻家庭中承担着生育后代等特别功能，因此，为实现男女的实质平等，维护社会公正，必须对妇女权益予以特别保护。妇女的婚姻家庭权益，是妇女在婚姻家庭关系中基于特定的亲属身份关系和共同生活关系所享有的权利和利益的总称，包括人身权益和财产权益两个方面。其法律表现主要有两个方面：一是妇女享有的与男子平等的婚姻家庭权益，由男女平等原则来反映；二是妇女依法享有的特殊权益，由保护妇女合法权益的原则来体现。[①]保护妇女的合法权益在婚姻家庭法主要体现在夫妻关系上对男女平权和对女方的照顾方面。但保护妇女合法权益不仅仅是婚姻家庭法的内容，在其他法律中也有相应的体现。就社会层面上说，国家还制定有专门保护妇女权益的法律。《中华人民共和国妇女权益保护法》的立法目的就是"为了保障妇女的合法权益，促进男女平等，充分发挥妇女在社会主义现代化建设中的作用"。该法第2条第1款规定，妇女在政治的、经济的、文化的、社会的和家庭的生活方面享有同男子平等的权利。

2. 保护未成年人的合法权益

保护未成年人的合法权益的原则也就是保护儿童合法权益的原则。未成年人是国家、社会的未来，"儿童是祖国的花朵""少年强则国强"，保护未成年人合法权益不仅是维护家庭的需要，更是维护社会和国家未来希望的需要。因此，国家特别制定了保护未成年人的法律。《中华人民共和国未成年人保护法》(以下简称《未成年人保护法》)第1条规定，未成年人保

[①] 杨大文主编：《婚姻家庭法》（第五版），中国人民大学出版社2012年版，第55页。

护法的立法的目的,是"为了保护未成年人的身心健康,保障未成年人的合法权益,促进未成年人在品德、智力、体质等方面全面发展,培养有理想、有道德、有文化、有纪律的社会主义建设者和接班人"。该法第3条中规定:未成年人享有生存权、发展权、受保护权、参与权等权利,国家根据未成年人身心发展特点给予特殊、优先保护,保障未成年人的合法权益不受侵犯。未成年人享有受教育权,国家、社会、学校和家庭尊重和保障未成年人的受教育权。《未成年人保护法》第二章专门规定了对未成年人的家庭保护。因为未成年人主要是在家庭中生活成长的,育幼是家庭的重要功能,因此,在婚姻家庭法强调保护未成年人合法权益也就更显重要。

保护未成年人合法权益原则也就是要贯彻联合国《儿童权益公约》中规定的儿童利益最大化原则。保护未成年人合法权益原则,要求在处理家庭关系中以贯彻儿童利益最大化原则为一项基本准则。

在婚姻家庭法领域,保护未成年人合法权益原则主要体现在父母与未成年子女的关系上优先保护未成年人利益,保障未成年人的自我决定权。在古代社会,在亲子关系上,子女无独立的人格,子女为父母的财产。近代法虽然承认子女的独立人格,但在亲子关系上仍实行"父母本位"主义,优先考虑的是父母的利益而不是未成年人的利益,在涉及未成年人利益的事项上,即使该未成年人有相应的认识能力和主见,也只能由父母决定,未成年子女并无决定权。而现代法在亲子关系上实行"子女本位"主义,保护未成年人合法权益成为婚姻家庭法的基本原则。保护未成年人合法权益,贯彻儿童利益最大化原则,要求在涉及未成年利益的事项上应当充分尊重未成年人的意愿，在需要保护的各种利益发生冲突时应优先保护未成年人的最大利益。

3. 保护老年人、残疾人合法权益原则

老年人、残疾人因其体力、智力减弱，自我保护能力会有不足，而老年人又是对家庭、社会做出贡献，理应受到尊重的人，我国历来又有敬老尊老爱老的优良传统和美德，因此，对老年人、残疾人的合法权益予以特别保护，不仅有社会现实性和必要性，也有着传统的道德基础，符合家庭伦理要求。为了保障老年人合法权益，发展老龄事业，弘扬中华民族敬老、养老、助老的美德，根据宪法，国家还特别制定了《中华人民共和国老年人权益保障法》。该法第3条规定，国家保障老年人依法享有的权益，老年人有从国家和社会获得物质帮助的权利，有享受社会服务和社会优待的权利，有参与社会发展和共享发展成果的权利。禁止歧视、侮辱、虐待或者遗弃老年人。

居家养老仍是我国的基本养老模式，因此，在婚姻家庭法中贯彻保护老年人合法权益原则有特别的意义。在婚姻家庭法领域，保护老年人合法权益主要体现在对老年人的赡养和扶养上。例如，婚姻家庭法规定家庭成员对老年人的赡养扶养义务，以使家庭养老得到落实：子女对父母有赡养义务，孙子女、外孙子女对失去子女的祖父母、外祖父母有赡养义务，一定条件下弟、妹对年长的兄、姐有扶养义务。再如，有学者主张老年人也应可以收养成年子女，以保障老年人的养老需求。针对现实中存在的干涉老年人再婚的现象，法律特别强调子女应当尊重父母的婚姻权利，不得干涉父母再婚及婚后生活，以保障老年人的婚姻自主权。

三、禁止实施的违反基本原则的行为

第一千零四十二条 禁止包办、买卖婚姻和其他干涉婚姻自由的行为。禁止借婚姻索取财物。

禁止重婚。禁止有配偶者与他人同居。

禁止家庭暴力。禁止家庭成员间的虐待和遗弃。

本条规定了法律禁止实施的违反婚姻家庭法基本原则的行为。

法律禁止的违反婚姻家庭法基本原则的行为，主要有以下三种类型：

（一）违反婚姻自由原则的行为

婚姻自由是婚姻家庭法的首要原则。为贯彻和实施婚姻自由原则，必须禁止一切违反婚姻自由原则的行为。违反婚姻自由原则的行为主要有以下三类：

1. 包办、买卖婚姻

包办婚姻，是指婚姻当事人以外的第三人（通常多为父母）不顾当事人的意愿，对当事人结婚事宜进行强制和干涉，擅自决定和操办婚姻当事人的婚姻大事。买卖婚姻，是指第三人（包括父母）以索取财物为目的，包办、强迫当事人缔结婚姻。买卖婚姻的根本目的是在借结婚之名取得财物，因而不同于当事人自愿结婚而给予一定礼物的行为。买卖婚姻与包办婚姻都是违反结婚自由原则的，都是以他人的意志代替婚姻当事人的意志,使婚姻违背了当事人的真实意愿,背离了婚姻的感情基础。二者的区别之处在于:买卖婚姻是以索取财物为目的的,而包办婚姻并不以索取大量财物为目的。因此,买卖婚姻通常是包办婚姻,但包办婚姻并不一定是买卖婚姻。[①]

包办、买卖婚姻是封建婚姻制度的残余表现,尽管一直为我国婚姻法反对,现在已经不是婚姻的常态,但其影响不可低估。"婚姻大事,应由父母做主"的观念,仍然有一定的市场,而买卖婚姻特别是在经济不发达的男女比例失调的农村地区并未绝迹且为所谓的习惯认可。而包办、买卖婚姻,不仅干涉当事人的婚姻自由,而且会引发各种纠纷,影响家庭关系的和谐,因此,禁止包办、买卖婚姻是为维护婚姻自由原则、维护婚姻家庭稳定的必然选择。

2.其他干涉婚姻自由的行为

其他干涉婚姻自由的行为,是指除包办、买卖婚姻以外的违反婚姻自由原则,干涉当事人婚姻自由的行为。例如,阻挠丧偶或离婚的当事人再婚,以"同姓不婚"为由阻挠、干涉非有禁止结婚的亲属关系的同姓男女结婚,强迫或者阻挠他人离婚,逼迫他人与某人结婚,等等。

干涉婚姻自由的最严重形态是暴力干涉婚姻自由。依《刑法》第257条规定,"以暴力干涉他人婚姻自由的,处二年以下有期徒刑或者拘役。以暴力干涉他人婚姻自由致使被害人死亡的,处二年以上七年以下有期徒刑。"

---

① 巫昌祯主编:《婚姻与继承法学》(第六版),中国政法大学出版社2017年版,第43页。

3. 借婚姻索取财物

借婚姻索取财物，是指一方借婚姻之机向他方索要财物，而对方为了能够结婚而不得不违心地给付财物的行为。借婚姻索取财物，是1980年《婚姻法》中就规定的一种禁止行为。

借婚姻索取财物的行为不同于买卖婚姻，买卖婚姻是以索取大量财物为目的，并强迫当事人结婚，在买卖婚姻情形下，婚姻当事人根本就没有结婚的意思表示。而借婚姻索取财物，是婚姻当事人一方将索取财物作为结婚的附加条件，索取财物的一方是有结婚的真实意愿的。借婚姻索取财物的当事人双方尽管有结婚的意思表示，但因一方在缔结婚姻上附加了索取财物的条件，使婚姻蒙上了买卖的阴影，会影响双方的婚后感情，因此，借婚姻索取财物的行为也是为法律禁止的干涉婚姻自由的行为。

借婚姻索取财物的行为与买卖婚姻的主要区别在于：其一，借婚姻索取财物的男女双方基本是自愿结婚的，当事人是自主决定婚姻关系的，并不是由他人意志决定结婚的，而买卖婚姻并不是以结婚为目的；其二，借婚姻索取财物的一方一般为婚姻当事人一方，而不是由其他人取得财物，而在买卖婚姻中取得财物的通常为第三人或者相互串通的当事人一方与第三人。当然，实务中还应将借婚姻索取财物的行为与当事人自愿赠与一方财物的行为区别开来，将借婚姻索取财物与借婚姻骗取财物区别开来。借婚姻骗取财物者是根本就没有与对方结婚的意愿的，只是以欺骗对方要与之结婚而取得对方的财物而已。婚姻当事人自愿赠与财物的行为不为法律所禁止，借婚姻骗取财物则可构成诈骗。

（二）违反一夫一妻原则的行为

一夫一妻制已是现代几乎各国立法均实行的婚姻原则，也是我国自1950年《婚姻法》以来一贯强调和坚持的婚姻原则。违反一夫一妻原则的不法行为主要有以下两种：

1. 重婚

重婚是指有配偶的自然人又与他人结婚的违法行为。重婚的前提条件，是一方或者双方的合法婚姻关系并未终止而继续存在。重婚的结果导致一个人同时存在两个以上法律上的配偶，显然违反了一夫一妻原则。重婚在民事上是婚姻的禁止条件，也是婚姻无效的原因。在刑事上，重婚会构成犯罪。依《刑法》第258条规定，"有配偶而重婚的，或者明知他人有配偶而与之结婚的，处二年以下有期徒刑或者拘役。"

重婚有法律上的重婚与事实上的重婚。法律上的重婚是指有配偶者又与他人登记结婚，后一婚姻也符合婚姻的形式要件。前一婚姻不符合婚姻的形式要件，但符合事实婚姻的认定条件，该事实婚姻关系未终止时一方又与他人登记结婚的，后一婚姻也构成法律上的重婚。事实重婚是指有配偶者与他人虽未登记结婚但以夫妻的名义共同生活。事实重婚者的两个婚姻中的一个虽不符合婚姻的法定形式要件，但事实上构成婚姻关系，当事人双方不仅以夫妻名义共同生活，而且他人也认定其为夫妻。事实重婚不同于事实婚，是违反一夫一妻制原则的违法行为。重婚仅以有配偶者又与他人结婚为条件，至于与其结婚的他人是否知道其已有配偶，则在所不问。不过，若与有配偶者结婚的人知道其有配偶的事实，该人也会构成重婚罪。但是，自1994年2月1日以后，由于我国司法实务中不再承认事实婚姻，因此，自1994年2月以后发生的重婚，只能是指法律上的重婚，也就是只能是有配偶者又与他人成立的后一婚姻也符合婚姻形式要件的婚姻，只要后一婚姻不符合形式要件，也就构不成重婚。

在现实生活中，不仅存在有配偶者在配偶知道的情形下又与他人以夫妻名义共同生活的"重婚"，也有隐蔽的不让配偶知道的与他人以夫妻名义共同生活的"重婚"。在网络时代，甚至也出现了在虚拟世界中的"重婚"，即已有配偶的人在网上与他人结婚，互以"老公""老婆"相称。这种虚拟世界中的"婚姻"也严重影响了现实世界中的婚姻。这些行为虽不构成法律上的重婚，但也确实严重违反一夫一妻原则。因为重婚罪以民法上构成重婚为条件，民事法上不承认事实婚，因事实婚而构成的事实上的重婚行为在刑事上也就不会构成重婚罪。所以，有学者主张，我国应承认事实婚姻，以打击和遏制这些事实上的重婚行为。但立法机关尚未接受这一建议。

2. 有配偶者与他人同居

所谓"有配偶者与他人同居"的情形，是指有配偶者与婚外异性，虽不以夫妻名义，但持续、稳定地共同居住生活。有配偶者与他人同居，与事实重婚相似，但有所不同。事实重婚者是以夫妻名义同居，周围群众也认可其夫妻关系，当事人也是以永久共同生活为目的同居的。而有配偶者与他人同居不是以夫妻名义同居，周围群众也不认可其为夫妻关系，当事人并没有永久共同生活的目的。

如上所述，由于我国法已不承认1994年2月1日以后发生的事实婚姻，因此，在1994年2月1日以后发生的有配偶者与他人以夫妻名义共同生活的，也应属于有配偶者与他人同居的情形。有配偶者与他人同居的行为同样是违反一夫一妻制原则的违法行为，因此，有学者主张，应扩大对重婚的解释，对于一些有配偶者与他人同居时间较长或者已生育子女的，也应按重婚论处。这种扩大事实重婚的观点不被接受。因为有配偶者与他人同居与事实重婚的不同之处仅在于事实重婚者会构成犯罪，而有配偶者与他人同居的尚不构成犯罪。若民事上对事实重婚扩大解释，也就必定要扩大刑事上重婚罪的解释。

有配偶者与他人同居是危害一夫一妻婚姻制度的不法行为，与现实中的同居的性质完全不同。同居并不是违法行为。有配偶者与他人同居，是配偶另一方的离婚理由；由此而导致离婚的，无过错的一方有权请求损害赔偿。

除重婚和有配偶者与他人同居的行为以外，诸如卖淫、嫖娼行为也是违反一夫一妻原则的，因此也为国家取缔的不法行为。

（三）违反保护妇女、未成年人、老年人、残疾人合法权益原则的行为

违反保护妇女、未成年人、老年人、残疾人合法权益原则的不法行为主要有以下两种：

1. 家庭暴力

家庭暴力是家庭某成员对家庭其他成员实施的不法行为。家庭暴力的受害者多为妇女、未成年人、老年人、残疾人，因此，家庭暴力也是法律禁止实施的违反保护妇女、未成年人、老年人、残疾人合法权益原则的违法行为。家庭暴力不仅损害

家庭成员的合法权益，破坏正常家庭关系，而且造成家庭甚至社会的不稳定。因此，"为了预防和制止家庭暴力，保护家庭成员的合法权益，维护平等、和睦、文明的家庭关系，促进家庭和谐、社会稳定"，国家制定了《中华人民共和国反家庭暴力法》（以下简称《反家庭暴力法》）。《反家庭暴力法》第2条明确规定：家庭暴力，是指家庭成员之间以殴打、捆绑、残害、限制人身自由以及经常性谩骂、恐吓等方式实施身体、精神等侵害行为。

家庭暴力具有以下特征：

其一，行为主体的限定性。家庭暴力仅发生在家庭成员之间，加害人与受害人限定于同一家庭的成员。如不是家庭成员之间实施的暴力，不属于家庭暴力。至于家庭成员之间实施的暴力行为是否发生在家庭内，则应不影响家庭暴力的构成。但这里的家庭成员应作扩大解释，诸如现实中存在的同居的男女双方中一方对另一方实施的暴力以及一方对另一方的未成年子女实施的暴力，男女双方"离婚不离家"时一方对另一方实施的暴力，也可构成家庭暴力。

其二，行为的多样性。家庭暴力的表现形式多种多样，既包括对受害人身体上的摧残，也包括对受害人精神上的摧残；既可以是作为，也可以是不作为。在网络环境下，还出现软暴力现象。例如，夫妻一方对另一方不理不睬，而每日总忙于在虚拟世界里与他人谈恋爱，给配偶造成精神上的伤害。这种不作为的行为同样可构成家庭暴力。

其三，行为的恶意性。实施家庭暴力的行为人总是故意实施暴力行为，主观上存在恶意，如果仅是家庭成员的过失行为造成其他家庭成员的伤害不会构成家庭暴力。

其四,行为后果的严重性。家庭暴力是对受害人造成一定伤害后果的违法行为。家庭成员之间的日常争吵、打骂,若没有造成伤害后果,则不构成家庭暴力。

依《反家庭暴力法》第5条规定,反家庭暴力工作遵循预防为主,教育、矫治和惩处相结合原则。依该法第13条规定,家庭暴力受害人及其法定代理人、近亲属可以向加害人或者受害人所在单位、居民委员会、村民委员会、妇女联合会等单位投诉、反映或者求助。有关单位接到家庭暴力投诉、反映或者求助后,应当给予帮助、处理。家庭暴力受害人及其法定代理人、近亲属也可以向公安机关报案或者依法向人民法院起诉。依《反家庭暴力法》规定,当事人因遭受家庭暴力或者面临家庭暴力的现实危险,可以向人民法院申请人身安全保护令;当事人是无民事行为能力人、限制民事行为能力人,或者因受到强制、威吓等原因无法申请人身安全保护令的,其近亲属、公安机关、妇女联合会、居民委员会、村民委员会、管理机构可以代为申请。具备下列条件,法院以裁定形式作出人身安全保护令:(1)有明确的申请人;(2)有具体的要求;(3)有遭受家庭暴力或者面临家庭暴力现实危险的情形。人身安全保护令可以包括下列措施:(1)禁止被申请人实施家庭暴力;(2)禁止被申请人骚扰、跟踪、接触申请人及其相关近亲属;(3)责令被申请人迁出申请人住所;(4)保护申请人人身安全的其他措施。

2.家庭成员间的虐待和遗弃

所谓家庭成员间的虐待,是指家庭成员对其他家庭成员歧视、折磨、摧残,使其在身体上、精神上遭受损害的不法行为。

虐待行为可以是作为,如打骂、恐吓、限制人身自由等;也可以是不作为,如对患病者不予治疗等。依《婚姻家庭编解释》第1条规定,家庭成员间持续性、经常性实施家庭暴力的行为构成虐待行为。但虐待行为与家庭暴力虽有联系却是不同的。偶发性的、轻微的家庭暴力构不成虐待行为;而情节恶劣、后果严重的家庭暴力也不仅仅是虐待问题。家庭成员间的虐待具有严重的危害性,当然为法律所禁止。夫妻一方虐待家庭成员的,另一方可以诉请离婚;因此而导致离婚的,无过错一方有权请求损害赔偿。依《刑法》第260条规定,"虐待家庭成员,情节严重的,处二年以下有期徒刑、拘役或者管制。"构成虐待罪的虐待行为,主观上行为人为故意,客观上表现为虐待情节严重,具有残酷性和长期性。

所谓家庭成员间的遗弃,通说认为是指家庭成员中负有抚养、赡养、扶养义务的一方,对需要抚养、赡养、扶养的一方拒不履行其义务的违法行为。因此,遗弃行为只能是一种不作为。但有学者指出,遗弃虽以不作为为常态,但并非唯一形态,作为亦可为其形态。如,将家庭成员逐出家门或者使其不得不离家又拒绝其返家的行为;夫迁移他地,而拒绝妻一并迁往;无正当理由拒绝与妻同居,使其十余年孤枕难眠等亦为遗弃。[1]实际上,这些行为从形态上看属于作为,但从行为人负担的义务看,仍是行为人不履行抚养、赡养、扶养义务的不作为。夫妻一方遗弃家庭成员的,另一方诉请离婚,经调解无效的,应准予离婚;因遗弃家庭成员导致离婚的,无过错方可以请求损

---

[1] 马俊驹、余延满:《民法原论》(第四版),法律出版社2010年版,第789页。

害赔偿。受遗弃的受害人也有权依法请求实施遗弃行为的行为人支付应支付的扶养费、抚养费、赡养费等。遗弃情节严重的，会构成遗弃罪。依《刑法》第261条规定，犯遗弃罪的，处5年以下有期徒刑、拘役或者管制。

四、夫妻、家庭成员间的共同责任

第一千零四十三条　家庭应当树立优良家风，弘扬家庭美德，重视家庭文明建设。

夫妻应当互相忠实，互相尊重、互相关爱；家庭成员应当敬老爱幼，互相帮助，维护平等、和睦、文明的婚姻家庭关系。

本条规定了夫妻、家庭成员的共同责任。

婚姻是家庭的基础，家庭是社会的细胞，因此，建立良好的婚姻家庭关系，是构建和谐社会的基本要求，也是夫妻、家庭成员的共同责任。夫妻、家庭成员的共同责任也是其在处理婚姻家庭关系中应遵循的基本行为准则，主要包括以下三项。

1.树立优良家风，弘扬家庭美德，重视家庭文明建设

家庭是社会的基本构成单位，也是一个人生活成长的基本处所。家风的好坏体现着一个人成长环境的好坏，只有良好的家风才会让其成员在良好的育人环境中健康成长和生活。家风又称为门风，是家庭、家族世代相传的风气，包括成员处人处事的态度和行为准则。家风是家族共同认可的价值观，良好的家风为人们树立榜样，促进人们健康成长。家风也是社会风气的组成部分，优良家风是与社会正气相适应的。有优良的家风，也会形成优良的社会风气，净化社会环境。可以说，家风建设

是关系每一个家庭成员的根本利益、关系整个社会文明建设的大事。因此，每一个家庭都应重视家风建设。重视家庭文明建设，树立优良家风，传承和弘扬家训中宣扬的家庭美德，既是中华民族的优良传统，也是现代家庭的每个成员应共同承担的责任。

2.夫妻应当互相忠实、互相尊重、互相关爱

在中国古代法上，夫为妻纲，夫妻一体。现代法上，夫妻各自具有独立的人格，不存在相互服从关系。为维护夫妻关系，夫妻相互应当忠实、尊重、关爱。夫妻互相忠实、互相尊重、互相关爱，是夫妻在维护婚姻关系上的共同责任。

（1）夫妻应当互相忠实。所谓互相忠实，是指夫妻双方应当忠诚于婚姻，积极维护婚姻关系，相互不离不弃，不为婚外性行为，不为损害夫妻双方或者一方利益的行为。夫妻相互忠实，是婚姻稳定和维持的基础。因此，互相忠实，这是夫妻的基本行为准则。在他国的立法上，大多直接规定夫妻的相互忠实义务。如《瑞士民法典》第159条中就规定，"夫妻双方互负忠实和扶助的义务。"① 《日本民法典》第752条也规定，"夫妻须同居、互相帮助和扶助。"② 我国法虽然未在婚姻效力中规定夫妻的忠实义务，但2001年修正的《婚姻法》中规定，"夫妻应当互相忠实"。这实质上也是规定夫妻间相互负有不为婚外性行为的忠实义务。忠实义务有的称为忠诚义务。有学者指出，夫妻

---

① 《瑞士民法典》，戴永盛译，中国政法大学出版社2016年版，第62页。以下凡《瑞士民法典》条文均引自该版本。

② 《最新日本民法》，渠涛编译，法律出版社2006年版，第160页。以下凡《日本民法典》条文均引自该版本。

之间"忠诚义务"的民法治理是道德法律化的结果，也是净化社会风尚、纯洁婚恋道德的必然要求[①]。要求夫妻应当相互忠实，并不是为婚姻套上枷锁，也不影响当事人的婚姻权利。[②] 忠实义务不仅对于夫妻双方有效力，对于第三人也有效力。夫妻中一方与他人为婚外性行为的，构成忠实义务的违反，违反夫妻关系的基本准则；第三人与夫妻一方实施通奸行为，破坏夫妻间相互忠实关系的，构成侵权，应负侵权责任。

现实中，有的夫妻为了维护婚姻关系的纯洁和稳定，而自愿订立夫妻忠实协议。协议中约定，若一方违反义务，则其应向对方赔偿，等等。如何看待夫妻忠实协议的效力呢？对此，理论和实务中有有效说、无效说及折中说三种不同的观点。

无效说认为，夫妻忠诚协议不应受法律保护，是无效的。无效说的主要理由为：其一，夫妻忠实义务是道德义务而不是法律义务。法律规定"夫妻应当互相忠实"，只是一种原则性、倡导性规定，并无强制力。婚外情、"包二奶"等行为仅仅是道德问题，法律不鼓励，也不应加以干涉，当事人也不可以通过契约加以限制。其二，夫妻忠诚协议的内容多是限制夫妻双方与其他异性发生性行为，束缚人的情感。如果认定夫妻忠诚协议有效即是承认人身自由可以限制和剥夺，这与宪法原则相违背。其三，夫妻忠实协议违反的责任既不能适用《侵权责任法》，也没能适用《婚姻法》或《合同法》，若赋予夫妻忠诚协

[①] 杨德群：《论公序良俗对婚外性行为的法律规制》，载《现代法学》2019 年第 3 期。
[②] 马忆南：《婚姻家庭继承法学》（第三版），北京大学出版社 2014 年版，第 35 页。

议强制效力,则于法无据。其四,赋予夫妻忠诚协议以法律效力,会导致诸多不利的社会影响,如增加婚姻成本,在举证过程中容易侵犯他人隐私等。

有效说认为,夫妻忠诚协议应当具有法律效力,应受法律保护。持有效说者主要提出以下理由:第一,夫妻相互忠实是婚姻关系的本质要求,夫妻忠诚协议是对婚姻法中的抽象的夫妻忠实义务的具体化,完全符合婚姻法提倡的原则和立法精神,应该得到法律的支持。第二,夫妻忠诚协议是夫妻双方的真实意思表示,建立在双方平等自愿的基础之上,符合私法上契约自由和意思自治的理念,其内容没有违反法律强制性规定,因此,夫妻忠诚协议应当有效。第三,婚姻法规定夫妻可以约定财产的处理方式,拥有对财产的处理权,因此,夫妻可以通过签订忠诚协议来放弃自己的财产或者承担一定的责任。

折中说认为,不能将所有夫妻忠诚协议统归于无效或有效。夫妻忠诚协议是一种民事法律行为,能否有效不可一概而论。夫妻忠诚协议有效须符合民事法律行为的有效要件,符合民事法律行为有效要件的夫妻忠诚协议应是有效的。[①]

上述学说,当然以折中说为当。应当看到,夫妻忠诚协议正是夫妻落实法律要求的夫妻"应当互相忠实"的共同责任和基本行为准则的具体措施,作为民事法律行为,只要该协议符合民事法律行为有效的条件,是当事人双方的真实意思表示,又不违背法律强制性规定和公序良俗,就应当认可其效力,夫

---

① 参见王雪松:《离婚案件中夫妻"忠诚协议"的思考》,载陈苇、陈彬主编:《中国家事审判改革暨家事法修改理论与实务研究》,中国人民公安大学出版社 2018 年版,第 165—166 页。

妻双方都应履行协议中约定的忠实义务，违反协议也应依约定承受不利的后果。当然，如果协议中有限制人身自由的条款，则该条款因违反法律强制性规定无效，但协议的其他部分仍可有效。

（2）夫妻应当互相尊重。所谓互相尊重，是指夫妻双方都应当尊重对方的人格，而不能漠视、忽视，甚至藐视他方；夫妻之间应相敬如宾、互谅互让，而不能施行各种形式的暴力。夫妻相互尊重要求夫妻在处理家庭相关事务时应平等协商，而不能一人独断，完全不顾及和听取对方的意见。

（3）夫妻应当互相关爱。所谓互相关爱，是指夫妻双方都应当关心他方，爱护他方，相互关怀、相互体贴。互相关爱不仅包括经济上的相互扶助，更重要的是精神上的相互抚慰、相互支持。

3. 家庭成员应当敬老爱幼，互相帮助，维护平等、和睦、文明的婚姻家庭关系

家庭成员是以婚姻关系联结起来的共同生活在一起的亲属。家庭是社会的基本细胞，承担着养老育幼的基本功能，亲情是家庭成员间的感情基础。家庭成员间敬老爱幼，既是履行家庭基本职责的要求，也是发扬中华民族优良传统的体现。家庭成员在一起共同生活，"一个锅里吃饭"，有着割不断的密切联系，相互帮助是对每个成员的必然要求。家庭成员只有共同维护平等、和睦、文明的家庭关系，才能让每个家庭成员获得幸福的家庭生活、感受到家的温暖，也才能促进社会的平等、和谐、文明。因此，敬老爱幼，互相帮助，维护平等、和睦、文明的家庭关系，是家庭所有成员的共同责任和在家庭中的基本行为

准则。

需要说明的是，通说认为，这里所规定的夫妻、家庭成员的共同责任具有导向性，而不具有强制性。也就是说，《民法典》第1043条尽管有重要的意义，但也仅是倡导性条款，只为行为规范，而非裁判规范，一般不能直接成为裁判依据。因此，在司法实务中，如果当事人仅以该条文为依据提起诉讼，人民法院则会不予受理。但是，当事人为落实该行为规范的要求自愿达成的协议，可以成为处理相互关系的依据。

五、收养的基本准则

第一千零四十四条　收养应当遵循最有利于被收养人的原则，保障被收养人和收养人的合法权益。

禁止借收养名义买卖未成年人。

本条规定了收养的基本准则。

收养的基本准则既是实施收养行为的基本规则，也是收养制度建构的基本规则。收养的基本准则主要有以下两项：

1. 遵循最有利于被收养人的原则，保障被收养人和收养人的合法权益

这是收养制度的首要规则。之所以将"遵循最有利于被收养人的原则，保障被收养人和收养人的合法权益"作为收养制度的首要规则，是因为这是具体落实联合国《儿童权利公约》规定的儿童利益最大化原则的必然要求。收养的对象为未成年人，收养成立后，收养人成为被收养人的家庭成员，要在被收养人的教育抚育下生活，收养不仅仅是收养人与被收养人之间

的行为,更是直接关系被收养人利益的行为。因此,收养不仅须当事人双方的意思表示真实、自愿,还应当有利于被收养人的健康成长,否则,收养不能发生当事人预期的法律后果。

遵循最有利于被收养人原则,要求收养制度的建构应以最有利于被收养人为中心,无论是关于收养人的条件、收养成立的要件,还是被收养人在收养中的意愿对收养关系的成立和解除的决定作用,都应从最有利于被收养人的原则为出发点。

收养一经成立,收养人与被收养人间形成父母子女关系,收养人和被收养人都享有一定的权利和负有一定义务,收养人与被收养人有各自独立的人格,具有平等的法律地位,因此,收养制度必须保障被收养人和收养人各方的合法权益,不能仅重视一方利益而忽视另一方的合法权益。

我国原《收养法》第2条就规定收养法的基本原则是"收养应当有利于被收养的未成年人的抚养、成长,保障被收养人和收养人的合法权益,遵循平等自愿的原则,并不得违背社会公德。"这一原则为民法典所继受。

2. 禁止借收养名义买卖未成年人

贩卖人口,是严重的刑事犯罪行为。买卖儿童是最常见的贩卖人口的行为,也是国家重点打击的犯罪行为。买卖儿童的行为既有公开的,也有隐蔽的。现实中有的所谓收养,实质上是收养人以给送养人大量的金钱为代价收养被收养人,也有的实施收养行为时送养人向收养人索取大量的财物。这些行为实际上是以收养为名而以买卖被收养人为实,是一种严重的买卖儿童的犯罪行为。这类所谓收养行为,不仅破坏婚姻家庭关系,损害被收养人利益,而且也是一种严重犯罪行为,当然为法律所禁止,不仅不能予以保护,而且应予以严厉打击。为避免这种不法行为的发生,保护未成年被收养人的利益,收养登记机构应当在办理登记时严格审查,社会机构也应加强对收养的事后监督。

六、亲属

第一千零四十五条　亲属包括配偶、血亲和姻亲。

配偶、父母、子女、兄弟姐妹、祖父母、外祖父母、孙子女、外孙子女为近亲属。

配偶、父母、子女和其他共同生活的近亲属为家庭成员。

本条规定了亲属的范围。

(一) 亲属的概念和特征

1. 亲属的概念

何为亲属?汉代儒家学者刘熙在《释名·释亲属》中解释:"亲,衬也,言相隐衬也。""属,续也,思相连续也。"依此解释,亲属是指人与人之间的一种特殊的"相衬相续"的密切关系。在我国古代,"亲"一般指较近的亲,"属"一般指较远的亲。现今所说的亲属,是指基于婚姻、血缘和法律拟制而形成的人与人之间的特定社会关系。

亲属的概念在不同的场合有不同的含义:从社会关系上看,亲属是指由婚姻、血缘或法律拟制而产生的社会关系;从这一社会关系中的当事人地位上看,亲属为一种特定身份,这种身份是固定不变且更不能转让的;从社会上对具有这种关系的人的共同称呼看，亲属是对因具有亲属身份关系的人之间的共同称谓。

我国现实中还经常使用"宗亲""家属"的概念。亲属不同于"宗亲"。宗亲是指同一宗的亲属。"宗的所属关系必须考虑到自然性的和社会性的这两方面。所谓自然性的不用说指有关生理上的血统这一方面；而所谓社会性的，正如逐渐清晰起来的那样，归根到底，无非是指一种祭祀被祭祀的关系。处于应祭祀同一祖先的地位的人在社会性的意义上就是同宗者。"① 可见，宗亲是亲属，但亲属并不都是宗亲，亲属的范围广于宗亲的范围。"以宗的概念为中心来考察亲属关系，当然不是意味着只有同宗的关系才是构成法律或日常生活上问题的唯一的亲属关系。作为法律用语，在自然的、社会的任何一个意义上属于自己之宗的人，把男系血族及其妻总称为'本宗'或'本族'，把女系血族及妻的娘家或女儿的婆家等属于非本宗的亲戚关系的人总称为'外姻'。在日常用语中也将前者称为'本家'、后者称为'亲戚'等明确地加以区别。所谓'亲属'不外乎是将'本宗'和'外姻'，合并而成的概念。"② 亲属也不同于家属。家属是与家长相对应的称谓。我国古代的礼法规定，实行家长制，每个家庭设有家长，共同生活在一个家庭中的其他成员则为家属，主要包括家长的妻、子女、儿媳等近亲。对于在家庭共同生活的奴婢、妾、童养媳等，因为与家长有人身依附关系，法

---

① 〔日〕滋贺秀三：《中国家族法原理》，张建国、李力译，商务印书馆2013年版，第28页。
② 同上。

律也认为家属。① 这种意义上的家属不一定是亲属，而亲属也不一定是家属。我国自原1950年代的《婚姻法》就已经废除了家长制，家庭成员在法律上已没有家长与家属之分，家属已经不是法律上的概念。现实生活中人们习惯所称的家属，有的地方是指配偶，与"对象""爱人"等指称相当，有时也包括未成年子女，如"随迁家属"。

亲属可以分为生物学上的亲属和法律上的亲属。生物学上的亲属是指因遗传学规律自然形成的亲属，即以血缘为纽带的亲属。法律上的亲属是指法律规定和承认的亲属，它不仅包括自然形成的亲属，而且包括法律确认的亲属，即无血缘关系的亲属。② 婚姻家庭法或亲属法中所提到的亲属即为法律上的亲属。也就是说，亲属是一个法律概念，而不是其他意义上的概念。

2. 亲属的特征

亲属具有以下法律特征：

（1）亲属是一种具有法定权利义务的社会关系

法律上的亲属是一种权利义务关系，这是法律上的亲属概念不同于其他意义上亲属概念的根本特征。从生物学意义上说，亲属是没有范围限制的，但法律并不调整全部的亲属关系，而仅调整一定范围的亲属关系。法律调整亲属关系即是赋予亲属一定的权利义务。因此，只有依法享有法定权利义务的亲属关

---

① 杨大文主编：《婚姻家庭法》（第五版），中国人民大学出版社2012年版，第65页。

② 参见马俊驹、余延满：《民法原论》（第四版），法律出版社2010年版，第791页。

系，才为法律调整的亲属关系，也只有在此范围内的亲属才为法律上的亲属。

（2）亲属是基于婚姻、血缘或收养而形成的法律关系

任何一种法律关系都是基于一定的法律事实而发生的，亲属关系也不例外。亲属关系是基于婚姻、血缘和收养这三种法律事实而产生的。基于婚姻这一法律事实，可产生配偶关系、公婆与儿媳、岳父母与女婿等关系，还会发生继父母与继子女关系；基于血缘而产生生父母与生子女、祖父母与孙子女、外祖父母与外孙子女、兄弟姐妹等关系；因收养而产生养父母与养子女等关系。

婚姻、收养属于民事法律行为，而血缘则属于自然事实。不存在婚姻、收养和血缘的法律事实，也就不会产生亲属关系，不会存在亲属身份关系。

（3）亲属是具有特定身份和称谓的社会关系

亲属关系一经形成，当事人也就具有特定的身份和称谓。在亲属关系存续期间，当事人的这种特定身份和称谓是不能转让的，也不可随意变更。基于血缘这一自然事实形成的亲属关系是永远不能消除的，当事人的身份和称谓具有永久性；而因婚姻、收养法律行为而形成的亲属关系，只有依法解除婚姻关系、解除收养关系时，当事人的身份和称谓才会改变。

（二）亲属关系变动的法律事实

经法律调整的亲属关系为一种身份法律关系，作为民事法律关系的一类，身份关系与其他民事法律关系一样，其发生、变更、消灭即变动也必须有一定的法律事实。例如，配偶关系

因结婚而发生,可因双方离婚或一方死亡而终止;因结婚而发生姻亲关系;自然血亲关系因出生而发生,而拟制血亲关系可因收养而发生,因解除收养而终止。能够引发身份关系变动的法律事实,称之为身份法律事实。

身份法律事实也须具有客观性和法定性。所谓客观性,是指身份法律事实也须是人的主观意志以外的客观存在的现象,而不能是人的主观意念。所谓法定性,是指身份法律事实也须是由法律规定的能够引发亲属关系的发生、变更或者消灭的客观现象。虽为客观现象,但法律不认可其引发亲属关系变动法律后果的事实,也不属于身份法律事实。身份法律事实包括以发生亲属关系变动后果为目的亲属身份行为和与人的意志无关的引发亲属关系变动的自然事实。

1. 亲属身份行为

行为是指与人的意志有关的客观事实。所谓与人的意志有关,是指可受人的意志控制。行为有事实行为与法律行为之分。引发亲属身份关系变动的行为不能是事实行为而只能是法律行为即亲属身份行为。

亲属身份行为是自然人实施的以发生亲属身份关系的得丧为目的的民事法律行为。也就是说,只有以发生亲属身份关系的取得或者丧失为目的的行为,才是亲属身份法律行为。亲属身份行为是自然人有意识地追求亲属身份关系得丧的行为。所谓亲属身份关系的得丧,表现为建立还是脱离家庭共同生活关系秩序。作为民事法律行为,亲属身份行为也是以当事人的意志自由为基本生效要件的。如果不是当事人的真实意思或者当事人的意思表示不自由,则该身份行为也就不能当然发生当事人预期的亲属身份关系得丧的法律后果。

与财产法律行为相比较，亲属身份法律行为具有以下特点：

其一，亲属身份法律行为的主体只能是自然人，而不能是法人、非法人组织。这是身份法律行为与财产法律行为在主体上的区别。财产法律行为的主体并无限制，既可以是自然人，也可以是法人、非法人组织。

其二，亲属身份法律行为的当事人的目的意思具有共同性。身份行为一般是双方法律行为。只有个别情形下的身份行为才是单方行为，如继父或继母抚养继子女而发生的有扶养关系的继父母与继子女的关系。就双方法律行为而言，财产法律行为中虽然也有当事人各方追求的目的相一致的，如合伙行为，但大多当事人双方追求的目的正相反；而身份法律行为当事人双方追求的目的都是一致的，而不存在各方目的不同的身份行为。如果说财产法律行为有基于当事人追求的目的是否相反而有契约与合同之分的争议，则身份法律行为不存在这种区分，因为身份法律行为都不是当事人所求目的相反的契约。这是身份行为与财产行为在行为性质上的区别。

其三，亲属身份法律行为的后果不决定于当事人的效果意思。身份法律行为也是以意思表示为要素的行为，没有当事人的意思表示，不会构成身份法律行为。当事人意思表示不真实的，也不会发生当事人追求的目的，不能实现当事人的效果意思。但是，因为亲属关系法定化，身份关系的种类及内容是由法律直接规定的，因此，身份行为的法律后果最终不是决定于当事人的效果意思，而是决定于法律的规定。例如，当事人双方达成同居的协议，在法律不认可同居关系时，当事人之间不能发生同居者的身份关系。又如，同性之两人结婚的，在法律不承认同性婚时，当事人之间不能发生配偶身份关系。再如，当事人男女结婚的，没有当事人真实的缔结婚姻的意思表示，婚姻关系不能成立，但婚姻关系的内容不依当事人的意志决定，而决定于法律规定。身份法律行为的这种法定性，区别于财产法律行为的任意性。

其四，身份法律行为对主体行为能力要求具有特殊性。民事法律行为的行为人应具有相应的民事行为能力。但身份法律行为对行为能力的要求有特殊性。由于亲属身份行为所产生的法律上和人伦道德上的后果具有复杂性、多重性和人身归属的长期性，要求身份行为的主体应具有对该事实的特别把握能力、对其后果的特别认知能力和承受、维系能力；同时，身份行为之后果直接关联着公序良俗，并会连带出其他一系列身份关系，如结婚、离婚、收养、解除收养、非婚生子女认领等，因而亲属法在一般行为能力基础上，往往针对不同的身份行为又作出相应的特别规定，使其成为身份行为的主体资格或能力要件，显示出身份行为之"行为能力"的特别规范。[①]

其五，亲属身份法律行为不适用代理。因为身份法律行为发生身份关系得丧的法律后果，而身份关系具有特定的人身属性，因此，身份法律行为应由本人作出意思表示，而不得由他人代理。"关于意思表示之'代理'理论，在亲属的身份共同生活关系秩序上亦无从存在。由他人代理经营某一特定人之亲属

[①] 参见杨大文主编：《婚姻家庭法》，中国人民大学出版社2012年版，第73页。

身份共同生活关系，这是一项荒唐绝顶的事，在社会上绝不能容允其存在。"① 关于代理的法律规定不适用于身份法律行为，而只适用于财产法律行为。

其六，亲属身份法律行为不得附条件、附期限。财产法律行为一般可由当事人以其意志限制其效力，当事人可以对法律行为的效力附以条件或期限。而身份法律行为的效力只决定于法律规定，当事人不得对身份行为附以条件、期限。因此，民法总则中有关附条件民事法律行为和附期限民事法律行为的规定不适用于身份法律行为。

其七，亲属身份法律行为为要式行为。身份关系的变动须经特定的方式，履行特定的手续，因此，身份法律行为具有要式性的特征。学者指出，法律上之所以注重亲属身份行为的要式性，其理由有五：一是反映了亲属身份行为后果的复杂性、多重性和强制性；二是为了维护和保障亲属身份关系的稳定性和持久性；三是显示亲属身份关系的严肃性和公益性；四是有利于切实保护当事人的合法权益；五是展示公序良俗的作用，引进公力干预，介入社会监控。②

其八，亲属身份法律行为的无效、被撤销规则具有独特性。关于亲属身份法律行为无效、可撤销的原因，确认无效、撤销的程序，以及确认无效或被撤销的后果，法律有特别的规定，而不适用一般民事法律行为无效、可撤销的规定。例如，受欺诈、受胁迫、重大误解、显失公平的财产法律行为都可以撤销，

---

① 陈棋炎：《亲属、继承法基本问题》，三民书局1980年版，第16页。
② 杨大文主编：《婚姻家庭法》，中国人民大学出版社2012年版，第74页。

而身份法律行为仅有受胁迫或者一方登记前向另一方隐瞒重大疾病的才可以撤销；再如财产法律行为无效、被撤销的，会发生回复原状，而身份法律行为无效、被撤销的，不会发生回复原状问题。

2. 自然事实

自然事实是与人的意志无关的客观现象。如人的出生、死亡、时间的经过等即是与人的意志无关的自然事实。自然事实也可引发亲属关系的得丧。如自然血亲关系就是因人的出生而发生的。人的出生是与人的意志无关的客观事实，但出生这一事实必导致亲子关系的发生。人的死亡也是自然事实，因人的死亡这一事实可导致夫妻关系终止。但是，在自然事实引发身份关系变动上，也有例外的规定。例如，在传统法上，出生即产生亲子关系，决定亲子关系的是血缘关系，而在现代生殖技术的条件下，出生虽然导致亲子关系发生，但对通过人工生育技术生育的子女却不能仅以血缘关系作为认定亲子关系的根据，而应依生育子女的当事人的意志为决定亲子关系的依据，从而出生也就不能成为特定当事人间发生亲子关系的唯一事实。再如，不仅配偶一方自然死亡会引发夫妻关系终止，而且一方被宣告死亡也导致夫妻关系终止。

（三）亲属的种类

关于亲属的种类，在不同的国家和不同的时代有所不同。我国古代，亲属分为宗亲、外亲和妻亲。宗亲是指出自同一祖先的男系血亲、男系血亲的配偶和未出嫁的女性。宗亲即同宗同族之亲属。外亲为异性亲属，是指与女性血统相联系的亲属，包括以母亲血统相联系的亲属，如外祖父母、姨、舅等；也包括与出嫁女的血统相联系的亲属，如外孙、姑表兄弟等。妻亲是指与妻子有关的亲属，如岳父母、妻之伯叔兄弟姐妹等。这三类亲属中，宗亲为核心和基础，外亲、妻亲则属于次要亲属，地位低于宗亲。可见，古代法上的亲属分类实际上是宗法制度的产物。我国现代法对亲属的分类是以废除宗法制度为前提的。依我国法律规定，亲属包括配偶、血亲和姻亲三种。

1. 配偶

配偶即夫妻，是指男女双方因结婚而形成的亲属关系。男女双方一经结为夫妻，就互为配偶。配偶关系因婚姻关系的存在而存在，因婚姻关系的解除而解除。

配偶之间并无血缘关系，也不属于姻亲。因此，对于配偶是否为亲属，理论上就有肯定说与否定说两种不同的观点，各国立法也有两种不同的做法。否定说认为，配偶为亲属之源泉，而不是亲属之本体。配偶之间既无亲系可循，又无亲等可定，因此，配偶自为配偶，将其作为亲属之一类并无必要。事实上，在否定说中，其仅将亲属区分为血亲和姻亲。[1] 肯定说认为，从亲属的起源、本质等各方面看，配偶应为亲属的一种，配偶是血亲关系的源泉和姻亲关系的中介，在亲属关系中居于核心地位。在立法上，一种做法是，不将配偶规定为亲属。如德国民法中规定的亲属仅包括血亲和姻亲。依《德国民法典》第1589条和1590条规定，从己身所出与己身所从者，互为直系血亲。非直系血亲，但出于同源者，为旁系血亲。一方配偶之血亲，

---

[1] 参见余延满:《亲属法原论》，法律出版社2007年版，第93页。

为他方配偶之姻亲，姻亲关系不因婚姻解消而消灭。[①]另一种做法是明确规定配偶为亲属。如日本民法就采取此种做法，认配偶为亲属。《日本民法典》第735条规定，"下列人等为亲属。一、六亲等内的血亲；二、配偶；三、三亲等内姻亲。"[②]我国立法也是采取后一种做法的。依我国法规定，配偶不仅是亲属，而且是关系最为密切的亲属，配偶也是血亲和姻亲的源泉和基础。正是基于配偶关系才会有姻亲，而血亲一般也是以基于配偶关系才发生的，非基于配偶而发生的血亲仅是例外。

2. 血亲

血亲，是指有血缘联系的亲属。这种血缘联系，既可以是直接的，也可以是间接的；既可以是生物学上的，也可以是法律上的。对血亲可为以下不同的分类：

（1）自然血亲与拟制血亲

依据血亲的形成根据，血亲分为自然血亲与拟制血亲。

自然血亲，是指出自同一祖先的具有自然的血缘联系的亲属。自然血亲在血缘上具有同源关系，是共同祖先的后裔。自然血亲以出生为发生亲属关系的法律事实。一个人一出生也就与他人形成自然血亲关系。如父母子女关系、兄弟姐妹关系、祖孙子女关系、叔伯侄子女关系、舅姨外甥子女关系。自然血亲包括父系和母系两方面的血缘联系，同源于父母双方的为全血缘的自然血亲，同源于父母一方的为半血缘的自然血亲。同

[①] 台湾大学法律学院、台大法学基金会编译：《德国民法典》，北京大学出版社2017年版，第1172页。以下凡《德国民法典》条文均引自该版本。

[②] 渠涛编译：《最新日本民法》，法律出版社2006年版，第155页。以下凡《日本民法典》条文均引自该版本。

父同母的兄弟姐妹属于全血缘血亲，同父异母或同母异父的兄弟姐妹则属于半血缘的自然血亲。自然血亲因人的出生而发生。

拟制血亲又称为"准血亲"、法亲，是指本无血缘联系或者没有直接的血缘联系而由法律确认为与自然血亲具有同等权利义务关系的亲属。例如，因收养而形成的养父母与养子女的关系，形成扶养关系的继父母与继子女的关系，都属于法律上确认的血亲即拟制血亲。以此为中介还会形成拟制血亲的养祖父母（外祖父母）、孙子女（外孙子女）关系、养兄弟姐妹关系等。需要说明的是，拟制血亲并不以原无血缘联系者为限，原有血亲关系的，经依法拟制后也可创设另一种血亲关系。例如，同辈旁系血亲间是有血亲关系的，收养同辈旁系血亲的子女为养子女，则形成拟制的直系血亲的养父母子女关系。拟制血亲因收养而发生，因解除收养而终止。继父母与继子女间的拟制血亲因抚养关系而成立。

（2）直系血亲与旁系血亲

依据血缘联系的程度，血亲可分为直系血亲与旁系血亲。

直系血亲是指有直接血缘联系的亲属，即生育自己和自己生育的上下各代的亲属。如，父母与子女，祖父母与孙子女。养父母与养子女、有抚养关系的继父母与继子女为拟制的直系血亲。

旁系血亲是具有间接血缘联系的血亲，即与自己同出一源的亲属。如，与己同源于父母的兄弟姐妹，与己同源于祖父母的伯、叔、姑及堂兄弟姐妹等。同胞兄弟姐妹为全血缘旁系血亲，同父异母或同母异父的兄弟姐妹为半血缘旁系血亲。

（3）尊亲属、卑亲属和平辈亲属

依据相互间的辈份，血亲可分为尊亲属、卑亲属和平辈亲属。

尊亲属是指高于自己辈份的亲属，故称为长辈。卑亲属是指低于自己辈份的亲属，故称为晚辈。平辈亲属是指与自己辈份相同的亲属，故称为平辈。

3. 姻亲

姻亲是指以婚姻为中介而产生的亲属，即配偶一方与另一方的血亲之间所产生的亲属关系。姻亲因男女双方结婚而发生，因男女双方离婚而终止。

姻亲也可分为直系姻亲与旁系姻亲。直系姻亲是指配偶一方而非双方的直系血亲间的亲属关系。如儿媳与公婆、女婿与岳父母等即为直系姻亲。旁系姻亲是指配偶一方的旁系血亲与另一方旁系血亲间的亲属关系。如姐夫、妹夫、内弟、弟媳等即为旁系姻亲。

姻亲包括血亲的配偶、配偶的血亲、配偶的血亲的配偶。

血亲的配偶，是指己身的血亲的配偶。如儿媳、女婿、姐夫、妹夫、姑父、舅母、姨父、伯母等。己身长辈血亲的配偶，同样是己身的血亲而非姻亲，如母、祖母是长辈血亲而非姻亲。但在无扶养关系的继父母与继子女之间，继父或继母是继子女的直系姻亲而非血亲。

配偶的血亲，是指己身配偶的血亲。己身的配偶的长辈血亲、同辈血亲和晚辈血亲，都为己身配偶的姻亲。如公婆、岳父母，夫的兄弟姐妹及子女，妻的兄弟姐妹及子女。但是，配偶的晚辈直系血亲是己身的血亲而非姻亲；无抚养关系的继父母与继子女间，继子女是继父母的晚辈直系姻亲。

配偶的血亲的配偶，是指己身血亲的夫或妻，如妻与夫的兄弟之妻即妯娌、姐之夫与妹之夫即连襟；夫与妻之兄弟之妻、姐妹之夫。

（四）法律调整的亲属范围

亲属的范围十分广泛，但并不是所有的亲属关系都由法律调整，法律不可能也没有必要调整全部的亲属关系。关于法律调整的亲属范围，各国立法大体有两种做法：其一是概括限定的做法。这种立法模式是立法上概括规定亲属的范围，在法律规定范围之外的亲属关系，不为法律调整的对象。日本法即采这种做法；其二是非概括限定的做法。这种立法模式不是概括规定亲属的范围，而是在具体事项上分别规定亲属关系的效力。我国现行立法采取的即是这种做法。我国法未概括规定亲属的范围，而是在禁婚亲、扶养、亲属身份、亲属继承等事项上分别规定了亲属的效力。从我国现行法规定看，我国法调整的亲属关系主要是配偶和近亲属关系[①]，但个别情形下也包括其他的亲属关系，如我国法规定的禁止结婚的亲属就不限于近亲属，而包括直系血亲和三代以内的旁系血亲；再如继承法上规定的法定继承人也不限于近亲属。

（五）亲系和亲等

1. 亲系

亲系是指亲属之间的联络系统。这种联络系统的载体是这

[①] 近亲属为我国法上的概念，对于这一概念，学者多有不同意见。有的认为，这一概念并不准确，不应当使用，应以亲等来确定亲属的远近。因现行法仍使用近亲属的概念，因此，我们也就使用这一概念。但这不意味着近亲属的概念是准确的。

样或那样的血缘联系。① 狭义的亲系仅指血亲的联络系统；广义的亲系还包括姻亲的联络系统。除配偶外，亲属的亲系可依不同的标准进行不同的划分。亲系通常有以下两种分法。

（1）直系亲与旁系亲

根据亲属相互间是否有直接血缘联系为标准，亲系可分为直系亲与旁系亲。

① 直系亲是指相互有直接血缘联系的亲属，包括直系血亲和直系姻亲。

直系血亲包括己身所从出和从己身所出的两部分血亲，前者如父母、祖父母、外祖父母、曾祖父母、外曾祖父母；后者如子女、孙子女、外孙子女、曾孙子女、外曾孙子女。直系血亲除自然直系血亲外还包括法律拟制的直系血亲。如养父母与养子女、养祖父母与养孙子女。

直系姻亲包括己身晚辈直系血亲的配偶和配偶的长辈直系血亲。

② 旁系亲是指相互间不具有直接的而具有间接血缘联系的亲属。旁系亲包括旁系血亲和旁系姻亲。

旁系血亲相对于直系血亲而言，除直系血亲外，凡与己同出一源的血亲都为旁系血亲，如兄弟姐妹、叔伯姑舅姨、堂兄弟姐妹、表兄弟姐妹、侄子女。

旁系姻亲包括：旁系血亲的配偶，如兄嫂、弟媳、侄媳、侄女婿、叔伯母、姑夫、姨夫、舅母等；配偶的旁系血亲，如

---

① 马忆南:《婚姻家庭继承法学》（第三版），北京大学出版社 2014 年版，第 47 页。

妻之兄弟姐妹、夫的兄弟姐妹、叔伯姑等；配偶的旁系血亲的配偶，如妯娌、连襟、夫的叔伯母和妻的叔伯母等。

（2）父系亲与母系亲

根据相互间是通过男方还是女方的血缘关系联络为标准，亲系可分为父系亲与母系亲。

父系亲又称男系亲，是指以父方血缘即男方血缘关系为中介联系的亲属。如祖父母、叔伯姑、堂兄弟姐妹。

母系亲又称女系亲，是指以母方血缘即女方血缘关系为中介联系的亲属。如外祖父母、舅、姨、表兄弟姐妹。

2. 亲等

亲等是指计算亲属关系亲疏、远近的基本单位。亲等数越少，亲属关系越近；亲等数越大，亲属关系越远。国外在亲等计算上有罗马法与寺院法两种不同方式。

罗马法的亲等计算法是：计算直系血亲的亲等是从己身向上或向下，以一世代为一亲等，世代数即为亲等数；计算旁系血亲，首先从己身向上数到双方共同的直系长辈血亲，然后再从共同的直系血亲往下数至与己身计算亲等的对方，将两边的世代数相加所得即为亲等数。依罗马法的亲等计算法，计算直系姻亲和旁系姻亲的亲等，以配偶与对方的亲等为准。如子女为一亲等的直系血亲，儿媳、女婿就为一亲等的姻亲；伯、叔为三亲等的旁系血亲，伯母、叔母即为三亲等的旁系姻亲。

寺院法的亲等法在计算直系血亲的亲等上与罗马法的计算方法相同。在计算旁系血亲的亲等上，依寺院法计算法是，先从己身向上数至双方共同的直系长辈，然后再从对方向上数至双方共同的直系长辈，如果双方与共同的直系长辈血亲世代数相同，则以此数确定亲等数；若世代数不同，则依世代数大的一方确定其亲等。如兄弟姐妹为一亲等旁系血亲；叔伯姑与侄子女，舅、姨与外甥子女，为二亲等旁系血亲，堂兄弟姐妹、表兄弟姐妹也为二亲等旁系血亲。由于这种计算法往往不能准确反映旁系血亲间的亲疏远近关系，所以大多数国家不采用。

我国古代在亲属远近的计算上是以男系宗亲为中心的，不存在以计算世代数的数值来表现的纯粹意义上的亲等计算法，对亲属关系亲疏的测量，采取的是丧服制。有关人在死亡时某种范围的亲属应服何种程度丧的礼制上的规定即"服制"，起到代替亲等的作用。[①] 服的轻重，由应该穿着的丧服质地的精粗、裁缝样式和应该报丧的期间的长短这两方面划分为：斩衰三年；齐衰，分为三年、杖期（一周年）、不杖期（一周年）、五月、三月；大功九月；小功五月；缌麻三月。这些等级合在一起被称作五服（作为更轻一级的有袒免，但不算在正式的服之内）。以上等级中最重的是斩衰，本来是子为父、妻为夫所服的丧服。[②]

中华人民共和国成立后，自1950年《婚姻法》以来，法律上未明确规定亲等计算法，但婚姻法在规定禁止结婚的亲属上使用了世代计算法。如1950年《婚姻法》中规定"其他五代内的旁系血亲间禁止结婚的问题，从习惯。"1980年和2001年的《婚姻法》中都规定"三代以内的旁系血亲禁止结婚。"这里所称的"代"就是表示亲属关系亲疏远近的单位。

---

① 〔日〕滋贺秀三：《中国家族法原理》，张建国、李力译，商务印书馆2013年版，第29页。

② 参见：〔日〕滋贺秀三：《中国家族法原理》，张建国、李力译，商务印书馆2013年版，第30页。杨大文主编《婚姻家庭法》（第五版），中国人民大学出版社2012年版，第71页。

代是指世辈，一辈为一代。直系血亲的计算，是从己身算起，一辈即为一代。往上数父母为二代，祖父母、外祖父母为三代，曾祖父母、外曾祖父母为四代，……。旁系血亲的计算，是先找出同源直系血亲，按直系血亲的计算法，从己身往上数到同源血亲，记下代数；再从同源血亲往下数到要计算的旁系血亲，记下代数。如果两边的代数相同，即以此数定其代数；如果两边的代数不同，则取世代数大的一边定代数。如兄弟姐妹的代数计算，己身为一代，往上数到同源直系血亲父母为二代；从父母为一代，往下数到兄弟姐妹为二代，兄弟姐妹之间为两代以内的旁系血亲。计算自己与姨表兄弟姐妹的子女的代数，先找出同源直系血亲的外祖父母，己身为一代，往上数至母亲为二代，至外祖父母为三代，再从外祖父母往下数至姨表兄弟姐妹的子女为四代，因此，己身与姨表兄弟姐妹的子女为四代以内的旁系血亲。

这种以代数计算亲等的方法虽有简便之优，但更有不精确之劣。例如，按照世代计算法，己身与伯、叔、姑，与表兄弟姐妹同为三代旁系血亲，而事实上前者的关系比后者的关系亲近得多。因此，学者主张，在亲等的计算上，我们应当采取罗马法的亲等计算法。实际上，在中华人民共和国成立前各解放区制定的婚姻法上就采用罗马法的亲等计算法。如1942年胶东区临时参议会公布施行的《山东修正婚姻暂行条例》中就规定"八亲等以内之血亲，三亲等以内之姻亲，禁止结婚。"[1] 在民

---

[1] 参见王歌雅：《婚姻家庭立法研究》，黑龙江人民出版社2004年版，第55页。

法典编纂过程中,学者又重新提出亲等计算问题。有学者指出:在对民法典婚姻家庭编亲属通则建构时,应当采用当今世界通用的罗马法系亲等计算法。这既是新中国成立后的婚姻家庭立法与司法实践经验的总结,也是强化性别平等理念的重要法律规定,一方面,罗马法的亲等计算法依血缘的远近定亲等的多寡,合于情理,有利于准确限定亲属间权利义务关系;另一方面,除受宗教影响深远和立法传统等方面原因至今仍采用寺院法的亲等计数法的国家,世界范围内绝大多数国家的亲属法均采用罗马法亲等计算法。考虑到我国的司法实践标准亟待统一标准,应在直系血亲、旁系血亲的亲等计算后,进而明确拟制血亲与姻亲的亲等计算方法。① 最终,立法者未接受学者关于采取罗马法亲等计算法的建议,民法典在亲等的计算上仍沿用了原来的世代计算法,甚为遗憾。但是,罗马法系的亲等计算法在实务中仍是有现实意义的。

(六)近亲属的范围

近亲属是我国法上经常使用的概念,但何为近亲属?不同法律中的含义和范围并不相同。如《中华人民共和国刑事诉讼法》第 108 条第(六)项规定,"近亲属"是指夫、妻、父、母、子、女、同胞兄弟姐妹。原《民法通则》第 17 条中使用了近亲属的概念,但没有就近亲属做出具体解释。最高人民法院《关于贯彻执行〈中华人民共和国民法通则〉若干问题的意见(试

---

① 夏吟兰、李丹龙:《民法典婚姻家庭编亲属关系通则立法研究》,载陈苇等主编:《中国家事审判改革暨家事法修改理论与实务研究》,中国人民公安大学出版社 2018 年版,第 134 页。

行)》第12条解释,"民法通则中规定的近亲属,包括配偶、父母、子女、兄弟姐妹、祖父母、外祖父母、孙子女、外孙子女。"这一解释中所指近亲属范围显然不同于刑事诉讼法规定的近亲属范围。从最高人民法院的解释可见,在民事司法实务中,近亲属是指配偶以及直系血亲二亲等及旁系血亲三亲等以内的亲属,近亲属以外的亲属为其他亲属。这一解释没有将任何姻亲列为近亲属,也没有将其他如曾祖父母、曾孙子女等直系血亲包括在内。但是,《民法典》采纳了司法实务中对近亲属的解释,明确规定"配偶、父母、子女、兄弟姐妹、祖父母、外祖父母、孙子女、外孙子女为近亲属。"

在民法典编纂过程中,法典草案中曾经试图扩大近亲属的范围,全国人大常委会二次审议草案中曾规定"共同生活的公婆、岳父母、儿媳、女婿,视为近亲属。"这里的"视为"是一种法律推定,也就是说,公婆、岳父母、儿媳、女婿这种姻亲,只要共同生活,就属于近亲属。这种推定没有相反的事实是不可推翻。在2019年12月全国人大常委会第十次会议分组审议民法典各分编草案时,删除了"共同生活的公婆、岳父母、儿媳、女婿视为近亲属的规定"。对此有不同的意见。一种观点主张,应当保留草案的这一规定,公婆、岳父母、儿媳、女婿,虽然不是血亲而是姻亲,但是这些亲属都是非常重要的家庭成员,从现实生活看,在很多家庭里,公婆、儿媳等亲属与其他家庭成员长期共同生活或长期交往,已经建立了非常稳定亲密的关系,相互之间在监护、赡养、权利救济等方面都承担了重要责任。将上述姻亲纳入近亲属的范围,可以为人们提供更多的法律选择、更大的保障空间,符合现代家庭伦理关系的发展规律，符合民众的情感需求和权利保障需求，也符合进一步完善法律功能，提升法治能力的社会需求。① 另一种观点认为，规定"公婆、岳父母、儿媳、女婿视为近亲属"虽有一定道理，但却不符合法理。从法理上说，近亲属是具有法定的扶养权利义务的直系血亲，而姻亲并不具有法定的扶养义务，一般也不具有相互继承遗产的权利。因此，若规定"共同生活的姻亲视为近亲属"，则必须规定其相当于何种地位的近亲属，负有何种法定扶养义务和享有何种权利。但我国现行法中却没有规定姻亲的这些权利义务，只有继承法中规定丧偶儿媳、丧偶女婿在一定条件下享有继承权。法律不规定这些姻亲为近亲属，不影响其作为其他亲属可以享有的权利，也不会影响其在监护、赡养以及权利救济等方面承担的责任。《民法典》最终未规定可以推定的近亲属。

（七）家与家庭成员

1. 家庭的概念和构成

家、家庭是日常生活和法律上经常使用的概念。但在不同的场合，使用的"家""家庭"概念的含义并不完全相同。例如，"一家子"这里的家的范围就大不相同，可能是指一个家庭，可能是指一个家族，甚至可能指一姓之人或一族、一国之人。"我们都有一个家，它的名字叫中华"，这里的家含义最广；"我们是本家"，这里所指的家的范围较窄，指的是家族；而"舍小家，

---

① 参见李英锋：《民法典"近亲属圈"应留住姻亲》，载《北京青年报》2019年12月26日第A02版。

为大家"中的"小家"含义最狭窄,指的是小家庭。法律上家的含义则与日常所说的小家庭的含义差不多。古代罗马所称的家,是指家长权之下的一切人和物。罗马的家族,由家长、妻子、子女等成员构成。① 在我国古代,人们看重的是家,家不仅体现为经验性的家庭、家族,不仅是一个功能性的单位,一个集生产、教育、抚养赡养、医疗于一体的共同体,而且承载着重要的政治文化意涵。② 我国古代法上家也是人和物的结合。中国语所提到的家,可以说是意味着共同保持家系或家计的人们的观念性或者现实性集团,或者意味着支撑这个集团生活的财产总称的一个用语。③ 家是一定亲属的同居共财的生活状态。因此,家的构成包括家庭财产和家庭成员。家庭财产是家庭成员共同生活的物质基础,家庭成员是共同生活的亲属,家庭关系既包括财产关系,也包括身份关系。

现实生活中除"家"外,还经常使用"户"的概念。"户"通常是指户籍登记中的单位,但个体工商户、农村承包经营户中的户则另有特殊含义。家与户有时同一,如"一家一户""家家户户"中的家与户没有区别,但"家"与"户"并非同一概念,不为户的成员确可为家庭成员。也就是说,户籍登记中的家庭成员与实际中的家庭成员并不一定完全一致。在古代,同居共财是确定家庭成员的标准;在现代社会,家庭成员也可以同居不共财或者共财不同居。但是,家庭共同财产和家庭成员

---

① 参见周枏:《罗马法原论》(上册),商务印书馆1994年版,第129—130页。
② 冯雷:《传统法中的"家"观念及其当代价值》,载《人民法院报》2019年10月25日第5版。
③ 〔日〕滋贺秀三:《中国家族法原理》,张建国、李力译,商务印书馆2013年版,第60页。

仍是构成"家"不可或缺的要素。只有正确把握家庭财产和家庭成员的含义,才能较准确地理解家或家庭这一概念。

2. 家庭财产

家庭财产又称为家庭共有财产,在各国立法上有不同的做法。有的国家立法并未规定家庭财产,而有的国家立法明确规定了家庭共同财产。如《瑞士民法典》第336条规定:"家庭成员,得将继承的全部或部分遗产,使之与家庭相结合而继续作为家庭共同财产,或者集体其他财产,使之与家庭相结合而设立家庭共同财产。"该法典还就家庭共同财产的设立形式、存续期间、效力以及终止等作出具体规定。《魁北克民法典》中规定了家族财团,依该法典第415条规定,"家庭财团由一方或他方配偶所有的下列财产组成:家庭住宅或被授予的对此等住宅的使用权、布置或装饰此等住宅的动产和家用动产、用作家庭旅行的机动车辆及婚姻期间在退休保险名义下累积的利益。在养老保险中已作的偿付根据此等保险带来的累积利益以及为养老保险目的提供的得到承认的服务累积。""家庭财团也包括配偶各方根据魁北克养老保险法或类似计划在婚姻期间的已登记收入。"[①] 我国法上也使用了家庭财产的概念,但对于家庭财产的构成或范围未作具体规定。

严格说来,家庭财产与家庭共同财产的含义有所不同:家庭财产应既包括家庭成员的个人财产,也包括家庭成员的共同财产;而家庭共同财产仅指家庭成员共有的财产即"共财"。也

---

① 孙建江、郭站红、朱亚芬译:《魁北克民法典》,中国人民大学出版社2005年版,第52页。以下凡《魁北克民法典》条文均引自该版本。

有学者认为,家庭共同财产与家庭共有财产也有区别。家庭共同财产通常是指家庭共有财产的客体,而家庭共有财产是指全体或部分家庭成员共同生活关系存续期间,对共同所得和各自所得的财产约定为共同共有的共有权利义务关系。[①] 但一般对家庭共同财产与家庭共有财产不作区别,二者通用。

家庭共同财产具有以下特征:

(1) 家庭共同财产的存在是以家庭共同生活为前提的

家庭是特定亲属共同生活的基本单位,没有家庭共同生活也就不会有家庭共同财产。在古代,同居与共财是不可分的。在现代虽然同居并不一定共同生活,共同生活也并不一定共财,共财者也并非一定同居或共同生活。在一定意义上,现代的同居、共同生活更多地体现在观念上。但家庭共同财产是与家庭分不开的,共财者一定共同生活过,或者至少观念上认为是一家人。没有家庭的存在也就不会有家庭共同财产;家庭解体也就会发生家庭共同财产的分割,"分家""析产"二者是联系在一起的。

(2) 家庭共同财产的主体为家庭成员

关于家庭共同财产的主体有不同的观点。一种观点认为,家庭共同财产的主体为全体家庭成员,包括所有成年人和未成年人;另一种观点认为,家庭共同财产的主体为部分家庭成员。这两种观点都有一定的根据,也都有片面性。一般说来,家庭共同财产的主体既可以是全体成员,也可以是部分成员。这决定于两个方面:一是当事人的约定;二是法律的规定。通常家

[①] 参见杨立新:《家事法》,法律出版社 2013 年版,第 328 页。

庭共同财产是由家庭成员共同劳动所得和个人将其所得交由家庭所形成的，这种情形下形成的家庭共同财产的主体只能是对家庭共同财产的形成作出贡献的家庭成员，而不能是全体家庭成员。但是，家庭共同财产也可以是由其他渠道取得的，例如他人赠与家庭的财产，此种情形下形成的家庭共同财产的主体则为家庭全体成员包括未成年人和其他无劳动能力的人。家庭成员约定，其交给家庭的财产属于全体成员所有的，该约定也应有效。此种情形下形成的家庭共同财产的主体也为家庭全部成员。依《民法典》第56条规定，家庭经营的个体工商户的债务，以家庭财产承担。农村承包经营户的债务，以从事农村土地承包经营的农户财产承担；事实上由农户部分成员经营的，以该部分成员的财产承担。这里所指的用于清偿债务的家庭财产就是依据财产的来源来确定的家庭共同财产。但无论何种情形下，家庭共同财产的主体只能是家庭成员，不是家庭成员不能成为家庭共同财产的主体。

（3）家庭共同财产为共同共有的财产

家庭共同财产既可为家庭成员共同所得，也可为家庭成员个人所得而交给家庭的财产。家庭共同财产既可为全部家庭成员共同所有，也可为部分家庭成员共同所有。但不论何种情形下，家庭共同财产都为共有人共同共有，而不属于按份共有。因为家庭共同财产的主体对家庭共同财产享有的份额是不确定的、潜在的。除有特别重大理由外，在共同关系存续期间，共有人不得请求分割家庭共同财产。当然，共同关系消灭时，家庭共同共有关系也终止，"分家"为家庭共同关系的消灭，"析产"为家庭共同共有关系的终止。在分割家庭共同财产时，各共有人的份额并非一定均等,除当事人另有约定外,应依据各共有人对家庭共同财产形成所做出的贡献确定其份额。

3. 家庭成员

家庭成员是在同一家庭中共同生活的自然人。这里的共同生活不以共居为条件。

《民法典》第 1045 条第 3 款规定,"配偶、父母、子女和其他共同生活的近亲属为家庭成员"。依此规定,配偶、父母、子女为家庭成员的基本构成成员。除配偶、父母、子女外,其他近亲属作为家庭成员还须具备共同生活这一条件。也就是说,虽为近亲属但不是共同生活的亲属,也不为家庭成员。但是,是否不是近亲属的自然人就一定不能成为家庭成员呢?对此,有不同的观点。一种观点认为,除配偶、父母、子女外,只有共同生活的近亲属才为家庭成员,其他亲属不能成为家庭成员。另一种观点认为,除了近亲属以外,其他共同生活的亲属也可成为家庭成员。如《中华人民共和国保险法》第 31 条规定的投保人具有保险利益的人除配偶、父母、子女外还包括与投保人有抚养、赡养或者扶养关系的家庭其他成员、近亲属。上述两种观点都有一定的依据和道理。现实生活中的家庭成员构成,基本上是配偶、父母、子女和其他共同生活的近亲属。但是,现实中确也有例外,存在着除了近亲属以外的其他亲属也可为家庭成员的现象。比如,如果说以前"四世同堂"的不太多,那么现代社会中"四世同堂"者并非少见,现实中也确有曾祖父母与重孙子女及其他亲属在一起共同生活的,但曾祖父母与重孙子女不属于近亲属,若以此认为其不属于家庭成员未必合适。再如,有的父母死亡的侄子女与祖父母的子女等共同生活,侄子女不为近亲属，但在社会观念上并不否认其为家庭成员。应当看到，家庭成员与近亲属的范围可以是不一致的。如果说法律上规定近亲属的范围，是考虑到其相互间的法定扶养义务，那么，对于家庭成员，法律上仅规定"家庭成员应当敬老爱幼，互相帮助，维护平等、和睦、文明的婚姻家庭关系""禁止家庭成员间的虐待和遗弃"，而未明确其相互间法定的扶养权利义务。因此，除配偶、父母、子女及共同生活的近亲属外，其他一起共同生活的亲属也可以成为家庭成员。

第二章 结婚

一、结婚的含义和特征

（一）结婚的含义

结婚又称为婚姻的缔结、婚姻的成立，是指男女双方以结为夫妻共同生活为目的民事法律行为。结婚是婚姻制度的核心内容，因为，有结婚才会有夫妻关系的发生，有结婚也才会有离婚等制度。

结婚制度是个体婚制的产物，经历了漫长的发展变化过程。人类初期实行群婚制，无所谓结婚一说。只是从个体婚制以后才出现结婚问题。在个体婚的形成初期，有掠夺婚、有偿婚、无偿婚等各种形式。掠夺婚又称抢婚，是指男子以暴力掠夺女子为妻的结婚形式。有偿婚是须以付出一定代价作为结婚条件的结婚形式，包括买卖婚（男方以向女方交付一定数量的财物作为结婚条件的婚姻）、互易婚（男女双方父母各以其女交换为子之妻或者男子各以其姐妹交换为妻作为结婚条件的婚姻）、劳役婚（以男方为女方家庭服一定劳役作为结婚条件的婚姻）。无偿婚是指无须以付出一定代价作为结婚条件的婚姻，包括赠与婚（权力者或者父母将其可以支配的女子赠与他人为妻的婚姻）、收继婚（女子在其夫死后有义务在家族内部转房的婚姻，例如，兄死亡后弟收继其嫂子为妻的逆缘婚,姐死后妹继嫁姐夫为妻的顺缘婚)、强制婚(官府将罪人之妻女断配给他人为妻的婚姻)。欧洲中世纪许多国家和地区施行教会法,推行宗教婚,婚姻的缔结被视为"神的旨意",结婚有严格的条件和程序,当事人须事先按教规向教会报告并公告,在教堂由教职人员主持举办婚礼。自进入近代社会,在资产阶级"自由、平等、博爱"观念的影响下,结婚制度上开始确立了共诺婚。共诺婚是依双方的合意而成立的婚姻形式,婚姻就是一种契约。共诺婚的确立,是人类婚姻制度的根本性变革,使结婚成为当事人自主决定的事情,而排除他人的一切不法干涉。

(二) 结婚的特征

依我国现行法规定,结婚具有以下法律特征:

1. 结婚的主体为异性

尽管现代有的国家承认同性婚,但我国法尚不承认同性婚,因此,结婚的主体只能为异性。同性双方以共同生活为目的结合在一起的,不为结婚,不成立婚姻关系。

2. 结婚是双方以结为夫妻为目的的民事法律行为

结婚既为以结为夫妻为目的的民事法律行为,因此须有当事人双方结为夫妻的合意。也就是说,只有双方有结为夫妻的共同意思表示,婚姻才能成立。也正是在此意义上,有学者认为,婚姻的本质是契约。有的认为,婚姻体现自由、平等、正义、效益等契约的基本理念。[①] 至于结婚的男女双方的意思表示

[①] 参见丁慧、刘悦:《婚姻的契约属性与婚姻立法的价值选择》,载陈苇主编:《家事法研究》(2007年卷),群众出版社 2008 年版,第 4—7 页。

是否存在瑕疵,则不影响结婚行为的成立。所以,现代法上结婚仅须有当事人双方的合意,而无须有"父母之命,媒婆之言"。

3. 结婚是一种亲属身份法律行为

结婚的目的在于双方成为夫妻,夫妻关系是一种亲属身份关系。因此,结婚是以发生身份权利义务关系为目的的身份法律行为。结婚既为身份法律行为,也就要求当事人结婚的意思表示必须由本人亲自做出,而不能由他人代为做出,因此,结婚不能适用代理规则。同时,当事人结婚的合意必须以一定方式公示于众,以使他人知晓当事人之间形成的配偶身份。这也正是结婚须有一定仪式的原因。

4. 结婚须符合法律规定的条件

结婚的法律效果是婚姻关系的成立,而任何民事法律行为的有效即能发生当事人预期的法律后果,都必须符合法律规定的有效条件,结婚也不例外。结婚行为只有符合法律规定的条件,才能成立婚姻关系。

二、婚姻成立的要件

婚姻成立的要件是指婚姻成立的条件。关于婚姻成立的条件,主要有三种不同的分类:一是分为实质要件和形式要件;二是分为必备条件和禁止条件;三是分为公益要件和私益要件。婚姻成立的实质要件是相对于婚姻成立的形式要件而言的,既包括婚姻成立的积极要件又包括婚姻成立的消极要件。婚姻成立的积极要件是指婚姻成立或结婚必须具备的要件;婚姻成立的消极要件,是指婚姻成立或结婚禁止的条件。而所谓公益要件，是指与公共利益即社会公序良俗有关的条件，禁止结婚的条件即属之；所谓私益要件，是指与个人利益有关的条件。

（一）婚姻成立的实质要件

婚姻成立的实质要件包括以下三方面条件，前二者为婚姻成立的积极要件，后者为婚姻成立的消极要件。

1. 男女双方完全自愿

第一千零四十六条　结婚应当男女双方完全自愿，禁止任何一方对另一方加以强迫，禁止任何组织或者个人加以干涉。

本条规定了男女双方完全自愿为结婚的条件。

如前所述，我国法尚未承认同性婚，结婚只能是男女双方的行为，并且现代婚姻为共诺婚，婚姻当事人双方有着各自独立的人格，因此，结婚必须有当事人双方的合意。只有男女双方达成结婚的合意，婚姻才能够成立。婚姻当事人的男女双方做出的结婚的意思表示，必须是出自自己真实意愿的意思表示。按照民法总则的规定，如果民事法律行为的当事人的意思表示不自由、不真实，则当事人的效果意思是不能发生效力的。因此，结婚应是男女当事人双方完全自愿的真实的意思表示。自愿为结婚的条件，是由婚姻的本质决定的，也是维系婚姻稳定和婚姻关系和谐的基础和前提。

双方完全自愿结婚，要求当事人在结婚意思表示上不能附加任何条件和期限，因为如果在结婚意思表示上附加条件和期限就使结婚具有不确定性。双方完全自愿，一方面意味着结婚是双方的意愿，而不是一方的意愿；另一方面意味着不仅当事人一方不能将自己的意思表示强加给另一方，而且任何一方当事人结婚的意思也不受其他任何人、任何组织的干涉。

结婚要求男女双方完全自愿,是婚姻自由原则的当然要求和具体体现。自愿结婚,这是当事人的自由、当事人的权利,任何个人、组织对当事人结婚事宜的干涉都是违反婚姻自由原则的。需要指出的是,反对他人干涉并不等于不许可他人干预。干预与干涉是不同的。干预是干预者向当事人提出自己的建议、意见,但当事人是否接受该建议、意见则完全由当事人自行决定。而干涉是干涉者违法地强制当事人接受自己的意见或建议。因此,在现实生活中当事人的父母或者朋友等对其结婚提出建议和意见,这并不属于干涉当事人的婚姻自由,因为是否结婚最终只能决定于当事人的意愿,是否接受他人建议和意见完全是由当事人自主决定的。

2. 双方具有结婚能力

第一千零四十七条　结婚年龄,男不得早于二十二周岁,女不得早于二十周岁。

本条规定了结婚的年龄下限,实质是规定了结婚能力。男女结婚须达到法定婚龄,具有结婚能力。

结婚能力是指结婚的资格。结婚既是一种私人行为,也是一种社会行为。婚姻关系既具有自然属性,又具有社会属性。因为婚姻一经成立,当事人就要在一起共同生活,双方还要承担起人口生产的职能。婚姻"不仅仅是一种为了生养子女、传承生命的结合,还涉及个人的自我发展,追求个人幸福的问题,以及社会资源的分享和基本人际关系的认同。"[①] 因此,结婚的当

---

① 韩大元:《人的尊严、宽容和同性恋者权利的宪法保障》,载《法学论坛》2016年第3期。

事人须具有结婚能力。结婚能力是由法律规定的。法律规定结婚能力的根据，是当事人的年龄，因为自然人的发育成熟程度与年龄密切相关，只有达到一定年龄的男女才能认识到婚姻的价值和功能，可以准确地作出自己对婚姻的判断和选择，从而才能具有结婚能力。法律规定的结婚能力的这一年龄限制也就是法定的最低婚龄。当事人达不到法律规定的结婚年龄的，就不具有结婚的资格或能力。也就是说，男女只有达到法定的结婚年龄，才具有结婚能力，才可以结婚。法律规定结婚年龄的考量因素主要是以下两个：

其一是自然因素。自然因素是指人的生理和心理的发育规律。自然人只有达到一定年龄，即身心成熟达一定程度才具有结婚能力。因为男女结婚后婚姻双方要在一起过夫妻生活，如果不达到一定的身心成熟的年龄就结婚，会对未达到年龄的当事人一方的身心健康造成不利或者不良影响。

其二是社会因素。社会因素包括政治、经济、文化、宗教、习俗等各方面，其中主要是社会经济发展的程度。因为结婚男女组成家庭，将担负着生产和人类再生产的双重职能，而这两重职能的履行都决定于和影响着社会经济发展水平。如果确定的婚龄不合适，就将会影响到国家的生育政策和人力资源水平。

结婚能力也属于民事行为能力的范畴。关于结婚能力与民事行为能力的关系，各国法律有三种不同的立法例：一是对结婚能力与行为能力要求一致，结婚年龄与成年年龄相同。如依《瑞士民法典》第13条、第14条规定，已成年且有判断能力者，有行为能力；年满18岁者为成年。该法第94条规定结婚能力："结婚当事人，须年满十八岁且有判断能力。"二是对结婚能力的要求低于对行为能力的要求，结婚年龄低于成年年龄，但法律规定男女结婚的视为成年。如依《日本民法典》第4条规定，以年龄满20岁为成年。而《日本民法典》第731条规定，"男未满18岁，女未满16岁，不能结婚。"结婚年龄为男18岁，女16岁。三是对结婚能力的要求高于对行为能力的要求，结婚年龄高于成年年龄。我国现行法采取的是第三种立法例。

新中国成立后50年代的第一部《婚姻法》规定，男20岁，女18岁，始得结婚。也就是说，当时规定的法定婚龄为男20岁，女18岁。这与当时的社会情况是相适应的，也符合破除早婚、童婚的习俗和解放妇女的要求。到了20世纪70年代，我国人口的飞速增长也带来了一系列的社会问题，为遏制人口的过快增长，国家实行以控制人口增长为目的的计划生育政策。因此，1980年的《婚姻法》不仅规定计划生育为婚姻法的基本原则，还修改了50年代《婚姻法》规定的法定婚龄，将男女法定婚龄均提高了两岁，这一做法为2001年《婚姻法》所接受。2001年修订后的《婚姻法》第6条规定，"结婚年龄，男不得早于二十二周岁，女不得早于二十周岁。晚婚晚育应予鼓励。"这一规定，将法定婚龄提高到男22周岁，女20周岁，以适应提倡"少生少育"和"晚婚晚育"的计划生育政策。

因为法定婚龄是法律规定的结婚的最低年龄，婚龄的规定属于强制性规范，任何人不得违反。从各国关于婚龄的规定看，我国规定的结婚年龄是最高的，而且我国现今的人口增长的现状已与以前大不相同，有的地方已经出现负增长。因此，在编纂民法典过程中关于是否降低法定婚龄成了一个争议的问题。有学者主张应将法定婚龄恢复到男20岁、女18岁，以适应我国人口变化的社会需求。也有的认为，依年轻人现在的婚姻观念，主张晚婚者已经成为主流，降低法定婚龄对于鼓励生育也无多大意义，因此，主张不必降低法定婚龄。立法者最终接受了不修改婚龄的意见，《民法典》第1047条仍保留2001年《婚姻法》关于婚龄规定的条文，但删去原《婚姻法》中"晚婚晚育应予鼓励"的内容。这意味着国家不再鼓励"晚婚晚育"。

3. 禁止结婚的条件

第一千零四十八条　直系血亲或者三代以内的旁系血亲禁止结婚。

本条规定了禁止结婚的条件。

禁止结婚的条件又称结婚的消极条件、婚姻障碍，是指法律规定的不许可当事人结婚的情形。

从婚姻的实质和一夫一妻制原则看，已有配偶者不得结婚。法律禁止重婚，也就是禁止已有配偶者再与他人结婚，此属当然。除此之外，法律还根据论理、计划生育政策、医疗技术条件、婚姻当事人的身心健康等方面确定禁止结婚的情形。但各国法律规定的禁止结婚的条件并不相同。如有的规定，相奸者不得结婚；有的规定，女子在离婚或夫死亡后的一定期间内禁止再婚；有的规定，监护人与被监护人之间在监护期间禁止结婚。

我国1950年《婚姻法》第5条规定的禁止男女结婚的情形有三：一为直系血亲，或同胞的兄弟姐妹和同父异母或同母异父的兄弟姐妹。其他五代内的旁系血亲间禁止结婚的问题从习惯。二是有生理缺陷不能发生性行为。三是患有花柳病或精神失常未经治愈、患麻风病或其他医学上认为不应结婚之疾病。

该法对于禁止结婚的疾病是采取了列举加概括的方式规定。依20世纪80年代后的《婚姻法》规定，禁止男女结婚的情形有二：一是直系血亲和三代以内的旁系血亲；二是患有医学上认为不应当结婚的疾病。此时期的婚姻法将结婚的消极条件规定为禁止结婚的血亲和禁止结婚的疾病两项：一方面扩大了禁婚亲的范围，将禁婚亲的范围扩大到三代以内的旁系血亲；另一方面对禁止结婚的疾病采取概括规定，而不予列举。对于这两条禁止结婚的条件是否合适，也一直是有争论的。这是值得讨论的问题。

（1）关于禁婚亲

禁婚亲，是指法律规定禁止相互结婚的亲属。禁止一定范围内的亲属结婚，是自古就有的现象。如我国古代，"从宗族关系产生的最直接的而且是最基本的法律上的效果，就是同宗的男女不能缔结婚姻、不能把异宗的男子作为正规的养子这种所谓的同姓不婚、异姓不养的原则。"[①] 基于优生学和伦理道德，现代各国立法普遍规定禁婚亲，但禁止结婚的亲属范围并不一致。

禁止直系血亲结婚，是各国立法的通例。我国自1950年《婚姻法》起就一直明确地禁止直系血亲结婚，对此也是没有任何争议的。这里的直系血亲，不仅包括自然直系血亲，也应包括拟制直系血亲。

关于旁系血亲的禁婚范围，各国法律规定却不同，大体有三种立法例：一是禁止二亲等旁系血亲通婚；二是禁止三亲等

---

① 〔日〕滋贺秀三:《中国家族法原理》，张建国、李力译，商务印书馆2016年版，第35页。

以内的旁系血亲通婚;三是禁止四亲等以内的旁系血亲通婚。①我国法规定,三代以内的旁系血亲禁止结婚。

对于禁止"三代以内旁系血亲结婚"的规定是否合适,一直是有争议的问题。三代以内的旁系血亲包括:兄弟姐妹;叔、伯、姑与侄、侄女,舅、姨与外甥、外甥女;堂兄弟姐妹、表兄弟姐妹。禁止三代以内的旁系血亲结婚,不仅是禁止同一祖父母的堂兄弟姐妹结婚,而且还禁止姑表、姨表兄弟姐妹之间结婚。而在我国历史习惯上是允许和提倡三代之内的旁系姻亲属的表兄弟姐妹结婚的,姑表亲、姨表亲之间的婚姻称为中表婚,被认为是"亲上加亲",这种婚姻通常有利于家庭和谐。因此,我国1950年第一部《婚姻法》未禁止中表婚,其理由是禁止中表婚是没有必要的。1980年的《婚姻法》修改了1950年《婚姻法》的规定,将中表婚也规定为禁止的对象。1980年后的《婚姻法》之所以将中表婚也列为禁止婚的主要理由是近亲结婚不利于后代,因为表兄弟姐妹间的婚姻和其他近亲婚一样,男女双方容易具有相同的基因,并且会通过遗传贻害子女后代。因为针对1950年《婚姻法》中"其他五代内的旁系血亲间禁止结婚的问题,从习惯"这一规定,许多地方和部门均提出,旁系血亲间结婚,易将病态的基因遗传给后代,影响人口质量和民族健康,故要求在婚姻法中明确禁止近亲结婚。②所以,立法规定禁止中表婚。有学者认为,1980年《婚姻法》对中表婚的

---

① 杨大文主编:《婚姻家族法》(第五版),中国人民大学出版社2012年版,第87页。
② 王歌雅:《中国现代婚姻家庭立法研究》,黑龙江人民出版社2004年版,第216页。

禁止,是我国人民婚姻习俗的一大改革,对提高人口素质,保护民族健康具有十分重要的意义。①

但是,现代医疗技术是可以控制生育的。如果三代内的旁系姻亲属相亲相爱,而又决定不生育子女,双方结婚并不违反婚姻伦理,又何必确认婚姻无效呢?因此,有学者主张,对于"三代以内旁系血亲"禁止结婚的这一规定应予以修正,应当加一但书,即"三代以内旁系血亲禁止结婚,但表兄弟姐妹之间结婚的,从习惯。"但立法者未接受这一建议,《民法典》仍延续原《婚姻法》规定:直系血亲或者三代以内的旁系血亲禁止结婚。因此,表兄弟姐妹间仍是禁止通婚的。

除直系血亲和一定范围的旁系血亲外,有的国家还禁止一定范围的姻亲特别是直系姻亲结婚。我国法未规定禁止直系姻亲结婚。但在我国重身份、讲辈份的传统习俗下,不同辈份的姻亲间结婚也是违反亲属伦理,因此,多认为对于直系姻亲结婚应予限制。如,没有抚养关系的继父母与继子女结婚,父与媳结婚,女婿与岳母结婚,夫与妻侄女结婚等,就因为有悖于伦理,被视为乱伦,为人们反对。

(2)关于禁止结婚的疾病

我国1980年《婚姻法》将1950年《婚姻法》关于因疾病禁止结婚的规定修改为:"患麻风病未经治愈或患其他在医学上认为不应当结婚的疾病"者禁止结婚。为了保障禁止特定疾病患者结婚制度的落实,1994年的《婚姻登记管理条例》第9条

---

① 马忆南:《婚姻家庭继承法学》(第三版),北京大学出版社2014年版,第63页。

还规定：在实行婚前检查的地方，申请结婚的当事人，必须到指定的医疗保健机构进行婚前健康检查，向婚姻登记机关提交婚前健康检查证明。2001年在对1980年《婚姻法》修订时又将关于禁婚疾病的规定修改为"患有医学上认为不应当结婚的疾病"。

由于法律规定不能结婚的疾病，主要是考虑以下两方面的因素：一是当事人的婚姻生活，二是对后代健康的影响。因此，禁止结婚的疾病应是会影响当事人的性生活和危及对方、影响后代健康的疾病。但是，人们对于不能结婚的疾病的认识是在不断发展的。例如，艾滋病在从前不会被列入不应结婚的疾病，而现今就会列入不应结婚的疾病。这就使法律上禁止结婚的疾病具有不确定性。而现代社会中，一方面人们可以通过技术手段避免有关疾病遗传给后代和危及对方，另一方面人们结婚的目的并不只是为了传宗接代。因此，当事人即使患有某种不宜结婚的疾病，是否结婚也应由当事人自主决定，没有必要从法律上将患有某种疾病再作为禁止结婚的条件。正是基于以上因素，《民法典》未再将患有某种疾病作为禁止结婚的条件。因此，依《民法典》规定，患有疾病已经不是禁止结婚的条件。

（二）婚姻成立的形式要件

第一千零四十九条 要求结婚的男女双方应当亲自到婚姻登记机关申请结婚登记。符合本法规定的，予以登记，发给结婚证。完成结婚登记，即确立婚姻关系。未办理结婚登记的，应当补办登记。

本条规定了婚姻成立的形式要求。

婚姻成立的形式要件，也就是婚姻成立的程序要件，指的是法律规定的结婚必须履行的法定手续。男女双方结婚，不仅须具备法律规定的实质要件，而且还应具备法律规定的形式要件。符合结婚条件的男女双方只有履行了法律规定的程序，婚姻关系才能成立，也才会具有法律效力。

因为婚姻是一男一女的自愿结合，具有排他性，因此，婚姻成立的形式要件就是须以一定的法定方式将结婚的事实公示于众，以使他人知晓。在婚姻的公示方式上或者说婚姻的形式要件上，各国有不同的规定，大体有三种模式：一是以一定的结婚仪式公示婚姻的成立。这种婚姻被称为仪式婚。至于具体采用何种仪式，则又有不同：有以神职人员主持结婚仪式的宗教仪式；有以长辈主持结婚仪式的普通仪式；有以政府官员主持结婚仪式的官方仪式；还有的并不举行具体的结婚仪式而仅是于媒体上发布结婚的公告信息。二是以登记公示婚姻成立，登记为婚姻成立的要件，双方只有到婚姻登记机关进行结婚登记，婚姻才能成立。以登记为要件的婚姻称为登记婚。三是以登记与仪式相结合的方式公示婚姻的成立，结婚既要进行登记也要举行一定仪式。

从我国现实看，男女结婚时举行结婚仪式已为常态。但是，是否举行结婚仪式并不是决定婚姻是否成立的条件。举行结婚仪式既不是婚姻成立的必要条件，也不是婚姻关系的法定公示方式。依我国法规定，登记是婚姻成立的形式要件，也是公示婚姻的法定方式。在婚姻登记机关办理结婚登记是婚姻成立的必经程序。

1. 婚姻登记的机关和程序

依我国《婚姻登记条例》规定，内地居民办理婚姻登记的机关是县级人民政府的民政部门或者乡（镇）人民政府；省、自治区、直辖市人民政府可以按照便民原则确定农村居民办理婚姻登记的具体机关。由于办理登记的机关是政府机关，因此，结婚登记也就是公权力机关实施的一种行政行为。但是，这种行政行为是以发生民事法律后果为目的的，即结婚登记行为导致婚姻成立。结婚登记要经申请、审查和登记三个步骤。

（1）申请

申请是指由自愿结婚的男女双方亲自到一方的常住户口所在地的婚姻登记机关提出结婚申请。[①] 因为结婚是导致身份关系变动的法律事实，因此，结婚申请只能由结婚的男女双方共同亲自向登记机关提出，即共同向登记机关做出自愿结婚的意思表示。结婚申请不能仅由一方提出，也不能委托他人代理。按照国务院《婚姻登记条例》规定，办理结婚登记的当事人应出具规定的证件和证明材料。

办理结婚登记的内地居民应当出具下列证件和证明材料：①本人的户口簿、身份证；②本人无配偶以及与对方当事人没有直系血亲和三代以内旁系血亲关系的签字声明。

办理结婚登记的香港居民、澳门居民、台湾居民应当出具下列证件和证明材料：①本人的有效通行证、身份证；②经居住地公证机构公证的本人无配偶以及与对方当事人没有直系血

[①] 中国公民同外国人在中国内地结婚的，内地居民同香港居民、澳门居民、台湾居民、华侨在中国内地结婚的，男女双方应当共同到内地居民常住户口所在地的婚姻登记机关办理结婚登记。

亲和三代以内旁系血亲关系的声明。

办理结婚登记的华侨应当出具下列证件和证明材料：①本人的有效护照；②居住国公证机构或者有权机关出具的、经中华人民共和国驻该国使（领）馆认证的本人无配偶以及与对方当事人没有直系血亲和三代以内旁系血亲关系的证明，或者中华人民共和国驻该国使（领）馆出具的本人无配偶以及与对方当事人没有直系血亲和三代以内旁系血亲关系的证明。

办理结婚登记的外国人应当出具下列证件和证明材料：①本人的有效护照或者其他有效的国际旅行证件；②所在国公证机构或者有权机关出具的、经中华人民共和国驻该国使（领）馆认证或者该国驻华使（领）馆认证的本人无配偶的证明，或者所在国驻华使（领）馆出具的本人无配偶的证明。

（2）审查

审查是婚姻登记机关对当事人的结婚申请进行审核、查证，以确认当事人是否符合登记结婚的要求。婚姻登记机关应当对当事人出具的证件、证明材料进行审查并询问相关情况。审查是结婚登记程序的中心环节，登记机关应当依法认真审查，不得草率或无故拖延。

（3）登记

登记是婚姻登记机关经审查认为当事人符合结婚条件的，为当事人办理结婚登记，发给结婚证书。对于离婚后进行再婚登记的，登记机关还应当注销离婚证明文件。

按照《婚姻登记条例》第6条规定，办理结婚登记的当事人有下列情形之一的，婚姻登记机关不予登记：①未到法定结婚年龄的；②非双方自愿的；③一方或者双方已有配偶的；④属于直系血亲或者三代以内旁系血亲的;⑤患有医学上认为不应当结婚的疾病的。① 当事人认为符合结婚条件而登记机关不予登记的,可以申请登记机关复议;对复议决定不服的,可以依照行政诉讼法的规定向法院提起行政诉讼。

2. 婚姻登记的效力

依我国法规定,只有经登记机关办理结婚登记才能确立婚姻关系成立,结婚登记也就是婚姻成立的必要的形式要件。结婚登记的效力是确立婚姻关系,而不是确认婚姻关系。但对于结婚登记的效力是确立婚姻关系还是确认婚姻关系上,学者有不同的观点。一种观点认为,婚姻登记的效力应当是确认婚姻关系的成立,而不是确立婚姻关系,因为婚姻关系的成立不是基于登记而是基于当事人结婚的合意。依此观点,婚姻登记并非是婚姻关系成立的要件,婚姻登记应是婚姻效力的对抗要件。有学者指出,婚姻登记机关是行政机关,由行政机关来决定婚姻是否成立并不合适。由登记机关通过登记确立婚姻关系,如果婚姻登记机关登记错误给当事人造成损害,其是否应当承担国家赔偿责任呢?这是不能不考虑的问题。例如,甲用乙的身份证明与丙到婚姻登记机关进行结婚登记,登记机关未经实质审查,而办理了结婚登记,发给双方结婚证。后来乙自己办理结婚登记时,才发现自己已经与他人"结婚"。于此情形下,乙可否请求登记机关予以赔偿呢?于此情形下,是认定登记错误应予以更正登记呢?还是确认甲与丙的婚姻或乙与丙的婚姻无效呢?如确认丙与乙的婚姻无效,而实际上丙与乙之间根本就

---

① 该条例这一规定中的第(5)项已经不符合《民法典》的规定,应予以修改。

不存在婚姻关系。而如果确认甲与丙之间的婚姻成立，而结婚登记的又是乙和丙，二者不符。因此，为避免由婚姻登记确立婚姻成立带来的问题，有学者主张，婚姻登记应具有确认婚姻关系成立的效力而不应具有确立婚姻关系成立的效力。也就是说，婚姻登记应是婚姻关系的法定公示方式，结婚登记是婚姻具有对抗效力的要件，而不是婚姻成立的要件。也有的学者认为，婚姻登记作为婚姻关系成立的要件，对于保障婚姻自由、一夫一妻、男女平等等婚姻制度的实施，保护婚姻当事人的合法权益，都具有重要意义，应当坚持这一制度。在民法典编纂中立法者并未接受反对结婚登记具有确立婚姻效力的建议，仍延续以前《婚姻法》对结婚要求登记的规定。但《民法典》改变原婚姻法"取得结婚证，即确立夫妻关系"的规定为"完成结婚登记，即确立婚姻关系。"因此，依现行法规定，结婚登记为婚姻成立的形式要件，具有确立婚姻成立的效力。婚姻关系自完成结婚登记时确立，结婚证仅是证明婚姻成立的法律文书，并不是确立婚姻关系的根据。

依我国法规定，结婚登记不仅是婚姻成立的形式要件，还是婚姻关系的法定公示方式。只要当事人办理了结婚登记，双方的婚姻关系就成立。至于当事人是否举行其他结婚仪式，并不影响夫妻关系的确立；相反，只要当事人没有办理结婚登记，即便当事人举行了结婚仪式，法律也不认可双方婚姻关系的成立。

结婚证书是证明当事人具有合法夫妻关系的有效证明文件，因此，结婚证书遗失或者损毁的，当事人可以持户口簿、身份证向原办理婚姻登记的机关或者一方当事人常住户口所在地的婚姻登记机关申请补领，婚姻登记机关对当事人的婚姻登记档案进行查证，确认属实的，应当为当事人补发结婚证。

关于未依法定的方式办理的婚姻的效力，各国法规定不一。如依《魁北克民法典》第380条规定，未依规定举行并符合成立婚姻的要件的婚姻，可以因任何利害关系人的申请被宣告无效，但法院可根据相关情势决定婚姻的效力。除了违反公共秩序外，婚姻仪式举行之日起3年后不得提起任何此类诉讼。德国法关于结婚之形式要件采用登记婚主义，即结婚当事人须在户政人员面前为结婚之意思表示，经户政人员确认其结婚之意思后，始登记于结婚登记簿。如未为结婚登记，原则上不成立夫妻关系。但有补救措施，避免成为事实上之夫妻。例如，男女双方有结婚之意思，虽未为结婚之登记，但二人已共同生活满10年者，亦能创设夫妻之身份。

按照我国现行法规定，未办理结婚登记的，应当补办登记。补办登记是否具有溯及效力呢？法律没有规定。依《婚姻家庭编解释》第6条规定，男女双方依法补办登记后，婚姻关系的效力从双方均符合民法典所规定的结婚的实质要件时起算，而不是自登记之日起算。一直未办理结婚登记的，婚姻不成立。

（三）婚约

1. 婚约的概念和性质

婚约是指男女双方以结婚为目的而作出的事先约定。婚姻有广义与狭义之分。结婚是指狭义的婚姻成立。广义的婚姻成立包括订婚和结婚。订婚即订立婚约。从行为性质上说，婚约是以结婚为目的的预约。订立婚约的行为，是婚姻的预约行为，习惯上称为订婚。男女双方于订婚后即被称为未婚夫妻。

我国古代法上,婚约是结婚的必经程序,是婚姻成立的条件之一,没有婚约是不能结婚的。我国古代的婚约须有婚书,或者以聘礼为证。聘礼是男方给予女方,以聘女方之女为妻的礼物。女方接受聘礼,也就同意男女双方将来成婚,双方即达成婚约。

在近现代法上,基于婚姻自由和人格独立,订立婚约不再是婚姻成立的条件或必要程序。因此,关于婚约的性质和效力,也就有契约说、非契约说以及折中说等不同的观点。契约说认为,婚约即订婚契约是作为本约的结婚契约的预约,对婚约应当适用合同法的一般原则,尤其是关于双务契约的规定,违反婚约的责任是一种违约责任。非契约说认为,订婚只是一种事实,并不具有契约的性质。这种事实按照法律规定发生一定效力,因此违反婚约的责任是一种因侵权而发生的责任。折中说认为,婚约虽然是一种契约,但并不同于一般契约的预约,具有身份上的意义,因而与民法上的预约不同,法律不要求婚约必须履行,附加在婚约上的任何违约条款均无法律意义。[①] 上述三说,原则上以折中说为当。婚约是当事人之间的约定,当然为契约。但婚约不同于合同法上的合同(契约)、预约。婚约是关于以结婚为目的预约。而结婚为身份行为。现代法上身份行为不应也不能事先约定。况且,结婚只能是男女双方自愿的意思表示,而婚约往往还含有男女双方家长或者其他成员的意思。因此,婚约不具有结婚的约束力,当事人可以随时随意地解除

---

① 参见杨立新:《家事法》,法律出版社 2013 年版,第 83—84 页。

婚约，任何一方不能根据婚约要求对方须与之结婚。但是，婚约也不是完全没有任何效力，因婚约的订立和解除也会发生一定的法律后果，因为婚约中还会有涉及财产的内容。

尽管我国从立法上对婚约的效力没有作出规定，但是在现实生活中，仍然存在婚约，事实表明婚约仍有一定的存在必要性。从比较法上看，一些国家虽不承认婚约是结婚的要件，但仍对婚约作出规定。例如，《德国民法典》就以专节规定了婚约，该节共有五条，第1297条规定了当事人不得以婚约申请结婚和关于不履行婚约支付违约金的约定无效，第1298条规定了婚约解除的赔偿义务，第1299条规定了因他方有可归责事由而解除婚约，第1301条规定了赠与物的返还，第1302条规定了前三条所定之请求权的消灭时效的计算。《瑞士民法典》也以专节规定了婚约。《瑞士民法典》第90条规定，"1. 婚约，因结婚之允诺而成立。2. 未成年人，未取得其法定代理人同意而订婚者，不因订婚而负义务。3. 不得基于婚约诉请结婚。"第91条规定，"1. 婚约当事人一方，向他方给予赠与物者，除其属于礼俗上之偶然赠与外，在婚约解销时，得请求他方返还，但婚约因死亡而解销者，不在此限。2. 赠与物已不存在时，得依关于不当得利的规定，请求返还价额。"第92条规定，"婚约当事人一方，已为结婚而做善意准备者，在婚约解销时，得请求他方合理分担因准备结婚而支出的费用，但依其情事有违公平合理者，不在此限。"第93条规定，"基于婚约而产生的各项请求权，自婚约解销后，经过一年而罹于时效。"《奥地利普通民法典》第45条规定，"婚约或同意结婚的预先允诺，无论在何种情形下或以何种条件作出或接受，均不产生缔结婚姻的法律义务，双方当事人约定以解除或撤回结婚承诺之条件者,亦不产生应为约定给付的法律义务。"第46条规定,"婚约之一方,仅在他方无合理原因解除婚约时,始得请求他方赔偿因解除婚约而发生的实际损害,赔偿请求权人就实际损害,应负举证责任。"[①]

我国自1950年《婚姻法》就没有规定婚约。在1950年《婚姻法》颁布后,由于订婚习俗的影响,民间的婚姻行为常以订婚为前提,为引导群众正确对待订婚问题,中央人民政府法制委员会在1950年6月26日发布的《有关婚姻法施行的若干问题与解答》中指出,"订婚不是结婚的必要手续,任何包办的订婚,一律无效。男女自愿订婚者,听其订婚,订婚的最低年龄,男为19岁,女为17岁,一方自愿取消订婚者,得通知对方取消之。"1953年3月19日,法制委员会在《有关婚姻问题的解答》中再次指出,"订婚不是结婚的必要手续。男女自愿订婚者,听其订婚,但别人不得强迫包办。"可见,我国法对婚约的态度自始就是既不提倡,也不禁止,不承认婚约具有诉请结婚的法律效力。在民法典编纂过程中,有学者主张,民法典中应对婚约作出规定,以解决现实中对婚约效力的认识不同以及因婚约的解除等发生的纠纷。但立法者未接受这一建议,《民法典》中仍未规定婚约。

2. 婚约纠纷的处理

我国现行法律没有规定婚约,也未禁止订立婚约,而订婚现象又是现实中存在的,因此,从保障当事人的婚姻自由及各项合法权益上看,必须正确认识婚约的性质和处理因婚约引发

[①] 《奥地利普通民法典》,戴永盛译,中国政法大学出版社2016年版,第13页。

的纠纷。

婚约为一种民事法律行为，因此，婚约必须由当事人双方亲自订立且须双方的意思表示真实。因为，婚约是以结婚为目的预约，所以当事人不得有法定的婚姻障碍，如当事人双方有属于禁止结婚的亲属关系的，不得订立婚约。婚约与结婚不同，婚约不属于要式法律行为，当事人可以以各种形式订立婚约。婚约不具有法律强制执行力，当事人可以协商解除，也可以单方任意解除。有学者指出，婚约签订及履行过程中，往往呈现出违背当事人意思和借婚约索取财物的特点。违背当事人意愿的婚约主要包括：一是包办强迫女性的婚约；二是与被拐卖女性签订婚约；三是与未成年人签订婚约；四是与女性精神病患者、残障者等签订婚约。伴随婚约行为的习俗化，借婚约索取财物逐步被合理化、常规化。借婚约索取财物的特点主要包括：一是索取财物的主体为女性或女性家庭；二是索取财物的行为名义化、名称化、合情化、高额化，如各种名目的彩礼、改口费、置装费，等等；三是索取财物的原因多元化；四是索取财物的行为本质是女性的资源化、物质化和商品化；五是索取财物的行为后果是蔑视了女性的人格尊严、弱化了女性的婚约权益。① 根据婚约的上述特点以及发生纠纷的原因，处理婚约纠纷应坚持以下规则：

其一，婚约不具有履行效力。任何一方都不能以任何理由要求对方履行婚约结婚。一方或者双方都可以任意解除婚约，

---

① 详见王歌雅：《社会排挤与女性婚姻家庭权益的法律保障》，黑龙江人民出版社2019年版，第112—114页。

并不需要经过诉讼程序或者行政程序。

其二，婚约解除后，基于婚约而发生的财产赠与，接受财产的一方应予以返还。基于婚约而赠与的财产，也就是通常所说的彩礼。《婚姻家庭编解释》第 5 条规定，"当事人请求返还按照习俗给付的彩礼的，如果查明属于以下情形，人民法院应当予以支持:(一)双方未办理结婚登记手续的;(二)双方办理结婚登记手续但确未共同生活的;(三)婚前给付并导致给付人生活困难的。适用前款（二）、（三）项的规定，应当以双方离婚为条件。"实际上，就一般情形而言，接受彩礼的婚约当事人一方之所以应当返还彩礼，是因为给付彩礼是以结婚为目的的赠与。目的赠与的赠与目的不能达到的，赠与也就失效，赠与目的未达到而为的给付，可以构成不当得利。因此，收受彩礼的一方于双方最终实现结婚共同生活的目的落空后就应当返还彩礼，而不以其在不结婚上是否有过错为返还要件。如果双方已经结婚，则赠与目的实现，赠与也就有效，当然也就不存在返还彩礼问题。而现实中彩礼的情形是多样的。有的所谓彩礼是订约的男女双方基于订约自愿给予对方的礼物，属于一般的赠与，不应当返还。有的所谓彩礼实际属于借婚约而索取的财物，对于这种彩礼的返还问题自可依上述司法解释处理，在离婚时应予以返还。现实中有一种说法：提出解除婚约的一方，不能要求对方返还给付的财物；而对方可以要求提出解除婚约的一方返还，因为提出解除婚约的一方有过错。这种说法和认识是不对的。当事人在婚约订立后，非以结婚为目的而给予对方的财物，应属于一般赠与，可不予返还。对于借订婚为名，以赠送财物为诱饵玩弄女性，其给付的财物是为达到非法目的而自愿给付的，应按赠与物对待。无论何方提出解除婚约，该赠与物不予返还。对于借订立婚约而为买卖婚姻的财物，应当视为非法所得，应判决收缴国库。①

其三，对于解除婚约的赔偿请求应区别对待。由于婚约的存在，当事人双方有的会已经同居生活，有的会因期待将来结婚而未与他人谈恋爱，在一方提出解除婚约时，另一方会提出要求损害赔偿。对于基于解除婚约而请求赔偿青春补偿费、基于婚约约定的违约损害赔偿的，不应予以支持。因为这些损害赔偿责任不符合婚约的性质，不具有合法的请求权基础，且有悖于善良风俗。但是，由于一方的过错解除婚约并因此造成对方财产损害的，过错的一方应当予以赔偿，以补偿另一方因婚约解除受到的损失，例如，因一方毁弃婚约而造成对方因筹备结婚所支出的财产损失。这种损害赔偿的性质相当于侵权责任。②

其四，婚约期间的共同财产应按共有财产处理。婚约期间，当事人双方由于资金的共用、财物的合并以及共同投资等而产生的共同财产属于一般共有财产，而不属于夫妻共同财产。其共有财产的性质，依其约定；没有约定或者约定不明的，为按份共有。分割时，各当事人的份额，能够确定的，按照确定的份额分割；不能确定各自份额的，推定各当事人的份额均等，平均分割。

---

① 王歌雅：《社会排挤与女性婚姻家庭权益的法律保障》，黑龙江人民出版社2019年版，第115页。

② 参见杨立新：《家事法》，法律出版社2013年版，第86—87页。

三、婚姻成立的效力

第一千零五十条　登记结婚后，按照男女双方约定，女方可以成为男方家庭的成员，男方可以成为女方家庭的成员。

本条规定了婚姻成立的效力。

婚姻成立的效力也就是婚姻成立的法律后果。婚姻成立表示法律承认当事人男女之间存在婚姻关系，当事人双方互为配偶，双方可以依照约定一方成为另一方家庭的成员，双方亲属间发生姻亲关系。

婚姻成立不等于婚姻有效。关于婚姻成立的法律后果，各国有不同立法例：有的国家规定区分为有效婚姻和无效婚姻，如瑞士；有的国家规定区分为有效婚姻、无效婚姻和可撤销婚姻，如日本。我国法采取的是后一种立法例。我国现行法将已成立的婚姻区分为有效婚姻、无效婚姻和可撤销婚姻三种不同的情形，分别发生不同的法律后果。

有效婚姻，是指已经成立的符合法律规定的婚姻有效条件的婚姻。也就是说，有效婚姻是指完全符合婚姻实质要件和形式要件的婚姻。有效婚姻因符合法律规定的有效要件，法律承认当事人之间发生夫妻权利义务关系及其他亲属关系，任何一方当事人非经法定程序不得解除婚姻关系。

无效婚姻和可撤销婚姻，是指已经成立的但因不符合法定的婚姻有效要件而不能必然发生有效婚姻效力的婚姻。无效婚姻和可撤销婚姻一经确认无效或者被撤销，当事人间自始就不能发生夫妻关系及双方亲属的姻亲关系。

通常所说的婚姻成立的效力主要是指有效婚姻的效力。无效婚姻和可撤销婚姻虽不能够发生有效婚姻的法律效力，但当事人之间因结婚也会发生一定的其他法律后果。

四、无效婚姻和可撤销婚姻

（一）无效婚姻

第一千零五十一条 有下列情形之一的，婚姻无效：

（一）重婚；

（二）有禁止结婚的亲属关系；

（三）未到法定婚龄。

本条规定了婚姻无效的情形或原因。

1. 无效婚姻的概念和特征

无效婚姻，是指由于其根本不符合婚姻有效要件自始就不能发生婚姻法律效力的婚姻。

无效婚姻主要有以下特征：

（1）无效婚姻是已经成立的婚姻。无效婚姻不同于未成立的婚姻。未成立的婚姻是完全不具备婚姻成立的要件，法律根本就不承认其存在的婚姻。如果婚姻未成立，则不发生婚姻有效无效的问题。

（2）无效婚姻是不能发生有效婚姻的效力的婚姻。无效婚姻虽是已经成立的婚姻，但因其根本违反法定的婚姻有效要件，而不能发生有效婚姻的法律后果。这是其与有效婚姻的区别。无效婚姻不能发生有效婚姻的后果，并不意味着无效婚姻不发生任何法律后果，而仅是指发生不同于有效婚姻的法律后果。

（3）无效婚姻是自始就不能发生婚姻法律效力的婚姻。无效婚姻也不同于可撤销婚姻。可撤销婚姻在未被撤销前是有效的。可撤销婚姻最终是否有效,决定于婚姻当事人是否撤销。而无效婚姻不会因当事人的意思而有效,只要婚姻无效的理由存在,即使婚姻当事人主张有效,其他利害关系人也可以请求确认无效。

2. 无效婚姻的原因

关于婚姻无效的原因,各国或地区的立法规定不同。这与历史传统以及是否区分无效婚姻与可撤销婚姻有关。例如,《瑞士民法典》将无效婚姻区分为诉请无效无时间限制的无效婚姻和诉请无效有时间限制的无效婚姻。依《瑞士民法典》第105条规定,所缔结的婚姻,有下列情形之一者,为无效:一是结婚时夫妻一方已婚,且其前婚未因离婚或配偶死亡而解销者;二是结婚时,夫妻一方无判断能力,且其后始终未成为有判断能力者;三是夫妻间存在禁止结婚的亲属关系者;四是夫妻一方无成立婚姻生活共同体的意思,其目的仅在于规避关于外国人入境和居留之规定者;五是夫妻一方,非出于自愿而结婚者;六是夫妻一方为未成年者,但婚姻之继续有效对该未成年人具有决定性之利益者,不在此限。上述原因的无效婚姻属于诉请无效无时间限制的无效婚姻。该法第107条规定了诉请无效有时间限制的无效婚姻:夫妻一方,有下列情形之一者,得诉请宣告其婚姻无效:一是在结婚仪式时,因暂时原因而无判断能力者;二是因错误而办理结婚仪式者,包括无结婚的意思但因错误而办理结婚仪式,或者无与他方结婚的意思但因错误而与之办理结婚仪式;三是在他方作为婚姻当事人之重要资格上,受故意欺诈,因而缔结婚姻者。瑞士法所规定的诉请无效有时间限制的无效婚姻,在区分无效婚姻和可撤销婚姻的国家一般规定为可撤销婚姻。依《日本民法典》第742条规定:婚姻,仅限于下列情况,为无效:一是因错认人等其他事由,在当事人间本来没有结婚的意思;二是当事人未提出登记申请;但仅因登记申请欠缺第739条第2项规定的方式时,婚姻不因此而妨碍其效力。《日本民法典》在第474条、475条、476条及477条还分别规定了可撤销婚姻的婚姻撤销。

我国1950年《婚姻法》和1980年《婚姻法》都没有规定婚姻无效和可撤销制度。2001年修正后的《婚姻法》增设了婚姻无效和可撤销制度。该法第10条规定:"有下列情形之一的,婚姻无效:(一)重婚的;(二)有禁止结婚的亲属关系的;(三)婚前患有医学上认为不应当结婚的疾病,婚后尚未治愈的;(四)未到法定年龄的。"基于按照现行法律规定患有疾病不再为禁止结婚的事由,《民法典》也就不再规定患有医学上认为不能结婚的疾病为无效婚姻的原因,而保留了原《婚姻法》中规定的"重婚、有禁止结婚的亲属关系、未到法定婚龄"三种事由为婚姻无效的原因。因此,我国法上的无效婚姻包括三类,即有婚姻关系存在又成立的婚姻(重婚)、有禁止结婚的亲属关系的人缔结的婚姻、未到婚龄的男女缔结的婚姻。

从我国法规定看,无效婚姻是因欠缺从外观上就可以确定的婚姻的实质要件的婚姻。欠缺婚姻的形式要件即未经结婚登记的,除法律认可的事实婚姻外,为婚姻不成立,不属于无效婚姻。

在民法典编纂过程中,婚姻家庭编草案中还曾规定另外一种无效婚姻的类型,即:伪造、变造、冒用证件等方式骗取结婚登记的,为无效婚姻。对于骗取婚姻登记的婚姻是应作为无效婚姻还是可撤销婚姻,有不同的观点。有学者认为,骗取婚姻登记有两种情形:一是一方欺骗另一方,此种情形下,按照《民法总则》关于可撤销民事法律行为的规定,另一方有权撤销该婚姻;另一种情形是双方共同欺骗登记机关,于此种情形下,实际上可以说婚姻仅仅是不符合形式要件。若确认此种婚姻一般为无效婚姻,那么何人可以主张无效,又由何机关确认并宣告无效呢?从现实看,除当事人以外,其他人主张婚姻无效不会有多大意义,也就是说,其他人是不会主张婚姻无效的,只有婚姻登记机关会主张。而按照现行法规定,宣告无效婚姻的职权属于法院,作为行政机关的婚姻登记机关可以应当事人的请求撤销婚姻而不能宣告婚姻无效。因此,即使婚姻登记机关发现婚姻当事人双方骗取婚姻登记,也只能请求法院宣告婚姻无效。而如果规定骗取婚姻登记的婚姻为可撤销婚姻,则婚姻登记机关就可以自己撤销骗取登记的婚姻。可见,与其规定骗取婚姻登记的婚姻无效,不如规定为此种婚姻为可撤销婚姻。因为可撤销婚姻的撤销是由撤销权人行使撤销权的结果,且撤销权的行使是有期限限制的,可撤销婚姻也是可以由婚姻登记机关撤销的。而无效婚姻的确认是没有这种撤销权行使的除斥期间限制的。这样,如果在规定的撤销期间届满后婚姻登记机关发现当事人骗取婚姻登记,也不能撤销婚姻登记,该婚姻也就成为有效婚姻。由于伪造、变造、冒用证件等方式骗取结婚登记的情况比较复杂,各有不同,有的可能会构成重婚,有的可能是因当事人未达婚龄,有的可能是未取得结婚登记需要的证件等,概括性地规定此类婚姻无效并不合适。因此,《民法典》最终未增加这一类型的无效婚姻。

3. 无效婚姻的确认

无效婚姻属于无效民事法律行为。但因为婚姻确立的是身份关系，而非财产关系，因此，关于无效婚姻的确认不同于其他无效民事法律行为的确认。就一般无效民事法律行为而言，其无效是当然的，任何人都可以主张无效，且确认其无效也无时间限制。但对于无效婚姻是当然无效还是经确认无效，却是有不同的观点的。持无效婚姻经确认无效的观点主张，并不是任何人都可以主张或者要求确认婚姻无效的，且请求确认婚姻无效的请求权行使应是有时间限制的。从我国的司法实践看，我国司法实务上对无效婚姻是采确认无效说的。也就是说，无效婚姻也须经确认无效才是无效的，请求确认婚姻无效的主体和时间都是有限制的，并不是任何人在任何时间都可请求确认婚姻无效。

依《婚姻家庭编解释》第9条规定，有权依据法律规定向人民法院就已经办理结婚登记的婚姻请求确认婚姻无效的主体，包括婚姻当事人及利害关系人。利害关系人包括：（1）以重婚为由的，为当事人的近亲属及基层组织；（2）以未到法定婚龄为由无效的，为未达法定婚龄者的近亲属；（3）以有禁止结婚的亲属关系为由无效的，为当事人的近亲属。除婚姻当事人和利害关系人外，其他人无权诉请法院确认婚姻无效。当事人向人民法院请求婚姻无效的，在提起诉讼时，法定的无效婚姻情形已经消失的，人民法院不予支持。这也就是说，有权诉请确认婚姻无效的人，只有在无效婚姻的原因存在期间才有权提起诉讼；无效婚姻的原因已经不存在的，其请求确认无效的权利也就终止。这种情形主要是针对当事人结婚时未到法定婚龄的婚姻而言的。按照司法实务的做法，夫妻一方死亡或者双方死亡后一年内，生存一方或者利害关系人可以诉请确认婚姻无效的，在此期间内未提起诉讼请求的，以后不得再提起确认婚姻无效的请求。例如，重婚的婚姻当事人一方或者利害关系人可请求确认婚姻无效，但重婚的当事人一方死亡已经超过一年的，则不能再诉请确认婚姻无效。

婚姻的有效无效不仅对于婚姻当事人有重大利害关系，而且对于家庭和社会也有重大影响。因此，确认婚姻无效须经诉讼程序由法院为之。人民法院审理宣告婚姻无效案件，对婚姻效力的审理不适用调解，应当依法作出判决；有关婚姻效力的判决一经作出，即发生法律效力。涉及财产分割和子女抚养的，可以调解。调解达成协议的，另行制作调解书。对财产分割和子女抚养问题的判决不服的，当事人可以上诉。

既然无效婚姻只有经法院确认无效才能为无效，这就会产生这样一个问题：如果有权请求确认婚姻无效的当事人未请求确认无效，该婚姻是否有效呢？按照无效民事法律行为的一般原理，无效民事法律行为当然无效，因此任何人都可以主张无效，人民法院也可以依照职权确认其无效。而无效婚姻却不同。对于无效婚姻，只有法定有权请求确认无效的当事人，才有权请求确认婚姻无效。这是由婚姻为身份行为的性质决定的。从司法实务看，人民法院一般也不依职权宣告婚姻无效。《婚姻法家庭编解释》第11条第1款规定，"人民法院受理申请请求确认婚姻无效案件后，原告申请撤诉的，不予准许。"第12条规定，"人民法院受理离婚案件后，经审理确属无效婚姻的，应当将婚姻无效情形告知当事人，并依法作出确认婚姻无效的判决。"如此看来，人民法院只有在受理请求确认婚姻无效案件和离婚案件后，经审理所涉婚姻确属无效婚姻时，才会依职权主动确认婚姻无效。从无效婚姻经确认无效的后果看，无效婚姻在未被确认无效前，很难说就是无效的，更应为有效的。依《婚姻家庭编解释》第 20 条的规定，无效婚姻的自始无效是指无效婚姻在依法被确认无效时，才确定该婚姻自始不受法律保护。因此，无效婚姻在采确认无效说时，其法律后果与可撤销婚姻相似。也正因为如此，一些国家取消了关于无效婚姻的规定，而将无效婚姻归入可撤销婚姻。当然如上所述，也有的国家仅规定无效婚姻，而没有规定可撤销婚姻。

人民法院根据当事人的申请，依法确认婚姻无效的，应当收缴双方的结婚证书并将生效的判决书寄送当地婚姻登记管理机关。依《婚姻登记条例》第 16 条规定，婚姻登记机关收到法院确认婚姻无效判决书副本后，应当将该判决书副本收入当事人的婚姻登记档案。

（二）可撤销婚姻

第一千零五十二条　因胁迫结婚的，受胁迫的一方可以向人民法院请求撤销该婚姻。

请求撤销婚姻的，应当自胁迫行为终止之日起一年内提出。

被非法限制人身自由的当事人请求撤销婚姻的，应当自恢复人身自由之日起一年内提出。

第一千零五十三条　一方患有重大疾病的，应当在结婚登记前如实告知另一方；不如实告知的，另一方可以向人民法院请求撤销婚姻。

请求撤销婚姻的，应当自知道或者应当知道撤销事由之日起一年内提出。

以上两条规定了可撤销婚姻。

1. 可撤销婚姻的概念和特征

可撤销婚姻是指外观上符合婚姻成立的实质要件但实际上不符合婚姻成立的实质要件,依法享有撤销权的当事人可以请求撤销该婚姻关系的婚姻。

可撤销婚姻具有以下特征:

(1)可撤销婚姻是已成立的不符合婚姻实质要件的婚姻。未成立的婚姻不存在可撤销问题。已成立的婚姻如外观上就可以确定不符合婚姻实质要件,则该婚姻为无效婚姻。只有从外观上看是符合有效婚姻的要件但实质不符合婚姻要件的婚姻,才属于可撤销婚姻。例如,婚姻当事人存在结婚障碍的,从外观上就可以确定这一事实,该婚姻就属于无效婚姻,而不属于可撤销婚姻。能否从外观上就确定其是否符合婚姻成立的实质要件,是可撤销婚姻与无效婚姻的区别的重要标志。也正因为可撤销婚姻从外观上是符合结婚条件的,因此,可撤销婚姻自成立时为有效婚姻,而不能确认为无效婚姻。

(2)可撤销婚姻是不符合双方当事人完全自愿的实质要件的婚姻。有效婚姻的实质条件之一是当事人须完全自愿。可撤销婚姻之所以可以撤销,就是因为它不符合双方当事人完全自愿的这一实质要件。而婚姻当事人双方是否完全自愿,只有当事人自己清楚,其他人从外观上是不能确定的,因而只有婚姻当事人可以请求撤销已成立的婚姻。

(3)可撤销婚姻的可撤销权人为婚姻当事人,而不是其他人。有权撤销婚姻的当事人可以自己或者通过其代理人申请撤销婚姻。但除婚姻当事人外，其他任何人或者组织都无权撤销婚姻。法院也不得依职权主动撤销婚姻。而无效婚姻的当事人和利害关系人都可以诉请确认婚姻无效，并且法院于一定情形下也可以依职权确认婚姻无效。

（4）可撤销婚姻的当事人行使撤销权是有时间限制的，在撤销权行使期间届满后，当事人不能再撤销婚姻，而无效婚姻的确认无效申请并没有这种期间限制。

（5）可撤销婚姻在撤销前是有效的，但一经撤销也就可溯及成立时起无效，不能发生有效婚姻的法律后果。这也是可撤销婚姻与有效婚姻的一个根本区别。

2. 可撤销婚姻的类型

关于可撤销婚姻的类型，各国法规定不一。依我国《民法典》规定，可撤销婚姻有以下两种类型：

（1）受胁迫的婚姻

受胁迫婚姻是在原2001年修订的《婚姻法》中就规定的可撤销婚姻。所谓的胁迫，是指行为人以给另一方当事人或者其近亲属的生命、身体健康、名誉、财产等方面造成损害为要挟，迫使另一方当事人做出违背真实意愿的意思表示。受胁迫的婚姻之所以为可撤销婚姻，是因为一方以胁迫的手段将结婚的意愿强加给另一方，另一方因受胁迫违心地被迫同意结婚。这种婚姻违反了婚姻自由原则，因此，法律赋予受胁迫的当事人一方可以撤销婚姻的权利。

构成受胁迫婚姻的条件有二：

其一，婚姻的当事人一方受到胁迫。至于胁迫是来自对方还是来自第三方，则应在所不问。通常情形下，受胁迫婚姻是一方当事人对另一方进行胁迫的结果,但也可能是一方受到来自第三人的胁迫。因此,男女一方受到对方胁迫结婚的,当然可构成受胁迫婚姻;即使男女一方不是直接受对方胁迫而是受第三方胁迫结婚的,也可构成受胁迫婚姻。

其二,受到胁迫的当事人一方因受胁迫而违心地同意结婚,双方结婚是一方受到胁迫的结果。如果当事人一方虽受到胁迫,但其结婚也是其内心的真实意愿,与受胁迫没有关系,那么,双方的婚姻则不构成受胁迫婚姻。

(2)患有重大疾病的一方违反如实告知义务的婚姻

如前所述,原《婚姻法》规定"患有医学上认为不应当结婚的疾病"为禁止结婚条件,《民法典》没有再将"婚前患有医学上认为不应当结婚的疾病,婚后尚未治愈的"作为无效婚姻的情形,而规定"一方患有重大疾病的,应当在结婚登记前如实告知另一方;不如实告知的,另一方可以向人民法院请求撤销婚姻。"因此,患有重大疾病而于婚前未如实告知对方的婚姻,也属于可撤销的婚姻。构成这一类型的可撤销婚姻的条件有三:

其一,一方患有重大疾病。这里的"重大疾病"包括哪些疾病呢?对此有不同的认识。一种观点认为,这里的重大疾病,就是指医学上认为不应当结婚的疾病。另一种观点认为,这里的重大疾病应是指会严重影响婚后生活质量的疾病。后一种解释更符合要求。因为一方面医学上认为不应当结婚的疾病本身难以界定,另一方面是否影响婚后生活决定于当事人的主观判断,正是基于这种主观判断,当事人才会要求撤销婚姻。因此,虽然一方患有重大疾病是客观存在的,但对于对方当事人来说,只要自己认为该疾病不属于会影响婚后生活的重大疾病,也就不会要求撤销婚姻。

其二，患有疾病的一方于结婚前未履行告知义务。一方患有疾病本属于自己的隐私，可以不让他人知晓。但因为一方患有重大疾病会影响婚后的生活质量，而结婚是以共同生活为目的的，婚后双方要共同生活，为保障婚后的幸福和和谐，当事人双方婚前相互应充分了解对方的健康状况，从法理说，患有重大疾病的一方应诚实地告知对方，以使对方了解真相，另一方对一方是否患有重大疾病应当享有知情权。因此，患有疾病的一方负有告知义务，应当在结婚前将其病情如实告知对方。这里的"如实告知"义务，是主动告知的义务还是被动告知的义务呢？如果为主动告知义务，则不论对方是否要求告知，患病的当事人一方都应当如实告知，否则即为违反告知义务。如果为被动告知义务，则只有对方当事人要求告知时，患病的当事人一方才有如实告知的义务；若对方未要求告知，则患有疾病的一方未如实告知患病的事实，并不构成告知义务的违反。从本条的立法目的看，这里的如实告知义务应当是主动告知义务。也就是说，不论对方是否要求告知，患有重大疾病的当事人一方都应当将其病情如实告知对方，否则即为违反告知义务。患有重大疾病的一方应主动如实告知，这也是为维护婚姻关系，遵行双方应当互相忠实的行为规则的要求。

其三，因一方违反告知义务，导致另一方在对其健康状况发生错误认识基础上而结婚。也就是说，如果另一方知道一方患有重大疾病，则不会同意与其结婚。如果患有疾病的一方未主动告知其患病情况，另一方不知道其病情，错误地认为其身心健康，正是基于这种错误认识而同意结婚，则另一方同意结婚的意思表示属于重大误解的意思表示。如果另一方当事人要求患病当事人一方告知其情况（如询问其是否患病）而患者未如实告知的，患有疾病的一方未如实告知属于隐瞒真实情况，构成欺诈，则另一方因信其身心健康而同意结婚的意思表示属于受欺诈的意思表示。可见，无论患有疾病的一方未如实告知患有严重疾病的情形如何，另一方结婚的意思表示都不是其真实意思表示，这种婚姻违背了当事人的真实意愿，违反婚姻自由原则，因此，也属于可撤销婚姻。如果一方即便知道对方患有重大疾病仍真心地同意结婚，也就不会要求撤销婚姻。

3.可撤销婚姻的撤销权

（1）撤销权主体

可撤销婚姻的撤销权，是指可以要求撤销婚姻的权利。享有撤销权的主体，依据可撤销婚姻的可撤销原因不同而不同。

受胁迫婚姻的撤销权主体为受胁迫的一方当事人。因为当事人间已经成立的婚姻是否为受胁迫的婚姻，也就是当事人是否是因受胁迫而结婚的，只有婚姻当事人最清楚，即便在结婚之时一方受到他方的胁迫，但其后当事人一方是否愿意与他方确立婚姻关系，也只有当事人自己有权决定。因此，是否撤销已成立的婚姻完全决定于受胁迫一方当事人自己的意愿，只有受胁迫婚姻的受胁迫的一方当事人才有权请求撤销其婚姻。《婚姻家庭编解释》第18条第2款规定，"因受胁迫而请求撤销婚姻的，只能是受胁迫一方的婚姻关系当事人本人。"即使受胁迫的一方当事人处于被非法限制人身自由的状态，他人也不能请求撤销其婚姻，只能由该当事人在恢复人身自由后自行请求撤销婚姻。

因患有重大疾病一方未履行如实告知义务的可撤销婚姻,可申请撤销婚姻的主体为患病者的对方当事人。因为对方当事人是否因一方患有重大疾病而不愿意结婚,其结婚的意愿是否受一方患病的影响,完全决定于该当事人自己。因此,除患有疾病者的对方当事人外,其他任何人都不可申请撤销该婚姻。

(2) 撤销权的行使期间

可撤销婚姻的撤销权属于形成权。形成权的行使是有期限的。形成权的行使期间为除斥期间,除斥期间为不变期间,不存在中止、中断和延长。

受胁迫婚姻一方行使撤销权的期间为一年,该一年的期间自胁迫行为终止之日起算。被非法限制人身自由的当事人请求撤销婚姻的,其请求权的行使期间也为一年,自其恢复人身自由之日起算。

因一方违反未告知患有重大疾病的义务而撤销婚姻的,当事人请求撤销婚姻的请求权行使期间为一年,自撤销权人知道或者应当知道撤销事由之日起计算。

(3) 可撤销婚姻的撤销权行使的程序

可撤销婚姻的撤销权,须经司法程序行使。也就是说,撤销权人只能向法院提起诉讼,请求法院撤销可撤销的婚姻。

原《婚姻法》第11条规定,受胁迫婚姻的受胁迫一方行使撤销权撤销婚姻的,其申请撤销婚姻的请求,既可以向婚姻登记机关提出,也可以向人民法院提出。在民法典编纂中,法典草案也仍沿用《婚姻法》的规定。在讨论中,有学者指出,受胁迫婚姻的撤销也应经诉讼程序,因为婚姻登记机关难以确定当事人间的婚姻是否为受胁迫婚姻。《民法典》最终接受了这种意见,规定"受胁迫一方可以向人民法院请求撤销婚姻"。而不可再向婚姻登记机关申请撤销婚姻的。

对于一方患有重大疾病未如实告知对方的,对方请求撤销婚姻的,法典草案中一直规定只能经司法程序行使撤销权。因为一方患有的疾病是否属于重大疾病,是婚姻登记机关难以审查的,只能由法院依法认定。

按照法律规定,无论是受胁迫婚姻,还是一方患有重大疾病未告知另一方的婚姻,有权撤销婚姻的当事人请求人民法院请求撤销婚姻的,人民法院应当立案审理。法院经审理认定确实具有婚姻可撤销事由的,应当依法作出撤销涉诉婚姻的判决。人民法院审理当事人请求撤销婚姻的案件,应当适用简易程序或者普通程序。

人民法院受理撤销婚姻的请求后,应查明事实真相,如婚姻确实有可撤销事由,应当依法撤销婚姻。人民法院依法判决撤销婚姻的,应当收缴双方的结婚证书,并将生效的判决书寄送婚姻登记机关。婚姻登记机关收到法院撤销婚姻的判决书副本后,应当将该判决书副本收入当事人的婚姻登记档案。

五、婚姻无效和被撤销的法律后果

第一千零五十四条 无效的或者被撤销的婚姻自始没有法律约束力,当事人不具有夫妻的权利和义务。同居期间所得的财产,由当事人协议处理;协议不成的,由人民法院根据照顾无过错方的原则判决。对重婚导致的无效婚姻的财产处理,不得侵害合法婚姻当事人的财产权益。当事人所生的子女,适用本法关于父母子女的规定。

婚姻无效或者被撤销的，无过错方有权请求损害赔偿。

本条规定了婚姻无效或者被撤销的法律后果。

婚姻无效或者被撤销的，自不能发生有效婚姻的法律效力，但会发生其他的法律后果。婚姻无效或者被撤销发生的法律后果包括对当事人的法律后果和对子女的法律后果两个方面。

（一）对当事人的法律后果

对于婚姻当事人来说，无效婚姻或者被撤销的婚姻自始就不能发生婚姻的效力。但是，这里所谓的"自始就不能发生婚姻效力"，并不是指婚姻从一开始就当然地无效。依《婚姻家庭编解释》第20条规定，这里所规定的自始无效，"是指无效婚姻或者可撤销婚姻在依法被确认无效或者被撤销时，才确定该婚姻自始不受法律保护。"也就说，无效婚姻或者被撤销的婚姻是自婚姻被确认无效或者被撤销之日起才溯及成立之时无效的，在未被确认无效或者撤销之前，任何人不能否认婚姻登记的效力。最高人民法院民事审判庭《关于贯彻执行最高人民法院〈关于人民法院审理未办理结婚登记而以夫妻名义同居生活案件的若干意见〉有关问题的电话答复》（〔90〕法民字11号）中指出，关于"一方或双方隐瞒结婚年龄以及隐瞒近亲属关系骗取结婚证，现一方提出离婚，是作为非法同居关系、事实婚姻关系还是作为登记婚姻处理的问题，我们认为：非法同居关系、事实婚姻关系是未办理结婚登记即以夫妻名义同居生活。隐瞒结婚年龄以及隐瞒近亲属关系骗取结婚证后，一方要求离婚的案件，不符合非法同居关系或事实婚姻关系的构成特征，因此不能按非法同居关系或事实婚姻关系对待，而应作为登记婚姻按《最高人民法院关于判决离婚的若干具体规定》第四条和其他有关规定处理。"但也有学者指出，对于重婚关系的效力，应规定为不经宣告自成立时起即自始、当然、绝对无效。因为如果重婚的当事人自身或者利害关系人为了自己的利益或基于某种原因而未向人民法院提出宣告婚姻无效的申请，法院在客观上就无法启动法律程序，其后果必然造成重婚关系"自然"地长期存在，这不但是对法律和婚姻家庭伦理秩序的蔑视和挑战，也会对公民产生错误的导向。①

由于婚姻无效或者被撤销在当事人间不发生婚姻的效力，因此，对于当事人之间的人身关系和财产关系不能适用有关夫妻的人身关系和财产关系的规定。

其一，在当事人之间的身份关系方面，当事人不具有夫妻权利和义务。婚姻有效，当事人之间确立夫妻关系，并且与对方亲属形成姻亲的亲属关系。婚姻无效或者被撤销，当事人之间确立亲属身份关系的法律事实也就不存在，因此，当事人不为配偶，相互之间不发生夫妻关系的权利义务，也不发生因婚姻引发的亲属间的权利义务，一方与另一方的血亲及其配偶不发生姻亲关系。

其二，在当事人之间的财产关系方面，当事人之间需分割同居期间所得的共同财产。婚姻无效或者被撤销的，当事人之间不具有夫妻关系，而形成同居关系。当事人同居期间所得的

---

① 吴国平：《论民法典中无效与可撤销婚姻制度的立法构建——以台湾地区相关立法为借鉴》，载《海峡法学》2017年第1期。

财产，不适用法律有关有效婚姻夫妻财产制的规定，除有证据为当事人一方所有的以外，推定为双方的共同财产。对于同居期间的共同财产，当事人有协议的，按协议处理；当事人协议不成的，由人民法院判决分割。人民法院判决分割共有财产时，应遵循以下原则：一是应照顾无过错一方，即应让对婚姻无效或者被撤销有过错的一方承担不利的后果；二是对重婚导致的无效婚姻的财产处理，不得损害合法婚姻当事人的财产权益。《婚姻家庭编解释》第16条规定，"人民法院审理重婚导致的无效婚姻案件时，涉及财产处理的，应当准许合法婚姻当事人作为有独立请求权的第三人参加诉讼。"准许合法婚姻当事人作为有独立请求权的第三人参加诉讼，就是为了保护其财产权益不受损害。

（二）对子女的法律后果

婚姻无效或者被撤销的，在当事人间不发生夫妻权利义务，但不影响父母子女间的权利义务关系。因为父母子女间的关系是基于血缘关系发生的，尽管无效婚姻或者可撤销婚姻在被宣告或者被撤销后就自始不发生效力，但这不会改变父母子女间的血缘关系，因此，无效婚姻或者被撤销婚姻的当事人所生的子女适用法律关于父母子女的规定。婚姻无效或者被撤销的当事人应就子女的抚养问题达成协议，协议不成的，应由法院就子女的抚养问题作出判决。父母对未成年子女有抚养的义务，子女成年后对父母也负有赡养的义务，双方互有继承遗产的权利。

（三）过错方的赔偿责任

民事法律行为无效或者被撤销的，有过错的一方应当赔偿对方所受损害。婚姻为一种身份法律行为,因此,婚姻无效或者被撤销的,无过错方有权请求损害赔偿,过错方应当承担损害赔偿责任。这里所谓的过错,是指导致婚姻无效或者被撤销的过错。如,婚姻因重婚而无效的,重婚的当事人为过错方;再如,婚姻因胁迫结婚而被撤销的,胁迫一方为过错方。无过错方有权请求赔偿的损害既包括财产损害(如结婚所花去的费用),也包括精神损害(如身份利益、人格利益上的损失)。但当事人非因婚姻无效或者被撤销所受损害不在赔偿范围之内。

六、事实婚姻

(一)事实婚姻的含义与特征

对于事实婚姻概念的界定,主要有广义说与狭义说两种观点。广义的事实婚姻说认为,事实婚姻又称非法律上的婚姻,指的是男女未办结婚登记,便以夫妻名义共同生活,群众也认为其是夫妻的两性结合。它是基于现实所生的结合关系,无须要求具备婚姻的实质要件。狭义的事实婚姻说认为,事实婚姻是指符合结婚实质要件的男女,未进行结婚登记便以夫妻关系同居生活,群众也认为是夫妻关系的两性结合。[1] 狭义说更符合司法实务的现实做法。

事实婚姻是指没有配偶的男女双方未经结婚登记而以夫妻名义共同生活,且社会公众也认为其为夫妻的婚姻状态。事实

---

[1] 马忆南、高庆:《改革开放三十年中国结婚法研究回顾与展望》,载陈苇主编:《家事法研究》(2008年卷),群众出版社2009年版,第39页。

婚姻是相对于法定婚姻而言的。法定婚姻不仅具备婚姻的实质要件，而且也具备婚姻的形式要件；而事实婚姻仅具备婚姻的实质要件，而不具备婚姻的形式要件。也就是说，事实婚姻是欠缺结婚的法定形式要件的婚姻。①

事实婚姻主要具有以下法律特征：

其一，事实婚姻的主体为没有配偶的男女。

已有配偶的男女与他人以夫妻名义共同生活的，会构成事实重婚，而不属于这里所说的事实婚姻。如果是同性之人在一起共同生活或者以"夫妻"名义共同生活，也不属于事实婚姻，有的国家法律上称此种关系为同性伴侣。②

其二，事实婚姻的当事人以夫妻名义共同生活，且具备婚姻的实质要件。

婚姻的实质要件不仅须当事人为男女双方，双方均具有结婚能力，不存在禁止结婚的条件，且当事人须是自愿的，以结为夫妻共同生活为目的。事实婚姻必具备婚姻的实质要件，即

---

① 梁慧星主持的《中国民法典草案建议稿》第1737条规定"男女未办理结婚登记即以夫妻名义同居生活的，为事实婚姻关系。""事实婚姻关系，符合本章各项结婚实质要件的，可以补办结婚登记，成为有效婚姻。"依起草者说明，事实婚姻的构成要件是：（1）未办理结婚登记；（2）以夫妻名义同居生活。一方或者双方是否有配偶，不影响事实婚姻的成立。但一方或者双方有配偶，将构成事实重婚，自不待言。见《中国民法典草案建议稿附理由·亲属编》，法律出版社2013年版，第56—57页。但该建议稿并未明确规定事实婚姻的效力。而依其第2款的规定，事实婚姻补办结婚登记的，成为有效婚姻。若从反面解释，未补办登记的事实婚姻则不属于有效婚姻。

② 德国于2001年2月16日公布《同性登记伴侣法》，并于同年8月1日实施。其后自2002年至2014年进行多次修正。此法一经施行后，意谓德国在传统一男一女所结合之婚姻以外，另创设于主管机关登记之同性伴侣结合关系，而使得同性伴侣之共同生活，不再因为性别原因，被排除在法律保护之外。从此同性伴侣关系也成为德国亲属法内容之一环。见台湾大学法律学院、台大法学基金会编译：《德国民法典》，北京大学出版社2017年版，第1033—1034页。

当事人是自愿地以夫妻名义共同生活,且不存在禁止结婚的亲属关系。如果当事人不是以夫妻名义共同生活,则当事人之间不能形成事实婚姻关系。

其三,事实婚姻具有公开性、公示性、公认性。

事实婚姻的当事人须公开地以夫妻名义共同生活,而不同于隐蔽的情人关系。事实婚姻须具备一定的公示形式,正是这一公示方式表现出当事人公开自认的夫妻身份。所谓事实婚姻的公认性,是指公众认可当事人双方为夫妻。这里的公众,是指事实婚姻的当事人工作和生活的周边群众,并不是指所有的其他人。如果远离当事人生活和工作的人不知、不认其成立夫妻关系,不影响事实婚姻的成立。但是,当事人生活和工作的周边的人也不知、不认其为夫妻的,则不能成立事实婚姻。

其四,事实婚姻是未经婚姻登记机关办理结婚登记的婚姻。

如上所说,是否办理结婚登记,是法定婚姻与事实婚姻的根本区别。因此,未经婚姻登记机关办理结婚登记也为事实婚姻的一个重要特征。

(二) 事实婚姻的效力

对于事实婚姻,我国法律上并未作出具体规定,但是现实中存在男女双方未经登记而以夫妻名义共同生活,而其他人也认为他们为夫妻的现象。在司法实务中对于此种"婚姻",曾采取不同的处理方式,以不同的态度对待。

1989年11月以前,司法实务中承认符合结婚条件的事实婚姻。如1979年2月2日最高人民法院《关于贯彻执行民事政策法律的意见》中指出,"事实婚姻是指没有配偶的男女,未进行结婚登记,以夫妻关系同居生活,群众也认为是夫妻的。"

1989年11月以后到1994年2月以前,司法实务中仍有条件地承认事实婚姻,但对事实婚姻的承认规定了严格的条件。如1989年11月21日最高人民法院《关于人民法院审理未办理结婚登记而以夫妻名义同居生活案件的若干意见》中指出:1986年3月15日《婚姻登记办法》施行之前,未办理结婚登记手续即以夫妻名义同居生活,群众也认为是夫妻关系的,一方向人民法院起诉"离婚",如起诉时双方均符合结婚的法定条件,可认定为事实婚姻;如起诉时一方或双方不符合结婚的法定条件,应认定为非法同居关系。1986年3月15日《婚姻登记办法》施行以后,未办理结婚登记手续即以夫妻名义同居生活,群众也认为是夫妻的,一方向人民法院起诉"离婚",如同居时双方均符合结婚的法定条件,可认定为事实婚姻关系;如同居时一方或双方不符合结婚的法定条件,应认定为非法同居关系。

1994年2月1日后,司法实务中不再认可新成立的事实婚姻。依《婚姻家庭编解释》第7条规定:未按民法典规定办理结婚登记而以夫妻名义共同生活的男女,提起诉讼要求离婚的,应当区别对待:(一)1994年2月1日民政部《婚姻登记条例》公布实施以前,男女双方已经符合结婚实质要件的,按事实婚姻处理。(二)1994年2月1日民政部《婚姻登记条例》公布实施以后,男女符合结婚实质要件的,人民法院应当告知其补办结婚登记;未补办结婚登记的,按解除同居关系处理。

从司法实务的做法看,事实婚姻发生以下三种法律后果:

其一,1994年2月1日民政部《婚姻登记条例》实施以前的事实婚姻具有与法定婚姻同样的效力,当事人之间产生法律规定的夫妻权利义务。凡构成事实婚姻的,当事人要求离婚的,应按照法律关于离婚的规定处理,既可判决离婚,也可判决不准离婚;在夫妻关系、父母子女关系以及与其他亲属的关系,以及双方的财产关系上,都适用法定婚姻有效的有关规定;当事人双方互为配偶,一方死亡的,另一方得以配偶的身份继承遗产。

其二,补办结婚登记的事实婚姻溯及自双方具备婚姻实质要件时具有如法定婚姻同样的效力,当事人之间为法定夫妻关系。依《婚姻家庭编解释》第6条规定,男女双方根据民法典规定补办结婚登记的,婚姻关系的效力从双方符合民法典所规定的结婚的实质要件时起算。

其三,未补办结婚登记的事实婚姻按同居关系处理。而同居关系的当事人双方不具有夫妻权利义务,双方关系的解除不按离婚处理。

但是,对于未补办结婚登记的事实婚姻,法律上和司法实务上有时也是按不同标准处理的。如果一方有配偶而又与他人以夫妻名义共同生活,即便未办理结婚登记,也可以构成重婚,也属于法律禁止的重婚行为,法律上将"重婚或者与他人同居"作为离婚的法定事由。依《婚姻家庭编解释》第3条规定,当事人提起诉讼仅请求解除同居关系的,人民法院不予受理。但当事人请求解除的同居关系,属于"有配偶者与他人同居"的,人民法院应当依法予以受理并依法予以解除。

由于实务中对于事实婚姻处理的态度会相互矛盾,因此,许多学者建议,法律上应认可事实婚姻的婚姻效力,结婚登记不应成为婚姻的成立要件,而应成为婚姻的对抗要件,即未办理结婚登记的婚姻不具有对抗善意第三人的效力。另外，由于不认可事实婚姻，有配偶又与他人以夫妻名义共同生活的，不构成重婚，也就不能追究行为人的重婚罪，这不利于打击这种严重破坏婚姻家庭关系的犯罪行为。

七、同居关系

（一）同居关系的含义和特征

同居关系有广义与狭义之分。广义的同居关系是指当事人以共同生活为目的结合在一起而又不构成事实婚姻的事实状态。狭义的同居关系仅指符合结婚条件的未婚者不办理结婚登记手续而以共同生活为目的结合在一起的事实状态。广义的同居关系包括非法同居关系和不违法的同居关系。而狭义的同居关系不包括非法同居关系。狭义同居关系主体是否仅限于没有婚姻关系的异性，则依法律上是否视同性同居为违法行为而定。在我国，通常认为，同居关系仅是指未婚男女的结合，同性同居被视为非法或违背公序良俗，但随着社会的发展，未婚同性的同居也逐渐被接受，此种关系在有的国家称为同性伴侣关系，与异性伴侣关系同样受法律保护。我们这里所称的同居关系是指狭义的同居关系。

关于同居关系的称谓，学者中有不同的表述。有的称为准婚姻关系，有的称为非婚同居关系。[①] 所谓"非婚同居"，是指同居的男女并没有以夫妻身份共同生活，对内不以夫妻身份相

[①] 参见杨立新：《家事法》，法律出版社2013年版，第109页。

待，对外也不以夫妻名义相称。①

同居关系具有以下特征：

1. 同居关系的当事人即主体具备结婚的实质条件。如果当事人不具备结婚的实质条件，则不构成同居关系。例如，有配偶者不具备再婚的条件，若其与他人婚外同居，则为非法同居，不构成同居关系。再如，不具备结婚能力的青少年男女在一起共同生活的，也不构成同居关系。

2. 同居关系的当事人是以共同生活为目的结合在一起的。这里所谓的共同生活，是指长期稳定地在一起生活。如果当事人仅仅是短期地一同生活，或者虽一同生活但"今合明分"的不具有稳定性，则也构不成同居关系。

3. 同居关系的当事人的结合不以结婚为目的。如果当事人是以结婚为目的结合在一起，则会构成事实婚姻，而不为同居关系。同居关系，不仅当事人双方不认为相互为配偶，而且周围的群众也认为其仅为同居者而不为夫妻。

（二）同居关系的法律规制

关于同居关系的法律规制，有的国家在民法典中作出明确规定。例如，《魁北克民法典》就规定了民事结合制度，其内容包括：民事结合的成立、民事结合的民事效力、民事结合的无效和民事结合的解除。该法典第521条中规定，民事结合是两个18周岁以上的人自愿且审慎地同意同居并承担此等身份引起的

---

① 马忆南、高庆：《改革开放三十年中国结婚法研究回顾与展望》，载陈苇主编：《家事法研究》（2008年卷），群众出版社2009年版，第53页。

权利义务的协议。民事结合仅可在无前婚或前民事结合的人之间缔结,直系尊卑亲属间、兄弟姐妹间,不得成立民事结合。

近年来,我国的结婚率逐年下降,其中一个重要原因是同居而不办结婚手续者增多。以往同居者多为老年人。老年人基于各种因素的影响,只希望能找个老伴共同生活,而不要求一定结婚。老年人之间的同居,既能满足"老有所伴"的愿望,又可免去办理结婚手续的麻烦和儿女怕父母财产被他人分去的担忧。因此,相当多的单身老年人选择同居而不是结婚。现在,不仅老年人同居现象有增无减,而且年轻人同居者也在增多,甚至一些未婚者选择以同居作为"试婚"方式。在一定意义上可以说,同居已经成为社会上普遍存在的现象,因此,法律就应当对此做出相应的回应。面对日日增多的同居现象,法律应否规制同居关系以及应如何规制同居关系呢?对此,有否定说与肯定说两种不同的观点。否定说认为,同居行为规避了法律对婚姻的规范,如果法律认可同居关系会导致更多人选择同居,严重冲击法定婚姻制度。肯定说认为,同居现象既有社会原因,也有经济上的、心理上的等各方面原因,同居现象也不是一个国家特有的一种现象,不由法律规制同居关系并不会减少同居关系,为避免当事人发生争议和使同居关系规范化,法律有必要对同居关系予以规制,回应社会现实对法律的需求,以满足婚姻家庭生活日益多样化、复杂化的客观需求,扩大对当事人婚姻家庭权利保护的范围。在编纂民法典过程中,学者认为,非婚同居是一种新型的家庭形态,多元性、开放性、宽容性的家庭法应当尊重人们选择生活方式的自由,将非婚同居关系纳入婚姻家庭法调整的范围。将非婚同居关系纳入法律规制范围,并非对同居关系的鼓励,而是意图通过法律的指引,保护同居期间双方的子女以及无过错一方的合法权益。[①]但学者的建议并未为立法者接受,《民法典》最终未规定同居制度,但法律也不再规定同居关系为非法的。

(三) 同居关系的效力

同居关系的效力,是指同居发生的法律后果。《民法典》婚姻家庭编未对同居关系的效力作出规定,但这仅表明法律对同居关系既不禁止也不保护的立场,表明法律不再对非婚同居关系采取完全否定的立场,并不意味着同居关系不会发生任何效力。同居,毕竟也是男女自由选择的一种共同生活方式,因此,对于因同居发生的纠纷法院不能视而不见、置之不理。在司法实务中,《婚姻家庭编解释》第3条第2款规定,"当事人因同居期间财产分割或者子女抚养纠纷提起诉讼的,人民法院应当受理。"由此看来,同居关系一般发生以下法律后果。

1. 同居关系当事人不发生婚姻家庭关系上的权利义务

在司法实务中,认为同居关系不受法律保护。所谓同居关系不受法律保护,就是指不赋予其婚姻家庭法上婚姻的效力。婚姻家庭法中婚姻的效力包括人身关系方面的效力和财产关系方面的效力。由于同居关系在当事人之间不发生婚姻家庭法上的效力,因此,当事人相互不具有配偶的身份,不享有配偶享有的身份权益,当事人双方不具有法定的相互扶养的权利义务,同居者也不与对方的亲属形成姻亲。同时,同居当事人之间的

---

① 夏吟兰:《民法分则婚姻家庭编立法研究》,载《中国法学》2017年第3期。

财产关系也不存在法定的共同财产制度。

2. 同居关系的当事人可以任意终止同居关系

由于同居关系不受法律保护，因此，法院不受理当事人解除同居关系的诉讼请求，从而当事人任何一方也就可以任意地随时终止同居关系，当事人解除同居关系不仅无须经法院裁决，而且无须经其他任何程序。

3. 当事人同居期间生育子女的，产生亲子关系

在我国，婚生子女与非婚生子女具有同样的法律地位。因此，同居关系的当事人在同居期间生育的子女，与同居当事人产生父母子女权利义务关系。当事人因扶养子女发生纠纷提起诉讼的，法院应当受理并按照父母子女权利义务的法律规定裁决。也有学者指出，为保护未成年人权益，同居者与对方的未成年子女间的关系应视同家庭成员间的关系。

4. 同居关系当事人之间关于同居期间财产关系的约定具有效力

同居行为也为民事法律行为，当事人可以就同居关系的有关事项做出约定。但是，因为身份关系不能约定，因此当事人之间关于同居的协议如涉及身份关系，该部分内容无效，而不涉及身份关系仅涉及财产关系的内容应当有效。当事人在解除同居关系处理同居期间财产时应遵从其约定。当事人因分割同居期间财产发生纠纷提起诉讼的，法院应予以受理。当事人如对同居期间的财产归属没有约定或者约定不明，同居期间双方取得的财产应视为按份共有，应按照按份共有财产的分割原则予以分割。但是同居期间生育子女的，在分割同居期间财产时须为未成年子女保留必要的生活费用和教育费用。

第三章　家庭关系

第一节　夫妻关系

一、夫妻在家庭中的地位

第一千零五十五条　夫妻在婚姻家庭关系中地位平等。

本条规定了夫妻在婚姻家庭关系中的地位。

夫妻是婚姻关系当事人的称呼，男为夫，女为妻，夫妻互为配偶。夫妻必须是一男一女的合法结合，且须是以永久共同生活为目的的结合。夫妻关系是因合法婚姻产生的法律后果，可以说是有效婚姻的法律效力。夫妻关系是家庭关系中重要的和基本的组成部分，包括夫妻身份关系和夫妻财产关系两个方面。夫妻关系决定于夫妻在婚姻家庭关系中的地位。

从法制史上看，夫妻双方在婚姻家庭中的地位，是随着男女两性的社会地位发展变化而发展变化的，夫妻关系经历了从夫妻一体主义向夫妻别体主义的变迁。在古代法上，夫妻一体，妻无独立的人格，妻处于夫权的支配之下，"夫为妻纲"为夫妻地位的形象表述。自近代法开始，立法上开始承认夫妻各自的独立人格，推行夫妻别体主义的立法观念，但是从法律上真正确立夫妻在家庭关系中的平等地位,也只是现代法的事情。

我国自 1950 年《婚姻法》就规定,"废除包办强迫、男尊女卑、漠视子女利益的封建主义婚姻",强调男女权利平等。自 1980 年《婚姻法》就明确规定"夫妻在家庭中地位平等"。《民法典》更进一步明确规定"夫妻在婚姻家庭关系中地位平等"。夫妻双方在婚姻家庭关系中具有平等的地位,是我国立法一贯的指导思想。

夫妻在婚姻家庭关系中地位平等,是男女平等原则在婚姻家庭领域的具体体现,也是对我国古代法上男尊女卑,"夫唱妇随"、妻子"三从四德"的否定。

夫妻在婚姻家庭关系中地位平等主要有以下含义:

(1)夫妻在婚姻家庭关系中各自享有独立的人格,互不从属,彼此平等;

(2)夫妻在婚姻家庭关系中平等地享有权利和负担义务,不因性别的不同而不同;

(3)夫妻在婚姻家庭关系中享有的权益平等地受法律保护;

(4)夫妻在婚姻家庭关系中平等地受尊重,不得以任何形式歧视、虐待、遗弃、压迫任何一方。

二、夫妻人身关系

夫妻人身关系是指基于婚姻产生的夫妻身份上的权利义务,有的称为配偶身份权。

（一）夫妻姓名权

第一千零五十六条　夫妻双方都有各自使用自己姓名的权利。

本条规定了夫妻姓名权。

姓名是代表一个自然人的符合，是自然人相互区别的一个标志。姓名权是自然人享有的一项重要的人格权，夫妻姓名权是指婚姻缔结后夫妻享有的决定自己姓名的权利。

关于夫妻决定姓名的权利，有不同的立法例。有的立法规定，夫妻可以约定姓氏。如《德国民法典》第1355条中规定，"夫妻应约定共同之家姓（婚姓）。夫妻以所约定之家姓为其婚姓。未约定者，夫妻各以其结婚时所使用之姓氏，于婚姻关系继续使用之。"但大多数国家的立法明确规定，夫妻有独立决定使用自己姓名的权利。如《瑞士民法典》第160条中规定，"夫妻各自保留其姓氏。但结婚当事人得向民事身份登记官声明，双方同意将未婚妻或未婚夫的婚前姓氏作为其共同的姓氏。"《魁北克民法典》第393条规定，"在婚姻存续期间，配偶双方保留各自的姓名并以该姓名行使各自的民事权利。"我国自1950年《婚姻法》就规定，"夫妻有各用自己姓名的权利"。（该法第11条）

夫妻双方都有各自使用自己姓名的权利，包含以下内容：

1. 夫妻各自独立享有姓名权，不受婚姻关系的影响。男女结婚后，夫可到妻家落户，妻可到夫家落户。无论是女方嫁到男家，还是男方"入赘"女家，当事人都独立享有姓名权，都仍有保留和使用原来姓名的权利。

2. 夫妻双方可以平等自愿地约定其姓氏。夫妻有独立使用自己姓名的权利,也有决定自己婚后姓名的权利。因此,夫妻可以约定妻随夫姓,也可以约定夫随妻姓,也可以约定双方共同随第三姓,任何一方不得强迫另一方随其姓或者他姓。但夫妻之间关于姓氏的约定,只有经法定的姓氏变更的程序才能有效。

3. 夫妻可以自行变更自己的姓名。在婚姻关系存续期间,夫或妻都可以依法变更自己的姓名,他方不得干涉。当然,夫或妻变更自己的姓名,也须经法定的变更程序才能发生姓名变更的效力。

4. 夫妻平等协商决定子女的姓氏。子女可以随父姓,也可以随母姓。子女出生后,夫妻应共同决定子女的姓氏,任何一方不得强迫对方同意子女随其姓,也不得擅自决定或变更子女的姓氏。

(二)夫妻自由权

第一千零五十七条 夫妻双方都有参加生产、工作、学习和社会活动的自由,一方不得对另一方加以限制或者干涉。

本条规定了夫妻自由权。

自由权是宪法规定的一项基本人权,人身自由权也是自然人享有的一项一般人格权。自然人依法享有人身和行为的自由,任何组织和个人不得非法限制自然人的人身自由和行为自由。自然人的人身自由权不因缔结婚姻而受限制。夫妻自由权正是指夫妻在婚姻关系期间依法享有的自主决定其人身和行为自由的权利,任何一方不得限制和干涉对方的人身自由。赋予夫妻自由权是解放妇女的重要法律措施,因此,我国1950年《婚姻法》第 9 条就规定,"夫妻双方均有选择职业、参加工作和参加社会活动的自由。"

夫妻自由权主要包括以下内容:

1. 夫妻双方都享有参加生产、工作的权利

这里的生产泛指一切正当的社会生产经营活动;工作泛指一切正当的社会职业和社会性劳动。劳动就业是每个自然人享有的基本权利,这一权利不因缔结婚姻而受限制或被剥夺。因此,夫妻双方有权自主决定参加生产、工作,任何一方不得加以限制和干涉。夫妻双方应创造条件让各方特别是妻子一方能参加生产、工作,而不能以各种理由限制和干涉对方参加生产、工作,尤其不能以"男主外女主内"的传统观念干涉妻子就业,更不能强制妻子只能专职做家庭主妇。

2. 夫妻双方都享有参加学习的权利

这里的学习,既包括在各种正规的学校接受教育,也包括接受职业培训、专业知识学习、各种技能学习以及知识的自学。学习既是提高个人素质的必要手段和途径,也是人生的重要生活内容和生活方式,正所谓"活到老,学到老"。自然人的学习权利不受婚姻的影响。在婚姻存续期间,夫妻双方都有参加学习的自由,任何一方都有权决定自己参加何种学习、以何种方式学习,任何一方不得限制和干涉对方学习的权利。尤其是不能以"女子无才便是德"的观念来限制和干涉妻子参加学习。

3. 夫妻双方都享有参加社会活动的权利

这里的社会活动,是指生产、工作学习之外的各种社会活动,既包括参政、议政活动等政治活动,也包括科技文学艺术等文化活动,还包括各种群众组织、社会团体活动以及各种形

式的社会公益活动。参加社会活动也是自然人的一项权利,不受是否结婚的影响和限制。在婚姻关系存续期间,夫妻各方都有参加社会活动的自由,任何一方无正当理由不得限制和干涉另一方参加正当的社会活动。当然,夫妻任何一方参加社会活动也不应、不能影响家庭的正常生活和子女的教育。如果一方不顾家庭正常生活和子女的教育一味参加社会活动,严重影响家庭正常生活和子女教育,则构成权利滥用,他方有权劝阻。

(三)夫妻对未成年子女抚养、教育和保护的平等权

第一千零五十八条　夫妻双方平等享有对未成年子女抚养、教育和保护的权利,共同承担对未成年子女抚养、教育和保护的义务。

本条规定了夫妻在对未成年子女抚养、教育和保护方面的平等权。

夫妻双方共同承担着人类再生产的功能。夫妻双方在婚姻家庭关系中的地位平等,这一规则在养育子女方面就表现为夫妻在对未成年子女的抚养、教育和保护上享有平等的权利,负有共同的义务。夫妻双方平等享有生育权,应共同决定是否生育子女。而夫妻一旦决定生育子女,在子女出生后,夫妻双方就都有抚养、教育和保护未成年子女的权利义务,应共同担负对其未成年子女的抚养、教育和保护的职责。夫妻共同为未成年子女的法定监护人,夫妻双方在抚养、教育和保护未成年子女上享有平等的权利,负有同等的义务,任何一方不得限制和干涉他方对未成年子女的抚养、教育和保护的权利,任何一方也不得推脱和不履行抚养、教育和保护未成年子女的义务。

（四）夫妻相互扶养义务

第一千零五十九条　夫妻有相互扶养的义务。

需要扶养的一方，在另一方不履行扶养义务时，有要求其给付扶养费的权利。

本条规定了夫妻相互扶养义务。

夫妻相互扶养义务是指夫妻享有在物质和生活上相互扶助、相互供养的资格。夫妻双方是以共同生活为目的结合在一起的，是共同生活的伴侣。夫妻共同生活就意味着应互相扶助，在任何情况下都应不离不弃。只要双方是夫妻，就享有相互扶养的资格，一方有要求另一方扶养的权利，也有扶养另一方的义务。

夫妻相互扶养的义务是基于夫妻关系的确立而发生的一种资格、一种身份权益，因此不仅要求夫妻在同居期间相互照顾、相互帮助，而且要求夫妻在分居期间也应相互扶助。

夫妻关系的本质决定了夫妻要共同生活，共同生活是以同居为常态的。同居也是夫妻履行相互扶养义务的最好方式，因此，夫妻同居与相互扶养是结合在一起的。许多国家的法律明确规定夫妻有同居的义务。如《日本民法典》第752条规定："夫妻须同居、相互协助和扶助。"《瑞士民法典》第159条第3款规定："夫妻双方互负忠实和扶助义务。"我国法虽未规定夫妻的同居义务，但夫妻相互扶养义务也就隐含了夫妻同居的义务。同居是指男女双方以配偶身份共同生活。同居是婚姻自然属性必然派生的权利和义务。婚姻乃两性结合，同居是夫妻共同生活不可缺少的内容，是婚姻关系得以维持的基本条件和表现。①夫妻同居义务是基于婚姻成立而当然产生的夫妻的本质性义务。②夫妻有同居的义务,任何一方无正当理由不得拒绝他方同居的要求。夫妻有同居的义务,也就要求夫妻相互忠实,不为婚姻外的性行为。

在现实生活中,由于各种特殊原因,夫妻可能会不能同居而不得不分居。所谓分居,就是指夫妻各自分别居住。但是,即使在分居的情形下,夫妻也有忠实义务,也应相互扶助,相互给予物质上的帮助和精神上的抚慰,相互间不能不管不问。

基于夫妻相互扶养义务,只要一方不履行扶养义务,需要扶养的另一方就可以基于夫妻身份要求其给付扶养费。当然,除正常生活中的相互扶助外,夫妻相互扶养义务的履行是以一方需要他方扶养为条件的。也就是说,只有一方需要扶养时,才发生另一方实际履行扶养义务问题。于此情形下,另一方不履行扶养义务的,需要扶养的一方才有必要和可以要求另一方给付扶养费。

(五)夫妻家事代理权

第一千零六十条 夫妻一方因家庭日常生活需要而实施的民事法律行为,对夫妻双方发生效力,但是夫妻一方与相对人另有约定的除外。

夫妻之间对一方可以实施的民事法律行为范围的限制,不得对抗善意相对人。

---

① 杨大文主编:《婚姻家庭法》,中国人民大学出版社2012年版,第115页。
② 陈苇:《中国婚姻家庭立法研究》(第二版),群众出版社2010年版,第208页。

本条规定了夫妻家事代理权。

1. 家事代理权的概念和性质

夫妻家事代理权,是指夫妻在家事上享有互为代理人的资格,任何一方有权代理他方就家事实施民事法律行为。这里的家事是指家庭的日常事务。因此,家事代理权有的称为家庭日常事务代理权。

关于家事代理权的性质,主要有委任说和婚姻效力说。委任说源自罗马法。在罗马法上,对外交易的权力属于家长。但随着经济发展,交易频繁,家长不可能事事亲躬,常常由家属代劳,法律随之承认经家长授权,家属可以与第三人订立契约。① 婚姻效力说源于日耳曼法。现代各国立法,普遍采用法定代理权说。② 谓夫妻家事代理权为法定代理权,是指夫妻家事代理权是法律基于夫妻关系而直接规定的夫妻双方相互享有的代理权,而无须经任何人的委托授权,非有法定事由也不得加以限制。

自1950年以来我国各部《婚姻法》在夫妻关系中都没有规定夫妻家事代理权。夫妻家事代理权是《民法典》新增设的制度。《民法典》规定夫妻家事代理权,既是符合各国立法之通例,更是对我国现实具体国情的适时回应。针对原《婚姻法》未规

---

① 参见周枏:《罗马法原论》(上册),商务印书馆1994年版,第145页。

② 瑞士民法采婚姻共同体代表权说。《瑞士民法典》第166条规定:夫妻在共同生活期间,就家庭事务,任何一方均得代表婚姻共同体。对于其他家庭事务,夫妻仅在下列情形,始得代表婚姻共同体:1.已取得他方或法院的授权;2.所需处分的事务,涉及婚姻共同体的利益,且不容延缓,而他方因疾病、外出或类似原因而无法表示同意。夫妻一方,对其个人行为,应单独负其责任,但第三人有理由相信其行为未超越代表权者,他方应负连带责任。

定家事代理权，有学者曾指出，法律上应增设夫妻家事代理权，其主要理由有三：一是"在社会现实生活中，夫妻参与社会经济活动十分频繁，为保护夫妻双方及第三人的合法权益和维护交易安全，应当增设日常家事代理权及其相关规定"。二是"扩张了夫妻双方的意思自治，使夫妻双方在日常家务的处理中不必事必躬亲，从而突破了夫妻双方个人时间、精力上的局限性，满足了夫妻双方处理日趋复杂化、多样化的社会事务和家庭事务的需求"。三是"日常家事代理权的发生是婚姻成立的必然结果，是婚姻的法定效力之一。无论在哪种夫妻财产制下，日常家事代理权制度都有其生存的空间和必要"。① 夫妻为了共同生活之需要，必定要与他人交易，实施民事法律行为。如果夫妻为了共同生活的需要实施民事法律行为，必须共同为之，或者一方单独为之必须得到另一方的授权，则必为其共同生活带来不便。因此，为便利夫妻共同生活，法律也有必要赋予夫妻法定代理权。夫妻中任何一方在夫妻法定代理权限范围内即便以自己的名义实施民事法律行为，对夫妻双方也均发生效力，由夫妻共同承受该民事法律行为所发生的权利义务。

2. 家事代理权的权限范围

夫妻家事代理权的代理权限为日常家务事。因此，准确界定日常家务事的范围有重要意义。按照我国法规定，日常家务事当是指"家庭日常生活需要"的事务。何谓家庭日常生活需要？这属于事实判断问题，应当依当事人实施民事法律行为时的客观情形和社会一般观念确定。有学者认为，日常家务的范

---

① 陈苇主编：《家事法研究》（2008 年卷），群众出版社 2009 年版，第 81 页。

围,包括夫妻、家庭共同生活中的一切必要事项,诸如购物、保健、衣食、娱乐、医疗、雇工、接受遗赠等,皆包括在内。一般认为,家庭对外经营活动不包括在内。① 一般来说,家庭日常生活消费,例如购置家庭成员所需衣物、食物,购买电力、热力、燃气,购置家庭日常用品,未成年子女的教育,家庭成员的医疗保健,都应属于家庭日常生活需要的事务,而投资行为不应包括在内。如果从客观上依据社会一般观念认为,当事人实施的民事法律行为属于家庭日常生活需要,但实际上该当事人实施的民事法律行为已经超出该家庭的日常生活需要,那么,该当事人实施该民事法律行为,可以构成表见代理。只要相对第三人在认定与之实施民事法律行为的人有家事代理权上没有过错,仍应当保护相对人的利益。

按照法律规定,夫妻之间对另一方可以实施的民事法律行为的范围可以予以限制。例如,夫妻可以约定超过若干元的家庭医疗费用开支一方不得单独决定。但是这种限制不得对抗善意第三人。因此,夫妻间有限制一方实施民事法律行为的约定的,应将其约定通知第三人。若未通知第三人,第三人不知道或者不应当知道夫妻之间有对一方可以实施的民事法律行为限制的,则一方与第三人实施的民事法律行为仍对夫妻共同发生效力,因为相对人是善意的,夫妻之间的约定不能对抗善意相对人。

3. 家事代理权行使的效力

关于日常家事代理权行使的效力,有不同的立法例。一种

---

① 杨立新:《家事法》,法律出版社2013年版,第232页。

立法例规定，行使家事代理权的行为后果由夫妻共同承担，由家事代理所负担的债务为夫妻连带债务。另一种立法例规定，因日常家事代理所负的债务由夫承担，妻承担补充责任。我国法采取前一种立法例，家事代理行为对夫妻双方发生效力，即是指由夫妻共同承担家事代理行为的法律后果，由家事代理所发生的债务为夫妻共同债务。

4.家事代理权的消灭

家事代理权基于夫妻共同生活而发生，在不存在夫妻共同生活的事实时，代理权也就消灭。在夫妻关系终止时，家事代理权当然消灭。虽当事人间的婚姻关系未终止，但一方无正当理由拒绝同居而别居的，家事代理权在别居期间也消灭。如《德国民法典》第1357条第3款明确规定，"夫妻分居者"，不适用日常家务代理权的规定。但是第三人不知道或不应当知道夫妻分居事实的，一方所实施的家事代理行为对双方发生效力，这种情形可构成表见家事代理。

（六）夫妻相互遗产继承权

第一千零六十一条　夫妻有相互继承遗产的权利。

本条规定了夫妻相互遗产继承权。

夫妻相互遗产继承权，是指夫妻双方互为配偶，具有相互继承遗产的资格。

主观意义的继承权虽为以继承遗产为内容的财产权，但它是以身份权为前提的，只有具有特定的身份才能享有继承特定人遗产的权利。夫妻身份权正是夫妻相互继承遗产的前提和基础。只有具有夫妻身份，才能相互享有客观意义上的继承权因此，如果夫妻关系终止，相互不具有夫妻身份，则一方也就不享有继承另一方遗产的权利。只有在一方死亡时另一方仍为配偶的，另一方才可以享有和行使继承权，参与继承死者的遗产。

（七）夫妻婚姻住所决定权

夫妻婚姻住所决定权，是指夫妻选择、决定婚后共同生活的住所的权利。因为男女结婚是以共同生活为目的的，所以夫妻必定要选择和决定婚后共同居住和生活的场所，而这一场所也就是婚姻住所。

关于夫妻婚姻住所的决定权，有不同的立法例。但现代各国法普遍强调夫妻的人格独立和自由，多认可共同决定主义，即由夫妻共同决定婚姻住所。如《瑞士民法典》第162条规定，"夫妻双方共同决定其婚姻住房设定于何处。"我国法没有明确规定夫妻婚姻住所的决定权，仅规定夫妻双方可以约定结婚后成为对方家庭成员。尽管约定成为对方家庭成员并不等于决定以对方家庭的住所为其夫妻共同住所。但是，有学者认为，这一规定的含义之一就是登记结婚后，双方平等地享有婚姻住所的决定权。[①] 夫妻决定婚姻住所，实际上也就是决定婚后的住房设在何地、夫妻在何处共同生活。应当说，这是关系夫妻双方利益的大事，必须由双方共同决定，一方不得强迫另一方接受其决定的婚姻住所，其他人也不得非法干涉夫妻双方选择婚姻住所的决定。

---

① 参见杨大文主编：《婚姻家庭法》（第五版），中国人民大学出版社2012年版，第110页。

三、夫妻财产关系

(一) 夫妻财产关系的含义和类别

夫妻财产关系是指夫妻在财产关系中的权利义务。夫妻财产关系是发生在夫妻之间的财产关系,而不同于物权法、债权法、知识产权法等财产法所调整的财产关系。法律对夫妻财产关系的调整构成夫妻财产制。所谓夫妻财产制又称婚姻财产制,是指关于夫妻婚前和婚后所得财产的归属、管理、使用、收益、处分,以及债务清偿、婚姻关系解除时财产的清算等方面的法律制度。

由于各国的国情不同,各国的夫妻财产制也就有所不同。夫妻财产制有多种形态,依据不同的标准,常有以下分类:

1. 法定财产制与约定财产制

根据其发生的根据,夫妻财产制可以分为法定财产制与约定财产制。

法定财产制,是指在夫妻婚前或婚后均未就夫妻财产关系做出约定,或者其约定不明时,依法律的直接规定而适用的夫妻财产制。约定财产制是相对于法定财产制而言的,是指由婚姻当事人以约定的方式,选择决定夫妻财产制形式的制度。

从各国立法看,现代各国法上的夫妻财产制,普遍实行法定财产制与约定财产制并存,且约定财产制的效力优于法定财产制。但各国对约定财产制的限制有宽严之别。有的国家立法对约定财产制限制较少,既不对当事人约定财产关系的范围和内容予以严格限制,也未在约定程序上作特别要求。如《日本民法典》第756条仅规定了夫妻财产契约的对抗要件:"夫妻已订立了与法定财产制相异的契约时,未经婚姻登记之前就其进行登记,不能以该契约对抗夫妻的承继人及第三人。"有的国家则对约定财产制限制较多,在约定的范围上只能从可供选择的财产制中进行选择;在程序上要求约定为要式行为。如《瑞士民法典》第 182 条中规定,"未婚夫妻或夫妻,仅得在法律许可的范围内,选择、废止或变更其财产制。"第 184 条规定,"夫妻财产契约,须作成公证书,并由订约人签名,必要时,尚须其法定代理人签名。"

2. 共同财产制、分别财产制、剩余共同财产制、统一财产制和联合财产制

根据其内容,夫妻财产制可以分为共同财产制、分别财产制、剩余共同财产制、统一财产制和联合财产制。

(1)共同财产制。共同财产制是指婚后除特有财产外,夫妻的全部财产或者部分财产归夫妻双方共同所有。依共有的财产范围不同,共同财产制又分为一般共同制、动产及所得共同制、所得共同制、劳动所得共同制等。一般共同制,是指婚前、婚后的一切财产(包括动产和不动产)都为夫妻共有财产的制度。动产及所得共同制,是指夫妻婚前的动产及婚后所得的财产为夫妻共有财产的制度。所得共同制,是指夫妻在婚姻关系存续期间所得的财产为夫妻共有财产的财产制度。劳动所得共同制,是指夫妻婚后的劳动所得为夫妻共有,非劳动所得财产如继承、受赠所得等则归各自所有的财产制度。

(2)分别财产制。分别财产制,是指夫妻婚前、婚后所得的财产均归各自所有,各自行使管理、使用、收益和处分的权利,但不排除一方以契约形式将其个人财产的管理权交付另一

方行使，也不排除双方拥有一部分共同财产。

分别财产制不同于特有财产制。特有财产制，是指在夫妻婚后实行共同财产制时，基于法律规定或者夫妻约定，由夫妻各自保留一定个人所有财产的制度。特有财产又分为法定特有财产和约定特有财产。

我国法上的夫妻财产制包括夫妻共同财产制、夫妻特有财产制和夫妻约定财产制。法定特有财产，是指依照法律规定所确认的婚后夫妻双方各自保留的个人财产。约定特有财产，是指夫妻双方经契约约定的一定财产为一方个人所有的财产。

（3）剩余共同财产制。剩余共同财产制，是指夫妻对于自己婚前财产及婚后所得财产，各自保留其所有权、管理权、使用收益权，夫妻财产制终止时，以夫妻双方增值财产（夫妻各自最终财产多于原有财产的增值部分）的差额为剩余财产，归夫妻双方分享。

（4）统一财产制。统一财产制，是指婚后除特有财产外，将妻的财产估定价值，转归夫所有，妻则保留在婚姻关系终止时，对此项财产的原物或者价金的返还请求权。此项财产制因其将妻对婚前财产的所有权转化为婚姻关系终止时的债权，使妻处于不利地位，因此，现代各国基本不采用。

（5）联合财产制。联合财产制又称管理共同制，是指婚后夫妻的婚前和婚后所得财产仍归各自所有，但除特有财产外，将夫妻财产联合在一起，由夫管理。此制源于中世纪日耳曼法，因此制度让夫妻在财产关系上处于不平等地位，有悖于现代法上夫妻地位平等原则，因此也不为现代各国法所采用。

从各国立法看，不论采用何种财产制，夫妻财产制具有以下四个特征：一是主体限于夫妻双方的特定性；二是人身性与财产性相融一体，财产性从属于人身性；三是由婚姻态势所决定的内容的广泛性和复杂性；四是植根于生产力发展水平、受制于社会多重因素综合作用的社会性、民族性和历史性。①

我国的夫妻财产制也是经历了一个发展过程。我国现行的夫妻财产制包括法定财产制和约定财产制。法定财产制则实行夫妻共同财产制与夫妻个人特有财产制相结合的形式。

（二）夫妻共同财产制

第一千零六十二条 夫妻在婚姻关系存续期间所得的下列财产，为夫妻的共同财产，归夫妻共同所有：

（一）工资、奖金、劳务报酬；

（二）生产、经营、投资的收益；

（三）知识产权的收益；

（四）继承或者受赠的财产，但是本法第一千零六十三条第三项规定的除外；

（五）其他应当归共同所有的财产。

夫妻对共同财产，有平等的处理权。

本条规定了夫妻共同财产制。

1. 夫妻共同财产制的含义和特点

我国法上的夫妻共同财产制，是指婚姻关系存续期间，夫妻一方或者双方所取得的财产，除法律另有规定外，都为夫妻

---

① 杨大文主编：《婚姻家庭法》（第五版），中国人民大学出版社2012年版，第119页。

共有财产，夫妻双方平等享有占有、使用、收益和处分权利的财产制度。

因为，依照法律规定，夫妻在婚姻关系存续期间所得的财产，除当事人另有约定和法律另有规定外，均为夫妻共同财产，因此，夫妻共同财产制是我国婚姻家庭领域的法定财产制。

夫妻共同财产具有以特点：

（1）夫妻共同财产的主体为夫妻双方。这是夫妻共同财产不同于其他共有财产主体上的特点。夫妻双方为夫妻共同财产的主体，任何一方不能单独成为夫妻共有财产的所有权人。没有合法婚姻关系的人不能成为夫妻共同财产的主体。不具有合法夫妻关系的人可以共有财产，但其共有的财产不能构成夫妻共同财产。

（2）夫妻共同财产为夫妻婚后取得的财产。夫妻共同财产的范围仅限于夫妻在婚姻关系存续期间所得的财产。因此，只有男女双方于结婚后取得的财产，才能成为夫妻共同财产。不是夫妻婚后取得的财产，不构成夫妻共同财产；婚姻关系终止后所取得的财产，也不构成夫妻共同财产。

（3）夫妻共同财产是一方或者双方取得的法律另有规定或者双方另有约定外的财产。夫妻一方或者双方于婚后未取得的财产，不为夫妻共同财产。虽为一方或者双方婚后取得的财产，但法律规定或者双方约定属于个人特有财产的，也不为夫妻共同财产。这里的"所得"，是指已经取得财产权，虽实际上占有但未取得权利的财产不属于"所得"财产。

2. 夫妻共同财产的范围

依现行法规定，夫妻共同财产的范围包括夫妻在婚姻关系存续期间取得的下列财产：

（1）工资、奖金、劳务报酬。这是夫妻参加工作，从事劳动活动所得的收入。

（2）生产、经营、投资的收益。这是指夫妻在法律许可的范围内从事生产、经营、投资活动所取得的收入。

（3）知识产权的收益。依《婚姻家庭编解释》第24条规定，知识产权的收益，"是指婚姻关系存续期间，实际取得或者已经明确可以取得的财产性收益。"如作品出版、发行所得报酬、专利权转让费或专利实施许可费、商标权转让或商标许可使用费、技术秘密转让费或许可使用费等。

（4）继承或者受赠的财产，但是遗嘱或者赠与合同确定只归一方所有的除外。如果被继承人在遗嘱中指明遗产仅为继承人个人享有的，则继承人继承的遗产不为共同财产。如赠与人在赠与合同中明确赠与的财产仅为受赠人个人所有的，该受赠财产也不为夫妻共同财产。司法实践中认为，当事人结婚后，父母为双方购置房屋出资，没有约定或者约定不明确的，该出资应当认定为对夫妻双方的赠与（参见《婚姻家庭编解释》第29条第2款）。

（5）其他应当归共同所有的财产。除上述财产外，凡符合夫妻共同财产的基本特征的财产都应为夫妻共同财产。

依《婚姻家庭编解释》第25条规定，在婚姻关系存续期间，夫妻取得的下列财产属于"应当归共同所有的财产"：①一方以个人财产投资取得的收益；②男女双方实际取得或者应当取得的住房补贴、住房公积金；③男女双方实际取得或者应当取得的基本养老金、破产安置补偿费。另外，实务中认为，发放到军人名下的复员费、自主择业费等一次性费用,以夫妻婚姻关系存续年限乘以年平均值,所得数额为夫妻共同财产。所称年平均值,是指将发放到军人名下的上述费用总额按具体年限均分得出的数额,其具体年限为人均寿命 70 岁与军人入伍时的实际年龄的差额。

关于婚后取得的房屋产权的认定,以其取得的财产来源性质而定,而不以产权登记为准。实务中认为,由一方婚前承租、婚后用共同财产购买的房屋,登记在一方名下的,应当认定为夫妻共同财产(《婚姻家庭编解释》第 27 条)。

3. 夫妻对夫妻共同财产的权利

夫妻共同财产为夫妻共同共有的财产。按照共同共有的基本原理,共同共有人对共有财产不分份额地平等享有占有、使用、收益和处分的权利。因此,夫妻对共同财产,有平等的处理权。夫妻对共同财产"有平等的处理权",至少包含以下含义:

(1)夫或妻在处理夫妻共同财产上的权利是平等的。我国《妇女权益保障法》第 43 条特别规定,"妇女对依照法律规定的夫妻共同财产享有与配偶平等的占有、使用、收益和处分的权利,不受双方收入状况的影响。"

(2)夫妻享有家事代理权,因家庭日常生活需要而处理夫妻共同财产的,任何一方均有权决定,而不必征得他方的同意或者授权;

(3)夫或妻非因家庭日常生活需要对夫妻共同财产做重要处理决定的,夫妻应当平等协商,取得一致意见。一方处理夫妻共同财产但他人有理由相信对夫妻财产的处理为夫妻双方共同意思表示的，另一方不得以其不同意或者不知道为由对抗善意第三人。

当然，夫妻对共同财产平等地享有权利，也平等地负担义务。夫妻共同债务应以夫妻共同财产清偿，夫妻双方对夫妻共同债务的清偿应当承担连带责任。

4. 夫妻共同财产制的终止

夫妻共同财产制是以夫妻关系的存在为存在基础的，因此，夫妻共同财产制也随着夫妻关系的终止而终止。

夫妻一方死亡或者离婚后，夫妻共同财产制终止，发生共同财产的分割。除夫妻共同关系终止外，在发生其他重大事由时，也会发生夫妻共同财产制的终止。如《瑞士民法典》第188条规定："共同财产制的夫妻一方被宣告破产时，当然发生夫妻分别财产制。"我国现在尚未制定个人破产法，而一旦个人破产法制定，夫妻一方被宣告破产时，也会发生夫妻共同财产制的终止。有学者指出，"实际上应当针对夫妻分居，夫妻一方失踪，夫妻一方虐待、遗弃另一方，夫妻一方从事个体、合伙经营发生破产等特殊情形，赋予当事人或关系人请求改共同财产制为分别财产制的权利，使分别财产制作为非常财产制。这是市场经济条件下实现财产安全保障中的正义价值和交易安全保护中的秩序价值的共同要求。"[①] 这一观点甚有道理，值得重视。

依我国现行法规定，在发生法定事由时，夫妻一方可以请求法院分割共同财产。经法院裁决分割共同财产的，夫妻共同财产当然也就终止。

---

① 杨大文主编：《婚姻家庭法》（第五版），中国人民大学出版社2012年版，第123页。

（三）夫妻个人特有财产制

第一千零六十三条 下列财产为夫妻一方的个人财产：

（一）一方的婚前财产；

（二）一方因受到人身损害获得的赔偿或者补偿；

（三）遗嘱或者赠与合同中确定只归一方的财产；

（四）一方专用的生活用品；

（五）其他应当归一方的财产。

本条规定了夫妻特有财产制。

1. 夫妻特有财产制的含义

夫妻特有财产制又称夫妻特留财产制，是指依法律规定，除当事人另有约定外，只能为夫妻一方各自单独所有的个人财产而不为共同财产的夫妻财产制度。夫妻特有财产包括约定为夫妻个人所有的财产和法定的夫妻特有的财产。法定的夫妻特有财产是法律规定的夫妻一方婚前的个人所有的财产和在婚姻关系存续期间取得的依法应归夫妻一方的财产。这里所指的夫妻特有财产制就是指法定的夫妻特有财产。夫妻特有财产为夫妻一方的个人财产，只能由个人单独享有占有、使用、收益、处分的权利，另一方无权干涉。

2. 夫妻特有财产的范围

归夫妻一方享有个人财产所有权的法定的夫妻特有财产，包括以下财产：

（1）一方的婚前财产

婚前财产是与婚后财产相对应的。婚后财产是男女结婚后取得的财产，而婚前财产则是男女结婚前取得的财产。一方的婚前财产也就是一方于结婚前取得的各种财产。结婚是一种身份法律行为，并不能发生原财产关系的变动。因此，夫妻一方婚前对其个人财产享有的权利不会因结婚而发生变动，一方的婚前财产于婚后也仍为个人财产。《婚姻家庭编解释》第31条规定，法律规定为夫妻一方所有的财产，除当事人另有约定外，"不因婚姻关系的延续而转化为夫妻共同财产"。

一方婚前财产仅是指婚前个人已经取得的财产，既包括各种实物、现金，也包括各种有价证券。至于婚前的个人财产于婚后所取得的收益，如果其行为的实施发生于婚后，则该收益为婚姻期间取得的财产；如果其行为的实施发生于婚前，则该收益为婚前财产而不为婚后取得的财产。例如，夫妻一方于结婚前将其所得的款项存入银行，而于婚后存款到期后取得的本息都为个人财产，而不能认定为存款利息为共同财产，因为即便将存款视为投资行为，该行为也是在婚前实施的；如果夫妻一方婚后将其个人所有的款项存入银行，则该存款的利息可以认定为夫妻共同财产，因为存款这一投资性行为是发生在婚姻关系存续期间。最高人民法院《婚姻家庭编解释》第26条规定，"夫妻一方个人财产在婚后产生的收益，除孳息和自然增殖外，应认定为夫妻共同财产。"依此规定，夫妻一方婚前财产在婚姻关系存续期间发生的孳息和自然增殖为个人财产。但对这一解释，有不同的意见。一种观点认为，这里的孳息应仅为自然孳息，而不应包括法定孳息。另一种观点认为，这一解释是不妥的。即使对于自然孳息，也不能就当然地认定属于个人财产。因为产生该孳息的财产关系发生在婚姻关系存续期间，不应属于纯粹财产关系而应属于身份财产关系。所以，除当事人另有约定外，该收入也应为夫妻共同财产，而不应为所有人的个人财产。①实际上，自然孳息的取得也会有夫妻双方的投入和付出。例如，果树为夫妻一方婚前的个人财产，在婚后所产果实虽为自然孳息，但该自然孳息是因夫妻共同投入所得，应当属于夫妻共同财产，而不应为个人财产。

（2）一方因受到人身损害获得的赔偿或者补偿

因为人身受到伤害获得的赔偿和补偿，是专用于受害人恢复身心健康的款项，具有人身专属性，该项赔偿和补偿只能归受害人一方个人所有，而不能由他人分享。因此，夫妻一方在婚姻关系存续期间因人身受到伤害而获得的赔偿和补偿，为个人财产而不属于夫妻共同财产。《婚姻家庭编解释》第30条之所以特别规定"军人的伤亡保险金、伤残补助金、医药生活补助费属于个人财产"，就是因为军人的伤亡保险金、伤残补助金、医药生活补助费是因军人的人身受伤害获得的赔偿和补偿。

（3）遗嘱或者赠与合同中确定只归一方的财产

遗嘱或者赠与合同中确定只归一方的财产，是指夫或妻因继承或者受赠与取得财产而被继承人在遗嘱中或者赠与人在赠与合同中确定只归其个人的财产。因为依夫妻共同财产制的规定，在婚姻关系存续期间，继承或者受赠的财产为夫妻共同财产，但遗嘱或者赠与合同中确定只归一方所有的除外。这一规定要求按照被继承人或者赠与人的意思确定夫妻继承和受赠的财产的归属，体现出对被继承人或者赠与人的意愿的尊重。但也有学者认为，即便在婚姻关系存续期间，夫或妻中一方因继

---

① 郭明瑞：《关于婚姻法修订的若干问题》，载《江汉论坛》2018年第2期。

承取得的财产也是基于其个人身份取得的；夫或妻中一方受赠与取得财产，也是赠与人基于其与受赠与的夫或妻的个人关系才为赠与的，因此，为更好地体现对被继承人意愿或者赠与人意愿的尊重和保护，法律应当规定：继承或者受赠的财产为个人财产，但遗嘱或者赠与合同中确定归夫妻共有的除外。《婚姻家庭编解释》第29条第1款规定，"当事人结婚前，父母为双方购置房屋出资的，该出资应当认定为对自己子女的个人赠与，但父母明确表示赠与双方的除外。"该解释的精神也可适用于其他人于夫妻结婚后对夫或妻个人的赠与。

（4）一方专用的生活用品

一方专用的生活用品，是指婚后以夫妻财产购置的、由夫或妻自己专用的日常生活消费的物品。如夫或妻专用的化妆品、书籍、衣物、首饰等。但如果婚后购置的物品不属于日常生活消费用品，比如贵重的奢侈品，则即便为个人专用，也不应属于个人财产，而应为共同财产。

（5）其他应当归一方的财产

其他应当归一方的财产，是指除上述财产以外依其性质应归一方个人所有的财产。主要包括：

① 婚前财产于婚后单纯自然增值所得的财产，如一方婚前购买的股票的增值；

②与人身密切相关的具有人身属性的财产，如一方的个人保险金、一方得到的功勋证章、一方得到的奖杯，等等；

③一方婚后取得的尚未实际获得经济利益或者尚未明确获得经济利益的知识产权。如婚后取得的著作权、专利权。但是，因该知识产权可以取得的经济利益应为双方共享。

(四) 夫妻共同债务

第一千零六十四条 夫妻双方共同签名或者夫妻一方事后追认等共同意思表示所负的债务,以及夫妻一方在婚姻关系存续期间以个人名义为家庭日常生活需要所负的债务,属于夫妻共同债务。

夫妻一方在婚姻关系存续期间以个人名义超出家庭日常生活需要所负的债务,不属于夫妻共同债务;但是,债权人能够证明该债务用于夫妻共同生活、共同生产经营或者基于夫妻双方共同意思表示的除外。

本条规定了夫妻共同债务。

1. 夫妻共同债务的含义

夫妻共同债务是与夫妻个人债务相对应的。夫妻个人债务,是指夫妻一方个人负担的应以个人财产清偿,他方不负连带清偿责任的债务。相应的,夫妻共同债务则是指夫妻共同负担的应以夫妻共同财产清偿,夫妻负连带清偿责任的债务。

由于夫妻结婚后即构成一个小家庭这一共同生活团体,从而夫妻就可能会为家庭共同生活及共同生产经营而举债;同时因夫妻结婚后男女双方各自仍具有独立的人格,个人也会因各种需求而举债。因此,在婚姻关系存续期间,因各种原因既会发生夫妻个人债务,又会发生夫妻共同债务。如何区分夫妻在婚后所欠下的债务为夫妻共同债务还是属于一方个人债务,具有重要意义。这既涉及对夫妻个人权益的保护,也涉及对债权人利益的保护。如果将夫妻一方的个人债务认定为夫妻共同债务,则不利于保护夫妻另一方的权益;而若将夫妻共同债务认定为夫妻个人债务,则不利于保护债权人利益。

从司法实践看,我国司法实务在对夫妻共同债务的认定上从偏重保护债权人利益而走向重视平衡各方利益。例如:《婚姻法解释(二)》第23条规定,"债权人就一方婚前所负个人债务向债务人的配偶主张权利的,人民法院不予支持。但债权人能够证明所负债务用于婚后家庭共同生活的除外。"第24条规定,"债权人就婚姻关系存续期间夫妻一方以个人名义所负债务主张权利的,应当按夫妻共同债务处理。但夫妻一方能够证明债权人与债务人明确约定为个人债务,或者能够证明属于婚姻法第十九条第三款规定情形的除外。"这一司法解释所持的立场显然是重在保护债权人利益,强调维护交易安全,但却忽视了对夫或妻的个人权益的保护。该司法解释第23条的规定将夫妻法定家事代理权的行使扩张到婚前,并无道理;而第24条的规定将夫妻家事代理权扩张到各项事务,也不合理。该司法解释因过分保护债权人利益而忽视未举债配偶一方利益,在理论和实务界引起了争议。该规定在实际执行中对女性造成诸多不利的影响。[1] 正是为了纠正实务中对夫妻共同债务认定上的这种偏差,最高人民法院于2018年1月又颁布了《最高人民法院关于审理涉及夫妻债务纠纷案件适用法律有关问题的解释》(法释〔2018〕2号)。该解释中规定,夫妻双方共同签字或者夫妻一方事后追认等共同意思表示所负的债务,应当认定为夫妻共同债务。夫妻一方在婚姻关系存续期间以个人名义为家庭日常生活

---

[1] 参见夏江皓:《夫妻共同债务认定规则之探究——以女性主义法学视角反思〈婚姻法解释(二)〉第24条》,载《甘肃政法学院学报》2017年第6期。

需要所负的债务，债权人以属于夫妻共同债务为由主张权利的，人民法院应予支持。夫妻一方在婚姻关系存续期间以个人名义超出家庭日常生活需要所负的债务，债权人以属于夫妻共同债务为由主张权利的，人民法院不予支持，但债权人能够证明该债务用于夫妻共同生活、共同生产经营或者基于夫妻双方共同意思表示的除外。尽管有学者认为，该解释偏重于保护夫妻一方的利益，将认定共同债务的举证责任加于债权人，对债权人利益保护不够，但该司法解释相较之前的解释更合理，因此该司法解释为立法所吸收。

2. 夫妻共同债务的认定规则

依现行法规定，在夫妻共同债务的认定上应遵循以下规则：

首先，夫妻以双方的共同意思表示所负的债务为共同债务。夫妻无论是在婚姻关系成立前还是成立后，各自都具有独立的人格，各自都有意思表示的自由，除法律另有规定的情形外，任何一方的意志不能代表另一方的意志。因此，夫妻共同所负的共同债务，应以夫妻共同负债的意思表示为根据。夫妻共同负债的意思表示既可以表现为夫妻在负债字据上共同签名，即"共债共签"，也可以表现为一方负债而另一方事后对此予以追认。至于一方负债另一方的事后追认即同意一方负债的意思表示，则可以采取各种形式。例如，另一方向债权人明确表示同意一方所欠的这一债务；另一方知道一方负债后表示愿意以共同财产清偿这一债务，或者表示愿意就这一债务负连带清偿责任等，均无不可。一方负债另一方是否事后追认，应由债权人负举证责任。至于夫妻以共同意思表示负债是否发生在婚姻关系存续期间，则不影响共同债务的认定。但是如果夫妻在与第三人的负债协议中明确约定了各自承担的份额,则该债务不应属于应以夫妻共同财产清偿的夫妻共同债务,而应属于夫妻按份债务。依《婚姻家庭编解释》第33条规定,债权人就一方婚前所负个人债务向债务人的配偶主张权利的,人民法院不予支持。但债权人能够证明所负债务用于婚后家庭共同生活的除外。

其次,夫妻在婚姻关系存续期间一方因行使家事代理权以个人名义所负的债务,为夫妻共同债务。家事代理权为法定代理权,一方行使家事代理权的后果当然由夫妻共同承担。夫妻行使家事代理权是以个人名义与第三人发生关系的,因此,行使家事代理权的夫妻一方虽是以个人名义负担债务,但该债务因是发生在婚姻关系存续期间,是为家庭日常生活需要所负担的,也属于夫妻共同债务。

再次,夫妻一方在婚姻关系存续期间以个人名义在家事代理权限范围以外所负的债务为个人债务。但是,如果债权人能够证明该债务用于夫妻共同生活或者共同生产经营,或者能够证明有充分理由相信该债务经夫妻另一方同意,则该债务可认定为夫妻共同债务。也就是,对于一方以个人名义超出家事代理权限范围所负的债务,证明属于夫妻共同债务的举证责任在债权人。如果债权人不能举证证明为夫妻共同债务,则只能认定为夫妻个人债务。《婚姻家庭编解释》第34条第2款明确规定,当事人一方在从事赌博、吸毒等违法犯罪活动中所负的债务,第三人主张该债务为夫妻共同债务的,人民法院不予支持。

应当说,关于夫妻共同债务的认定仍是一个有争议的问题。有学者认为"只宜将夫妻共同债务限定于依财产法规范在性质上属于连带债务以及根据'家庭日常生活需要'转换而成的连带债务两种类型,而将与'家庭共同利益'相关但不属于上述两种类型的其他债务移入个人债务进行处理,并以此为标准区分两种类型的个人债务,确定各自的责任财产范围。"①

(五)夫妻约定财产制

第一千零六十五条 男女双方可以约定婚姻关系存续期间所得的财产以及婚前财产归各自所有、共同所有或者部分各自所有、部分共同所有。约定应当采用书面形式。没有约定或者约定不明确的,适用本法第一千零六十二条、第一千零六十三的规定。

夫妻对婚姻关系存续期间所得的财产以及婚前财产的约定,对双方具有法律约束力。

夫妻对婚姻关系存续期间所得的财产约定归各自所有,夫或者妻一方对外所负的债务,相对人知道该约定的,以夫或者妻一方的个人财产清偿。

本条规定了夫妻约定财产制。

1. 夫妻约定财产制的含义和性质

夫妻约定财产制是相对于夫妻法定财产制而言的,是指夫妻可以以协议的方式对婚前婚后所得的财产的归属作出约定的法律制度。夫妻约定财产制具有优先适用性,即相较于法定财产制具有优先效力。夫妻约定财产制,可以排除夫妻法定财产制的适用。也就是说,只有在夫妻对其财产归属关系没有约定

---

① 刘征峰:《夫妻债务规范的层次互动体系——以连带责任方案为中心》,载《法学》2019年第6期。

的情形下,才依法律规定的财产权属确定夫妻之间的财产的权属。只要夫妻关于财产权属的约定有效,就应先依夫妻的约定确定其财产的权属。

夫妻关于财产归属的协议通常称为夫妻财产契约或夫妻财产合同。夫妻财产契约是以夫妻关系的存在为前提的,夫妻财产契约的主体只能为夫妻,不具有夫妻身份的人不能订立夫妻财产契约。但夫妻财产契约是约定财产归属和利用关系的,因此,夫妻财产契约属于财产法律行为,而不属于身份法律行为。

我国1950年《婚姻法》没有明确规定夫妻财产约定问题,但也没有规定当事人不得约定财产权属。1980年《婚姻法》为适应调整夫妻财产关系的需要,在规定法定财产制为夫妻共同财产制的同时,规定允许夫妻就财产关系自愿约定,以排除共同财产制的适用。2001年修正后的《婚姻法》第19条对夫妻约定财产制作了详细规定。《民法典》延续了原《婚姻法》第19条的规定。

2. 夫妻财产契约约定的内容

夫妻财产契约是约定夫妻婚前的个人财产在婚后的归属和婚姻关系存续期间夫妻取得的财产的归属的契约或合同,约定的内容由当事人自行决定。一般来说,夫妻财产契约可以包括以下内容:

(1)约定婚姻关系存续期间所得财产以及婚前财产为共同所有或者各自分别所有;

(2)约定婚姻关系存续期间及婚前财产部分共同所有、部分各自分别所有;

(3)约定婚姻关系存续期间所得财产及婚前财产的占有、

使用、收益和处分。

3. 夫妻财产约定的有效条件

夫妻订立财产契约为其自由，夫妻既可以在婚姻关系成立时订立财产契约，也可以在婚姻关系成立前或者成立后订立财产契约。但夫妻财产契约须具备以下条件才能有效：

（1）订约的当事人双方应具有完全民事行为能力。夫妻财产契约并不是一方仅受利益的双方民事法律行为，因此，不但无民事行为能力人不能订立，限制民事行为能力人也不能订立。只有订约当事人双方都具有完全民事行为能力，当事人订立的夫妻财产契约才能是有效的。

（2）订约的当事人双方为夫妻。夫妻财产契约虽可以于婚前、婚后订立，但只有订约当事人结为合法夫妻，当事人之间关于财产权属的约定，才能发生效力。如果订约当事人双方没有成为合法夫妻，则其所订立的有关财产归属和权利义务的契约，不属于夫妻财产契约，仅属于一般财产契约。夫妻财产契约是以夫妻身份为前提的，属于具有人身性的民事法律行为，因此，夫妻财产契约只能由夫妻自己亲自订立，而不适用代理。非由夫妻亲自订立而由他人代订的夫妻财产契约不具有夫妻财产契约的效力。

（3）夫妻财产契约须为当事人自愿订立的，且须公平、合法。民事法律行为的有效要件之一，就是当事人意思表示真实、自愿，并且内容要公平、合法。因此不是基于当事人自愿的真实意思表示订立的或者不公平的夫妻财产契约应当属于可撤销的民事法律行为，当事人可以依照民法总则编中关于可撤销民事法律行为的规定请求撤销。夫妻财产契约的内容不合法或者违反公序良俗的，契约中不合法或者违反公序良俗的部分内容当然也只能是无效的。

（4）夫妻财产契约应采用书面形式。夫妻财产契约因关系到当事人双方的重大财产利益，并且会在婚姻关系存续期间一直有效，也与家庭生活的物质保障和第三人利益密切相关。因此，为便于当事人慎重决策和保护第三人的利益，也为便于发生争议时有效举证，夫妻财产契约应当采用书面形式。夫妻财产契约未采用书面形式的，是否有效呢？对此，有不同的观点。一种观点认为，书面形式为夫妻财产契约的成立和生效要件，因此，未采用书面形式的，不能有效。另一种观点认为，书面形式并非夫妻财产契约的成立和生效要件，书面形式仅具有证明当事人约定的效力。因此，当事人未采用书面形式订立夫妻财产契约的，只是不能以其他证据证明夫妻财产契约。如果当事人对口头的夫妻财产约定没有争议，该约定也可以是有效的。

4.夫妻财产约定的效力

夫妻财产契约一经订立生效，也就发生法律效力。夫妻财产约定的效力包括对内对外两个方面。

（1）夫妻财产约定的对内效力

夫妻财产约定的对内效力，指夫妻财产约定对夫妻双方具有的法律约束力。这表现在：其一，当事人双方都应按照约定确定财产的所有权和管理权，按照约定对财产进行占有、使用、收益和处分；其二，任何一方不得擅自变更约定，更不得擅自解除约定。当事人一方要变更或者解除约定的，须经对方同意。如果双方当事人不能就夫妻财产契约的变更或者解除达成协议，要求变更或者解除的一方当事人只能向法院提起诉讼由法院裁决；其三，夫妻财产契约是离婚时处理财产的依据。在夫妻离婚时，如对夫妻共同财产的认定和分割发生争议，有夫妻财产契约的，应以约定的内容处理争议。

（2）夫妻财产约定的对外效力

夫妻财产约定的对外效力，是指夫妻财产契约对夫妻以外的第三人发生的效力。夫妻在共同生活中，必会与第三人发生债权债务关系，因此，夫妻关于财产的约定是否对第三人发生效力，直接影响到第三人的利益。夫妻关于财产的约定是否对第三人发生效力，决定于第三人是否知道或者应当知道夫妻财产约定的内容。也就是说，夫妻财产契约不具有对抗善意第三人的效力。如果第三人不知道夫妻财产契约约定的内容，那么，对于第三人来说，夫妻间财产关系实行的就是法定财产制，依照法定财产制确定财产为夫妻共同财产还是个人财产。因此，夫妻对婚姻关系存续期间所取得的财产约定归各自所有，第三人知道该约定的，夫或妻以个人名义对第三人所负的债务，以夫或妻的个人财产清偿；如果第三人不知道该约定的，夫或妻以个人名义对第三人所负的债务，构成共同债务的，第三人可以要求以夫妻共同财产清偿。第三人是否知道夫妻财产的约定，应当由夫或妻负举证责任。夫或妻不能证明第三人知道其夫妻财产约定的，应以夫妻双方的财产对第三人负清偿责任，债务清偿后，依照夫妻财产契约约定不应负债的夫妻一方可以就其财产清偿的部分向另一方追偿。为保护第三人的利益，有学者主张夫妻财产契约应于婚姻登记机关登记。这种观点值得重视。

需要说明的是，在现实生活中还存在家庭成员之间关于取得的财产的归属和管理权的约定。家庭成员间关于财产关系的约定，应适用夫妻财产约定的规则。家庭成员间的财产约定也须具备民事法律行为有效要件，且当事人须为家庭成员。家庭成员关于财产的约定一经生效，对订约当事人各方均发生法律约束力，在对外关系上家庭成员间的约定不能对抗善意第三人。

（六）夫妻共同财产的分割

第一千零六十六条 婚姻关系存续期间，有下列情形之一的，夫妻一方可以向人民法院请求分割共同财产：

（一）一方有隐藏、转移、变卖、毁损、挥霍夫妻共同财产或者伪造夫妻共同债务等严重损害夫妻共同财产利益的行为；

（二）一方负有法定扶养的人患重大疾病需要医治，另一方不同意支付相关医疗费用。

本条规定了夫妻共同财产的分割事由。

夫妻对共同财产享有平等的权利和负有平等的义务。不论是当事人约定的共同财产，还是法定的共同财产，夫妻既有共同管理使用的权利义务，也有维护共有关系的权利义务。在婚姻关系存续期间，夫妻应当维护财产共有关系，而不得要求分割共同财产。但是，在特定下，共有人可以要求分割共有财产。共同共有人在共有的基础丧失或者有重大理由需要分割时可以请求分割共同共有财产。夫妻共同财产共有的基础就是婚姻关系，因此，除婚姻关系终止外，当事人只有有重大理由才可以要求分割共同财产。何为重大理由？《婚姻法解释（三）》第4条规定：婚姻关系存续期间，夫妻一方请求分割共同财产的，人民法院不予支持，但有下列重大理由且不损害债权人利益的除外：（一）一方有隐藏、转移、变卖、毁损、挥霍夫妻共同财产或者伪造夫妻共同债务等严重损害夫妻共同财产利益行为的；（二）一方负有法定扶养义务的人患重大疾病需要医治，另一方不同意支付相关医疗费用的。该条解释规定了可以构成一方请求分割共同财产的重大理由。最高人民法院的这一司法解释为立法机关接受。《民法典》明确规定，婚姻关系存续期间，有下列两种情形之一的，夫妻一方可以向法院请求分割共同财产：

其一，一方有隐藏、转移、变卖、毁损、挥霍夫妻共同财产或者伪造夫妻共同债务等严重损害夫妻共同财产利益的行为。构成这一情形的条件有三：（1）一方客观上有损害夫妻共同财产利益的行为，这既包括隐藏、转移、变卖、毁损、挥霍共同财产，也包括伪造夫妻共同债务；（2）实施行为的一方主观上具有恶意，即行为人实施行为的目的是损害夫妻共同财产利益；（3）行为的后果为严重损害夫妻共同财产利益。如果夫妻一方的行为虽然损害了夫妻共同财产利益，但是行为人主观上并无恶意或者损害后果并不严重，则不能构成另一方请求分割共同财产的重大理由。

其二，一方负有法定扶养义务的人患重大疾病需要医治，另一方不同意支付相关医疗费用。构成这一情形的条件为：（1）一方负法定扶养义务的人（如父母）因要医治重大疾病需要支付医疗费用；（2）当事人一方自己所有的财产不足以支付该笔医疗费用；（3）另一方不同意以共同财产支付该医疗费用。如果不是负法定义务的人需医疗费用或者负法定扶养义务人非因医治重大疾病而需要费用，或者负有法定扶养义务一方自己个人所有的财产足以支付所需费用，或者夫妻另一方同意以共同财产支付所需费用的，也就不构成这一重大理由。

除有上述重大理由外，在婚姻关系存续期间，夫妻一方不得请求分割共同财产。

夫妻一方有重大理由要求分割夫妻共同财产的，应向法院提起诉讼。法院受理后经审理认为确有必要分割共同财产的，则依法作出分割共同财产的裁决。法院分割夫妻共同财产的裁决生效后，夫妻共同财产也就成为夫妻分别财产。

法院裁决分割夫妻共同财产的效力是否涉及裁决生效后夫妻取得的财产呢？对此有不同的观点。一种观点认为，一经法院裁决分割夫妻共同财产，夫妻财产制即由共同财产制改为分别财产制，自裁决生效后，夫妻财产关系上就实行分别财产制。另一种观点认为，如果法院裁决中明确规定裁决生效后夫妻财产制转为分别财产制，则此后夫妻取得的财产为分别财产；如果裁决中未作此规定，则法院的裁决只能对此前的夫妻共同财产发生分割效力，自此以后除当事人另有约定外，还是实行法定共同财产制。

从比较法上看，其他国家的立法一般规定了夫妻共同财产制的解除。例如，《魁北克民法典》第465条规定：婚后所得共同制因下列原因解除：1.一方配偶死亡；2.在婚姻存续期间约定变更夫妻财产制；3.得到离婚、别居或财产分别的判决；4.一方配偶在法律规定的情形中失踪；5.婚姻无效，即使该婚姻也产生某些效力。《瑞士民法典》第204条规定：夫妻一方死亡或夫妻双方约定采用其他财产制时，所得参与制解消。所得参与制，在离婚、分居、婚姻被宣告无效或法院命令采用分别财产制之情形，溯及至提出声请之日解消。而我国法未规定夫妻共同财产制的解除或终止，而仅是规定了夫妻共同财产的分割。

第二节 父母子女关系和其他近亲属关系

一、父母子女关系

（一）父母子女关系的含义与种类

1. 父母子女关系的含义

父母子女关系又称为亲子关系，法律上是指父母子女间的权利义务关系。在亲属法上，"亲"兼指父母，"子"兼指子女。父母子女是血亲关系中最近的直系血亲，父母子女关系为家庭成员间法律关系的核心。

父母子女关系是随着社会发展而发展的。在古罗马法，家父权是父母子女关系的核心内容，家父对家子有绝对的支配权和惩罚权。在我国古代，父母子女关系从属于家族家庭制度，"父子一体""父为子纲"，家父与家子也不具有平等的独立人格。自近代社会开始，法律承认父母子女的独立人格，在父母子女关系上规定父母子女间的权利义务时开始重视父母对子女的保护和教育权利，也就是所谓立法开始从"父本位"转向"子本位"。1989年联合国《儿童权利公约》中宣布"关于儿童的一切行动……均应以儿童的最大利益为一种首要考虑。"自此后，各国相继修正有关父母子女关系的法律规定，以贯彻"儿童利益最大化原则"。

2. 父母子女关系的种类

关于父母子女关系的种类，不同时期、不同国家有不同的分类标准。依我国现行法规定，父母子女关系根据其产生可分为自然血亲的父母子女关系和拟制血亲的父母子女关系。

自然血亲的父母子女关系是基于子女出生的法律事实而发生的，包括生父母与婚生子女的关系、生父母与非婚生子女的关系。自然血亲的父母子女关系是因血缘联系而存在的，而这种血缘联系的关系只能因一方死亡而终止。但是，自然血亲的父母子女关系在法律上的权利义务关系还可以因子女被送养而终止。如前所述，在现代生育条件下，自然血亲的父母子女关系的认定也不能完全依血缘联系为根据。最高人民法院《关于离婚后人工授精所生子女法律地位如何确定的复函》（〔1991〕民他字第12号）中就指出，"在夫妻关系存续期间，双方一致同意进行人工授精，所生子女应视为夫妻双方的婚生子女"。《婚姻家庭编解释》第40条规定，"婚姻关系存续期间，夫妻双方一致同意进行人工授精，所生子女应视为婚生子女，父母子女间的权利义务关系适用民法典的有关规定。"

拟制血亲的父母子女关系是基于收养或者父或母再婚的法律行为及事实上的抚养关系而发生的父母子女关系，包括养父母与养子女关系、有抚养关系的继父母与继子女关系。这种父母子女关系不是由血缘联系的，而是人为设定的并由法律认可的，也正因为如此，这种父母子女关系被称之为拟制血亲关系。

（二）父母子女间的抚养和赡养的权利义务

第一千零六十七条　父母不履行抚养义务的，未成年子女或者不能独立生活的成年子女，有要求父母给付抚养费的权利。

成年子女不履行赡养义务的，缺乏劳动能力或者生活困难的父母，有要求成年子女给付赡养费的权利。

本条规定了父母子女间的抚养和赡养的权利义务。

在父母子女间的扶养关系上，有不同的立法例。有的国家规定的扶养义务是单向的，仅规定父母有抚养未成年子女的义务，而成年子女对父母并无赡养的义务。在我国，父母子女间的扶养义务历来是双向的，即父母有抚养未成年子女和不能独立生活的成年子女的义务，成年子女对父母也有赡养的义务。

1. 父母对子女的抚养义务

父母对子女的抚养包括对未成年子女的抚养和对成年子女的抚养。父母对未成年子女的抚养是无限制条件的，只要是未成年子女，父母对其就负有抚养义务。而父母对成年子女的抚养是有限制条件的，即父母仅对"不能独立生活的成年子女"有抚养义务，而对能够独立生活的成年子女不负抚养义务。何为"不能独立生活的成年子女"？司法实践中认为，不能独立生活的成年子女是指尚在校接受高中及其以下学历教育，或者丧失、部分丧失劳动能力等非因主观原因无法维持正常生活的成年子女。因此，在校接受高等教育的成年子女以及非因客观原因无法维持正常生活的成年子女都不属于"不能独立生活的成年子女"。对于非不能独立生活的成年子女，父母是不负抚养义务的。现实中有一些"啃老族"，已经成年且有劳动能力还认为父母应当养活自己,这是没有法律根据的。

负有抚养义务的父母不履行抚养义务的,应受抚养的未成年子女或者不能独立生活的成年子女有权要求父母给付抚养费。依《婚姻家庭编解释》第42条规定,所称"抚养费",包括子女生活费、教育费、医疗费等费用。当然,父母应给付的抚养费也应与其收入等财产状况相适应,一般不应超出其能够负担的能力。

2.子女对父母的赡养义务

子女对父母负赡养义务的主体为成年子女。依《宪法》和《老年人权益保障法》规定,成年子女对父母有赡养的义务。成年子女对父母的赡养义务决定于两个方面:一方面,成年子女具有独立生活能力。如果子女虽已成年但不能独立生活,则其享有要求父母抚养的权利而不对父母负赡养义务。另一方面,父母需要赡养。父母需要赡养是指父母因缺乏劳动能力或者生活困难需要他人扶养。如果父母本身具有劳动能力,能够自食其力或者生活并不困难,则不需要子女赡养。

子女有能力赡养而不履行赡养父母义务的,需要赡养的父母有权要求子女给付赡养费。有能力赡养而拒不履行赡养义务情节恶劣的,可构成遗弃罪,会承担相应的刑事责任。

依法律规定,成年子女对父母有赡养义务,夫妻之间有扶养义务。如果该两项义务的给付对象为同一人,例如,甲乙为夫妻,丙为乙之成年子女,现乙需要扶养,甲基于夫妻关系对乙有扶养义务,丙基于父母子女关系对乙有赡养义务,二者是否有履行顺序呢?对此有不同的观点,一种观点认为,夫妻间的扶养义务应先履行,只有无人履行夫妻扶养义务或者夫妻无能力履行扶养义务时,才应由成年子女履行赡养义务。另一种观点则认为,子女的赡养义务应先履行,只要有能够履行赡养义务的成年子女,该子女就应履行其对父母的赡养义务,而不论其父母有无配偶能履行扶养义务。还有一种观点则认为,夫妻间基于配偶关系的扶养义务与成年子女基于父母子女关系的赡养义务不存在履行顺序,应依需要扶养的人的请求决定由何人履行义务。依此主张,原告虽有具有赡养能力的成年子女,但其要求配偶履行扶养义务的,则法院应判决由配偶履行扶养义务;原告的配偶虽然有扶养能力,但其要求成年子女履行赡养义务的,则法院应判决由成年子女履行赡养义务。

(三)父母对未成年子女的教育、保护的权利义务

第一千零六十八条　父母有教育、保护未成年子女的权利和义务。未成年子女造成他人损害的,父母应当依法承担民事责任。

本条规定了父母对未成年子女的教育、保护的权利义务,即亲权。

1. 亲权的含义与特征

亲权是指父母对未成年子女的权利义务。我国法中所称的父母"教育、保护未成年子女的权利和义务"是亲权的核心内容。亲权具有以下法律特征:

其一,亲权是以教育、保护未成年子女为目的的权利。亲权虽为父母专享的权利,但是该权利是以教育和保护未成年子女,保障未成年子女健康成长为目的的。亲权也只存在于父母与未成年子女之间。一般来说,权利是权利人享有的利益,而

亲权的利益却不是由亲权人享有而是亲权人的相对人享有。而正因为如此，亲权被称为义务性权利、利他性权利，它既是父母的权利又是父母的义务。

其二，亲权是一项身份权。亲权是父母基于其身份当然享有的权利，因此，只有具有父母的身份才能享有亲权，不具有父母身份的人不享有亲权。这里的父母既包括生父母，也包括养父母和有抚养关系的继父母。

其三，亲权是绝对权，也具有相对性。亲权的相对性表现为亲权只是父母对未成年子女的权利，相对人为未成年子女。父母对未成年子女以外的其他人包括其他亲属的权利，都不属于亲权。亲权的绝对性表现为，亲权具有对抗一切人的效力，任何人不得侵害亲权。侵害父母亲权的，应负侵权责任。因此，诸如拐卖未成年人之类的不法行为人，不仅应负刑事责任，也应向未成年人的父母负侵权的民事责任。

2. 亲权与监护权

亲权是父母对未成年子女享有的一种身份权。父母作为未成年子女的法定监护人时享有监护权，监护权也是父母的一项身份权。关于亲权与监护权的关系，有不同的立法例。一种立法例是不区分亲权与监护权，亲权的内容被纳入监护权的内容之中。另一种立法例是区分亲权与监护权，监护权为亲权的延伸，但二者不同。我国民法典区分了亲权与监护权，在总则编中规定了监护制度，而在婚姻家庭编中规定了亲权制度。亲权制度与监护制度是不同的两项制度。从各国法的规定看，亲权制度与监护制度主要有以下区别：其一，亲权立法采取放任主义，法律对父母持信任态度，因此，立法上对于亲权人的限制较少；而监护立法则采取限制主义，立法对监护人的活动进行严格的限制。其二，亲权的成立以亲子关系为基础，亲权人对子女负有抚养义务；而监护人对被监护人一般不负抚养义务。其三，亲权人对其子女的财产进行处分比较宽松，并享有该项财产的收益权；而监护人处分被监护人财产的权利受到法律的严格限制，并且监护人不享有被监护人财产的收益权。其四，亲权因亲权人与其子女的血亲关系自然取得，只有在某些法定条件下才受到限制；而监护权则须经法定程序才能取得。其五，监护人因监护活动有请求相当报酬的权利；而亲权人则不得因行使亲权而索要报酬。其六，监护人行使监护权受有关部门或其他监护人的监督；而对于亲权的行使一般不设专门的监督机构。其七，监护开始时应开具被监护人的财产清册，监护人对该项财产的情况负有报告义务；而对亲权的行使则无此限制。①其八，亲权人只能是未成年子女的父母，而监护人不限于父母，被监护人也不限于未成年人。

3. 亲权的内容

亲权的内容十分广泛，可以说，凡是父母对未成年子女享有的权利和负担的义务，都属于亲权的内容。如《日本民法典》中规定的亲权内容包括：监护及教育的权利义务、居所指定、惩戒、职业的许可、财产管理及代表等。《德国民法典》第1626条中规定，父母对未成年子女有照护之义务及权利（父母之亲权）。父母之亲权包括对子女人身（人身照护）及财产（财产照

---

① 参见马俊驹、余延满：《民法原论》（第四版），法律出版社2010年版，第874—875页。

护)之照护。

依我国法规定,亲权是父母教育、保护未成年子女的权利义务,主要包括以下两方面内容:

(1)父母有教育未成年子女的权利义务

所谓父母有教育未成年子女的权利义务,既是指父母有教育未成年子女的权利,也是指未成年子女有接受和听从父母教育的义务。这里的教育包括管理、教育和约束,因此,有的称为管教。管教包括两方面的内容:一方面是管;一方面是教。"教"主要是从正面引导未成年子女正确做人、做事,培育未成年子女遵守基本道德规范,树优良的家风,立良好的家训、家规,让未成年子女形成良好的行为习惯等。"管"主要是约束未成年子女不实施不良行为。未成年人的父母应当教育未成年子女不得有下列不良行为:①旷课、夜不归宿;②携带管制刀具;③打架斗殴、辱骂他人;④强行向他人索要财物;⑤偷窃、故意毁坏财物;⑥参与赌博或者变相赌博;⑦观看、收听色情、淫秽的音像制品、读物等;⑧进入法律、法规禁止未成年人进入的营业性歌舞厅等场所;⑨其他严重违背社会公德的不良行为。[①] 对于有上述不良行为的未成年子女即通常所称的"熊孩子",父母管其不听的,父母可否对其予以惩戒呢?也就是说,父母对未成年子女有无惩戒权呢?对此,有不同的观点。通说认为,父母对未成年子女有惩戒权,对不听管教而有不良行为的未成年子女可以采取一定的惩戒措施。但父母行使惩戒权以不损害未成年子女的健康权、不对其造成伤害为原则,更不得

[①] 见《中华人民共和国预防未成年人犯罪法》第14条。

采取暴力行为。父母应当约束未成年子女的行为，防止未成年子女给他人造成损害。未成年子女造成他人损害的，父母应当依法承担民事责任。这也是法律对未成年人的监护人的要求。

(2) 父母有保护未成年子女的权利义务

所谓父母保护未成年子女的权利义务，是指父母有权利保护未成年子女免受来自各方面的伤害，也有义务保护未成年子女不受任何伤害而健康成长。因为未成年人尚不具备完全的自我保护能力，因此，父母有权利也有义务保护未成年子女的人身和财产利益。父母不仅自己不得实施侵害未成年子女利益的不法行为，而且要为未成年子女创造一个安全的生活环境，防止和避免未成年子女的人身和财产遭受自然损害，防止和避免未成年子女的人身和财产遭受他人的不法侵害。未成年子女有受到侵害之虞时，父母应采取必要措施予以救助；未成年子女正在受到不法侵害时，父母得实施正当防卫以避免其受到更大损害；未成年子女的权益受到不法侵害的，父母作为法定代理人，有权利有义务通过诉讼等途径请求公力救济，维护未成年子女的合法权益。

4. 亲权的行使

亲权为未成年子女的父母共同享有的权利，现代法上讲求男女平等、夫妻平等，因此，父母共同行使亲权是现代亲权制度的基本原则。

父母在共同行使亲权时应以最有利于未成年子女利益为原则。父母双方在决定亲权事项上意思不一致时，应如何处理呢？对此，有不同立法例和不同观点。一种观点认为应由父决定。但大多数人的观点认为，父母意思不一致时，应由法院或者其他组织调解,促其达到一致意见,如调解不成,应由法院根据最有利于未成年子女利益原则作出裁决。

父母为未成年子女的监护人,也就是其法定代理人,父母共同享有法定代理权。父母代理未成年子女实施民事法律行为时,也应当共同行使代理权。没有对方的同意,父母任何一方不得代理未成年子女实施民事法律行为。限制民事行为能力的未成年子女实施自己不能独立实施的民事法律行为的,也应征得父母双方共同同意,如果仅经父母一方同意而另一方反对的,则该民事法律行为不能有效。但是,无论是父母的单方代理还是未成年子女实施民事法律行为仅征得父母的单方同意,都不应具有对抗善意第三人的效力。《日本民法典》第825条规定,"父母共同行使亲权,而父母一方以共同名义代替子女实施法律行为,或子女已对其法律行为表示了同意时,其行为虽违反另一方的意思,亦不因此而妨碍其效力。但相对人为恶意时,不在此限。"这一规定可供参考。

5. 亲权的丧失

亲权的丧失,是指亲权人失去亲权,包括亲权的非终局丧失和亲权的终局丧失。

(1) 亲权的非终局丧失

亲权的非终局丧失,有的称为亲权的停止,是指亲权人虽丧失亲权,但具备一定条件时可以恢复亲权。亲权的非终局丧失分为以下两种情形:

其一,因发生法定事由,亲权人丧失亲权即停止行使亲权。亲权人停止行使亲权的法定事由主要包括:①收养。未成年子女被收养人收养后,收养人享有亲权,被收养人的生父母的亲权丧失，但在收养解除后，被收养人的生父母恢复对未成年子女的亲权。②未成年子女的父母被宣告为无民事行为能力人或限制民事行为能力人。于此情形下，不具有完全民事行为能力的父母的亲权丧失，但其恢复为完全民事行为能力人时，亲权又恢复。③父母离婚时确定由一方行使亲权，另一方的亲权也就停止行使。④父母或未成年子女被宣告失踪。父母或未成年子女被宣告失踪的，亲权终止，但撤销失踪宣告后，亲权即可恢复。

其二，法院经法定程序撤销未成年子女父母的监护人资格。父母对未成年子女实施严重损害未成年子女利益的行为的，经有关个人或者组织申请，法院可以作出撤销其监护人资格的裁决。一经法院裁决撤销父母的监护人资格，其亲权也就丧失。依法律规定对除被监护人实施故意犯罪的外，被撤销监护资格的父母确有悔改表现的，经其申请，法院在尊重未成年子女意愿的前提下，可以恢复其监护人资格。父母的监护人资格恢复的，其亲权也就恢复。

（2）亲权的终局丧失

亲权的终局丧失也就是亲权消灭，指的是亲权人不再会享有亲权。亲权消灭的原因主要包括：①父母或者未成年子女死亡。父母和未成年子女为亲权关系的主体双方，其中一方死亡，主体不存在，亲权关系就当然消灭。②子女成年。子女成年也就不再为亲权的相对人，亲权就因无相对人而消灭。

（四）子女尊重父母婚姻决定权的义务

第一千零六十九条　子女应当尊重父母的婚姻权利，不得干涉

父母离婚、再婚以及婚后的生活。子女对父母的赡养义务，不因父母的婚姻关系变化而终止。

本条规定了子女尊重父母婚姻决定权的义务。

父母婚姻决定权，是指父母自主决定其婚姻的权利。婚姻自由是婚姻家庭法的基本原则，父母不得干涉子女的婚姻自主权，子女也不得干涉父母的婚姻自主权。从子女方面说，尊重父母的婚姻决定权，不干涉父母的婚姻自由，是其当然义务。

父母的婚姻决定权，是其婚姻自由的具体体现，既包括自主决定维持既有的婚姻关系，也包括自主决定解除现有的婚姻关系即离婚，以及离婚后的再婚及再婚后的生活。子女不得干涉父母离婚，也不得干涉父母再婚，更不得以拒绝赡养等理由来阻挠父母自由行使其婚姻权利。

现实生活中，子女干涉父母婚姻决定权的，主要表现为不尊重父母再婚和决定再婚后生活方式的权利，并以父母再婚及婚后生活未经其同意和许可为由，拒绝履行赡养义务。为保护老年人的婚姻自由，《老年人权益保障法》第18条特别规定，"老年人的婚姻生活受法律保护。子女或者其他亲属不得干涉老年人离婚、再婚及婚后生活。赡养人的赡养义务不因老年人的婚姻关系变化而消除。"成年子女有赡养父母的义务，子女对父母的赡养义务是法定义务，是基于父母子女的血亲关系产生的，不因父母的婚姻关系变化而终止。因此，子女以父母婚姻关系变化而拒绝履行赡养义务的，从道德上说是违反孝道，从法律上讲是违法行为。子女于父母婚姻关系变化后应尽而不尽赡养义务的，父母有权要求其给付赡养费。即使父母再婚时曾与子女达成再婚后免除子女赡养义务的协议，该协议也是无效的，父母仍有权要求子女履行赡养义务。

(五) 父母子女相互间继承遗产的权利

第一千零七十条　父母和子女有相互继承遗产的权利。

本条规定了父母子女间相互继承遗产的权利。

父母与子女是最近的血亲关系，相互有扶养的权利义务，相互有继承对方遗产的资格。父母死亡的，子女有权继承父母的遗产；子女死亡的，父母也有权继承子女的遗产。依我国法规定，子女与父母同为第一顺序法定继承人。但是，这里所规定的父母子女间相互继承遗产的权利仅是客观意义继承权，只是表明双方只要具有父母子女身份，就享有继承对方遗产的资格。至于在一方死亡后，另一方能否参与继承遗产，还决定于其是否丧失继承权等条件。

(六) 非婚生子女的权利

第一千零七十一条　非婚生子女享有与婚生子女同等的权利，任何组织或者个人不得加以危害和歧视。

不直接抚养非婚生子女的生父或者生母，应当负担未成年子女或者不能独立生活的成年子女的抚养费。

本条规定了非婚生子女的权利。

非婚生子女是相对于婚生子女而言的。婚生子女是指在婚姻关系存续期间所生的子女，非婚生子女则是指没有婚姻关系的男女所生的子女，包括：未婚男女所生子女，已婚男女与第三人所生子女，无效婚姻或者被撤销的婚姻当事人所生的子女。

非婚生子女有的称为私生子，在古代社会与婚生子女不能享有同等权利，而是低人一等，且会受到各种歧视和不公平待遇，甚至受到危害。但在现代社会，平等为法的基本价值和原则，因此，非婚生子女享有与婚生子女同等的权利。尽管非婚生子女是婚姻关系外所生的子女，但这不是子女的自身过错，任何人不得以其为"非婚生"而加以危害和歧视。

关于非婚生子女与父母的关系，各国法律上一般有准正和认领制度。非婚生子女的准正，是指已经出生的非婚生子女因生父母结婚或者司法宣告而取得婚生子女资格的法律制度。非婚生子女的认领，是指在非婚生子女尚未准正的情况下，由生父认非婚生子女为其子女的法律制度。我国现行法律未规定非婚生子女的准正和认领制度。从实务上看，一般来说，基于分娩的事实就可认定非婚生子女与生母的关系，而不必加以特别证明，非婚生子女按生母的婚生子女对待。非婚生子女与生父的关系，一般是由生父自愿认领；在生父不认领时，由生母指认的生父为生父。被指认的人否认为生父的，可以通过司法鉴定确定其是否为生父。

依我国法规定，非婚生子女与生父母之间的权利义务如同婚生子女与生父母间的权利义务一样。尽管非婚生子女是在父母没有婚姻关系时所生的，但其父或母对其也都负有抚养的义务。不直接抚养非婚生子女的生父或者生母，应当负担未成年子女或者不能独立生活的成年子女的抚养费。生父或者生母不履行抚养义务的，直接抚养子女的生母或生父，有权作为子女的法定代理人请求其给付抚养费。

(七) 继父母与继子女的权利义务

第一千零七十二条 继父母与继子女间，不得虐待或者歧视。

继父或者继母和受其抚养教育的继子女间的权利义务关系，适用本法关于父母子女关系的规定。

本条规定了继父母与继子女间的权利义务。

1. 继父母与继子女的含义

继父母与继子女是因男女一方再婚而形成的亲属关系。继子女是指夫妻一方对他方与前配偶所生的子女，也就是夫对妻与前夫所生子女或妻对夫与前妻所生子女的称谓。继父母是子女对母亲或父亲的再婚配偶的称谓。继父母子女关系是由父或母再婚而形成的姻亲关系。

继父母与继子女的关系，依据父或母再婚时的子女状况可分为三种情形：其一，父或母再婚时，子女已经成年并独立生活；其二，父或母再婚时，子女未成年或者未能独立生活，但子女并没有与继父母一起共同生活或者并未受其抚养教育；其三，父或母再婚时，子女未成年或者未独立生活，子女与继父母一起共同生活并受其抚养教育。依法律规定，只有第三种情形下继父母继子女间才发生法律上的权利义务关系。

2. 继父母继子女的法律地位

继父母与继子女关系虽是因为夫或妻再婚而形成的，但夫或妻再婚也是其婚姻自由，任何人不得干涉。继父与继母既结为夫妻，任何一方都必须接受另一方在前婚姻关系中生育的未成年子女，不得虐待或者歧视继子女。同时，一方已经成年的子女也不得虐待或者歧视继父母。

继父母与继子女间没有法定的抚养义务。但是，继父或继母抚养未成年继子女的，则受抚养的继子女与继父母之间的权利义务适用父母子女间权利义务的规定。于此情形下，一般认为继父母抚养继子女的事实相当于收养，双方基于这一事实而形成拟制的血亲关系。可见，继父母与继子女间是否发生权利义务关系，取决于继父母与继子女间是否形成抚养关系。

按照现行法规定，继父母和受其抚养教育的继子女间的权利义务关系，适用法律关于父母子女关系的规定。依此规定，继父母有要求受其抚养教育的继子女赡养的权利，双方有相互继承遗产的权利。

但也有一种观点认为，抚养教育继子女的继父母有权要求受抚养的成年继子女履行赡养义务，继子女履行了赡养继父母的义务的，有权继承继父母的遗产。但仅仅因受继父母抚养教育就主张继承继父母遗产的，并无道理。仅受继父母抚养教育而未尽赡养义务的继子女，应无权继承继父母的遗产。

有学者指出，继父母与继子女间的关系不应因形成抚养教育关系而适用关于父母子女关系的规定。继父母与继子女间是否发生亲子关系，也应以是否收养为标准。因为继父母与继子女间是否形成抚养教育关系并无确定的明确的标准，事实上难以认定，容易发生纠纷。

3. 继父母与继子女关系的解除

继父母与继子女关系并非基于血缘形成的关系，于一定条件下可以解除。

继父母与继子女间未形成抚养教育关系的，在生父与继母或生母与继父婚姻关系终止时，解除继父母继子女关系。但因生父或者生母死亡而导致婚姻关系终止的,继子女仍可以与继母或者继父保持继父母子女的称谓。

继父母与继子女间已经形成抚养教育关系的,在下列情形下继父母与继子女关系解除:(1)在生父与继母或生母与继父离婚时,继母或继父不同意继续抚养继子女,继子女仍由生父或生母抚养的,继父母与继子女的拟制血亲关系解除。(2)继子女的生父或生母死亡,继子女的生母或生父要求领回其子女的,继父母与继子女关系解除,但生父母未领回,与继子女一起共同生活的继母或继父继续抚养教育继子女的,继父母与继子女的关系不解除。(3)继父母抚养的继子女开始独立生活,双方关系恶化,经双方协议或法院裁决解除继父母继子女关系。对于继子女因成年后虐待、遗弃继父母而与继父母解除拟制亲子关系的,继父母有权要求继子女补偿在共同生活期间其为继子女支付的生活费、教育费。

(八)亲子关系的认定

第一千零七十三条 对亲子关系有异议且有正当理由的,父或者母可以向人民法院提起诉讼,请求确认或者否认亲子关系。

对亲子关系有异议且有正当理由的,成年子女可以向人民法院提起诉讼,请求确认亲子关系。

本条规定了亲子关系的认定。

1. 亲子关系认定的范围

如前所述,亲子关系也就是父母子女关系,亲谓父母,子谓子女。亲子关系包括自然血亲的亲子关系和法律拟制的亲子关系,也可分为基于出生的事实而发生的亲子关系和基于出生外的其他事实而发生的亲子关系。后者如基于抚养教育关系而形成的继父母与受抚养的继子女关系，基于收养而形成的养父母与养子女关系。这里所谈的亲子关系的认定是指基于出生事实的亲子关系的确认。

2. 亲子关系认定的规则

基于出生事实形成的亲子关系是父母与亲生子女关系。亲生子女包括婚生子女和非婚生子女。

（1）婚生子女的推定规则

婚生子女是婚姻关系存续期间所生子女。婚生子女应具备四个条件：其一，其父母有婚姻关系；其二，其为夫之子女；其三，其为妻所生；其四，其在父母婚姻关系存续期间受胎或者出生。由于婚生子女是生母在婚姻关系存续期间受胎或者出生的，因此，对于婚生子女的确认，各国法律普遍实行推定规则，即推定生母在婚姻关系存续期间受胎或者出生的子女为生母与生母之夫的婚生子女。我国法律虽未作明确规定，但习惯上认同这一规则。因此，否认婚生子女的，只有两条理由：一是夫与子女的生母并无婚姻关系；二是有其夫与子女间不可能有亲子关系的客观事实，双方间没有血缘亲系。前一理由否认为婚生，后一理由则否认为亲子。

（2）非婚生子女的准正与认领规则

非婚生子女是婚姻关系外所生的子女，非婚生子女与婚生子女具有同等的权利义务。非婚生子女的亲生父母结婚的，非婚生子女也就成为婚生子女。此种亲子关系的确定，称为非婚生子女的准正。除亲生父母结婚的情形外，非婚生子女的亲子关系是通过认领制度确定的。非婚生子女的认领，是指通过法定程序由认领人确认非婚生子女为己身所出的子女。我国法律未规定认领制度，但实务中认可这一制度。

3. 亲子关系异议的处理

无论是对婚生的亲子关系还是非婚生的亲子关系，有异议且有正当理由的父或者母可以向人民法院提起诉讼，请求确认或者否认亲子关系。请求确认或者否定亲子关系的诉讼从性质上说属于确认之诉。人民法院确认父、母与子女间有无亲子关系的最终的直接证据就是有无血缘关系。当事人间有无血缘关系需要亲子鉴定，即进行DNA技术鉴定。《婚姻家庭编解释》第39条规定："父或母向人民法院起诉请求否认亲子关系，并已提供必要证据予以证明的，另一方没有相反证据又拒绝做亲子鉴定的，人民法院可以推定请求否认亲子关系一方的主张成立。""父或母以及成年子女起诉请求确认亲子关系，并提供必要证据予以证明，另一方没有相反证据又拒绝做亲子鉴定的，人民法院就可以认定确认亲子关系一方的主张成立。"

除父或者母以外，成年子女也可就亲子关系异议提起诉讼。因为成年子女对自己的身世享有知情权，有权知道自己从哪里来。为保护成年子女的知情权，法律规定成年子女对亲子关系有异议且有正当理由的，可以向法院提起诉讼，请求确认亲子关系。成年子女对亲子关系的异议也就是认为自己与其父或母不存在亲子关系。对于成年子女提起的确认亲子关系的诉讼，适用《婚姻家庭编解释》第39条确立的认定规则，即相对人没有相反证据又拒绝做亲子鉴定的，应推定成年子女提起的确认亲子关系的主张成立。

如上所述，确认亲子关系的根据为血缘关系，因此，经

DNA鉴定当事人间有血缘关系的,应确认为存在亲子关系;当事人间不存在血缘关系的,应确认为不存在亲子关系。但是,这一规则不能适用于利用人工生殖技术生育的子女。

利用人工生殖技术生育子女包括人工体内受精与人工体外受精两种情形。不论何种情形下,既有利用他人精子的,也有利用她人卵子的。在利用人工生殖技术生育的情形下,不能以有无血缘关系认定是否具有亲子关系。《魁北克民法典》第538条附2条规定:"为第三人的为人父母计划捐献基因物质的行为并不在捐献人与根据为人父母计划出生的子女间创立任何亲子关系。但如基因物质是通过性交提供的,则可以在子女出生的次年在捐献者与子女间确立亲子关系。在此等期间,生育子女的妇女的配偶不得再援引与出生证书相一致的身份占有反对确立亲子关系的申请。"依该规定,当事人不能仅以对方有自己的基因而主张与对方为亲子关系,可以说基因鉴定失去了认定亲子关系的作用。从各国通行的办法看,在人工生育子女的亲子关系认定上,更应重视当事人在实施生育计划时的意愿和协议,有血缘关系的并非有亲子关系,没有血缘关系的并非不具有亲子关系。一般说来,由夫的精子而生的子女,为夫妻的婚生子女。由第三人捐献精子而生的子女,经夫妻双方同意的,为夫妻双方的亲子子女;妻未经夫同意接受第三人精子生育的,夫可提起否认亲子关系的诉讼,该子女与生育之母为亲子关系,但无论如何子女与捐献精子的第三人不存在亲子关系。基于捐献卵子出生的子女,以其生育之母为母亲,以其母之夫为父亲,捐献者与其不为亲子关系。从各国立法看,尽管对于代孕有的国家许可,有的国家禁止,但各国都认为基于代孕出生的子女与代孕之母亲间不为亲子关系。

二、其他近亲属关系

（一）祖父母、外祖父母与孙子女、外孙子女的关系

第一千零七十四条 有负担能力的祖父母、外祖父母，对于父母已经死亡或者父母无力抚养的未成年孙子女、外孙子女，有抚养的义务。

有负担能力的孙子女、外孙子女，对于子女已经死亡或者子女无力赡养的祖父母、外祖父母，有赡养的义务。

本条规定了祖父母、外祖父母与孙子女、外孙子女间的权利义务关系。

祖父母与孙子女、外祖父母与外孙子女是父母子女以外最近的直系血亲。依法律规定，祖父母与孙子女、外祖父母与外孙子女，在一定条件相互有法定扶养义务。

1.祖父母、外祖父母对孙子女、外孙子女的抚养义务

在具备以下条件时，祖父母、外祖父母对孙子女、外孙子女负有抚养义务：

（1）孙子女、外孙子女为未成年人。已经成年的孙子女、外孙子女，不论其有无独立的生活能力，祖父母、外祖父母都不负抚养义务。这与父母对子女的抚养义务是不同的。父母对成年而不能独立生活的子女仍有抚养义务。

（2）未成年孙子女、外孙子女的父母已经死亡，或者父母一方已经死亡另一方没有抚养能力，或者父母双方虽未死亡但确均无抚养能力。只要父母一方有扶养能力，其就有抚养未成年子

女的义务，也就不能发生祖父母、外祖父母的法定抚养义务。

（3）祖父母、外祖父母有负担能力。所谓"有负担能力"，是指祖父母、外祖父母有经济上的供养能力、生活上的照顾能力以及教育和保护能力。如果祖父母、外祖父母自身就无生活处理能力、没有维持自己生活的经济能力，或者虽有一定的经济能力，但是除了能够扶养自己的配偶、子女、父母之外，并无能力扶养其他人，则其不为有负担能力。

如果祖父母、外祖父母都具备以上条件且都有抚养意愿或者都不愿意抚养孙子女、外孙子女时，应由何人负担抚养孙子女、外孙子女的义务呢？对此，法律未作规定。从法律规定看，祖父母和外祖父母在抚养孙子女、外孙子女上并无顺序限制，应认定属于同一顺序的抚养义务人。因此，有负担能力的祖父母和外祖父母原则上应当共同承担抚养应由其抚养的孙子女、外孙子女的义务。祖父母和外祖父母可以就抚养义务的履行进行协商，协商不成的，可以由调解组织调解，也可以请求法院裁决由其分担。这里所说的孙子女、外孙子女应当包括亲孙子女、亲外孙子女、养孙子女、养外孙子女、有抚养关系的继孙子女和继外孙子女；相应的，祖父母、外祖父母也包括亲祖父母、亲外祖父母、养祖父母、养外祖父母、有抚养关系的继祖父母和继外祖父母。

2. 孙子女、外孙子女对祖父母、外祖父母的赡养义务

孙子女、外孙子女在具备以下条件时，对祖父母、外祖父母负有赡养义务：

（1）孙子女、外孙子女是有负担能力的成年人。未成年的孙子女、外孙子女本身属于需要他人抚养的人，自不能承担赡

养义务。若孙子女、外孙子女虽已经成年但自己尚不具有独立生活的能力，或者虽能够独立生活但是仅能维持自己的生活而并无能力扶养他人的，则也不能要求其承担赡养祖父母、外祖父母的义务。

（2）祖父母、外祖父母的子女已经死亡或者虽然生存但无力赡养其父母。祖父母、外祖父母的子女为法定的第一顺序赡养人，因此，只要祖父母、外祖父母的子女有能力赡养，就应由其子女负担赡养义务，而不能由他人负担赡养义务。只有在祖父母、外祖父母的子女已经死亡或者丧失赡养能力的情形下，才有由孙子女、外孙子女负担赡养祖父母、外祖父母的义务的必要。

（3）祖父母、外祖父母属于需要他人赡养的人。只有在祖父母、外祖父母需要他人赡养的条件下，孙子女、外孙子女才对其负有赡养义务。如果祖父母、外祖父母仍然具备劳动能力足以自食其力，或者祖父母、外祖父母的生活没有任何困难，也就不需要孙子女、外孙子女负担赡养义务。

孙子女、外孙子女为多人，且都具备上述条件时，各孙子女、外孙子女都应负担赡养祖父母、外祖父母的义务，并无顺序之分。各负有赡养义务的孙子女、外孙子女可以协商赡养费用的负担，如不能协商一致的，原则上应平均分担。

祖父母、外祖父母与孙子女、外孙子女于一定条件下有相互扶养的权利义务，也有相互继承遗产的权利及其他权利义务。

（二）兄弟姐妹关系

第一千零七十五条　有负担能力的兄、姐，对于父母已经死亡或者父母无力抚养的未成年弟、妹，有扶养的义务。

由兄、姐扶养长大的有负担能力的弟、妹，对缺乏劳动能力又缺乏生活来源的兄、姐，有扶养的义务。

本条规定了兄弟姐妹间的扶养义务。

兄弟姐妹是最亲近的旁系血亲，包括同胞兄弟姐妹、同父异母或同母异父的兄弟姐妹、养兄弟姐妹。兄弟姐妹之间在一定条件下有扶养义务，包括以下两种情况：

1. 兄、姐对弟、妹的扶养义务

兄、姐对弟、妹的扶养义务并非是无条件的，须具备以下条件才发生：

（1）父母已经死亡或者没有抚养能力。如果父母仍健在且有抚养能力，自应由父母负担抚养子女的义务，不会发生兄、姐扶养弟、妹的义务；

（2）弟、妹为未成年人。如果弟、妹已经成年，即便其没有独立生活能力，兄、姐也不负扶养义务，当然，从道义上说，兄、姐对没有独立生活能力的成年弟、妹，应给予一定的帮助，但这不是法定义务；

（3）兄、姐有负担能力。有负担能力是兄、姐对未成年弟、妹负担扶养义务的经济前提。如果兄、姐自己就已经生活困难，甚至难以为继，即便父母死亡或者无力抚养未成年弟、妹，兄、姐也不负扶养弟、妹的义务。

2. 弟、妹对兄、姐的扶养义务

如同兄、姐对弟、妹负担的扶养义务一样，弟、妹对兄、姐的扶养义务也是有条件的。只有具备以下条件，才发生弟、妹对兄、姐的扶养义务：

（1）弟、妹是由兄、姐扶养长大的。弟、妹对兄、姐之所以负扶养义务的根本原因在于弟、妹是由兄、姐扶养长大的。在一般场合下,兄弟姐妹都是由父母抚养长大的,相互间并无扶养义务。但在父母不能或者无力抚养的情形下,有负担能力的兄、姐对未成年弟、妹有扶养的义务。由兄、姐扶养长大的弟、妹也理应对兄、姐负有扶养的义务。这也是权利义务相一致原则的基本要求。

(2)兄、姐是缺乏劳动能力又缺乏生活来源之人。兄、姐之所以需要弟、妹扶养,是因为自己没有劳动能力又没有生活来源。如果兄、姐有劳动能力,则通过自己的劳动可以保障其生活,自无须由他人扶养;如果兄、姐虽然缺乏劳动能力不能自食其力,但是有其他生活来源,则兄、姐的生活可得到保障,也不需要弟、妹扶养。因此,只有在兄、姐既缺乏劳动能力又没有生活来源时,弟、妹才会负有扶养的义务。

(3)弟、妹有负担能力。这是弟、妹能够负担扶养义务的经济前提。如果弟、妹没有负担能力,则对兄妹、姐不负扶养义务。因为于此情形下,其不可能履行扶养义务。

应当说,在兄、姐缺乏劳动能力又没有生活来源的情形下,有负担能力的弟、妹即使不是由兄、姐扶养长大的,也应扶助兄、姐,但这不是其法定义务,仅是一种道德义务和责任。

对于现行法规定的兄弟姐妹间的扶养义务的条件,是有不同意见的。从现行规定看,兄、姐只是对于不能受父母抚养的未成年的弟、妹,有扶养义务;弟、妹也只有是由兄、姐扶养长大的,才对于缺乏劳动能力又缺乏生活来源的兄、姐,有扶养义务。一种观点认为,这样规定不妥当。因为兄弟姐妹间的扶养义务是以其存在的血亲关系为基础的,是以一方能够扶养,另一方需要扶养为条件的。因此,兄弟姐妹间有相互扶养的义务,只要一方缺乏劳动能力又缺乏生活来源即需要扶养,并且其没有父母或者子女等扶养义务人,而另一方有负担能力,另一方就应负有扶养义务。也正因为如此,兄弟姐妹才互为遗产继承人,而不应以其是否受过或者是否尽过扶养义务为条件。

第四章 离婚

一、离婚的含义与种类

（一）离婚的含义

离婚，又称夫妻离异、婚姻的解除，是指夫妻双方在生存期间依照法律规定解除婚姻关系的行为。

离婚是解除婚姻关系的行为，而不同于别居、分居行为。别居、分居是指通过当事人协议或者司法裁决解除夫妻双方的同居义务。夫妻双方别居、分居的，双方因婚姻所产生的权利义务也会有所变更，但婚姻关系仍然存在。离婚导致婚姻关系终止，夫妻双方的权利义务消灭。而别居、分居并不导致婚姻关系终止，婚姻关系仍然存在，一般只是双方的同居权利义务终止，而其他的诸如扶养、继承等权利义务仍然存在。

离婚具有以下含义：

1. 离婚是夫妻解除婚姻关系的身份行为

夫妻身份是以双方存在合法婚姻关系为前提的，婚姻关系终止，夫妻身份关系也就终止。

婚姻关系终止的原因有二：一是夫妻一方死亡，二是夫妻双方离婚。夫妻一方死亡包括自然死亡和宣告死亡。自然死亡也就是生理死亡，死者是不能复活的，因此，夫妻一方自然死亡的，因其已经不生存，由于婚姻关系的一方主体不存在，婚姻关系也就当然终止。宣告死亡是推定死亡，虽然被宣告死亡的人并非一定已经死亡，但经法定程序经法院宣告死亡的，在婚姻关系上发生与自然死亡相同的法律后果，婚姻关系自被宣告死亡之日起终止。当然，依《民法典》第52条规定，死亡宣告被撤销的，除其配偶再婚或者向婚姻登记机关书面声明不愿意恢复婚姻关系的以外，婚姻关系自撤销死亡宣告判决之日起自行恢复。因此，夫妻一方被宣告死亡的，只有在婚姻关系不能自行恢复的情形下，婚姻关系才终止。除夫妻一方死亡外，婚姻关系终止的原因就是夫妻离婚。

由于夫妻双方具有平等的法律地位，具有独立的人格，夫妻双方都享有离婚的自由，因此，夫妻双方都可以自主决定是否离婚，而不受他人的意志的不法干涉。

由于离婚是导致婚姻关系终止的身份行为，离婚的意思表示只能由具有夫妻身份的男女当事人自己做出，而不能由他人代为做出，因此，离婚不适用代理制度。即便在当事人不能表达自己意愿的情形下，也只是要求法定代理人在法院审理离婚案件时必须到庭，而不是要求法定代理人做出离婚的意思表示。

2. 离婚是夫妻解除合法婚姻关系的行为

离婚是对合法婚姻关系的解除，因此，离婚是以存在合法婚姻关系为前提的，只有存在合法婚姻才会发生离婚。这是离婚与婚姻无效和婚姻被撤销的根本区别。男女双方结婚后，因存在婚姻无效或者可撤销的理由时，当事人或者利害关系人可以请求确认婚姻无效或者撤销婚姻，婚姻一经确认无效或者被撤销，自婚姻成立之时起双方也就不存在夫妻关系。确认婚姻无效或者撤销婚姻，适用法律规定的确认婚姻无效或者撤销婚姻的程序，而不适用离婚程序；同样，离婚也只能适用法律规定的离婚程序，而不能适用确认婚姻无效或者撤销婚姻的程序。当然，对于无效婚姻和可撤销婚姻，在其无效或者可撤销的事由消除后，也就转化为有效婚姻。此后，当事人解除婚姻关系的行为，也就属于离婚。

3. 离婚是夫妻双方在生存期间依法定程序解除婚姻关系的行为

离婚是只能由夫妻在双方生存期间实施的行为，因为如果有一方已经不存在，婚姻就自然终止，也就不会发生婚姻的解除问题。离婚不仅关系到当事人的离婚自由，也关系到他人尤其是未成年子女的利益和社会的稳定及公共秩序，因此，离婚须依法定程序进行，而不能任由当事人任意为之。离婚须得到国家法律的许可，不经法定程序、未经法律许可的所谓离婚是不能发生离婚的效力的。

（二）离婚的种类

学理上根据不同的标准，对离婚作不同的分类。常见的离婚分类主要有以下几种：

1. 片意离婚与合意离婚

根据夫妻双方对待离婚的态度，离婚可分为片意离婚与合意离婚。

片意离婚，是指夫妻中只有一方有明确的离婚意愿，而另一方不同意离婚而愿意继续维持婚姻关系的离婚。合意离婚，是指夫妻双方具有离婚的共同意愿，双方一致同意解除婚姻关系的离婚。

区分片意离婚与合意离婚的法律意义主要在于：片意离婚属于一方要求离婚，只能通过诉讼程序确定当事人双方是否应当离婚；而合意离婚属于双方自愿离婚，基于离婚自由和自愿原则，合意离婚的当事人可以直接到婚姻登记机关办理离婚登记而离婚。

2. 行政离婚与诉讼离婚

根据离婚的程序，离婚可分为行政离婚与诉讼离婚。

行政离婚是指经行政程序解除婚姻关系。因行政离婚不是依诉讼程序解除婚姻关系的，所以又称为非讼离婚。又因行政离婚须到行政机关办理离婚登记，因此又称为登记离婚。诉讼离婚是指经诉讼程序解除婚姻关系。

区分行政离婚与诉讼离婚的意义主要在于：只有合意离婚且当事人双方在财产分割、子女抚养等方面都达成协议，才可以经行政程序离婚。只要不能通过行政程序离婚，就须经诉讼程序离婚。诉讼离婚时，当事人必须依诉讼程序向法院提起离婚诉讼，经法院审理后调解或者判决离婚。

3. 协议离婚与裁判离婚

根据当事人解除婚姻关系的方式，离婚可分为协议离婚与裁判离婚。

协议离婚是指婚姻关系当事人双方达成全面的离婚协议，依法定程序解除婚姻关系。裁判离婚又称判决离婚，是指依法院判决解除婚姻关系。协议离婚必是合意离婚，但合意离婚不一定是协议离婚。裁决离婚必是诉讼离婚，但诉讼离婚也并非就是裁决离婚，也可以是协议离婚。

区分协议离婚与裁决离婚的意义主要在于办理离婚登记的根据不同：前者依双方的协议办理离婚登记，而后者依据法院判决办理离婚登记。

二、离婚制度的历史沿革

（一）离婚制度的立法例

离婚制度是婚姻家庭法的一个重要组成部分，是婚姻家庭制度发展到一定阶段的产物，是随婚姻家庭制度的产生、发展而产生、发展的。从各国立法看，关于离婚制度有禁止离婚与许可离婚两种不同立法例。

1. 禁止离婚的立法例

采禁止离婚立法例的国家在对待离婚上采取禁止离婚主义。所谓禁止离婚主义，是指夫妻无论出于何种原因，均不得离婚的立法思想。禁止离婚主义盛行于欧洲中世纪受宗教法管辖的国家。依教会法规定，婚姻是"神作之合，人不得离之。"婚姻一经缔结，终生不得解除。美国学者伯尔曼指出，除了以缺乏同意或结婚障碍为理由的婚姻无效外，教会法还许可以通奸、背叛或严重的残酷行为为理由的司法分居。不过近代意义上的离婚是不许可的；这种圣事性契约一旦有效地订立，便被认为不能够解除，一直持续到一方配偶死去。[①] 随着文艺复兴和宗教改革运动的深入，禁止离婚主义逐渐被淘汰。

---

① 〔美〕伯尔曼：《法律与革命》，贺卫方等译，中国大百科全书出版社，1993年版，第276页。

2. 许可离婚的立法例

采许可离婚立法例的国家对待离婚实行许可离婚主义。许可离婚主义，是指允许夫妻解除婚姻关系的立法思想。许可离婚主义承认婚姻的可变性及可离异性，允许夫妻在生存期间可以基于法定事由解除婚姻关系。大多数国家从古到今的立法都是采取许可离婚主义的，但在离婚事由上有一定的变迁过程，经历了从专权离婚主义到限制离婚主义再到自由离婚主义的发展过程。

专权离婚主义，是指夫家或者夫本人单方面享有较大的离婚权，而女方没有离婚权或者其离婚权受到严格的限制。这种离婚制度的制度基础是男子在政治上、经济上处于优势地位，男女不平等。

限制离婚主义，是指夫妻双方均享有离婚权，但法律对离婚条件加以严格限制。按照限制离婚主义的立法，只有符合法律规定的离婚理由，夫妻双方才可以离婚。因此，此种离婚被称为"有因离婚"。最初立法规定的离婚理由为一方有过错，如通奸、虐待、遗弃、重婚、一方被判刑等，这种立法主张被称为"有责离婚主义"。后来立法规定，虽非当事人一方过错，但有婚姻关系不能维持的情况，如，一方患有精神病、一方失踪、有生理缺陷不能发生性行为等，也可为离婚的事由。这种离婚的立法主张被称为"目的主义"，在离婚立法史上开"无责离婚主义"的先河。[①]

---

① 杨大文主编：《婚姻家庭法》（第五版），中国人民大学出版社2012年版，第130页。

自由离婚主义,是指根据夫妻双方或者一方当事人的自由意志,不论当事人是否有过错,只要婚姻关系在客观上已经破裂,就可准予离婚的立法主张。这种自由离婚主义逐渐为现代各国法所接受。

(二) 我国离婚制度的变迁

1. 中国古代的离婚制度

中国古代社会的离婚制度是受以男子为中心的宗法制度制约的,实行限制与剥夺妇女离婚权的专权离婚主义。中国古代的离婚有七出、和离、义绝、呈诉离婚四种方式。

(1) 七出。"七出"又称"七弃",是指礼法规定的丈夫"出妻"、夫家"出妇"的七条理由。这七条理由为:第一,"不顺父母,为其逆德也"。此指儿媳不孝敬公婆,公婆可命儿子休妻。第二,"无子,为其绝世也。"此指妻不生子,视为不孝,要承担断绝夫家香火之罪责,理当休弃。第三,"淫,为其乱族也。"此指妻与人通奸,乱了夫家的血统,应当休弃。第四,"妒,为其乱家也。"此指为人妻者须与家人相安和谐,如存有忌妒之心,则应为夫休弃。第五,"有恶疾,为其不可与共粢盛也。"此指妻子如患有严重疾病,既对家庭兴旺不利,又影响夫妻正常生活,故应休弃。第六,"口多言,为其离亲也。"此指妻子如不安分守己,多嘴多舌,搬弄是非,离间了夫家的亲属关系,被认为违背女子"三从四德"中"妇言"的要求,按照礼法应休。第七,"窃盗,为其反义也。"此指妻子对家庭财产没有处分权,凡妻子擅自动用家庭财产,包括未经家长许可将夫家财物付与娘家亲属或外人等,均可视为窃盗,夫可将其休弃。

"七出"是男子休妻的合法理由，妇女因触犯"七出"中的任何一条，不需经官府，由丈夫写成休书，邀请男女双方近亲、近邻和见证人一同署名，就可以弃妻。古代礼法也设有例外，以"三不去"对"七出"进行限制。"三不去"包括："尝更三年丧不去"，即曾为公婆守孝三年的不去；"有所受而无所归不去"，即妇女无娘家可回的不去；"贱娶贵不去"，即娶妻时夫家贫贱，后来富贵的不去。唐律规定："虽犯七出，有三不去而出之者，杖一百，追还合。"但是若犯恶疾及奸者，不用此律。元、明、清律仅规定，妻犯奸者不受"三不去"的限制。

（2）和离。和离也就是协议弃妻。这是一种通过协议允许夫妻离异的离婚方式。唐、宋律规定："若夫妇不相安谐而和者不坐。"元、明、清法律也都有"和离"的规定："夫妇两愿离者，不坐。"但在封建社会的历史条件下，离与不离主要取决于丈夫，"和离"往往仅成为"出妻"的别名而已。

（3）义绝。义绝，是指如果夫妻之间或夫妻一方与他方的亲属间或双方的亲属间出现一定事件，经官司处断后，便认为夫妇之义当绝，强迫离婚。若不离异，要受法律的制裁。可见，这是一种强制的离婚方式。依《唐律疏议》解释，构成"义绝"的有以下五种情形：一是殴妻之祖父母、父母，杀妻之外祖父母、伯叔父母、兄弟、姑、姊妹；其二是夫妻祖父母、父母、外祖父母、伯叔父母、兄弟、姑、姊妹自相杀；其三是殴詈夫之祖父母、父母，杀伤夫之外祖父母、伯叔父母、兄弟、姑、姊妹；其四是妻与夫之缌麻以上亲奸，夫与妻母奸；其五是欲害夫者。

义绝不同于出妻。"七出"是于礼应出,依法可出,而非必出。而合当义绝者而不绝的,须依律科刑。如唐律规定:"诸犯义绝者离之,违者徒一年。"

(4)呈诉离婚。呈诉离婚又称官府判离,是指夫妻一方基于法定的理由,向官府提出离婚之诉,由官府判决离婚的离婚方式。这种离婚方式因男女方可提出离婚的理由不等,对男女双方仍是不平等的。例如,只要妻子有背夫在逃的行为,夫就可呈请离婚;而只有丈夫逃亡三年以上时,妻才可以呈请离婚。[①]

2. 我国近代的离婚制度

中国近代的离婚制度可以说始于清末民初的《民律草案》,确立于南京国民党政府于1930年12月公布的"民法亲属编"。"民法亲属编"规定了两种离婚方式,即两愿离婚和判决离婚。两愿离婚应以书面为之,且有二人以上证人之签名。判决离婚是一方要求离婚者提出请求经司法机关判决离婚。一方要求离婚的,须有法律规定的离婚事由。

3. 新中国离婚制度的发展

中华人民共和国成立后,在1949年之前革命根据地的离婚立法的基础上,确立了我国的离婚制度并得以逐渐发展完善。

1950年《婚姻法》对离婚主要作了以下具体规定:(1)明确规定保障夫妻双方平等的离婚自由权。(2)确立了登记离婚和诉讼离婚双轨制。(3)概括规定男女双方自愿离婚的,准予离婚;男女一方坚决要求离婚的,经由区人民政府和司法机关

[①] 参见马忆南:《婚姻家庭继承法学》(第三版),北京大学出版社2014年版,第103页。

调解无效时，亦准予离婚。（4）注重保护妇女的合法权益，规定女方怀孕期间和分娩后一年内，男方不得提出离婚；男方要求离婚，须于女方分娩一年后，始得提出。（5）重视保护未成年子女的合法权益，对离婚后子女的抚养教育作了明确规定。该法第 20 条规定："父母与子女间的血亲关系，不因父母离婚而消灭。离婚后，子女无论由父方抚养或母方抚养，仍是父母双方的子女。离婚后父母对于所生子女，仍有抚养和教育的责任。离婚后，哺乳期内的子女，以随哺乳的母亲为原则，哺乳期后的子女，如双方均愿抚养发生争执不能达成协议的，由人民法院根据子女的利益判决。"

1980 年《婚姻法》根据社会出现的新情况、新问题，对 1950 年《婚姻法》关于离婚的规定作出修改、补充和发展，规定以夫妻感情已经破裂作为判决准予离婚的法定条件。2001 年修改后的《婚姻法》增加了判决离婚的例示性规定，使其更具有操作性。《民法典》关于离婚制度的规定，基本沿用了原婚姻法的规定。

从中华人民共和国成立以来离婚制度的发展看，我国的离婚制度构建的中心指导思想是：既保障离婚自由又反对轻率离婚，充分保障妇女和未成年子女利益。保障离婚自由是贯彻婚姻自由原则的具体要求，反对轻率离婚是避免离婚自由权的滥用。

三、协议离婚

（一）协议离婚的含义和条件

第一千零七十六条 夫妻双方自愿离婚的，应当订立书面离婚协议，并亲自到婚姻登记机关申请离婚登记。

离婚协议应当载明双方自愿离婚的意思表示和对子女抚养、财产及债务处理等事项协商一致的意见。

本条规定了协议离婚的含义与条件。

协议离婚又称为自愿离婚、两愿离婚，是指夫妻双方自愿达成离婚协议并经婚姻登记机关办理离婚登记即解除男女双方婚姻关系的离婚方式。

协议离婚须具备以下条件：

1. 当事人双方为合法夫妻且均具有完全民事行为能力

协议离婚是离婚的一种方式，只有存在合法的婚姻关系，才能谈得上离婚。因此，协议离婚的当事人双方也须具有合法婚姻关系，为合法夫妻。无效婚姻、可撤销婚姻的当事人可以依法请求确认婚姻无效或者撤销婚姻，而不能主张离婚。但可撤销婚姻的撤销权人在撤销权行使期间届满后，当事人间的婚姻关系为有效，双方可以协议离婚。协议离婚是有关身份关系的双方民事法律行为，双方当事人都必须具有完全民事行为能力。夫妻双方或一方为限制民事行为能力人或无民事行为能力人的，都不能协议离婚。

2. 当事人双方须达成书面离婚协议

协议离婚的根据是当事人双方解除婚姻关系的共同意愿。当事人双方达成的同意解除婚姻关系的协议即为离婚协议。离婚协议是行政机关办理离婚登记的依据，没有离婚协议，不可能协议离婚。离婚协议应当采用书面形式，书面形式是离婚协议的成立要件，当事人双方未订立书面离婚协议，而仅仅达成口头离婚协议的，离婚协议不成立。

3. 当事人双方的离婚协议须为完全自愿的真实的意思表示

协议离婚是当事人的自由,离婚协议是民事法律行为,民事法律行为的有效要件之一,就是当事人的意思表示真实。因此,只有离婚协议是当事人一致的完全自愿的真实的意思表示,该离婚协议才能有效。如果当事人离婚的意思表示不是其自愿做出的,是不真实的,则离婚协议不能有效,婚姻登记机关不能根据不真实、不自愿的离婚协议办理离婚登记。《婚姻登记条例》第13条中规定,"对当事人确属自愿离婚"的,婚姻登记机关应当予以登记,发给离婚证。依其反面解释,对当事人不属自愿离婚的,婚姻登记机关不予登记离婚。

4. 当事人双方须对子女、财产及债务处理等事项达成一致意见

协议离婚的当事人不仅须就解除婚姻关系达成协议,还须就子女抚养、财产及债务处理等事项达成协议。因此,离婚协议不仅应当载明双方自愿离婚的意思表示,还应当载明当事人对子女抚养、财产及债务处理等事项的一致意见。依《婚姻登记条例》第13条规定,当事人"已对子女抚养、财产、债务等问题达成一致处理意见",是婚姻登记机关予以办理离婚登记的条件之一。当事人未对子女抚养、财产及债务处理等事项达成一致处理意见的,婚姻登记机关不予登记离婚。

5. 双方当事人须亲自到婚姻登记机关申请离婚登记

协议离婚是经行政程序办理的离婚,须由当事人提出申请才能进入行政离婚程序。因为协议离婚属于身份法律行为,也不适用代理,因此,男女双方当事人须亲自到婚姻登记机关提出离婚登记申请,任何一方未亲自到婚姻登记机关提出申请的,

婚姻登记机关均不能受理当事人的离婚登记申请。依《婚姻登记条例》第10条规定，内地居民应当到一方当事人常住户口所在地的婚姻登记机关办理离婚登记；中国公民同外国人在中国内地自愿离婚的，内地居民同香港居民、澳门居民、台湾居民、华侨在中国内地自愿离婚的，应当到内地居民常住户口所在地的婚姻登记机关办理离婚登记。依《婚姻登记条例》第11条规定，办理离婚登记的内地居民应当出具下列证件和证明材料：（1）本人的户口簿、身份证；（2）本人的结婚证；（3）双方当事人共同签署的离婚协议书。办理离婚登记的香港居民、澳门居民、台湾居民、华侨、外国人除应当出具本人的结婚证、双方当事人共同签署的离婚协议书的证件、证明材料外，香港居民、澳门居民、台湾居民还应当出具有效通行证、身份证，华侨、外国人还应当出具有效护照或者其他有效国际旅行证件。

依《婚姻登记条例》第12条规定，办理离婚登记的当事人有下列情形之一的，婚姻登记机关不予受理离婚登记申请：（1）未达成协议的；（2）属于无民事行为能力人或者限制民事行为能力人的；（3）其结婚登记不是在中国内地办理的。

（二）协议离婚的冷静期

第一千零七十七条 自婚姻登记机关收到离婚登记申请之日起三十日内，任何一方不愿意离婚的，可以向婚姻登记机关撤回离婚登记申请。

前款规定期限届满后三十日内，双方应当亲自到婚姻登记机关申请发给离婚证；未申请的，视为撤回离婚登记申请。

本条规定了协议离婚的冷静期。

协议离婚的冷静期,是指婚姻登记机关受理协议离婚申请后,依法暂时不予办理离婚登记的期间。待该期间届满后,婚姻登记机关才可办理协议离婚登记手续。

依原《婚姻法》规定,协议离婚的男女双方到婚姻登记机关提出离婚登记申请,婚姻登记机关受理后予以审查认为符合要求的,即予以登记,发给离婚证。鉴于实务中有的当事人视婚姻为儿戏,以轻率的态度对待和处理离婚问题,双方可能仅是出于一时冲动就轻率地达成离婚协议,并没有慎重地做出离婚决定,因此,有的婚姻登记机关尝试给申请办理离婚登记的当事人一个考虑的期间,而不是当即办理离婚手续,其目的是让当事人冷静地对待离婚事宜,审慎地做出是否离婚的决定,避免轻率离婚。婚姻登记机关延续办理离婚手续的这一期间就被称为离婚冷静期。实务中的这一做法受到妇联及许多人的赞同,也为立法机关采纳,并在《民法典》中明确规定这一离婚的冷静期间为30天,自婚姻登记机关收到离婚登记申请之日起算。

按照法律规定,在协议离婚的冷静期间内,当事人任何一方不愿意离婚的,都可以向婚姻登记机关撤回离婚登记申请。当事人撤回离婚登记申请的,离婚登记申请也就不发生效力,协议离婚的程序也就终止。在协议离婚的法定冷静期间届满后,当事人双方仍然坚持离婚的,双方应当在30天内亲自到婚姻登记机关申请发给离婚证;当事人双方未在30天内亲自到婚姻登记机关申请发给离婚证的,视为撤回离婚登记申请。这里的"视为"属于法律推定,没有相反事实是不能推翻的。

当然,对于法律上是否应规定协议离婚的冷静期,在民法典编纂的立法过程中也有不同的意见。反对意见认为，立法上不应对协议离婚规定婚姻登记机关延续办理离婚登记的期间。其理由主要是：（1）尽管可能有的当事人双方在决定离婚上不够冷静，有草率离婚现象，但这有复婚制度予以救济。一旦协议离婚的双方冷静下来又不同意离婚而要恢复婚姻关系的，双方到婚姻登记机关重新进行结婚登记即可，而没有必要给予一个冷静期；（2）协议离婚的当事人双方一般是经过长期磨合才达成离婚协议的，应当尽快让当事人从不和婚姻的痛苦中解脱出来，而不应让当事人继续痛苦下去；（3）规定协议离婚的冷静期仅考虑到个别草率离婚问题，而没有顾及长期才达成离婚协议的不幸婚姻当事人的感受。（4）规定冷静期还会带来严重不符合当事人意愿的后果。例如，双方经长期磨合才达成离婚协议，在规定的冷静期限内，一方死亡或者一方的父母死亡，另一方却因该期限的存在而得以继承遗产或者取得一方继承的遗产共有。这不合理、不公平。

（三）协议离婚的办理程序

第一千零七十八条　婚姻登记机关查明双方确实是自愿离婚，并已经对子女抚养、财产及债务处理等事项协商一致的，予以登记，发给离婚证。

本条规定了协议离婚的办理程序。

自婚姻登记机关受理当事人双方离婚登记申请之日起 30 天的冷静期限届满之后，申请离婚登记的当事人于 30 天内亲自到婚姻登记机关申请发给离婚证的，婚姻登记机关正式启动办理协议离婚的程序：审查、登记、发证。

首先，婚姻登记机关应审查当事人书面离婚协议的真实性，经审查认定双方确实是自愿离婚，并对子女抚养、财产及债务处理等事项都达成一致意见，无异议。

其次，经审查认为符合协议离婚条件的，婚姻登记机关当场予以登记离婚。

最后，婚姻登记机关在登记当事人离婚后，当即发给当事人离婚证。离婚证是当事人双方已解除婚姻关系的法定证明文件。

四、诉讼离婚

第一千零七十九条　夫妻一方要求离婚的，可以由有关组织进行调解或者直接向人民法院提起离婚诉讼。

人民法院审理离婚案件，应当进行调解；如果感情确已破裂，调解无效的，应当准予离婚。

有下列情形之一，调解无效的，应当准予离婚：

（一）重婚或者与他人同居；

（二）实施家庭暴力或者虐待、遗弃家庭成员；

（三）有赌博、吸毒等恶习屡教不改；

（四）因感情不和分居满二年；

（五）其他导致夫妻感情破裂的情形。

一方被宣告失踪，另一方提起离婚诉讼的，应当准予离婚。

经人民法院判决不准离婚后，双方又分居满一年，一方再次提起离婚诉讼的，应当准予离婚。

本条规定了诉讼离婚的程序和判决离婚的理由。

(一) 诉讼离婚的含义

诉讼离婚是相对于行政离婚而言的,指的是当事人经诉讼程序由法院判决解除婚姻关系的离婚方式。

诉讼离婚不同于行政离婚,二者的区别主要在于以下几点:(1) 行政离婚须由夫妻双方共同提出,而诉讼离婚可由夫妻一方提出;(2) 行政离婚适用行政程序,而诉讼离婚适用诉讼程序;(3) 受理行政离婚的机关为婚姻登记机关,受理诉讼离婚的机关为人民法院;(4) 行政离婚的根据只是双方离婚的合意即书面的离婚协议,婚姻登记机关审查离婚登记申请,查明离婚确为当事人真实意愿且对子女抚养、财产及债务处理等事项达成一致意见,就予以登记离婚,发给离婚证。而诉讼离婚的根据是当事人双方感情破裂,法院经审理认定当事人双方感情确已破裂的,才能判决双方离婚。

诉讼离婚具有以下特点:

其一,诉讼离婚是对不能通过协议离婚的当事人解除婚姻关系的一种措施。如果当事人双方能够通过行政程序协议离婚,也就没有必要经诉讼程序离婚。

其二,诉讼离婚是由夫妻双方的一方向法院提起离婚诉讼请求,经法院审理做出裁决的离婚。除法院外,其他机关无权决定双方离婚。

其三,诉讼离婚的结果决定于法院的裁决。但在审理离婚诉讼中法院应当先进行调解,若经调解双方达成离婚协议,当事人撤诉的,诉讼离婚也就转化为协议离婚。

诉讼离婚适用于以下情形:(1) 当事人一方要求离婚,而另一方不同意离婚；（2）双方同意离婚，但在子女抚养、财产分割及债务清偿等事项上达不成协议；（3）双方同意离婚，但因一方不在国内居住或者其他原因不能亲自到婚姻登记机关办理离婚登记；（4）未办理结婚登记而以夫妻名义同居且法律认可双方婚姻关系的事实婚姻。

（二）诉讼离婚的程序

诉讼离婚的程序分为以下三个阶段：

1. 起诉和答辩

当事人起诉离婚的，须亲自向有管辖权的被告住所地的人民法院提交诉状。人民法院受理诉讼离婚的请求后，应按规定通知对方当事人在规定期间内提交答辩状。

2. 调解

法院受理诉讼离婚的案件后，应当进行调解。

离婚中的调解分为诉讼外调解和诉讼内调解。诉讼外调解又称庭外调解，是指男女双方达不成离婚协议在向法院起诉离婚前由有关组织对当事人的离婚纠纷进行的调解。这里的有关组织既包括村委会、居委会、人民调解委员会，也包括婚姻登记机关。由有关组织对离婚纠纷进行调解，有利于化解当事人双方的矛盾，及时解决纠纷，增进团结，还可以减少离婚诉讼，节约司法资源。有关组织对离婚纠纷的调解会有三种结果：一是调解和好，当事人双方继续保持婚姻关系而不离婚；二是经调解双方达成离婚协议，并就子女抚养、财产及债务处理等事项达成一致意见，当事人按规定到婚姻登记机关办理协议离婚手续；三是调解无效，一方当事人仍坚持离婚，而另一方坚持不离或者双方就子女抚养、财产及债务处理等事项达不成协议，坚持离婚的当事人一方只能向人民法院提起诉讼，由法院审理。

诉讼外的离婚调解尽管非常重要也很有意义，但诉讼外的离婚调解并非是当事人向人民法院起诉离婚的必经程序。发生离婚纠纷的男女双方也可以不经有关组织调解直接向法院起诉，有关组织也不能强制或者变相强制当事人接受离婚调解。

诉讼内离婚调解又称庭内调解，是指人民法院在审理离婚诉讼中进行的调解。诉讼内调解是诉讼离婚的必经程序。也就是说，人民法院审理离婚诉讼案件必须经过调解，未经调解的，不得直接作出离婚判决。

法院在进行离婚案件的调解过程中，应当充分听取当事人双方的意见，了解当事人离婚的真实原因和双方争执的焦点，认真向当事人各方讲清离婚的利害关系及对各方的影响，做好当事人的思想工作，平息纠纷，化解矛盾。经过法庭调解，当事人和好的，即由原告撤回起诉，终止离婚诉讼；当事人不同意和好，但就离婚达成协议的，法院应按照调解协议制作调解书，调解书送达由当事人签收后，即发生法律效力。如果法院的调解无效，既未能调解和好，也未能达成离婚协议，法院则应就离婚案件作出判决。

3. 判决

判决是指法院对于调解无效的离婚案件依法作出准予离婚或者不准予离婚的判决。当事人收到法院的判决后，不服判决的，可以在法定的15日的上诉期间内提起上诉。法院在一审宣告判决离婚时，须告知当事人在判决书发生效力前不得另行结婚。上诉期间届满，当事人未提出上诉的，法院的离婚判决即发生效力。

(三) 判决离婚的法定事由

关于判决离婚的事由，各国有不同的立法例，主要有概括主义、列举主义和例示主义三种。概括主义是法律上仅概括地规定一个标准，列举主义是法律上列举离婚的具体事由，例示主义则为概括主义与列举主义的结合，既概括地规定离婚的标准，又列举出离婚的具体事由。我国20世纪50年代《婚姻法》没有规定离婚条件，80年代的《婚姻法》对离婚条件采概括主义，概括规定"夫妻感情确已破裂"为离婚的事由。这一规定表明：如果夫妻感情确已破裂，没有和好可能的，应准予离婚；如果感情并没有破裂，还能维持婚姻关系的，则应不准予离婚。以夫妻感情确已破裂作为离婚的法定理由，既是我国长期司法实践的经验总结，也是符合婚姻本质要求的。但是，由于这一规定的可操作性不强，如何判断夫妻感情确已破裂完全决定于承办法官的理解。为解决这一问题，最高人民法院在1989年制定了《关于人民法院审理离婚案件如何认定夫妻感情确已破裂的若干具体意见》，依照该意见规定，有下列情形之一的，可以认定夫妻感情确已破裂：(1) 一方患有法定禁止结婚的疾病，或一方有生理缺陷及其他原因不能发生性行为，且难以治愈的；(2) 婚前缺乏了解，草率结婚，婚后未建立起夫妻感情，难以共同生活的；(3) 婚前隐瞒了精神病，婚后经治不愈，或者婚前知道对方患有精神病而与其结婚，或一方在夫妻共同生活期间患精神病，久治不愈的；(4) 一方欺骗对方，或者在结婚登记时弄虚作假，骗取《结婚证》的；(5) 双方登记结婚后，未同居生活,无和好可能的;(6)包办、买卖婚姻,婚后一方随即提出离婚,或者虽共同生活多年,但确未建立起夫妻感情的;(7)因感情不和分居已满三年,确无和好可能的,或者经人民法院判决不准离婚后又分居满一年,互不履行夫妻义务的;(8)一方与他人通奸、非法同居,经教育仍无悔改表现,无过错一方提出离婚,或者过错方起诉离婚,对方不同意离婚,经批评教育、处分,或在人民法院判决不准离婚后,过错方又起诉离婚,确无和好可能的;(9)一方重婚,对方提出离婚的;(10)一方好逸恶劳、有赌博等恶习,不履行家庭义务屡教不改,夫妻难以共同生活的;(11)一方被判处长期徒刑,或者其违法、犯罪行为严重伤害夫妻感情的;(12)一方下落不明满二年,对方起诉离婚,经公告查找确无下落的;(13)受对方虐待、遗弃或者受对方亲属虐待,或虐待对方亲属,经教育不改,另一方不谅解的;(14)因其他原因导致夫妻感情确已破裂。2001年《婚姻法修正案》总结了我国司法实践经验,对离婚事由采取例示主义立法例,即坚持概括规定"感情确已破裂"的离婚标准,又规定了离婚的具体事由。2001年《婚姻法》第32条第3、4款规定,有下列情形之一,调解无效的,应准予离婚:(1)重婚或有配偶者与他人同居的;(2)实施家庭暴力或虐待、遗弃家庭成员的;(3)有赌博、吸毒等恶习屡教不改的;(4)因感情不和分居满2年的;(5)其他导致夫妻感情破裂的情形。一方被宣告失踪,另一方提出离婚诉讼的,应准予离婚。2001年《婚姻法》的立法经验为民法典接受。按照我国法规定,离婚的理由分为原则事由和具体事由。

1. 离婚的原则事由

离婚的原则事由也为离婚的基本事由、概括理由。离婚的原则事由就是"感情确已破裂"。

这里的"感情确已破裂",是指"夫妻感情确已破裂"还是指"婚姻感情确已破裂"呢?对此有不同的观点。一种观点认为,这里的感情破裂就是指夫妻感情破裂,其理由主要有以下几条:其一,我国一直将夫妻感情确已破裂作为离婚的标准,如1963年最高人民法院《关于贯彻执行民事政策几个问题的意见》中就指出,"对那些夫妻感情确已完全破裂,确实不能和好的,法院应积极做好不离一方的思想工作,判决离婚。"1979年最高人民法院《关于贯彻执行民事政策法律的意见》中明确指出:"人民法院审理离婚案件,准离与不准离的基本原则界限,要以夫妻关系事实上是否确已破裂,能否恢复和好作为原则。"其二,它符合马克思主义关于离婚问题的基本理论。其三,它符合社会主义婚姻关系的本质。夫妻感情是婚姻的基础,婚姻的成立是基于双方的感情即爱情,将夫妻感情破裂作为离婚的根本标准,体现了婚姻关系的本质。另一种观点认为,这里的感情确已破裂是指婚姻感情确已破裂也就是婚姻关系确已破裂。主张以"婚姻关系确已破裂"作为判决准予离婚的法定条件的理由,主要有以下几点:其一,从婚姻的现状看,我国现有的婚姻并非全部是以感情为基础而缔结的。其二,从婚姻关系的内容看,夫妻关系的内容并非仅是感情关系,还包括物质生活关系、性生活关系等,维系夫妻关系的不仅仅是感情。而且,实际上并非只有夫妻感情破裂才是导致婚姻解体的唯一原因。其三,从婚姻的法律特征看,婚姻是道德与法律、权利与义务相统一的伦理实体。其四,从法律调整对象看,夫妻感情属于意识形态范畴,不能作为法律调整的对象,且感情只能反映离婚的主观原因,不能反映离婚的客观原因。其五,从司法实践看,夫妻感情在司法实践中很难认定,以其作为判决准予离婚的标准,主观随意性较大。其六,从国外立法例看,许多国家都将"婚姻关系无可挽回地破裂"作为判决准予离婚的法定条件。[1] 在主张以"婚姻关系确已破裂"作为判决离婚的法定条件者看来,尽管从理论上说婚姻的基础是爱情,但相当多的婚姻并不是建立在爱情即夫妻感情之上的;夫妻感情只是一种主观上的感受,他人是难以判断夫妻感情是否破裂的;离婚只是解除婚姻关系,只要婚姻"已经死亡",就应当解除,而婚姻关系已经破裂,也就表明婚姻死亡,当然也就应当解除婚姻关系即离婚。

实际上,上述两种观点之争的价值主要是在理论上。从实务上看,判断感情是否确已破裂,都应从婚姻基础、婚后感情、离婚原因、夫妻关系的现状和有无和好可能等方面综合分析,[2] 以确定男女双方是否还能继续维持婚姻关系。婚姻基础是男女双方确立婚姻关系时的感情状况和相互了解的程度,婚后感情是指男女双方结婚以后的相互关爱、忠诚、敬重的感情状况。离婚原因是导致离婚的根本因素,也是一方坚持离婚的真实事由。夫妻关系的现状和有无和好的可能,是指从夫妻关系的现实状况看有无和好的可能。法院应根据以上各方面的事实,判

---

[1] 参见陈苇:《中国婚姻家庭法立法研究》(第二版),群众出版社 2010 年版,第 317 页。
[2] 见最高人民法院《关于人民法院审理离婚案件如何认定夫妻感情确已破裂的若干具体意见》(法〔民〕法〔1989〕38 号)。

断双方能否和好而不离婚。法院经调解无法使当事人和好、放弃离婚请求的，也就意味着双方的感情确实已经破裂，婚姻无法挽回，法院应当判决准予离婚。

2. 离婚的具体理由

离婚的具体理由是指法院可以判决离婚的具体事由。只要有离婚的具体事由，法院就可判决双方离婚，而不必判断"感情是否确已破裂"。离婚的具体理由包括以下几项：

（1）重婚或者与他人同居

重婚是有配偶又与他人结婚的行为。构成重婚的要件是一方实施了两个结婚行为，成立两个婚姻，而不是指存在两个有效婚姻。重婚是一种严重违反一夫一妻原则的违法行为。这里的与他人同居，是指有配偶者虽未再与他人缔结婚姻，但与婚外异性以夫妻名义或者不以夫妻名义，持续稳定地共同居住。最典型的，就是所谓"包二奶"或"包二爷"。这是一种严重违反夫妻忠实义务的不法行为。凡重婚或者与他人同居的，只要对方不予谅解，坚决要求离婚，经调解无效的，法院都应判决离婚。因为"重婚或者与他人同居"的这一事实的存在就表明双方已无和好的可能，婚姻已经不能继续维持。

（2）实施家庭暴力或者虐待、遗弃家庭成员

家庭暴力是行为人以殴打、捆绑、强行限制人身自由以及其他各种手段，给家庭成员的身体、精神等方面造成损害的不法行为。虐待家庭成员是指经常地持续地以各种手段对家庭成员进行身体上、精神上的摧残、折磨。遗弃家庭成员则是指有扶养家庭成员的义务且有能力而拒不履行扶养家庭成员义务的行为。为贯彻婚姻家庭法的基本原则，法律明确规定禁止家庭

暴力、禁止家庭成员之间的虐待和遗弃。实施家庭暴力，虐待、遗弃家庭成员严重违反了婚姻家庭法的基本原则，也是严重伤害家庭成员感情，致使男女婚姻关系难以维系的客观表现。因此，一方实施家庭暴力或者虐待、遗弃家庭成员，也是离婚的法定理由。当然，如果实施家庭暴力或者虐待、遗弃家庭成员的行为情节较轻，经批评教育，行为人承认并愿意改正错误，其配偶表示谅解的，也可以不判决离婚。

（3）有赌博、吸毒等恶习屡教不改

恶习是指社会公众公认的违反社会公德的恶劣的不良习惯。这里规定了赌博、吸毒等恶习，也就是说除赌博、吸毒外还有其他的恶习。一般说来，其他的恶习包括酗酒、淫乱、卖淫、嫖娼、好逸恶劳、胡作非为等。一方有恶习的，并不是法定离婚事由；只有有恶习者屡教不改，才为法定离婚理由。因为有恶习又屡教不改的，必会或者造成家庭生活的难以维继，或者对家庭成员的身心健康造成严重的不利影响，致使男女双方的婚姻关系没有维持的可能。因此，一方有恶习而又不屡教不改，另一方坚持要离婚的，应当准予离婚。

（4）因感情不和分居满二年

分居这一概念在不同的场合有不同的含义、不同的理解。从词源上看，我国传统意义上的"分居"一词应作"别籍异财"解，现代意义上的"分居"则是在不同的具体情境中衍化出新含义。① 有时学者还使用别居的概念。别居与分居是否同一含

---

① 姜大伟：《我国婚姻法上"分居"概念之证成》，载易继明主编《私法》第25卷，华中科技大学出版社2016年版，第28—29页。

义呢？对此有不同的观点。一种观点认为，别居与分居二者无实质区别，可以互换使用。另一种观点认为，别居与分居的含义并不相同。从我国法律规定看，我国法上未使用别居的概念，在日常用语上一般也将夫妻不在一起共同居住都称为分居。但从实际含义上看，应当区分"分居"的不同情形。分居包括因客观原因的分居和因主观原因的分居两种不同情形。客观原因的分居是指因客观原因夫妻无法或者不能居住在一起，如因工作原因、户口原因造成的夫妻两地分居。这种分居并不是因夫妻感情不和造成的，并不影响婚姻关系的存续。对于这种情形的分居，在我国法律语境下不妨称为别居。主观原因的分居是指夫妻有条件居住在一起共同生活，但一方或者双方拒绝在一起生活，拒绝履行夫妻义务，从而双方完全分开居住，各自独立生活。这种分居才为法律上所说的分居。

因感情不和分居即属于主观原因的分居。夫妻因感情不和分居已满两年，表明双方的分居并非出于一时冲动，感情确已破裂，已无和好的可能，应当准予离婚。

（5）其他导致夫妻感情破裂的情形

其他导致夫妻感情破裂的情形是指上述情形外的导致夫妻感情破裂的情形。因为对于可以认定感情破裂的具体事由的列举难以也不可能做到穷尽，因此，法律设一弹性条款，作兜底性规定。也就是说，只要存在导致感情破裂的情形，经调解无效的，即可准予当事人离婚。例如，因客观原因的分居不为离婚的法定事由，但是如果长期的不能共同生活已经导致感情破裂的，则可成为离婚事由。再如，当事人一方实施违法、犯罪行为，一般也不成为离婚事由，但如果一方实施的违法、犯罪行为严重伤害夫妻感情,从而导致感情确已破裂的,也可成为离婚的事由。再如,在司法实务中,夫妻双方因是否生育发生纠纷,致使感情确已破裂,一方请求离婚的,人民法院经调解无效,往往依"其他导致夫妻感情破裂的情形"的规定,准予离婚。

(6)一方被宣告失踪

依《民法典》第40条规定,自然人下落不明满二年的,利害关系人可以向人民法院申请宣告该自然人为失踪人。夫妻一方被宣告失踪的,夫妻双方之间的共同生活关系事实上已经终止,于此情形下,一方提出离婚请求,也就表明该当事人也已经不再期待会恢复夫妻共同生活,因此,应当准予离婚。因这一事由提出的离婚,不同于基于上述的具体事由提出的离婚:在有上述具体提出离婚事由时,法院应先予调解,调解不成的,才可判决准予离婚;而一方被宣告失踪,另一方请求离婚的,法院应直接判决准予离婚,而不存在调解程序。

(7)经人民法院判决不准离婚后,又分居满一年,一方再次提起离婚诉讼的

经法院判决不准离婚后,当事人双方并未和好,又分居满一年,表明男女双方确实已经再无和好的可能,婚姻已经彻底破裂,因此,于此情形下,一方再次提起离婚诉讼的,法院不必经调解程序,应当判决准予离婚。

五、离婚的生效时间

第一千零八十条 完成离婚登记,或者离婚判决书、调解书生效,即解除婚姻关系。

本条规定了离婚的生效时间。

离婚的生效时间,也就是婚姻关系解除的时间。离婚生效后,一方再与他人结婚的,不会构成重婚。男女双方离婚的生效时间,依离婚为行政离婚还是诉讼离婚而有所不同。

(一)行政离婚的离婚生效时间

行政离婚的,自完成离婚登记,离婚协议生效,双方的婚姻关系也就解除。

在现实生活中,协议离婚中存在假离婚现象。假离婚是指夫妻一方或者双方并没有离婚的真实意思而受对方欺诈或者双方通谋而做出离婚的意思表示。假离婚包括欺诈离婚和通谋离婚两种情形。欺诈离婚,是指一方为达到离婚的真正目的而采取欺骗的手段,骗取对方同意离婚,双方达成虚假的离婚协议,双方共同欺骗婚姻登记机关,婚姻登记机关办理了离婚登记。通谋离婚,是指双方当事人为了其他的目的串通暂时离婚,而待其目的达到后再复婚的离婚。

现实生活中的虚假离婚是否发生离婚效力呢?对此有不同的观点。一种观点认为,离婚为一种身份法律行为,只有当事人的效果意思真实,才能发生效力。虚假离婚的当事人并没有真实离婚的效果意思,因此,虚假离婚行为应为无效或者可撤销行为,不应发生离婚的效力。另一种观点认为,离婚虽为身份法律行为,但其会影响到第三人的利益,为保护第三人的信赖利益,虚假离婚也是有效的。也有的主张,虚假离婚当事人未与第三人结婚的,其离婚可以宣告无效;虚假离婚当事人一方或者双方已经与第三人结婚的,应承认其婚姻有效,此时虚假离婚当事人请求宣告虚假离婚无效的请求权消灭,原虚假离婚确定地发生法律效力。① 上述各种观点均有一定道理。离婚为民事法律行为,依总则编有关民事法律行为效力的规定,虚假的民事法律行为无效。因此,虚假离婚的当事人应可以主张离婚无效,请求婚姻登记机关注销离婚登记。但是,依法律规定,协议离婚以婚姻登记机关完成离婚登记时即发生离婚的效力,法律也未赋予离婚当事人请求宣告离婚无效的请求权,并且,民法典已经规定了行政离婚的冷静期。因此,即使是虚假离婚,只要完成离婚登记,双方的婚姻关系也就解除。

(二) 诉讼离婚的离婚生效时间

诉讼离婚,经法院调解离婚的,自离婚调解书生效之日起发生离婚的效力,双方的婚姻关系解除;由法院判决离婚的,自离婚判决书生效之日起发生离婚的效力,双方的婚姻关系解除。离婚调解书自送达当事人并为当事人签收时起生效。离婚判决书为一审判决的,自上诉期间届满后,当事人未提出上诉时起生效;离婚判决书为二审判决的,判决书自宣判之日起生效。对于生效的离婚调解书和离婚判决书,当事人可以申请再审。但当事人是否申请再审,不影响当事人婚姻关系已经解除的效力。

---

① 参见马忆南:《婚姻家庭继承法学》(第三版),北京大学出版社2014年版,第110—111页。

六、诉讼离婚的特别限制

第一千零八十一条 现役军人的配偶要求离婚,应当征得军人的同意,但是军人一方有重大过错的除外。

第一千零八十二条 女方在怀孕期间、分娩后一年内或者终止妊娠后六个月内,男方不得提出离婚;但是女方提出离婚或者人民法院认为确有必要受理男方离婚请求的除外。

上两条规定了诉讼离婚的特别限制。

离婚自由是婚姻自由的一个重要方面,婚姻当事人一方基于某种事由向法院起诉离婚,请求解除婚姻关系,这是婚姻当事人的权利。但是,任何权利都不是不受任何限制的。当事人离婚的诉讼请求权也是一样。法律为了社会公共利益和对特别人群保护的需要,对于婚姻当事人的离婚请求权也予以特别限制。

(一)对现役军人配偶的离婚请求权的限制

对现役军人配偶离婚请求权的限制,是指现役军人的配偶起诉离婚的,除军人一方同意或者军人一方有重大过错外,法院应判决不准离婚。可见,对现役军人配偶离婚请求权的限制,并非是限制其不得提起离婚的诉讼请求,而是指法院不能满足其离婚的诉讼请求。

对现役军人配偶离婚请求权限制的适用条件有二:

其一,夫妻双方一方为军人,另一方为非军人,非军人的一方向现役军人一方提起离婚之诉。如果是现役军人一方提起离婚之诉,或者夫妻双方均为现役军人而一方起诉离婚的,都不能适用限制离婚请求权的特别规定，而应适用一般的离婚诉讼程序。须注意的是，这里的现役军人仅限于正在服役的具有军籍的官兵，而不包括已经退出现役的人员以及仍在军事部门工作但不具有军籍的人员。

其二，现役军人的一方没有重大过错。如果现役军人一方有重大过错，则不能适用限制配偶离婚请求权的特别规定。现役军人有重大过错，其配偶请求离婚的，无须征得军人的同意，法院就可以根据当事人是否具有法律规定的离婚理由而做出是否准予离婚的判决。何为军人一方有重大过错？在司法实务中，认为只要军人有下列行为，就属于有重大过错：（1）重婚或者与他人婚外同居；（2）实施家庭暴力或者虐待、遗弃家庭成员；（3）有赌博、吸毒等恶习屡教不改；（4）其他重大过错导致夫妻感情破裂的情形。

（二）对男方离婚请求权的限制

对男方离婚请求权的限制，是指在法律规定的期间内，男方不得提出离婚诉讼请求。法律之所以限制男方的离婚请求，是因为在特别情形下男方提出离婚会对女方增加过重的精神负担，不利于女方的身心健康和子女的孕育。

为了保护女方的身心健康和利于子女的孕育，法律规定在下列期间内，男方不得提出离婚的诉讼请求：（1）女方正在怀孕期间；（2）女方分娩后1年；（3）女方终止妊娠后6个月。

上述期间均为不变期间，自事实发生之日起算。男方在上述期间内提出离婚诉讼请求的，即便人民法院受理其诉讼请求，也应当驳回其诉讼请求，而不是判决不准离婚。如果一审法院判决离婚，女方以存在上述情况为由上诉的，二审法院查明情况属实的，也应当撤销原判，驳回男方的诉讼请求。

但是，有下列情形之一的，法院不能不审理当事人的离婚诉讼请求：

其一，女方提出离婚。凡是女方提出离婚的，不受女方是否怀孕、是否分娩后不足1年及终止妊娠后不满6个月的限制，法院应受理和审理当事人的离婚诉讼。因为法律规定的这些期限是为保护女方利益的，既然女方提出离婚，也就表明女方放弃了法律赋予的期限利益，也就没有必要限制当事人的离婚诉讼请求。

其二，法院认为确有必要受理男方的离婚请求。所谓确有必要，是指不受理当事人的离婚请求会严重损害当事人的利益，主要包括以下情形：一是双方确实存在不能继续共同生活的重大且急迫的情事，一方对他方有危及人身、生命安全的可能；二是女方怀孕是因其与他人通奸所致等，双方的感情确已破裂。男方提出离婚诉讼的，如果法院认为确有必要受理男方的诉讼请求，法院也就可以受理男方的离婚诉讼请求，而不限制男方的离婚诉讼请求。

（三）其他限制

除上述限制外，依《民事诉讼法》第124条第7项规定，判决不准离婚和调解和好的离婚案件，没有新情况、新理由，原告在6个月内又起诉的，法院不予受理。这一规定也是对当事人离婚诉讼请求的限制。适用这一限制规定的条件为：（1）起诉离婚的当事人为原离婚诉讼中的原告。如果原离婚诉讼中的被告起诉离婚,则不受限制。(2)原告在法院判决不准离婚或者调解和好后 6 个月内又起诉离婚。如果原告是在法院判决不准离婚或者调解和好后 6 个月以后才提起诉讼的,则不受限制。(3)原告起诉时没有新情况、新理由。如果原告虽然是在 6 个月内提起离婚诉讼的,但有新情况、新理由,则人民法院应当受理其离婚诉讼。

七、离婚后的复婚

第一千零八十三条　离婚后,男女双方自愿恢复婚姻关系的,应当到婚姻登记机关重新进行结婚登记。

本条规定了离婚后的复婚。

复婚,俗称"破镜重圆",是指已经离婚的男女双方重新恢复婚姻关系。

复婚实质上是离婚的当事人一方重新与对方结婚,因此,复婚应适用结婚的程序。复婚应符合以下要求:

其一,复婚是当事人双方的真实意愿。离婚后的当事人双方任何一方均不能强迫他方与自己复婚。即使双方当时的离婚属于假离婚,复婚也须双方自愿,一方"弄假成真"而不愿意复婚的,另一方也不能强制其复婚。

其二,当事人双方亲自到婚姻登记机关重新办理结婚登记。复婚也适用结婚的条件,结婚登记是复婚的形式要件。复婚不仅须是双方的真实意愿,而且须办理结婚登记。未经婚姻登记机关进行结婚登记的,不能发生复婚的效力。

八、离婚的法律后果

（一）离婚在夫妻人身关系方面的后果

离婚是解除婚姻关系的行为。离婚一经生效，当事人之间的婚姻关系也就解除。当事人男女双方的夫妻人身关系是以婚姻关系的存在为基础的。男女双方离婚的，原基于婚姻关系而发生的夫妻人身关系也就当然终止，双方不再互为配偶。男女双方基于婚姻关系与对方的其他亲属发生的亲属关系即姻亲关系也随之终止。同时基于配偶关系而产生的权利义务，也终止。例如，当事人双方不再有同居和忠实的权利义务，不再有相互扶养的权利义务，不再有法定家事代理的权利，不再有相互继承遗产的权利。离婚后的男女当事人均为无配偶的单身之人，均有再婚的自由。

（二）离婚在父母子女关系及抚养方面的后果

第一千零八十四条 父母与子女间的关系，不因父母离婚而消除。离婚后，子女无论由父或者母直接抚养，仍是父母双方的子女。

离婚后，父母对于子女仍有抚养、教育、保护的权利和义务。

离婚后，不满两周岁的子女，以由母亲直接抚养为原则。已满两周岁的子女，父母双方对抚养问题协议不成的，由人民法院根据双方的具体情况，按照最有利于未成年子女的原则判决。子女已满八周岁的，应当尊重其真实意愿。

第一千零八十五条 离婚后，子女由一方直接抚养的，另一方应当负担部分或者全部抚养费，负担费用的多少和期限的长短，由双方协议；协议不成的，由人民法院判决。

前款规定的协议或者判决，不妨碍子女在必要时向父母任何一方提出超过协议或者判决原定数额的合理要求。

以上两条规定了离婚在父母子女关系及抚养方面的法律后果。离婚后在父母子女间发生以下效力：

1. 父母子女关系不消除

父母子女关系不同于夫妻关系，夫妻关系以婚姻关系的存在为条件，婚姻关系解除夫妻关系也就消除。而父母子女关系并不以父母间的婚姻关系的存续为条件，因此，离婚后父母子女关系仍然存在而不消除。

就亲子关系而言，不论是婚生子女还是非婚生子女，其与父母之间为血亲关系，当然不会受父母离婚的影响。父母离婚后父母子女间的权利义务仍适用父母子女间权利义务的规定。

就养父母子女关系而言，养父母与养子女间的关系为拟制血亲关系，是以收养关系为存在前提的。因此，养父母与养子女的权利义务关系也不会受到养父母离婚的影响。当然，如养父母离婚后，经法定程序变更或者解除收养关系，养父母与子女间的父母子女关系会变更为仅是离婚双方中的一方与养子女有养父与养子女或养母与养子女子间的关系，或者终止养父母子女关系，但这并不是离婚的效力。

继父母与继子女间的权利义务关系，一方面是基于父或母的再婚发生的，另一方面又是以继父母与继子女间形成扶养关系为条件的，因此，继父母离婚的，对继父母与继子关系不会有影响。如果继子女为未成年人，继父母离婚的，随着父母婚姻关系的解除，继子女与继父母间的权利义务关系并不自然解除。但是，如果继父或继母拒绝抚养继子女的，继父母与继子女间的权利义务关系解除。继父母离婚时受继父母抚养的继子女已经成年的，则该成年继子女与继父母的关系不能因父母婚姻关系的解除而自然解除或单方解除，该继子女对受其抚养的无劳动能力的生活困难的继父母，仍然有负担其赡养费用的义务。

2. 父母与未成年子女间的亲权关系不消灭

父母离婚的，父母对未成年子女的亲权仍存在而不消灭。离婚后的父母对于其未成年子女仍有抚养、教育、保护的权利和义务。父母双方离婚后，无论子女随男方还是随女方共同生活或者子女不与任何一方共同生活，父母对于未成年子女都有抚养、教育和保护的义务，对于未成年子女或者不能独立生活的成年子女有给付抚养费的义务。离婚后的父母只要具有监护能力，仍然是未成年子女的法定监护人，未成年子女给他人造成损害的，已经离异的父母也仍须依法承担相应的赔偿责任。

3. 子女的抚养归属和抚养费负担

子女的抚养归属是指父母离婚后，子女由于何方抚养。由于父母离婚后，双方不可能在一起共同抚养子女，子女只能与一方共同生活，因此，父母离婚后必涉及子女由何方抚养及抚养费如何负担等问题。在处理离婚子女抚养归属问题上，要充分贯彻儿童利益最大化原则，根据具体情况，从有利于子女，保障子女合法权益出发。

（1）关于子女的抚养归属

离婚后子女的抚养归属分为以下不同情形：

其一，离婚后，不满两周岁的子女，以由母亲直接抚养为原则。因为不满两周岁的子女，一般还在哺乳期内，由哺乳的母亲直接抚养子女，更有利于子女健康地成长发育。但是，不满两周岁的子女，由母亲直接抚养也只是原则。如果由母亲直接抚养并不有利于子女健康成长发育，也就应由男方直接抚养子女。在司法实务中，如果母方有下列情形之一，不满两周岁的子女，可以随父亲共同生活：①患有久治不愈的传染性疾病或者其他严重疾病，子女不宜与其共同生活的；②有抚养条件不尽抚养义务，而父亲要求子女随其生活的；③因其他原因，子女确实无法随母亲共同生活的。例如，母亲的经济能力、生活环境明显不利于抚养子女；母亲的道德水平低下或违法犯罪；子女自出生后一直由父亲喂养等。父母双方协议两周岁以下子女随父亲共同生活，并对子女健康成长无不利影响的，人民法院应予支持。

其二，离婚后已满两周岁的子女，父方和母方均可以要求随其生活，具体由何方直接抚养由双方协商。双方达成协议的，按照协议的约定，确定子女的抚养归属。双方达不成协议的，由人民法院根据双方的具体情况，按照最有利于未成年子女的原则就子女的抚养归属作出判决。法院在确定子女由何方抚养时，应综合考虑父母双方的思想品德、生活作风、文化素质、经济条件、家庭环境等各方面因素，还应当征求有意思表示能力的子女的意见。

在双方都要求子女随其共同生活，一方有下列情形之一的，可予优先考虑：①已做绝育手术或者因其他原因丧失生育能力。《妇女权益保障法》第50条规定："离婚时，女方因实施绝育手术或者其他原因丧失生育能力的，处理子女抚养问题，应在有利于子女权益的条件下,照顾女方的合理要求。"②子女随其生活时间较长,改变生活环境对子女健康成长不利。③无其他子女,而另一方有其他子女。④子女随其生活,对子女健康成长有利,而另一方患有久治不愈的传染性疾病或其他严重疾病,或者有其他不利于子女身心健康的情形,不宜与子女共同生活。

父方与母方抚养子女的条件基本相同,双方均要求子女与其共同生活,但子女单独随祖父母或者外祖父母已经共同生活多年,且祖父母或者外祖父母要求并且有能力帮助子女照顾孙子女或外孙子女的,可以作为子女随父或母生活的优先条件予以考虑。

其三,父母离婚后,决定子女与何方共同生活时,应当尊重未成年子女的意见。父母双方对8周岁以上的未成年子女随父或随母生活发生争执的,应依该子女的真实意愿决定由父还是由母直接抚养。

其四,在有利于子女利益的前提下,父母双方协议轮流抚养子女的,应予准许。

其五,生父与继母或生母与继父离婚时,对曾受其抚养教育的继子女,继父或继母不同意继续抚养的,仍应由生父母抚养。

其六,夫妻共同收养子女的,离婚后,应由双方负担子女抚育费;夫或妻单方收养的子女,离婚后,应由收养方抚育该子女。

其七,离婚双方确定子女抚养归属后,双方也可以协商变更抚养关系。双方就变更抚养关系达成协议的,按变更协议确定子女的抚养归属。双方变更抚养关系协商不成,一方要求变更子女抚养关系的,有下列情形之一的,法院应予以支持:①与子女共同生活的一方因患严重疾病或者因伤残无力继续抚养子女;②与子女共同生活的一方不尽抚养义务或者有虐待子女行为,或其与子女共同生活对于子女身心健康确有不利影响;③8周岁以上的未成年子女,愿随另一方生活,且另一方又有抚养能力;④有其他正当理由需要变更。

(2)关于子女抚养费的负担

父母双方离婚后,不论子女归何方抚养,双方均负有承担子女抚养费用的义务。抚养费是生活费、教育费、医疗费的总称。父母离婚后,一方直接抚养子女的,另一方应当负担抚养费。只有在个别情形下,直接抚养子女的一方既有负担能力,又愿意独自承担子女的全部抚养费时,才可以免除另一方负担抚养费的义务。抚养费的负担数额、给付方法、负担期限,由双方协议,协议不成的,由人民法院判决。

关于抚养费的负担数额,可根据子女的实际需要、父母双方的实际负担能力和当地的实际生活水平确定。父母有固定收入的,抚养费一般按其月总收入的百分之二十到百分之三十的比例给付。负担两个以上子女抚养费的,比例可适当提高,但一般不得超过月总收入的百分之五十。父母无固定收入的,抚养费的数额可依据当年总收入或同行业平均收入,参照上述比例确定。有特殊情况的,可适当提高或者降低上述比例。

关于抚养费的给付方法,可根据父母的职业情况确定,原则上应当定期给付。父母从事农业生产或者其他生产经营活动,没有稳定的固定收入的,可以按季度或者年度支付现金或实物;有条件的,也可以一次性给付。对于父母一方无经济收入或者下落不明的,可以用其财物折抵子女抚养费。

父母双方协议子女随一方生活并由直接抚养方负担全部抚育费的,经查实,抚养方的抚养能力明显不能保障子女所需费用,影响子女健康成长的,不予准许,另一方仍应承担抚养费。

关于抚养费的给付期限,一般至子女18周岁为止。16周岁以上不满18周岁的子女,以其劳动收入为主要生活来源,并能维持当地一般生活水平的,父母可以停止给付抚养费。子女虽已经满18周岁但尚未独立生活的成年子女有下列情形之一,父母又有给付能力的,仍应负担必要的抚养费:①丧失劳动能力或者虽未完全丧失劳动能力,但其收入不足以维持生活的;②尚在校读书接受高中及其以下学历教育的;③确无独立生活能力和条件的。

(3)关于抚养费的变更

对于父母协议或法院判决确定的抚养费数额,子女在有必要时可以向父母任何一方提出变更原定数额的要求。因为无论是父母协议还是法院判决都是依据当时的子女需要及父母的支付能力确定抚养费的。因此,如果客观情况发生了变化,原确定的抚养费不足以满足子女的需要,子女就有权要求增加抚养费。从司法实务看,子女要求增加抚养费有下列情形之一的,父或母有给付能力的,法院会予以支持:①原定抚养费数额不足以维持当地实际生活水平;②子女因患病、上学,实际需要已超过原定数额;③有其他正当理由应当增加。

在现实生活中,负担抚养费的父或母也会基于某些事由提出减少或免除给付原定子女抚养费的请求。于此情形下,双方可以协商解决。双方协商不成的,可以请求法院裁决。一般来

说,在下列两种情形下,法院会准予减少或免除抚养费:

其一,抚养子女的一方再婚,其再婚配偶愿意承担继子女抚养费的一部或全部。但这必须以继父或继母自愿为前提。如因情况变化,继父或继母不愿意承担或者无力承担继子女抚养费的,有给付抚养费义务的生母或生父仍应按原定数额给付。

其二,负有给付抚养费义务的一方因出现某种新情况,确有实际困难无法给付的,可酌情减免其给付数额。但这种减免是有条件的,应给付抚养费一方的情况一经好转,有能力按照原定数额给付时,其仍应按照原定的数额给付。

负担子女抚养费,是离婚后的父母负担的法定义务,父母的该项义务不能因子女姓氏的改变而消除。因此,《婚姻家庭编解释》第59条规定,父母不得因子女变更姓氏而拒付子女抚养费。当然,离婚后的父母任何一方也不得擅自改换子女的姓氏。父或母擅自将子女姓氏改为继母或继父姓氏的,法院应责令恢复原姓氏。

对于拒不履行或者妨碍他人履行生效判决、裁定、调解中有关子女抚养义务的当事人或者其他人,法院可依《民事诉讼法》的规定采取强制措施。

(三)离婚后父母对子女的探望权

第一千零八十六条 离婚后,不直接抚养子女的父或者母,有探望子女的权利,另一方有协助的义务。

行使探望权利的方式、时间由当事人协议;协议不成的,由人民法院判决。

父或者母探望子女,不利于子女身心健康的,由人民法院依法中止探望；中止的事由消失后，应当恢复探望。

本条规定了离婚后父母对子女的探望权。

1. 父母对子女探望权的含义

父母对子女的探望权，是指离婚后不直接抚养子女的父亲或者母亲一方享有的与未成年子女会面、交往、短期共同生活的权利。

父母虽然离婚，但父母与子女间的亲子关系不能割断，父母与子女间的亲情不应丢弃。父母离婚后，虽然未成年子女可以由父亲或者母亲一方直接抚养，但另一方也负有支付抚养费的义务，也享有探望子女的权利。可见，探望权是与直接抚养权相对应的。离婚后，一方取得对未成年子女的直接抚养权，另一方也就享有探望权，直接抚养子女的一方有义务协助另一方行使探望权。

2. 父母探望权的行使

离婚后父母探望权的行使方式、行使时间可由当事人协商；当事人协商不成的，由人民法院判决。人民法院在作出的生效的离婚判决中可以直接规定探望权的行使方式、行使时间，离婚判决中未涉及探望权，当事人就探望权行使单独提起诉讼的，人民法院应予受理。

享有探望权的一方应依双方协商或者法院判决的方式、时间行使探望权。探望，既包括直接见面、短期共同生活，也包括相互交往，如互通书信、电话、赠送礼物，等等。探望依其时间长短可分为暂时性探望和逗留性探望。暂时性探望的探望时间短，方式灵活；而逗留性探望的探望时间长，由探望人领走并按时送回被探望的子女。

探望权为一项权利，权利人可以行使探望权，也可以不行使探望权，他人不得干涉或者妨碍探望权人的权利行使。但如同任何权利一样，探望权也不得滥用。探望权虽为父或母的权利，但其行使涉及未成年子女的利益。因此，无论在何情形下探望权的行使均须顾及子女的感受和意愿。有探望权的父或母行使探望权，应不妨碍对方及子女的工作、学习和生活，应有利于子女的身心健康，不违背子女的意愿。

3. 探望权行使的中止

父或母行使探望权不利于子女身心健康的，由人民法院依法中止探望权人进行探望；中止的事由消除后，应当恢复探望。所谓父或母行使探望权不利于子女身心健康，是指其探望会给子女的身心健康带来损害。这主要包括以下情形：其一，不直接抚养子女的一方为无民事行为能力人或者限制民事行为能力人；其二，不直接抚养子女的一方患有重病，不适合行使探望权；其三，行使探望权的一方对子女有侵权行为或犯罪行为，严重损害未成年子女的利益。

中止探望应由法院依法裁决。当事人在履行生效判决或者调解书的过程中，请求中止行使探望权的，人民法院在征询双方当事人的意见后，认为需要中止行使探望权的，依法作出中止探望的裁定。中止探望是探望权人暂时停止行使探望权。中止离婚父或母对子女的探望，是人民法院的职权，只能由人民法院作出判决。未成年子女、直接抚养子女的父或母及其他对未成年子女负担抚养、教育义务的法定监护人，有权向人民法院提出中止探望的请求，但无权中止探望。

中止探望，是暂停行使探望权，不是探望权的终止，更不是探望权的剥夺，因此，在中止探望的事由消失后，人民法院应当根据当事人的申请通知其恢复探望。

探望权是受法律保护的权利。对于当事人一方经常无故阻挠、拒绝另一方正常行使探望权的，法院可以采取罚款、拘留等强制措施。

4.其他近亲属的探望权

除父母外，其他亲属是否也应享有探望权呢？对此有不同的观点。一种观点认为，仅赋予离婚后的父母对未成年子女的探望权，这是不够的，不符合我国的国情。有的主张，应当扩大行使探望权的主体范围，立法上应规定父母离婚后，祖父母、外祖父母可以探望孙子女、外孙子女。因为祖父母与孙子女、外祖父母与外孙子女是除父母子女以外最近的血亲关系，这种关系是不因父母离婚而终止的。我国传统上就存在祖父母、外祖父母与孙子女、外孙子女之间"隔代亲"的亲情，这种亲情也不会因父母离婚而淡化。现实中，父母离婚后，祖父母、外祖父母有要求探望未与父共同生活或者未与母共同生活的孙子女、外孙子女的强烈要求，并存在因祖父母、外祖父母要求探望孙子女、外孙子女而发生纠纷的现象。因此，赋予祖父母、外祖父母探望权是必要的、是符合社会公众要求的。但祖父母、外祖父母享有探望权是有条件的，并非任何祖父母、外祖父母对孙子女、外孙子女都享有探望权。只有对孙子女、外孙子女尽了抚养义务的祖父母、外祖父母，或者孙子女、外孙子女的父母一方死亡的祖父母、外祖父母，对孙子女、外孙子女才享有探望权。祖父母、外祖父母探望权的行使方式、时间、行使原则以及探望权行使的中止与恢复，都可适用有关离婚后父母探望权的规定。另一种观点则认为，探望权仅是离婚后的父母的权利，不必将探望权的主体扩张。在民法典草案中，曾规定了祖父母、外祖父母的探望权。但立法者最终仍维持原《婚姻法》的规定，没有规定祖父母、外祖父母的探望权。

法律虽然未规定祖父母、外祖父母的探望权，但是，探望权是亲属间的一项重要身份权益，从亲情和道义上讲，祖父母、外祖父母是应当享有可以探望孙子女、外孙子女的权利的。因此，只要祖父母、外祖父母的探望不会不利于被探望人的身心健康，直接抚养子女的父或母也就应当同意和满足祖父母、外祖父母的探望请求。这也是符合家庭伦理和人情的。

（四）离婚时夫妻共同财产的分割

第一千零八十七条　离婚时，夫妻的共同财产由双方协议处理；协议不成的，由人民法院根据财产的具体情况，按照照顾子女、女方和无过错方权益的原则判决。

对夫或者妻在家庭土地承包经营中享有的权益等，应当依法予以保护。

本条规定了离婚时夫妻共同财产的分割。

夫妻共同财产是以婚姻关系的存续为法定存续条件的，夫妻离婚也就失去保持夫妻共同财产的基础关系，夫妻共同财产制终止，因此，夫妻离婚时须对夫妻共同财产进行分割。

1. 分割的夫妻共同财产范围的确定

离婚时分割的夫妻共同财产，是自双方婚姻关系成立时起至离婚时止发生的夫妻共同财产。分割夫妻共同财产，在确定夫妻共同财产的范围时，应将夫妻共同财产与夫妻个人财产和家庭共同财产区别开来。

夫妻各自所有的个人财产，不论是婚前个人财产还是婚后依法或者依约定归属个人的特有财产，离婚后仍为个人财产，自不能作为共同财产进行分割。家庭共同财产是包括夫妻共同财产在内的家庭成员共有的财产，夫妻离婚时应将家庭共同财产中属于夫妻共同所有的部分财产析出，然后对归夫妻共同所有的财产进行分割，而不能将全部家庭共同财产作为夫妻共同财产分割。

2. 分割夫妻共同财产的原则

分割夫妻共同财产应坚持以下原则：

①男女平等原则。离婚的男女双方对于婚姻关系存续期间的夫妻共同财产享有平等的权利，双方有平等的处理权，因此，分割夫妻共同财产应按照男女平等原则处理。

②保护妇女、儿童合法权益的原则。分割夫妻共同财产时应重视妇女对共同财产做出的贡献，注重保护妇女的合法权益。离婚分割夫妻共同财产时也应贯彻儿童利益最大化原则，不得侵害未成年子女的利益。分割夫妻共同财产时应视女方的经济状况和子女的实际需要给予必要的照顾。

③有利于生产、方便生活的原则。分割夫妻共同财产应有利于生产，而不应因离婚男女分割夫妻共同财产而破坏生产或者影响生产的发展。对于共同的生产资料，分割时应避免损害其效用和价值，应保障生产经营活动的正常进行；对于共同的生活资料，分割时应根据男女各自的生活需要分给需要的一方，以方便其生活，做到物尽其用。

④照顾无过错一方原则。分割夫妻共同财产时，应照顾无

过错一方，无过错一方应适当多分，而有过错一方应适当少分。这里的所谓过错，是指当事人在违反婚姻义务破坏婚姻关系上有过错，并不限于可据以判决离婚的过错。

⑤不损害国家、集体和他人利益原则。离婚双方分割共同财产时，不得损害国家、集体或他人利益。当事人不得将国家、集体或他人的财产作为夫妻共同财产进行分割，不得对非法所得进行分割。夫妻因从事生产经营活动等与他人发生财产共有关系的，离婚时应先从中析出属于夫妻的份额，然后就属于夫妻的共同份额进行分割。

⑥尊重当事人意愿的原则。因为夫妻共同财产的分割毕竟是夫妻之间的私事，离婚当事人双方对如何分割共同财产有自主决定权。因此，分割夫妻共同财产应当充分尊重当事人的意愿。

3. 分割夫妻共同财产的依据

夫妻共同财产的分割依据为当事人的协议和法院的判决。

其一，当事人的分割协议。夫妻共同财产的分割由当事人双方协商决定。夫妻双方在离婚前就离婚后财产归何方有约定的，离婚时应按约定处理财产的归属，但如果该约定规避法定义务，侵害国家、集体或者他人的合法权益，则该约定无效。当事人的离婚协议中关于财产分割的条款或者当事人因离婚就财产分割达成的协议，只要是当事人的真实意思表示，符合法律要求，就对男女双方具有法律约束力，当事人双方均应履行达成的协议。当事人因履行财产分割协议发生纠纷提起诉讼的，人民法院应当受理。男女双方协议离婚后一年内就财产分割问题反悔，请求变更或者撤销财产分割协议的，人民法院应当受理。人民法院受理后，未发现订立财产分割协议时存在欺诈、胁迫等情形的，应当依法驳回当事人的诉讼请求。

其二，法院判决。离婚当事人双方就共同财产分割协商不成的，当事人可以请求由法院就财产分割作出判决。法院对夫妻共同财产的处理作出判决时，应根据财产的具体情况，并贯彻"照顾子女、女方和无过错方权益"的原则。

夫或妻在家庭土地承包经营中享有的权益等，是基于个人在农村集体组织中的身份地位取得的，不因离婚而丧失，也不属于夫妻共同财产，因此，在分割夫妻共同财产时，应当依法保护夫或妻在家庭土地承包经营中享有的权益等，而不能将该权益作为夫妻共同财产进行分割。

4. 分割夫妻共同财产的具体规则

从司法实务上看，法院在作出处理夫妻共同财产的裁决中一般遵循以下具体规则：

其一，分割夫妻共同财产，一般应均等分割。但根据分割夫妻共同财产的原则和财产来源等具体情况，具体分割时双方也可以不均等。

其二，夫妻双方分割共同财产中的股票、债券、投资基金份额等有价证券以及未上市股份有限公司股份时，协商不成或者按市价分配有困难的，人民法院可以根据数量按比例分配。

其三，涉及分割的夫妻共同财产为以一方名义在有限责任公司的出资额，另一方不是该公司股东的，按以下情形分别处理：

（1）夫妻双方协商一致将出资额部分或者全部转让给该股东的配偶，其他股东过半数同意，并且其他股东明确表示放弃

优先购买权的,该股东的配偶可以成为该公司股东;

(2)夫妻双方就出资额转让份额和转让价格等事项协商一致后,其他股东过半数不同意转让,但愿意以同等价格购买该出资额的,人民法院可以对转让出资所得财产进行分割。其他股东半数以上不同意转让,也不愿意以同等价格购买该出资额的,视为其同意转让,该股东的配偶可以成为该公司的股东。

证明上述规定的股东同意的证据,可以是股东会议材料,也可以是当事人通过其他合法途径取得的股东的书面声明材料。

其三,涉及分割的夫妻共同财产为以一方名义在合伙企业中的出资,另一方不是企业合伙人的,当夫妻双方协商一致,将其合伙企业中的财产份额全部或者部分转让给对方时,按以下情形分别处理:

(1)其他合伙人一致同意的,该配偶依法取得合伙人地位;

(2)其他合伙人不同意转让,在同等条件下行使优先受让权的,可以对转让所得的财产进行分割;

(3)其他合伙人不同意转让,也不行使优先让权的,但同意该合伙人退伙或者退还部分财产份额的,可以对退还的财产进行分割;

(4)其他合伙人既不同意转让,也不行使优先受让权,又不同意该合伙人退伙或者退还部分财产份额的,视为全体合伙人同意转让,该配偶依法取得合伙人地位。

其四,夫妻以一方名义投资设立独资企业的,人民法院分割夫妻在该独立企业中的共同财产时,应当按照以下情形分别处理:

(1)一方主张经营该企业的,对企业资产进行评估后,由取得企业资产所有权的一方给予另一方相应的补偿；

（2）双方均主张经营企业的，在双方竞价基础上，由取得企业资产所有权的一方给予另一方相应的补偿；

（3）双方均不愿意经营企业的，按照《中华人民共和国个人独资企业法》等有关规定办理。

其五，双方对夫妻共同财产中的房屋价值及归属无法达成协议时，人民法院按照以下情形分别处理：

（1）双方均主张房屋所有权并且同意竞价取得的，应当准许；

（2）一方主张房屋所有权的，由评估机构按市场价格对房屋作出评估，取得房屋所有权的一方应当给予另一方相应的补偿；

（3）双方均不主张房屋所有权的，根据当事人的申请拍卖房屋，就所得价款进行分割。

离婚时双方对尚未取得所有权或者尚未取得完全所有权的房屋有争议且协商不成的，人民法院不宜判决房屋所有权的归属，应当根据实际情况判决由当事人使用。当事人就上述房屋取得完全所有权后，有争议的，可以另行向法院提起诉讼。

其六，夫妻一方婚前签订不动产买卖合同，以个人财产支付首付款并在银行贷款，婚后用夫妻共同财产还贷，不动产登记于首付款支付方名下的，离婚时该不动产由双方协议处理。双方不能达成协议的，人民法院可以判决该不动产归产权登记一方，尚未归还的贷款为产权登记一方的个人债务。双方婚后共同还贷支付的款项及其相对应财产增值部分，离婚时由产权登记一方对另一方进行补偿。

其七，夫妻分居两地分别管理、使用共同财产的，分割共同财产时，各自分别管理、使用的财产归各自所有。双方所分财产相差悬殊的差额部分，由多得财产的一方以与差额相当的财产抵偿另一方。

其八，婚后双方对婚前一方所有的房屋进行修缮、装修、改建、重建，离婚时未变更产权的，房屋的增值部分中属于另一方应得的份额，由房屋所有权人折价补偿给另一方。

其九，离婚时一方所有的知识产权尚未取得经济利益的，在分割夫妻共同财产时可根据具体情况对另一方予以适当照顾。

其十，对夫妻共同经营的当年无收益的养殖、种植业等，离婚时应从有利于发展生产和经营管理考虑，予以合理分割或者折价处理。

依《婚姻家庭编解释》第79条规定，婚姻关系存续期间，双方用夫妻共同财产出资购买以一方父母名义参加房改的房屋，登记在一方父母名下。离婚时另一方主张按照夫妻共同财产对房屋进行分割的，人民法院不予支持，购买该房屋时的出资，可以作为债权处理。

为保障当事人双方能够对全部共同财产进行分割，防止或避免遗漏分割一方管理的财产致使另一方利益受损，在实务中有的实行离婚财产申报制度。这一做法值得提倡。

（五）离婚时的补偿请求权

第一千零八十八条 夫妻一方因抚育子女、照料老年人、协助另一方工作等负担较多义务的，离婚时有权向另一方请求补偿，另一方应当给予补偿。具体办法由双方协议；协议不成的，由人民法院判决。

本条规定了离婚时的补偿请求权。

离婚时的补偿请求权，又称为离婚时的经济补偿请求权，是指离婚时，一方对另一方享有的请求另一方给予适当的经济补偿的权利。

1. 离婚补偿请求权的构成

离婚时一方享有经济补偿请求权的条件有二：

（1）双方当事人离婚

发生离婚补偿请求权的前提条件，是当事人双方离婚。若当事人双方不离婚，也就谈不上一方对另一方的补偿。

我国原《婚姻法》第40条规定："夫妻书面约定婚姻关系存续期间所得的财产归各自所有，一方因抚育子女、照料老人、协助另一方工作等付出较多义务的，离婚时有权向另一方请求补偿，另一方应当予以补偿。"依此规定，一方享有补偿请求权是以婚姻期间夫妻财产制采用约定分别财产制为条件的。其理由是，因为约定实行分别财产制时，夫妻婚后取得的财产依约定为各自所有，离婚时如果夫妻一方不能享有补偿请求权，就会出现没有对夫妻所从事的不能取得收入的家务劳动等予以正确评价的不公平现象，所以，法律赋予一方补偿请求权，以使其所付出的劳动得到相应的价值补偿。如果夫妻未约定婚后实行分别财产制，则依法律规定实行夫妻共同财产制。实行夫妻共同财产制的，在离婚时发生共同财产的分割，分割夫妻共同财产时已经考虑到双方为共同财产作出的贡献，不会发生补偿问题。

但是，《民法典》修正了原《婚姻法》规定，删除了"夫妻书面约定婚姻关系存续期间所得财产归各自所有"作为一方享有补偿请求权的条件。依《民法典》的规定，一方享有的离婚补偿请求权仅以离婚为前提，是一项当事人离婚时享有的一般性请求权，而不是以双方约定婚后财产归各自所有为条件的特别请求权。

（2）一方在家庭生活中负担较多义务

一方享有离婚补偿请求权的根本原因是因一方在家庭生活中负担较多义务。所谓一方在家庭生活中负担较多义务，是指在婚姻关系存续期间，一方在抚育子女、照料老年人、协助另一方工作等方面尽了比另一方更多的义务，付出更多时间、体力、精力等。由于一方承担了更多的家务劳动，从而为对方取得财产创造了机会和条件，也使自己失去取得财产的机会和条件。因此，为充分肯定家务劳动的价值及夫妻对抚养子女、照料老年人等方面义务的共同承担，在离婚时，在家庭生活中负担较多义务的一方（一般为女方）有权要求对方给予补偿，另一方应当给予补偿。这种补偿实际上就是对一方负担较多义务的补偿。

2. 补偿请求权的行使

离婚补偿请求权的行使时间为离婚之时。这里的离婚之时，应是指夫妻一方提出离婚诉讼的时间。也就是说，一方提起离婚诉讼时，当事人可以在诉状或答辩状中提出补偿请求。补偿请求权为相对权，具有相对性。因此，离婚男女的一方只能向另一方提出给予补偿的请求，而不能要求他人给予补偿。一方提出补偿请求的，另一方应当给予补偿。如果一方不向另一方提出补偿请求，则对方可以不予补偿。因为补偿请求权是一项权利，补偿请求权人可以放弃其权利。

3. 补偿的数额和方法

关于一方给予另一方经济补偿的数额和方法，由离婚当事人双方协商。双方协议不成的，由人民法院判决。法院判决时，应斟酌请求给予补偿的一方在抚育子女、照料老年人、协助另一方工作等方面付出的劳动以及另一方因此而取得财产或者会取得财产等情况，决定另一方应给予补偿的数额。一般认为，补偿的标准应以一方因负担较多义务而失去的利益为标准。如一方因此而失去取得财产或者提升、进修等机会利益。补偿费的给付可以是一次性的，也可以是分期的。

（六）离婚时共同债务的清偿

第一千零八十九条　离婚时，夫妻共同债务应当共同偿还。共同财产不足清偿或者财产归各自所有的，由双方协议清偿；协议不成的，由人民法院判决。

本条规定了离婚时夫妻共同债务的清偿。

1. 夫妻共同债务的认定

夫妻共同债务是指婚姻关系存续期间夫妻双方共同负担的债务。夫妻在婚姻关系存续期间，由于共同生活和个人的人格独立，既会发生共同债务，也会发生个人债务。夫妻间既有个人财产，也会有共同财产。在夫妻分别财产制的条件下，夫妻间只有各自所有的财产而无共同财产。但无论是实行夫妻共同财产制，还是实行夫妻分别财产制，在婚姻关系存续期间都会发生共同债务。夫妻共同债务不仅包括夫妻双方共同举债发生的债务，也包括一方在行使家事代理权时发生的债务，还包括一方虽以个人名义且在代理权范围以外举债，但债权人有确切证据证明该举债是用于家庭共同生活、共同生产经营的债务。关于夫妻共同债务的范围，已于夫妻共同债务中阐述，恕不赘述。在司法实务中，对于夫妻为共同生活或者为履行抚养赡养义务等所负债务，都认定为夫妻共同债务，离婚时应当以夫妻共同财产清偿。但对于下列债务，不认定为共同债务，而认定为应由一方以个人财产偿还的个人债务：

（1）夫妻双方约定由个人负担的债务，但以逃避债务为目的的除外。

（2）一方未经对方同意，擅自资助与其没有抚养义务的亲朋所负的债务。

（3）一方未经对方同意，独自筹资从事经营活动，其收入确未用于共同生活所负的债务。

（4）其他应由个人承担的债务。

2. 夫妻共同债务的偿还规则

离婚时当事人双方应共同偿还夫妻共同债务。离婚时双方有共同财产的，首先应以共同财产偿还共同债务，共同财产不足以偿还的，则应以个人财产偿还；双方没有共同财产的，则全部共同债务都只能以个人财产偿还。

离婚时双方既有共同债务，又有个人债务的，是应先清偿个人债务还是应先清偿共同债务呢？对此有不同的观点。一般来说，夫妻共同债务的债权人要求还债的，应先以夫妻共同财产清偿，不足部分才以个人财产清偿；夫妻个人债务的债权人要求清偿的，应先以个人财产清偿，个人财产不足以清偿的，再以夫妻共同财产中的应有份额清偿。

在夫妻没有共同财产或者共同财产不足以清偿共同债务时，

须以夫妻的个人财产偿还共同债务。在以个人财产偿还共同债务上，各自负担的数额可由双方协议。但双方协议损害债权人利益的，债权人有权请求撤销其协议。双方协议不成的，由人民法院判决。一般来说，离婚男女为共同债务人，对债务的清偿应负连带责任。债权人可以要求其任何一方偿还全部债务，任何一方在没有清偿全部债务前都负有清偿责任。当然，共同债务人在内部可以按照协议的份额承担偿还责任，共同债务人没有清偿协议又协商不成的，则视为各债务人的份额相等，偿还债务超过自己份额的一方可以向另一方追偿。因此，当事人的离婚协议或者法院的判决书、裁定书、调解书已经对夫妻财产分割问题作出处理的，债权人仍有权就夫妻共同债务的清偿向离婚的男女双方主张权利。离婚的当事人一方死亡的，生存的另一方应对夫妻共同债务承担连带清偿责任。

（七）离婚时的经济帮助义务

第一千零九十条　离婚时，如果一方生活困难，有负担能力的另一方应当给予适当帮助。具体办法由双方协议；协议不成的，由人民法院判决。

本条规定了离婚时一方对另一方的经济帮助义务。

1. 一方对另一方经济帮助义务的含义

所谓一方对另一方的经济帮助义务，是指一方因离婚造成生活困难时，离婚后另一方应当给予适当的经济帮助。[①]

[①] 国外的立法中一般规定离婚后在特定条件下一方对另一方有抚养义务，一方为此向另一方给付扶养金。如《德国民法典》第1569条就规定，夫妻离婚后，各自为其扶养负责。夫妻之一方无法自行扶养者，仅依法律规定，请求他方配偶扶养。

离婚时一方对另一方应给予经济帮助与一方应给予另一方的经济补偿不同。经济补偿仅仅发生在夫妻一方因抚育子女、照料老人、协助另一方工作等负担较多义务的场合,是在夫妻离婚时,因未充分计算家务劳动创造的价值而发生的一方向另一方负担的一次性给付义务。而经济帮助是发生在离婚时一方生活困难的场合,一方给予另一方的帮助也不以一次性给付为原则。一方给予另一方经济帮助的义务,实质上是夫妻间相互扶养义务在离婚后的合理延伸。正所谓"一日夫妻百日恩",夫妻在婚姻期间有相互扶养义务,离婚后双方也不能相互绝情而不管不问。离婚后一方对另一方的经济帮助义务也体现了扶弱济贫的社会公德要求。

2.经济帮助的适用条件

离婚后一方应给予另一方适当经济帮助的适用,应当具备以下条件:

其一,离婚时一方生活困难。如何认定一方生活困难呢?司法实务中认为,所称"一方生活困难",是指依靠个人财产和离婚时分得的财产无法维持当地基本生活水平。如果离婚时夫妻一方取回的个人财产、分得的共同财产、获得的补偿金、有合理预期的劳动收入,足以维持当地的基本生活水平,则不属于有生活困难。一方离婚后没有住处的,也属于生活困难。离婚时,一方以个人财产中的住房对生活困难的一方进行帮助的形式,可以是房屋的居住权或者房屋的所有权。

不过,有学者认为,以能否维持当地基本生活水平作为判断是否生活困难的标准,以此决定是否应给予经济帮助,未必合适。有的提出,对生活困难的界定,应采用相对困难的标准,不仅应包括一方离婚后不能维持自己基本生活水平，也应包括其生活水平比婚姻关系存续期间显著下降的情形。相对困难标准，能够最大程度地照顾离婚后生活处于困顿或生活水平下降的一方以及未成年子女的权益，更加符合实质公平的原则，也与国际社会对需要扶养者普遍采用的原有生活主义或合理生活主义的判断标准相接近。① 这种观点主张，应当"以一方生活水平因离婚明显下降"作为应给予经济帮助的前提，甚有道理。

其二，一方的生活困难必须是于离婚时已经存在，而不是在离婚后任何时间因任何原因造成生活困难。一方离婚时并不存在生活困难的事实，但于离婚后的一定时期后因病或者其他原因发生生活困难的，另一方不负给予经济帮助的法定义务。当然，从道义上讲，另一方也应当给予一定帮助。

其三，另一方即提供帮助的一方具有经济负担能力。如果提供帮助的一方并不具有负担帮助对方解决生活困难的负担能力，则也不发生一方应给予对方经济帮助的义务。

其四，需要帮助的一方没有再婚，也没有与他人同居。离婚后，如一方已经与他人再婚或者与他人同居，则不能要求另一方给予经济帮助。另一方在离婚时已经给予其经济帮助的，也可以停止给予帮助。但有负担能力的一方不得以另一方不再婚作为给予帮助的附加条件，因为不再婚的附加条件限制了当事人的婚姻自由。

3. 经济帮助的方法

一方给予另一方经济帮助的具体办法，由双方协议；协议

---

① 夏吟兰：《民法分则婚姻家庭编立法研究》，载《中国法学》2017年第3期。

不成的,由法院判决。一般来说,确定一方给予另一方适当经济帮助的义务,应当根据接受帮助一方的实际需要和具体情况,以及提供帮助一方的实际经济负担能力。如果接受帮助一方年老体弱,失去劳动能力,而又没有其他生活来源,应由另一方提供定期扶助金,以给予对方长期的妥善安排;如果接受帮助一方仅是暂时性处于生活困难,应由另一方一次性提供扶养金,以帮助其摆脱临时的困境。但一方给予另一方经济帮助不同于夫妻共同财产的分割,不能以一方给予经济帮助代替夫妻共同财产的分割。因为一方分割共同财产所得的利益是其依法享有的共有权的实现,而一方对另一方的经济帮助是一方以其自己财产给予另一方的必要的物质帮助。

(八)离婚损害赔偿

第一千零九十一条 有下列情形之一,导致离婚的,无过错方有权请求损害赔偿:

(一)重婚;

(二)与他人同居;

(三)实施家庭暴力;

(四)虐待、遗弃家庭成员;

(五)有其他重大过错。

本条规定了离婚损害赔偿。

1. 离婚损害赔偿的概念和特征

离婚损害赔偿,是指夫妻一方因法定的不法行为导致婚姻关系解除的,无过错方有权要求过错方赔偿其损害,过错方应予赔偿的法律制度。

我国 1950 年《婚姻法》和 1980 年《婚姻法》均未规定离婚损害赔偿。2001 年修正后的《婚姻法》为贯彻公平原则、保护弱者原则，增设了离婚损害赔偿制度。《民法典》继受了 2001 年《婚姻法》关于离婚损害赔偿的规定。

离婚损害赔偿有以下法律特征：

（1）离婚损害赔偿是因离婚而发生的损害赔偿。离婚损害赔偿制度是旨在维护合法和谐的婚姻关系，是对因婚姻关系解除而受害的当事人的救济。因此，离婚损害赔偿是以当事人双方离婚为前提的，如果双方之间没有离婚的事实，也就不能发生离婚损害赔偿。

（2）离婚损害赔偿是因一方的不法行为造成婚姻关系解除而发生的损害赔偿。任何损害赔偿的发生根据都是不法行为，不同的不法行为侵害的客体不同，承担的赔偿责任也会不同。引发离婚损害赔偿的不法行为是侵害婚姻家庭关系的不法行为，也就是说，不法行为的侵害客体为婚姻关系。只有当事人的不法行为为离婚的原因，即当事人的不法行为与婚姻关系解除之间有因果关系的，才会发生离婚损害赔偿。如果一方虽有不法行为，但该行为并不是导致离婚的原因，则不发生离婚损害赔偿。

（3）离婚损害赔偿既包括物质损害赔偿，也包括精神损害赔偿。因为婚姻关系的当事人基于婚姻关系既享有财产权利也享有人身权利，侵害婚姻关系也就会既造成受害人的物质损失，也造成受害人的精神损害。因此，离婚损害赔偿的范围既包括物质损害，又包括精神损害。司法实务中明确规定，离婚"损害赔偿"包括物质损害赔偿和精神损害赔偿。涉及精神损害赔偿的，适用最高人民法院《关于确定民事侵权精神损害赔偿责任若干问题的解释》的有关规定。

（4）离婚损害赔偿是过错方向无过错方承担的赔偿责任。离婚损害赔偿责任是过错责任。只有对于离婚原因有过错的当事人一方才向无过错一方承担赔偿损害的责任。而且，这里的过错仅限于故意和重大过失。如果当事人仅有一般过错，则不发生离婚损害赔偿。

2. 离婚损害赔偿的法定理由

离婚损害赔偿的法定理由，是法律规定的当事人可以请求离婚损害赔偿的事由。依法律规定，只有存在导致离婚的下列不法行为，才能引发离婚损害赔偿：(1) 重婚；(2) 与他人同居；(3) 实施家庭暴力；(4) 虐待、遗弃家庭成员；(5) 有其他重大过错。这也就是说，只要因重婚、与他人同居、实施家庭暴力以及虐待、遗弃家庭成员而离婚的，无过错一方就有权向对方请求损害赔偿，实施导致离婚的不法行为的当事人应当承担离婚损害赔偿责任。而在因其他原因导致离婚的情形下，只有实施导致离婚行为的当事人主观上有重大过错，无过错方才有权请求离婚损害赔偿。例如，当事人在因一方赌博、吸毒等恶习屡教不改或者其他导致离婚原因导致离婚的，只有对离婚负有责任的一方有重大过错，无过错方才可要求离婚损害赔偿。

3. 离婚损害赔偿的主体双方和请求权行使期间

离婚损害赔偿关系主体双方为原婚姻关系的男女双方。其中，享有损害赔偿请求权即有权要求对方承担损害赔偿责任的主体，为离婚诉讼当事人中过错方的配偶；承担损害赔偿责任的主体，只能是实施不法行为导致离婚的有过错的配偶一方。

这也就是说，第三人不能成为离婚损害赔偿责任的主体。即便第三人在导致双方婚姻破裂上有故意或者过错（如与有配偶者重婚、同居且有过错者），无过错一方也不能向第三人主张离婚损害赔偿。当然，受害人可以请求第三人承担侵害身份权益的赔偿责任，但这不属于离婚损害赔偿。

依我国司法实务的经验，人民法院受理离婚案件时，应当将离婚损害赔偿的当事人的有关权利义务书面告知当事人，由依法享有损害赔偿请求权的无过错一方自行决定是否行使离婚损害赔偿请求权。在适用离婚损害赔偿规定时，应当区分以下不同情况：

（1）符合法律规定的无过错方作为原告基于法律规定向人民法院提起损害赔偿请求的，必须在离婚诉讼的同时提出。

（2）符合法律规定的无过错方作为被告的离婚诉讼案件，如果被告不同意离婚也不基于法律规定提起损害赔偿请求的，可以在离婚后一年内就离婚损害赔偿单独提起诉讼。

（3）无过错方作为被告的离婚诉讼案件，一审时被告未基于法律规定提出离婚损害赔偿请求，人民法院应当进行调解，调解不成的，告知当事人在离婚后一年内另行起诉。

离婚损害赔偿请求权的发生必须以当事人双方离婚为前提，因此，人民法院判决不准离婚的案件，对于当事人基于法律规定提出的离婚损害赔偿请求，法院不予支持。在婚姻关系存续期间，当事人不起诉离婚而单独提起离婚损害赔偿的，人民法院不予受理。

离婚有协议离婚与诉讼离婚之分。无论经何种程序离婚，无过错方都可以要求过错方承担离婚损害赔偿责任。当事人在婚姻登记机关办理离婚登记手续后，以法律关于离婚损害赔偿的规定为由向人民法院提出离婚损害赔偿请求的，人民法院应当受理。但是，当事人在协议离婚时已经明确表示放弃离婚损害赔偿请求，或者在办理离婚登记手续一年后提出离婚损害赔偿请求的，法院不予支持。

离婚损害赔偿请求权人行使离婚损害赔偿请求权，不受其分割共同财产权利的限制，也不影响在具备有关条件时请求另一方给予经济补偿、给予经济帮助。

（九）夫妻一方侵害共同财产的法律后果

第一千零九十二条　夫妻一方隐藏、转移、变卖、毁损、挥霍夫妻共同财产，或者伪造夫妻共同债务企图侵占另一方财产的，在离婚分割夫妻共同财产时，对该方可以少分或者不分。离婚后，另一方发现有上述行为的，可以向人民法院提起诉讼，请求再次分割夫妻共同财产。

本条规定了夫妻一方侵害共同财产的法律后果。

1. 夫妻一方侵害夫妻共同财产的行为类型

夫妻一方侵害共同财产的行为，是指夫妻一方故意实施的以侵害夫妻共同财产为目的的不法行为。夫妻共同财产由夫妻平等地共同行使财产的各项权利。任何一方都不得侵害夫妻共同财产，因为一方侵害夫妻共同财产，也就侵害了另一方对共同财产享有的权利。

在婚姻关系存续期间一方侵害夫妻共同财产的行为主要包括三种类型：

其一，隐匿夫妻共同财产。如将夫妻共同财产私自转移、隐藏而不让另一方知晓。隐匿共同财产旨在自己单独享有该财产。

其二，擅自处分夫妻共同财产。如将共同财产变卖，或者故意毁损、挥霍，擅自处分共同财产旨在获得其他不当利益或者让对方不能行使财产权利。

其三，伪造夫妻共同债务企图侵占另一方财产。伪造夫妻共同债务旨在通过以夫妻共同财产清偿伪造的债务的方式，侵占共同财产。

上述侵害夫妻共同财产的行为只能是故意的不法行为。如果一方不是故意的而仅是因一般过错导致共同财产的毁损灭失，则不构成侵害夫妻共同财产行为。

2. 对侵害夫妻共同财产行为的处置

为维护夫妻双方的利益，对于侵害夫妻共同财产的一方，可采取以下法律措施：

一是在离婚时可以根据侵害夫妻财产的一方侵害共同财产的情况，对其少分或者不分给共同财产。

二是为防止夫妻中的一方为离婚而实施上述不法行为，另一方可以向法院申请对夫妻共同财产采取保全措施。

三是一方实施侵害共同财产行为，在离婚时，另一方未发现而于离婚后才发现的，另一方也可以向人民法院提起诉讼，请求再次分割夫妻共同财产。请求再次分割夫妻共同财产的诉讼时效期间为3年，从当事人发现之日起计算。

第五章 收养

第一节 收养关系的成立

一、收养的概念和特征

（一）收养的概念

收养，是指自然人依法律规定的条件和程序领养他人的子女作为自己的子女，从而依法创设父母子女关系的制度。

父母子女关系本是一种亲子关系，而亲子关系又是以双方存在血缘关系为基础的。除利用人工生育技术生育子女的特别情形以外，没有血缘关系的当事人双方不能成立父母子女关系。但是，依照法律规定，基于收养行为，在收养人与被收养人之间创设出父母子女关系，收养人为养父母、被收养人为养子女。养父母与养子女之间的父母子女关系为一种拟制的血亲关系。这种拟制的血亲关系发生与自然血亲关系同等的法律效力。也正因为如此，收养制度也就成为婚姻家庭法或亲属法的重要组成部分。

收养行为的当事人是收养人和送养人及被收养人。收养人是领养他人的子女为自己子女的人；由收养人领养的他人的子女为被收养人;送养人是指将被收养人(子女或儿童)送交收养人收养的人。收养人、被收养人只能是自然人。送养人可以是自然人,也可以是社会组织。送养人为收养行为的主体,但送养人不是收养关系的主体,收养关系的主体只能是收养人和被收养人。

(二)收养的法律特征

关于收养的法律特征,学者的表述不一。如有的认为,收养具有以下法律特征:(1)收养的条件和程序是由法律加以规定;(2)收养属于民事法律行为;(3)收养行为导致亲属身份和权利义务的变更;(4)收养只能发生在非直系血亲之间。[①] 有的认为,收养具有以下自身的、不同于其他民事法律行为的特征:(1)收养行为的身份性;(2)收养关系主体的限定性;(3)收养关系的可变性。[②] 有的认为,收养行为在法律上具有以下特征:(1)收养是身份法律行为,是要式行为;(2)收养行为人应是具有特定法律身份的人;(3)收养行为是产生法律拟制血亲关系的行为;(4)收养行为消灭养子女的自然血亲关系但自然血缘关系仍然存在。[③] 这些观点都不错,只是其视角不同而已。

收养行为作为一种引发身份关系变动的法律事实,具有以下法律特征:

1. 收养行为是民事法律行为

关于收养的行为性质,有两种不同的观点。一种观点认为,

[①] 参见杨大文主编:《婚姻家庭法》,中国人民大学出版社2012年版,第185—186页。

[②] 参见马忆南:《婚姻家庭继承法学》(第三版),北京大学出版社2014年版,第163—164页。

[③] 参见杨立新:《家事法》,法律出版社2013年版,第202—203页。

收养为公法行为,因为收养须经登记机关登记,而登记机关为行政机关。另一种观点认为,收养为私法行为,是当事人自愿实施的民事法律行为。后一观点为通说。民事法律行为是以意思表示为要素的以发生民事法律后果为目的的行为。收养行为的当事人实施收养行为的目的就是要发生民事法律后果,即在当事人之间引发民事法律关系的变动。正因为收养行为是民事法律行为,因此,收养行为当事人的意思表示不仅要达成一致,而且当事人的意思表示必须真实、合法。

2. 收养行为是身份法律行为

民事法律行为有财产法律行为与身份法律行为之分。财产法律行为是以变动财产权利义务关系为目的,身份法律行为则是以变动身份权利义务关系为目的。收养行为正是以变动身份关系为目的的身份法律行为。收养行为的成立生效,一方面使原来没有血亲关系的收养人与被收养人之间的身份发生变化,收养人成为养父母、被收养人成为养子女,养父母与养子女间为拟制的血亲关系,产生父母子女的权利义务;另一方面使被收养人与生父母之间的父母子女权利义务关系消除。收养行为成立生效后,养子女与亲生父母的血缘关系虽不终止,但父母子女间的权利义务关系终止,双方不再有法律上的父母、子女身份。因收养发生的亲属关系上的权利义务的变动效力,不仅依法及于父母子女,而且还及于父母子女以外的其他亲属。如收养成立生效后,养子女与养父母的亲生子女间成立养兄弟姐妹间的权利义务关系。

3. 收养行为是要式法律行为

因为收养行为是身份法律行为,关系到当事人各方的身份以及与此相关的财产权益，不仅收养行为当事人须慎重做出是否实施收养行为的决定，而且国家也有必要对收养行为予以监督，以公权力对收养进行必要的干预和监督。所以，收养行为是要式法律行为，必须采取法定形式。依我国法规定，收养行为的成立与解除，不仅必须具备法定实质条件，而且还须履行登记的法定程序。收养登记是收养行为成立的法定形式要件。

4. 收养行为是特定主体之间的行为

对于一般民事法律行为，法律对主体的身份并没有限制，但由于收养是身份法律行为，行为的后果是创设父母子女关系，因此，法律对收养行为的当事人有特别的要求，收养行为主体具有限定性。这主要体现在以下方面：（1）收养人与被收养人只能是自然人，而不能是法人或者非法人组织；（2）收养人、被收养人和送养人必须符合法律所规定的资格和条件；（3）收养人与被收养人之间不存在直系血亲关系。依我国法规定，直系血亲间不得收养；（4）依我国法规定，在婚姻关系存续期间内，夫妻双方只能共同作为收养人收养子女，而不得仅由配偶一方为收养人单独收养子女。

（三）收养与相关概念的区别

1. 收养与公养

公养是指社会福利机构收留、抚养无人抚养的儿童的行为。从行为发生的抚养他人之未成年子女的后果上看，公养与收养相似，但二者完全不同。收养与公养的根本区别在于：

（1）收养为民事身份法律行为，须由有关当事人即收养人与送养人协商，依法成立；而公养是一项社会福利措施，是由各地民政部门主管的有关机构依法实施的。

（2）收养的目的是产生拟制的亲子关系，变更亲属身份关系；而公养的目的仅是为了保护儿童的生存权益，保障无人抚养的未成年人健康成长，不会发生亲属身份的变更。

（3）收养的后果是在收养人与被收养人之间形成拟制血亲，发生父母子女权利义务关系，被收养人与生父母间不再存在法律上的权利义务关系；而公养并不能发生这些法律后果，公养人为福利机构，自不会与被养育人之间形成拟制血亲，不能发生父母子女间的权利义务关系。

2. 收养与寄养

寄养是指父母因某些特殊原因将其未成年子女交由他人养育的行为。寄养人与被寄养人之间产生一定权利义务，寄养人与被寄养人共同生活，寄养人应按照约定对被寄养人负看护、管理、教育等义务。但是寄养不同于收养，二者的根本区别在于：

（1）寄养人是受委托为他人代为抚养子女的，而收养是由收养人自己抚养自己收养的子女。

（2）寄养不发生亲属身份的变动，而收养发生亲属身份的变动。收养在收养人与被收养人间产生父母子女间的权利义务关系，而寄养不能在寄养人与被寄养人之间产生父母子女间的权利义务关系，寄养并不影响被寄养人与其生父母间的权利义务关系。

3. 收养与立嗣

立嗣又称为过继，是指没有儿子的人将他人的儿子过继给自己，作为自己的儿子。因为这是没有子嗣的人收养他人之子为子嗣，所以称为立嗣。从立嗣也是收养他人之子为己之子上看，立嗣与收养有相同之处。但二者有着根本的不同。收养与立嗣的区别主要表现在：

（1）立嗣是我国古代社会以男性为中心的宗祧继承的产物，立嗣的目的是为了传宗接代；而收养是近现代法上的制度，收养的目的主要是为了未成年子女的利益。

（2）立嗣只能是收养他人之子，而收养的被收养人可以是子也可以是女。

（3）立嗣可以是立嗣者生前所为，也可以在死后由家族实施；而收养只能由收养人自己实施。

（4）立嗣所立之子只能是旁系血亲之人，而收养的被收养人则不以有血亲关系为限。

（5）立嗣在特殊情形下，所立之子与生父母可以仍有父母权利义务关系，例如。兄弟二人只有一子时，该子可以兼祧兄弟两宗，即为兄弟二人之子；而收养一经生效，被收养人与生父母间法律上的权利义务关系终止。

4. 收养与乞养

乞养是指收他人之子为自己的义子。"乞养并没有使其与宗之所属关系变动，而只在日常生活方面，将他人之子视为自己儿子并收养于家的行为。"[①] 乞养不同于收养，收养是将他人子女收为自己的子女，而乞养仅是将他人的儿子视为自己儿子养育。

现实生活中，还有认干亲的习俗。认干亲是将他人的子女

---

① 〔日〕滋贺秀三：《中国家族法原理》，张建国、李力译，商务印书馆2013年版，第586页。

认作自己的"干儿子""干女儿"。"干父母"与"干子女"间不发生权利义务关系，一般也不在一起共同生活。

（四）收养的类型

从各国收养制度看，收养根据不同的标准，可分为不同的类型。常见的收养分类有以下几种：

1. 未成年人收养和成年人收养

根据被收养人是否成年，收养分为未成年人收养和成年人收养。未成年人收养指以未成年人为收养对象，成年人收养则指以成年人为收养对象。我国法规定收养人为未成年人，因此，我国现行法上不承认成年人收养。但是，有学者主张，为保护老年人的合法权益，实现老有所养，应当有条件地认可成年人收养。

2. 完全收养与不完全收养

根据收养的效力，收养可分为完全收养和不完全收养。完全收养是指发生解消效力的收养。完全收养成立后，养子女与生父母及其近亲属间的权利义务关系完全消灭，养子女与养父母及其近亲属间发生权利义务关系。不完全收养是指仅发生拟制效力的收养。不完全收养成立后，养子女与养父母及其近亲属发生权利义务关系，但其与生父母及其近亲属的权利义务关系不消除。在我国，尽管也有学者主张应当承认不完全收养，但现行法不认可不完全收养。

3. 法定收养和事实收养

根据收养是否具备法定形式要件，收养可分为法定收养和事实收养。法定收养是指具备法定的收养成立的实质要件和形式要件的收养,事实收养则是指不具备法定的收养形式要件的收养。我国自原《收养法》生效后,不再承认事实收养,但承认原《收养法》生效前发生的事实收养具有收养的效力。

4. 共同收养与单独收养

根据收养人为二人还是一人,收养可分为共同收养和单独收养。共同收养是指收养人为二人的夫妻共同收养;单独收养是指收养人仅为一人的收养。依我国法规定,有配偶者收养子女,应当共同收养。无配偶者可以单独收养。

二、收养的历史沿革

收养是一项古老的制度。在罗马法上收养为家父权取得方式,分为自权人收养、他权人收养及遗嘱收养。自权人收养,即收养他家的家父为养子,而该被收养家父的全家均处于养父的权力之下。但该项收养仅得在没有亲子的情况下实现,实质上是一种续嗣收养,程序要求颇严。他权人收养又称普通收养,较为常见,如收养他家的家子为养子。这种收养程序较为简单。遗嘱收养实为死后收养。收养的一般条件是:收养关系人的意思表示一致;收养人有取得家父权的能力;收养人年龄须大于被收养人;被收养人为自由人;收养人只能是男性。[①] 我国古代的收养制度从属于宗法制度,立嗣为收养的一种特殊形式。除立嗣以外,也还有其他收养形式。《唐律·户婚》规定:"其遗弃

---

① 参见江平、米健:《罗马法基础》,中国政法大学出版社1987年版,第78—79页。

小儿,年三岁以下,虽异姓,听其养,即从其姓。"也可收养异姓女为养女。

近、现代各国的亲属法规定的收养制度,从以家族为本位的收养逐步转变为以个人为本位的收养。我国自清朝末年的《民律草案》中始设立收养制度,但直至1930年南京国民政府公布的"民法亲属编"才真正确立了收养制度,但在有关条款中仍有歧视养子女的内容。

中华人民共和国成立后,我国一直是承认和保护收养关系的,但是收养制度并不完善,仅是按照《婚姻法》的原则规定和最高人民法院的司法解释处理收养问题。1991年第七届全国人民代表大会常务委员会通过了《收养法》。该法于1992年4月1日起施行。1998年11月第九届全国人民代表大会常务委员会第五次会议通过了《关于修改〈中华人民共和国收养法〉的决定》,修改后的《收养法》自1999年4月1日起施行。该法共六章,包括总则、收养关系的成立、收养的效力、收养关系的解除、法律责任和附则,计34条。自此,我国已经确立了现代的收养制度。在民法典制定中,立法机关又根据社会发展的实际情况,对收养制度进行修正,并将收养制度作为婚姻家庭编的重要内容纳入民法典。

三、收养关系的成立要件

(一)收养关系成立的实质要件

收养关系成立的实质要件,是指收养关系成立的实体性必要条件。收养关系成立的实体性必要条件包括:被收养人的条件、送养人的条件、收养人的条件、收养协议以及特别情形下收养的特别规定。

1. 被收养人的条件

第一千零九十三条　下列未成年人，可以被收养：

（一）丧失父母的孤儿；

（二）查找不到生父母的未成年人；

（三）生父母有特殊困难无力抚养的子女。

本条规定了被收养人的条件。

被收养人也就是收养的对象。除法律另有规定外，只有符合以下条件的未成年人才可以被收养。也就是说，只有收养对象为符合以下条件的未成年人，收养才能成立：

（1）丧失父母的孤儿

丧失父母包括父母双方自然死亡或者被人民法院宣告死亡。丧失父母的儿童被称为孤儿。孤儿不能由父母抚养，由他人收养可以使其重新得到关爱，享受家的温暖，有利于孤儿的健康成长。因此，丧失父母的孤儿可为被收养人。民政部1992年8月11日《关于办理收养登记中严格区分孤儿与查找不到生父母的育婴的通知》中解释，孤儿系指其父母已经死亡或者人民法院宣告其父母死亡的不满14周岁的未成年人。这一解释与原《收养法》的规定相符，但不符合《民法典》的规定。依照《民法典》的规定，这里的孤儿应是指父母已经死亡或者被宣告死亡的需要他人抚养的未成年人。因为我国原《收养法》第4条规定，只有不满14周岁的未成年人才可以被收养，而《民法典》未将被收养人限制为不满14周岁，而仅是规定一般情形下，被收养人为未成年人。

(2) 查找不到生父母的未成年人

查找不到生父母的未成年人，一般是被生父母遗弃的弃婴，但也包括被其他人遗弃的不知生父母所在的儿童。所谓查找不到生父母，指的是须经查找而仍未得知其生父母的信息。因此，未经查找就不能认定查找不到未成年人的生父母。查找不到生父母的未成年人虽未必为孤儿，但其也是不能得到生父母抚养的，因此，查找不到生父母的未成年人也适于被收养，收养会有利于其成长。

(3) 生父母有特殊困难无力抚养的子女

生父母有特殊困难无力抚养的子女，一般是指生父母既无劳动能力又没有生活来源或者有其他特殊困难而没有能力抚养的子女。于此情形下，生父母虽负有抚养子女的义务，但其自身生活难保，已经没有能力履行抚养义务，因此，可以也有必要将子女送养。在生父母虽有劳动能力但因失去人身自由而已经无力抚养子女的情形下，其未成年子女也可为被收养人。

需要说明的是，如上所述，我国原《收养法》规定，被收养人只能是不满14周岁的未成年人。其主要理由是：年满14周岁的未成年人年龄较大，收养年龄较大的未成年人，因其与生父母的感情深远，难以与养父母建立其深厚的亲子感情。但因为这一年龄限制未必有利于保护未成年人的利益，因此，为贯彻收养制度最有利于被收养人的原则，《民法典》取消了对被收养对象"不满14周岁"的限定，只要求被收养人为未成年人。

2.送养人的条件

第一千零九十四条　下列个人、组织可以作送养人：

（一）孤儿的监护人；

（二）儿童福利机构；

（三）有特殊困难无力抚养子女的生父母。

第一千零九十五条 未成年人的父母均不具备完全民事行为能力且可能严重危害该未成年人的，该未成年人的监护人可以将其送养。

第一千零九十六条 监护人送养孤儿的，应当征得有抚养义务的人同意。有抚养义务的人不同意送养、监护人不愿意继续履行监护职责的，应当依照本法第一编的规定另行确定监护人。

第一千零九十七条 生父母送养子女，应当双方共同送养。生父母一方不明或者查找不到的，可以单方送养。

以上四条规定了送养人的条件。送养人的条件分为以下四种情形：

（1）孤儿的监护人

孤儿的监护人是对孤儿负监护责任的人。孤儿的监护人可以是祖父母、外祖父母、兄、姐，也可以是经未成年人的住所地的居民委员会、村民委员会或者民政部门同意的其他愿意担任监护人的个人或者组织。

孤儿的监护人对孤儿负有监护职责，为保护孤儿的权益，监护人可以将被监护人送养。但是，有其他对孤儿负有抚养义务的人时，监护人送养孤儿，应当征得有抚养义务的人的同意。对孤儿负有抚养义务的人，包括有负担能力的祖父母、外祖父母和兄、姐。对孤儿负有抚养义务的人不同意监护人送养孤儿的，监护人不得送养；监护人送养的，负有抚养义务的人可以主张收养无效。对孤儿负有抚养义务的人不同意送养，监护人又不愿意继续履行监护职责的,应当按照法律规定,另行确定监护人。另行确定监护人,适用原确定监护人的程序。

(2)儿童福利机构

我国的儿童福利机构主要是由各级民政部门设立的收容、抚养无法查明其父母或者监护人的儿童的慈善机构。儿童福利机构作为养育孤儿以及查找不到生父母的儿童的机构,也是其养育的未成年人的监护人,当然也可以作为送养人将其养育的未成年人送养。

(3)有特殊困难无力抚养子女的生父母

生父母对未成年子女负有抚养、教育和保护的义务。抚养未成年子女是生父母的法定义务,也是亲权的重要内容。因此,生父母不得借故不履行抚养未成年子女的义务。但是,生父母抚养子女确实也需要有一定的经济基础,需要有相应的抚养能力。如果生父母有特殊困难确实没有能力抚养未成年子女,又要求生父母必须抚养子女,则对未成年子女的成长并非有利。因此,为保护未成年子女的利益,法律许可有特殊困难无力抚养子女的生父母将未成年子女送给他人抚养。

但是,生父母送养未成年子女的,必须夫妻双方共同送养,而不能单方决定送养。只有在生父母一方不明或者查找不到的情形下,才可以单方送养。例如,生母不能确定子女的生父,生母又有特殊困难无力抚养子女的,生母可以单方送养未成年子女。再如,生父或生母失踪而查找不到,生父或生母自己又无能力单独抚养未成年子女的,生父或生母也可以单方送养。法律之所以规定生父母送养生子女必须夫妻共同送养,是因为夫妻在抚育、教育和保护未成年子女方面享有平等的权利,因此任何一方不得单独决定送养子女。只有在法律规定的一方不能行使权利的特殊情况下，夫妻一方才可以单方送养未成年子女。

（4）特殊情况下的未成年人的监护人

未成年人的父母均不具备完全民事行为能力的，按照法律规定，自应由其他自然人或者组织担任该未成年人的监护人。为保护该未成年人的不具有完全民事行为能力的父母的利益，该未成年人的监护人不得将被监护人送养。因为未成年子女一经被送养，其与生父母间的权利义务关系消灭，其父母以后不享有受其生子女赡养的权利。但是，在未成年人的父母可能严重危害该未成年人的情况下，该未成年人的监护人可以将其送养，这也是贯彻收养应遵循最有利于保护未成年人利益原则的需要。

3. 收养人的条件

第一千零九十八条　收养人应当同时具备下列条件：

（一）无子女或者只有一名子女；

（二）有抚养、教育和保护被收养人的能力；

（三）未患有医学上认为不应当收养子女的疾病；

（四）无不利于被收养人健康成长的违法犯罪记录；

（五）年满三十周岁。

本条规定了收养人的条件。

收养人是收养被收养人的自然人。收养一经成立，收养人即为被收养人的养父母，与被收养人发生拟制亲子关系。收养人应当同时具备以下条件：

（1）无子女或者只有一名子女

原《收养法》规定"无子女"是收养人应具备的条件，有子女者不得为收养人。这主要是因为当时计划生育政策要求一对夫妻只能生育一个生女。随着计划生育政策的改变，国家已经放开二胎政策，因此，《民法典》将原《收养法》规定的收养人"无子女"的条件修改为收养人"无子女或者只有一名子女"。这里的子女既包括亲生子女，也包括养子女，但不包括继子女。有继子女或有两名以上继子女的，也可以作为收养人。

当然，也有学者认为，对收养人不必予以有无子女或有几名子女的限制，况且放开二胎生育政策也具有临时性，国家的人口政策也会不断改变。依现时的计划生育政策确定收养人应当无子女或只有一名子女，实无必要，这也未必有利于保护未成年人利益。

（2）有抚养、教育和保护被收养人的能力

有抚养、教育和保护被收养人的能力，这是决定可否为收养人的根本条件，也是保护被收养人利益的必然要求。这一条件要求：首先，收养人须具备完全民事行为能力，不具备完全民事行为人不能成为收养人；其次，收养人应当具有抚养被收养人的经济能力和身体条件。如果收养人自身生活难以自理，难以维持生计，则不为具有抚养能力；再次，收养人应当具有教育和保护被收养人的能力。教育和保护能力要求收养人应具有良好的品质，能够让被收养人受到良好的家庭教育，能够使被收养人免受各种伤害，能够保障被收养人健康成长。

（3）未患有医学上认为不应当收养子女的疾病

医学上认为不应当收养子女的疾病，主要是指会危害被收养人健康的恶性传染病以及会危害被收养人人身安全的精神性疾病。患有医学上认为不应当收养子女的疾病的人收养子女的，会危及被收养人的人身健康和安全，不利于被收养人的成长，因此，患有医学上认为不应当收养子女疾病的人不具备收养子女的资格。

（4）无不利于被收养人健康成长的犯罪记录

不利于被收养人健康成长的犯罪，是指会对被收养人造成侵害或影响被收养人健康成长的犯罪行为，如暴力犯罪、性犯罪、赌博、吸毒，等等。有此类犯罪记录的人也是不具有教育和保护被收养人的能力的，不能成为收养人。

（5）年满30周岁

这是对收养人的年龄的限制。收养人须年满30周岁，不满30周岁的人不能作为收养人收养子女。

4. 收养三代以内同辈旁系血亲的子女的特别规定

第一千零九十九条　收养三代以内同辈旁系血亲的子女，可以不受本法第一千零九十三条第三项、第一千零九十四条第三项和第一千一百零二条规定的限制。

华侨收养三代以内同辈旁系血亲的子女，还可以不受本法第一千零九十八条第一项规定的限制。

本条是对收养三代以内同辈旁系血亲的子女的特别规定。

三代以内的旁系血亲的子女，指的是兄弟姐妹、堂兄弟姐妹、表兄弟姐妹的子女。被收养人为三代以内同辈旁系血亲的子女的，收养的条件可以放宽以下限制条件：

其一，被收养人不受生父母有特殊困难无力抚养子女的限制。生父母有能力抚养的子女也具有被收养的资格，可以成为被收养人。

其二,送养人不受有特殊困难无力抚养生子女的限制。没有特殊困难有能力抚养子女的生父母,也可以作为送养人,送养自己的子女。

其三,无配偶者收养异性子女,不受年龄相差40周岁的限制。

其四,华侨收养三代以内同辈旁系血亲的子女,还不受收养子女的人数的限制。华侨不论有几个子女,都可以收养三代以内同辈旁系血亲的子女。

在民法典编纂过程中,也有人主张不应放宽对于收养三代以内同辈旁系血亲的子女的限制。其理由主要是:放宽收养三代以内同辈旁系血亲的子女是受立嗣制度的影响。但这一观点未被立法者接受。因为放宽收养三代以内同辈旁系血亲的限制,只是更有利于维护未成年人利益,符合民间的习俗,与立嗣制度并无必然联系。

5.关于收养人数的特别规定

第一千一百条 无子女的收养人可以收养两名子女;有子女的收养人只能收养一名子女。

收养孤儿、残疾未成年人或者儿童福利机构抚养的查找不到生父母的未成年人,可以不受前款和本法第一千零九十八条第一项规定的限制。

本条对收养人收养子女的数额作了特别规定。

关于收养人可以收养的子女人数的规定,与国家计划生育政策有直接联系。如上所述,原《收养法》规定,收养人只能收养一名子女,由于国家已放开生育二胎的政策,因此,《民法典》修正了原《收养法》的规定,收养人收养的子女数不受仅能收养一名子女的限制。依《民法典》规定,收养人无子女的,可以收养两名子女;有一名子女的,只能收养一名子女。但是,收养孤儿、残疾未成年人或者儿童福利机构抚养的查找不到生父母的未成年人的,收养子女的人数可放宽,不受最多收养两名子女的限制。当然,可以收养两名以上子女的收养人,也应根据自己的抚养能力收养子女,并非可以任意收养多名子女。

6.有配偶者收养子女的特别规定

第一千一百零一条　有配偶者收养子女,应当夫妻共同收养。

本条对有配偶者收养子女作了特别规定。

有配偶者是指处于婚姻关系中的男女。有配偶者收养子女,应当夫妻共同收养,而不得单方收养,以免造成家族中亲属关系不清的局面。夫妻共同收养的子女与收养人之间形成养父母子女关系。

但是,配偶一方无民事行为能力人或者被宣告失踪的,另一方可否单方收养呢?对此,法无规定,有两种不同的观点。一种观点认为,只要是有配偶者,不论何种情形下都不得单方收养。另一种观点认为,有配偶者在特别情形下可以单方收养。《民法典》的规定与原《收养法》的规定有所不同,原《收养法》第10条第2款规定,"有配偶者收养子女,须夫妻共同收养"。而《民法典》规定,"有配偶者收养子女,应当夫妻共同收养"。"应当"与"必须"还是有区别的。因此,有配偶者单方收养只要符合收养制度的目的,也是可以的。有配偶者因另一方不能表达收养的意思也不能履行抚养职责,一方也应该可以单方收养子女。配偶一方依法单方收养的,被收养人与收养人的夫妻双方形成父母子女关系。但是，如夫妻离婚时，另一方不认可收养关系的，则仅于收养人与被收养人间发生收养效力。

7. 异性之间收养的特别限制

第一千一百零二条　无配偶者收养异性子女的，收养人与被收养人的年龄应当相差四十周岁以上。

本条规定了异性之间收养的特别限制。

异性之间的收养，是指收养人与被收养人为不同性别的自然人，既包括单身的男性收养女性，也包括单身女性收养男性。为避免和防止收养人对被收养人的性侵，法律规定，除收养三代以内的同辈旁系血亲的子女以外，异性收养的收养人与被收养人的年龄应当相差40周岁以上，亦即双方的年龄差不得少于40周岁。

8. 继父母收养继子女的特别规定

第一千一百零三条　继父或者继母经继子女的生父母同意，可以收养继子女，并可以不受本法第一千零九十三条第三项、第一千零九十四条第三项、第一千零九十八条和第一千一百条第一款规定的限制。

本条对继父母收养继子女作了特别规定。

继父母与继子女同居一家共同生活，关系密切。继父或者继母收养继子女后，双方就形成养父母子女关系，继子女与生母或生父间法律上的权利义务关系也就消除，不再发生继子女与有扶养关系的继父母之间的双重权利义务关系，更有利于稳定家庭关系和未成年继子女的成长。因此，法律鼓励继父或者继母收养继子女。

继父或者继母只要经继子女的生父母的同意，就可以收养继子女，并不受法律对于收养条件的以下限制：其一，不受生父母有特殊困难无力抚养子女的限制。继子女的生父母有抚养能力的，继子女也可作为被收养人，生父母也可作为送养人；其二，继父或者继母作为收养人不受无子女或只有一名子女、有扶养、教育及保护能力、未患有医学上认为不应当收养子女的疾病、无不利于被收养人健康成长的违法犯罪的记录以及年满30周岁等条件限制；其三，继父或者继母收养继子女的，不受可收养子女一名或者两名的人数限制。

9. 当事人达成收养合意

第一千一百零四条　收养人收养与送养人送养，应当双方自愿。收养八周岁以上未成年人的，应当征得被收养人的同意。

本条规定了当事人的收养合意。

当事人的收养合意，是指收养人与送养人关于收养与送养的意思表示一致。

收养是民事法律行为，当然须当事人双方的意思表示一致才能成立。自愿原则是民法的基本原则，当然也是收养制度的基本原则，因此收养人与送养人不仅须就收养和送养达成协议，而且各方的意思表示必须是自愿的、真实的。

由于收养为一种身份民事法律行为，收养的结果导致被收养人的身份变动，与被收养人有直接的利害关系，因此，收养8周岁以上未成年人的，应当征得被收养人的同意。这也是收养制度应贯彻儿童利益最大化原则的要求。如果收养8周岁以上的未成年人未征得被收养人的同意，则收养人与送养人之间的收养合意不能发生效力。

（二）收养关系成立的形式要件

第一千一百零五条 收养应当向县级以上人民政府民政部门登记。收养关系自登记之日起成立。

收养查找不到生父母的未成年人的，办理登记的民政部门应当在登记前予以公告。

收养关系当事人愿意订立收养协议的，可以签订收养协议。

收养关系当事人各方或者一方要求办理收养公证的，应当办理收养公证。

县级以上人民政府民政部门应当依法进行收养评估。

第一千一百零六条 收养关系成立后，公安机关应当依照国家有关规定为被收养人办理户口登记。

以上两条规定了收养关系成立的形式要件。

1. 收养关系成立的形式要件的含义

收养关系成立的形式要件，是指收养关系成立所需要的程序性的必要条件。因为收养是变更亲子关系的身份行为，因此，各国法普遍规定，收养为要式民事法律行为。收养须符合法定形式，收养关系才能成立。

在收养成立的形式要件上，各国有不同的立法例：一是规定收养须依司法程序而成立；二是规定收养须依行政程序而成立。德国等采前一种立法例，而瑞士等则采后一种立法例。如《德国民法典》第1752条规定："子女之收养，依收养人之申请，由家事法院为收养之宣告。""申请收养，不得附条件或期限，或经由其代理人为之。申请应经公证。"而《瑞士民法典》第268条规定：收养，由养父母住所地的州主管机关宣布。收养人在提出收养声请后死亡或丧失判断能力者，不影响收养，但不符合其他收养要件者，不在此限。被收养人在提出收养声请后成年者，如成年前已符合收养要件，仍适用关于收养未成年人的规定。我国立法也是采取后一种立法例的，即收养关系须经行政程序而成立。

依我国法律规定，收养登记是收养关系成立的法定程序。收养协议和收养公证是当事人自愿进行的程序，不具有强制性。公安部门的户口登记可以证明收养关系的成立，但不是收养关系成立的条件。

2. 收养登记

收养登记是收养关系成立的必要条件和法定程序。收养登记是国家行政主管机关依规定程序对收养予以登记，既有国家对收养当事人收养合意的确认、承认收养行为的效力，又有公示当事人身份关系变动的效力。

（1）办理收养登记的机关

办理收养登记的机关是县级以上人民政府的民政部门。各民政部门办理收养登记的管辖分工为：①收养福利机构抚养的查找不到生父母的弃婴、儿童和孤儿的，在社会福利机构所在地的收养登记机关办理登记。②收养非社会机构抚养的查找不到生父母的弃婴和儿童的，在弃婴和儿童发现地的收养登记机关办理登记。③收养生父母有特殊困难无力抚养的子女或者由监护人监护的孤儿的，在被收养人父母或者监护人常住户口所在地（有关组织作为监护人的，在该组织所在地）的收养登记机关办理登记。④收养三代以内同辈旁系血亲的子女，以及继父或者继母收养继子女的，在被收养人生父或者生母常住户口所在地的收养登记机关办理登记。

(2) 办理收养登记的程序

办理收养登记的程序包括申请、审查、公告和登记三个步骤。

其一为申请。办理收养登记首先须由当事人提出申请。为保证收养当事人收养的意思表示是自愿、真实的，收养关系当事人应当亲自到收养登记机关办理成立收养关系的登记。

夫妻共同收养子女的，应当共同到收养登记机关办理登记手续；一方因故不能亲自前往的，应当书面委托另一方办理登记手续，委托书应当经过村民委员会或者居民委员会证明或者经过公证。

收养人应当向收养登记机关提交收养申请书。收养申请书应包括以下内容：一是收养人情况；二是送养人情况；三是被收养人情况；四是收养目的；五是收养人作出的履行抚养、教育和保护被收养人的保证。

收养人还应当向登记机关提交下列证件、证明材料：①收养人的居民户口簿和居民身份证；②由收养人所在单位或者村民委员会或者居民委员会出具的本人婚姻状况、有无抚养教育被收养人的能力等情况的证明；③县级以上医疗机构出具的未患有医学上认为不应当收养子女的疾病的身体健康检查证明。收养人收养查找不到生父母的弃婴、儿童的，并应当提交收养人经常居住地计划生育部门出具的收养人生育情况证明；其中收养非社会福利机构抚养的查找不到生父母的弃婴、儿童的，收养人还应当提交收养人经常居住地计划生育部门出具的收养人无子女或只有一名子女的证明和公安机关出具的捡拾弃婴、儿童报案的证明。收养人收养继子女的,可以只提交居民户口簿、居民身份证和收养人与被收养人生父或者生母结婚的证明。

申请办理收养登记时,送养人应当向收养登记机关提交下列证件和证明材料:①送养人的居民户口簿和居民身份证(有关组织作为监护人的,提交其负责人的身份证件);②依法律规定送养时应当征得其他有抚养义务的人同意的,并提交其他有抚养义务的人同意送养的书面意见。福利机构为送养人的,并应当提交弃婴、儿童进入社会福利机构的原始记录,公安机关出具的捡拾弃婴、儿童报案证明,或者孤儿的生父母死亡或者被宣告死亡的证明。监护人为送养人的,并应当提交实际承担监护责任的证明,孤儿的父母死亡或者宣告死亡的证明,或者被收养人的生父母无完全民事行为能力并对被收养人可能有严重危害的证明。生父母为送养人的,并应当提交与当地计划生育部门签订的不违反计划生育规定的协议;有特殊困难无力抚养子女的,还应当提交其所在单位或者村民委员会、居民委员会出具的送养人有特殊困难的证明。其中,因丧偶或者一方下落不明由单方送养的,还应当提交配偶死亡或者下落不明的证明;子女由三代以内同辈旁系血亲收养的,还应当提交公安机关出具的或者经过公证的与收养人有亲属关系的证明。被收养人是残疾儿童的,并应当提交县级以上医疗机构出具的该儿童的残疾证明。

华侨以及居住在香港、澳门、台湾地区的中国公民在内地收养子女的,申请办理收养登记的管辖以及所需要出具的证件和证明材料,按照国务院民政部门的有关规定执行。

其二为审查。收养登记机关收到收养登记申请书及有关材料后，应当自次日起 30 日内进行审查。审查的内容主要包括：一是收养申请人的条件是否符合法律规定的收养人条件；二是收养人的收养目的是否正当；三是被收养人是否符合法律规定的被收养人的条件；四是送养人是否符合法律规定的送养人的条件；五是当事人的意思表示是否真实；六是当事人提交的证件和证明材料是否齐全、真实、合法有效等。

收养查找不到生父母的弃婴、儿童的，收养登记机关应当在登记前公告查找其生父母；自公告之日起满 60 日，弃婴、儿童的生父母或者其他监护人未认领的，视为查找不到生父母的弃婴、儿童。公告期间不计入登记办理期限内。

其三为登记。收养登记机关经审查后，对符合法律规定的收养条件，申请人证件齐全有效的，为当事人办理收养登记，发给收养登记证，收养关系自登记之日起成立；对不符合法律规定的收养条件的，不予登记，并对当事人说明理由。

2. 收养协议和收养公证

这里的收养协议应是指书面的收养协议。因为收养当事人达成收养合意，这是收养的必要的实质性条件之一，而收养合意也就是收养协议。因此，法律规定"当事人愿意订立收养协议的，可以订立收养协议"，指的只能是订立书面的收养协议，而当事人的收养合意也可以是口头的。这里的收养公证是指由公证机构出具的收养公证证明。收养关系当事人各方或者一方要求办理公证的，应当办理收养公证。但是，订立书面收养协议和办理收养公证，既不是收养关系成立的实质性要件，也不是收养关系成立的程序性要件。当事人是否订立书面收养协议，是否办理收养公证，由其自主决定，并不影响收养关系的成立。

3. 收养评估

收养评估包括收养能力评估、融合期调查和收养后回访。融合期调查是指在收养登记办理前对收养关系当事人融合情况进行的评估。收养后回访是指在办理收养登记后，对被收养人与收养人共同生活情况进行评估。对收养进行评估，是县级以上人民政府民政部门即收养登记机关的职责。收养评估的目的是为了保障收养符合收养制度的目的，有利于被收养人的健康成长。但是，收养评估不是收养成立的程序要件。

4. 办理户口登记

收养关系经依法办理收养登记后即成立。收养关系成立后，被收养人即成为收养人家庭的成员，因此，公安机关应当依照国家有关规定为被收养人办理户口登记。依现行做法，收养关系成立后，需要为被收养人办理户口登记或者迁移手续的，由收养人持收养登记证到户口登记机关按照国家有关规定办理。

公安机关为被收养人办理户口登记，虽然不是收养关系成立的程序性要件，但是确有着证明收养关系存在的作用。在原《收养法》实施以前，司法实务中承认事实收养关系。最高人民法院1984年《关于贯彻执行民事政策法律若干问题的意见》第28条中就规定，"亲友、群众公认，或有组织证明确以养父母与养子女关系长期共同生活的，虽未办理合法手续，也应按收养关系对待。"于此情况下，公安机关已办理户口登记即是收养关系成立的有效证明。也就是说，在原《收养法》实施前成立的收养关系，公安机关办理了户口登记手续的，即为合法有效的收养关系。

四、亲权外的抚养关系

第一千一百零七条 孤儿或者生父母无力抚养的子女，可以由生父母的亲属、朋友抚养；抚养人与被抚养人的关系不适用本章规定。

本条规定了亲权外的抚养关系。

亲权外的抚养关系是指生父母的亲属、朋友与生父母的未成年子女之间的抚养关系。

抚养生子女是亲权的一项重要内容，也是父母应尽的法定义务。但是，失去父母的孤儿不可能得到生父母的抚养，没有能力抚养子女的生父母也无法尽到抚养子女的法定义务。在这些情况下，无法得到和得不到生父母抚养的子女，可以由生父母的亲属、朋友抚养。将孤儿或者生父母无力抚养的子女送交父母的亲属、朋友抚养的，实际上也就是寄养。这种寄养关系的成立须具备以下条件：

其一，送养人为对孤儿负有抚养义务的人或者无力抚养未成年子女的生父母；

其二，接受未成年子女寄养的抚养人为被寄养人的生父母的亲属、朋友；

其三，接受寄养的抚养人有抚养被寄养人的能力；

其四，送养人与抚养人达成寄养合意，且经有意思能力的被寄养人同意。

亲权外抚养关系成立后，抚养人与被抚养人之间形成的仅是寄养关系，而不是收养关系。因此，亲权外抚养关系成立后，被寄养人与生父母间以及被寄养人和抚养人间的身份关系并不改变，送养人与抚养人的条件以及抚养人与被扶养人的关系不适用法律关于收养的规定。

五、死亡配偶一方父母的优先抚养权

第一千一百零八条　配偶一方死亡，另一方送养未成年子女的，死亡一方的父母有优先抚养的权利。

本条规定了死亡配偶一方的父母的优先抚养权，实际上也是配偶一方死亡后另一方送养子女的法定障碍。

死亡配偶一方父母的优先抚养权，是指配偶一方死亡，另一方送养未成年子女的，死亡一方的父母享有优先抚养该未成年子女的权利。

死亡一方的父母，也就是生存的另一方的公、婆或者岳父、岳母，即要被送养的未成年人的祖父母或者外祖父母。依法律规定，有负担能力的祖父母、外祖父母对父母已经死亡或者父母无力抚养的未成年孙子女、外孙子女，有抚养义务。因为收养一经成立，被收养人与收养人一方发生亲属关系，而与生父母一方的亲属间的权利义务关系消除。因此，在我国传统习俗中，配偶一方死亡，另一方无力抚养未成年子女的，其子女可由死亡一方的父母抚养，而不得自行决定将未成年子女送养。从现实看，孙子女与祖父母、外孙子女与外祖父母之间有密切的血缘关系、深厚的亲情，由祖父母、外祖父母抚养孙子女、外孙子女，较之将其送养他人，一般更有利于保护未成年人利益。因此，法律赋予死亡配偶一方父母以优先抚养权。配偶一方死亡的，只要死亡一方的父母愿意抚养并有能力抚养，另一方就不得将其未成年子女送养。

配偶一方死亡的,死亡一方父母行使优先抚养权,构成生存一方送养未成年子女的法定障碍。如果生存一方与他人再婚,继父或者继母收养继子女的,是否也存在这一法定障碍呢?对此,有不同的观点。一种观点认为,继父或者继母收养继子女的,不应存在这一法定障碍,因为继父或继母与继子女是共同生活在一起的,其收养有利于保护未成年人利益。另一种观点则认为,只要死亡一方的父母行使优先抚养权,生存的另一方就不能将未成年子女送养,不论其是否已经再婚。因为法律并没有规定不适用的例外情形,法律关于继父或者继母收养继子女的规定,也未规定不受死亡一方的父母行使优先抚养权的限制。后一种观点更合理。

六、外国人收养的特别规定

第一千一百零九条 外国人依法可以在中华人民共和国收养子女。

外国人在中华人民共和国收养子女,应当经其所在国主管机关依照该国法律审查同意。收养人应当提供由其所在国有权机构出具的有关其年龄、婚姻、职业、财产、健康、有无受过刑事处罚等状况的证明材料,并与送养人签订书面协议,亲自向省、自治区、直辖市人民政府民政部门登记。

前款规定的证明材料应当经收养人所在国外交机关或者外交机关授权的机构认证,并经中华人民共和国驻该国使领馆认证,但是国家另有规定的除外。

本条对外国人在中国收养子女作了特别规定。

外国人是指不具有中华人民共和国国籍而具有他国国籍的自然人。外国人也可以依法在中华人民共和国收养子女。外国人在我国收养子女的，须具备以下特别条件：

其一，经其所在国主管机关依照该国法律审查同意。其所在国主管机关依照该国法律审查不同意收养的，不能收养。

其二，提交由其所在国有权机构出具的有关其年龄、婚姻、职业、财产、健康、有无受过刑事处罚等状况的证明材料。这些证明材料是证明其具有收养能力的，如果不能提交这些有效证明材料，收养登记部门不予登记。收养人办理收养登记时依规定应提交的证明材料，除国家另有规定外，应经其所在国外交机关或外交机关授权的机构认证，并经中华人民共和国驻该国使领馆认证。否则，其是无效的，不具有证明效力。

其三，收养人与送养人订立书面协议。外国人收养必须与送养人订立书面收养协议，而不能仅是达成口头收养协议。收养人与送养人订立书面协议，也是收养登记的条件。

其四，当事人亲自向省、自治区、直辖市人民政府民政部门登记。收养不适用代理，为审查当事人的意思表示的真实性，当事人应亲自办理收养登记，而不能由他人代办。外国人收养登记的登记机构为省、自治区、直辖市人民政府民政部门，其他收养登记机构无权办理外国人的收养登记。

七、收养秘密和知情人的保密义务

第一千一百一十条　收养人、送养人要求保守收养秘密的，其他人应当尊重其意愿，不得泄露。

本条规定了收养秘密和知情人的保密义务。

收养秘密是指被收养人与收养人之间以及被收养人与生父母之间的收养和血缘关系的事实。收养秘密属于个人隐私。保守收养秘密的义务，是指收养当事人以外的知情人负有的不得泄露收养信息的义务。这是保护收养当事人隐私的必要措施。

保守收养秘密的义务人是收养关系当事人以外的一切知道收养事实的人。保守收养秘密义务的发生以其他人知道收养的事实且收养人、送养人要求保守收养秘密为条件。如果收养人、送养人不要求保守收养秘密，也就不存在保守收养秘密的必要；如果其他人不知道收养事实，也就谈不上泄露收养秘密问题。对收养负有保密义务的人违反保守收养秘密的义务，泄露收养秘密的，构成对他人隐私权的侵害，收养人、送养人可以要求泄露其收养秘密的人承担侵权责任。

但是，从保护被收养人的权益上看，养子女也有知道其生父母情况的权利。依《瑞士民法典》第268条规定，养子女已满18周岁者，得随时要求了解生父母的基本情况；未满18周岁者，仅在有正当利益时，始得要求了解。这一规定值得参考。我国法规定，成年子女对亲子关系有异议且有正当理由的，可以向法院提起诉讼，请求确认亲子关系。依此规定，养子女成年后在有正当理由时可以向法院提起诉讼，请求确认亲子关系，以了解生父母的情况。这是保护养子女知情权的必然要求。

第二节　收养的效力

一、有效收养的法律效力

第一千一百一十一条　自收养关系成立之日起，养父母与养子女间的权利义务关系，适用本法关于父母子女关系的规定；养子女与养父母的近亲属间的权利义务关系，适用本法关于子女与父母的近亲属关系的规定。

养子女与生父母以及其他近亲属间的权利义务关系，因收养关系的成立而消除。

本条规定了有效收养的法律效力。

收养的法律效力是指收养关系成立后的法律后果。由于收养有有效收养与无效收养之分，从而收养的法律效力也就有有效收养的法律后果与无效收养的法律后果之别。

有效收养的法律效力是指收养关系有效成立后的法律后果，也就是法律赋予有效收养行为的强制作用力。因为，收养关系成立的目的是使本无直系血亲关系的当事人之间发生直系血亲关系，因此，有效收养的效力也就包括拟制效力和解消效力两个方面。

（一）收养的拟制效力

收养的拟制效力为收养的主要效力、积极效力，是指有效成立的收养行为依法创设新的亲属身份及其权利义务关系。

关于收养的拟制效力的范围，有不同的立法例。一种立法例规定，收养的拟制效力仅及于养父母与养子女及收养关系存续期间养子女所出的晚辈直系血亲，而不及于养父母的血亲。如《瑞士民法典》第 267 条关于收养的效力中仅规定，"养子女，对于养父母，取得婚生子女的法律地位。"另一种立法例规定，收养的拟制效力不仅及于养父母和养子女，而且也及于养父母的近亲属。我国法是采取后一种立法例的。依我国法规定，收养的拟制效力包括以下方面：

1. 收养人与被收养人之间产生拟制的父母子女关系

自收养关系成立之日起，养父母子女间的法律地位完全等同于生父母子女间的法律地位，养父母与养子女间的权利义务关系适用法律关于父母与子女间的权利义务的规定。如：养父母对养子女有抚养、教育和保护的权利义务，养子女对养父母有赡养扶助的义务，养父母与养子女间相互有继承遗产的权利，等等。

2. 养子女与养父母的近亲属之间产生拟制的血亲关系

自收养关系成立之日起，养子女与养父母的近亲属以及养父母与养子女的近亲属发生拟制效力，取得相应的亲属身份，相互间的权利义务关系适用法律关于子女与父母近亲属间的权利义务的规定。具体表现为：养子女与养父母的父母间发生祖父母与孙子女间的权利义务关系，养子女与养父母的子女间发生兄弟姐妹权利义务关系，养父母对于养子女所出的晚辈直系血亲发生祖父母与孙子女（外祖父母与外孙子女）间的权利义务关系。

（二）收养的解消效力

收养的解消效力，又称为收养的消极效力，是指收养关系成立后依法发生消灭养子女原有的亲属身份及其权利义务关系的效力。收养的解消效力，包括以下两方面：

1. 养子女与生父母间的权利义务关系消灭

自收养关系依法成立后，养子女与生父母间的权利义务关系消灭，养子女在法律上不再为生父母的子女。生父母不再有抚养、教育和保护养子女的权利义务，养子女也无赡养扶助生父母的法定义务，生父母与养子女间无相互继承遗产的权利。但在继父或者继母收养继子女的情况下，养子女与生母或生父的父母子女关系不会消除。

2. 养子女与生父母的其他近亲属间的权利义务关系消灭

自收养关系依法成立后，养子女也就当然地成为养父母家族的成员，也就完全隔断了与生父母及其他近亲属间的原亲属关系，养子女与生父母及其他近亲属间的权利义务关系消除。

当然，养子女与生父母及其他近亲属间权利义务关系消除，并不意味着其相互间的血缘关系消除。因此，法律关于禁止直系血亲和三代以内旁系血亲结婚的规定，仍然适用于养子女与生父母及其他近亲属。

二、养子女姓氏的确定

第一千一百一十二条 养子女可以随养父或者养母的姓氏，经当事人协商一致，也可以保留原姓氏。

本条规定了养子女的姓氏。

收养关系依法成立后，养子女与养父母间的关系也就等同于生父母与生子女间的关系。依照法律规定，子女可以随父姓，也可以随母姓。因此，养子女可以随养父的姓氏，也可以随养母的姓氏。经过收养人与送养人协商，达成一致意见的，养子女也可以保留原姓氏，而不改随养父或养母的姓氏。当然，被收养人成年后，其有权依法决定和变更自己的姓氏。

三、无效收养的原因和法律后果

第一千一百一十三条　有本法第一编关于民事法律行为无效规定情形或者违反本编规定的收养行为无效。

无效的收养行为自始没有法律约束力。

本条规定了无效收养的原因和后果。

（一）收养行为无效的原因

无效收养是指不能发生有效收养的法律效力的收养。无效收养的原因包括以下两方面：

1. 收养行为欠缺民事法律行为有效的法定要件

收养是一种民事法律行为，因此，只有符合民事法律行为有效要件的收养行为，才能有效；欠缺法律规定的民事法律行为有效要件的收养行为，只能是无效的。《民法典》第143条规定，"具备下列条件的民事法律行为有效：（1）行为人具有相应的民事行为能力；（2）意思表示真实；（3）不违反法律、行政法规的强制性规定，不违背公序良俗。"依此规定，收养行为有下列情形之一的，收养行为不能有效：其一，收养人、送养人不具有完全民事行为能力；其二，收养人、送养人的意思表示不真实。例如，收养人与送养人不是基于自己真实的意思达成收养合意，而是一方以欺诈、胁迫等手段导致另一方同意收养或送养，或者一方因重大误解而同意收养或送养；其三，收养违反法律、行政法规的强制性规定或者违背公序良俗。例如，收养人与送养人恶意串通以收养为名非法买卖儿童，以收养为名非法招募童工等。

2. 收养行为不符合法律规定的收养条件

收养是变动身份权利义务关系的民事法律行为，法律规定了收养成立的实质性要件和程序性要件。因此，收养行为有效，不仅应具备民事法律行为有效的一般要件，还应具备收养行为的特别要件。凡不符合法律规定的收养条件的收养行为，就不能是有效的，而只能是无效的收养行为。例如，收养人、送养人不具备收养人、送养人的条件；收养8周岁以上的未成年人未征得被收养人同意；无配偶的收养人与异性被收养人之间的年龄差距少于40周岁，收养未办理收养登记，等等。

（二）确认无效收养的程序

对于不符合法律规定要件的收养行为，有的国家的立法区分为无效和可撤销两种情况。如依《日本民法典》第802条规定，因错认等其他事由在当事人间本来没有收养的意思以及当事人没有提出收养的登记申请的收养无效。而依该法第804条至807条规定，收养人为未成年人、被收养人为尊亲属、监护人与被监护人间未经许可收养、无配偶同意的收养、未取得子女监护人同意的收养,属于可撤销的收养。但我国法对于不符合有效要件的收养行为未区分无效和可撤销,而采取单一的无效制。

确认无效收养的程序包括司法程序和行政程序。

1. 确认无效收养的司法程序

确认无效收养的司法程序是指通过诉讼程序确认收养行为无效。依照诉讼程序确认无效收养的,有两种情况:一是当事人向法院提起诉讼,请求确认收养无效,法院经审理后判决确认收养无效;二是法院在审理与收养相关的案件(如有关抚养、赡养、监护、继承等案件)中,发现收养行为无效的,可以直接在有关的判决中确认收养无效。

2. 确认收养无效的行政程序

确认收养无效的行政程序是指通过行政程序确认收养无效。通过行政程序确认收养无效,是由收养登记机关确认收养无效,撤销收养登记。收养关系当事人弄虚作假骗取收养登记的,收养关系无效,由收养登记机关撤销登记,收缴收养登记证。

(三)收养无效的法律后果

收养行为被确认无效的,自该行为成立之时起就没有法律约束力,在当事人之间自始不能发生当事人预期的权利义务关系变动,既不能发生收养的拟制效力,也不能发生收养的解消效力。如果无效收养的行为构成行政违法或者犯罪,则有关当事人还会依法被追究行政责任或者刑事责任。

第三节　收养关系的解除

一、收养关系解除的含义

收养关系解除，是指在收养关系成立后，因发生一定的法定事由，不能继续维持养父母子女间权利义务关系的，通过法定程序消灭养父母子女间的权利义务关系。

收养是民事法律行为，一经依法成立后，即在当事人之间发生法律效力，任何人不得随意解除收养关系。但是，当事人不得随意解除收养关系，并不是说收养关系不能解除。在各国立法上虽有禁止解除或部分禁止解除收养关系的，但多数国家是许可解除收养关系的，但解除收养关系必须有法定事由和经法定程序。例如，《日本民法典》第811条规定了收养的协议解除；第814条规定了收养的裁判解除。依该法第814条规定，收养关系当事人的一方，限有以下情况，可以提起解除收养之诉：一是被另一方以恶意遗弃；二是另一方生死不明已逾3年；三是有其他难以继续收养关系的重大事由。在收养关系解除上，我国法也是采取许可主义立法例的。在收养关系成立后，如果出现可以解除收养关系的法定事由，当事人也就可以通过法定程序解除收养关系，以终止因收养发生的权利义务关系。

二、收养关系解除的法定事由

（一）养子女未成年时解除收养关系的事由

第一千一百一十四条 收养人在被收养人成年以前，不得解除收养关系，但是收养人、送养人双方协议解除的除外。养子女八周岁以上的，应当征得本人同意。

收养人不履行抚养义务，有虐待、遗弃等侵害未成年养子女合法权益行为的，送养人有权要求解除养父母与养子女间的收养关系。送养人、收养人不能达成解除收养关系协议的，可以向人民法院提起诉讼。

本条规定了被收养人未成年时解除收养关系的法定事由。

1. 收养人与送养人协议解除收养关系

协议解除收养关系，是指根据收养人和送养人双方自愿达成的解除收养关系协议而解除收养关系。

协议解除收养关系的条件有二：

其一，收养人与送养人解除收养关系的意思表示一致。收养关系成立后，收养人与被收养人间发生父母子女间的权利义务关系，养父母有义务抚养、教育和保护未成年的养子女。因此，为保护未成年人的利益，收养人在被收养人成年以前，不得解除收养关系。收养人提出解除收养关系要求的，送养人可以拒绝其解除的要求。但是，送养人也可以同意收养人解除收养关系的要求。送养人同意收养人解除收养关系的，可以解除收养关系。因为在送养人与收养人协议解除收养关系时，当事人也就对被收养人的抚养、教育和保护做出了适当的安排，不会损害被收养人的利益。

其二，征得8周岁以上的被收养人同意。收养人与送养人协议解除收养关系的，基于儿童利益最大化原则，还应当考虑被收养人的意愿。被收养人8周岁以上的，收养人与被收养人解除收养关系，应当征得被收养人的同意；被收养人不同意解除收养关系的，收养人不能通过与送养人达成解除协议的途径解除收养关系。

2. 收养人不履行抚养养子女的义务

收养的最终目的是为了让被收养人能够在良好的家庭环境中健康成长。收养人具有抚养养子女的能力是收养成立的条件，养父母抚养养子女是其法定义务。如果养父母不尽抚养义务，对养子女实施虐待、遗弃等侵害行为，会对未成年的养子女的健康成长严重不利，也从根本上违背了收养的目的。因此，收养人不履行抚养义务，有虐待、遗弃等侵害未成年养子女合法权益行为时，为了保护未成年人的合法权益，送养人有权要求解除收养关系。送养人因收养人不履行抚养义务要求解除收养关系，而收养人不同意解除收养关系，双方达不成解除协议的，送养人可以向法院提起诉讼，请求法院解除收养关系。

（二）养子女成年时解除收养关系的事由

第一千一百一十五条　养父母与成年养子女关系恶化、无法共同生活的，可以协议解除收养关系。不能达成协议的，可以向人民法院提起诉讼。

本条规定养子女成年时解除收养关系的事由。

养父母与养子女间的父母子女关系是拟制的血亲关系，这种血亲关系的存续是以养父母与养子女间养育形成父母子女感情为基础和条件的。如果在养子女成年后，养父母与养子女间关系恶化，双方无法共同生活，继续维持父母子女关系对于双方都是情感上的痛苦，于此情形下，无论是养父母还是成年的养子女都可以要求解除收养关系。双方就解除收养关系达不成协议的，任何一方均有权向法院提起诉讼，请求法院解除收养关系。

三、收养关系解除的程序

收养关系的解除不仅应有法定事由，而且应经法定程序。收养关系解除的程序依当事人是协议解除还是诉讼解除而有所不同。

（一）收养关系协议解除的程序

第一千一百一十六条　当事人协议解除收养关系的，应当到民政部门办理解除收养关系登记。

本条规定了协议解除收养关系的程序。

收养关系的协议解除是基于当事人双方解除收养关系的合意而解除收养关系。协议解除的当事人双方须具有完全民事行为能力，并且当事人在自愿基础上就收养关系的解除达成协议。如上所述，收养人与送养人协议解除收养关系的，还应征得八周岁以上的被收养人同意。

协议解除收养关系的，于达成解除协议后，应经收养登记机关办理解除收养关系的登记。这也就是说，协议解除收养关系的当事人应经行政程序办理解除收养关系的手续。收养关系当事人协议解除收养关系的，应当持居民户口簿、居民身份证、收养登记证和解除收养关系的书面协议，共同到收养人常住户口所在地的收养登记机关办理解除收养关系登记。收养登记机关收到解除收养关系登记申请书及有关材料后，应当自次日起30日内进行审查；对符合法律规定的，为当事人办理解除收养关系的登记，收回收养登记证，发给解除收养关系证明。收养关系自办理解除收养关系登记之日起消灭。

（二）收养关系诉讼解除的程序

收养关系的诉讼解除是指当事人通过诉讼程序解除收养关系。收养关系当事人不能就解除收养关系达成协议的，收养人、送养人以及成年的被收养人可以依法向法院提起诉讼，要求解除收养关系。

法院在受理当事人解除收养关系的诉讼请求后，一般应当先进行调解，如经调解当事人达成协议，则应当制作调解书。如经调解达不成协议，法院应根据查明的事实，确认当事人要求解除的收养关系的真正原因，从保护被收养人和收养人合法权益出发，作出是否解除收养关系的判决。对于养父母与成年养子女要求解除收养关系的，法院应当通过对于证据和案件事实的审查，准确认定双方关系是否达到应予解除的标准。在此过程中，法院还应当全面贯彻保护老年人合法权益的理念。[①] 经法院调解或者判决解除收养关系的，自调解书或判决书生效之日起，收养关系即消灭。

---

① 参见《养父母与成年养子女收养关系解除的标准审查认定——一中院判决李某芳诉李某艳解除收养关系纠纷案》，载《人民法院报》2019年9月12日第7版。

四、收养关系解除的法律后果

（一）收养关系解除在身份关系方面的效力

第一千一百一十七条 收养关系解除后，养子女与养父母以及其他近亲属间的权利义务关系即行消除，与生父母以及其他近亲属间的权利义务关系自行恢复。但是，成年养子女与生父母以及其他近亲属间的权利义务关系是否恢复，可以协商确定。

本条规定了收养关系解除在身份关系方面的效力。

收养关系解除后，在身份关系上发生以下三方面的效力：

其一，养子女与养父母及其他近亲属间的权利义务关系消除。收养关系解除后，养子女与养父母间的父母子女身份不再存在，相互间的权利义务关系也就消除。因为养子女与养父母外的其他近亲属间的权利义务关系，也是基于养子女与养父母间的拟制血亲关系发生的，养子女与养父母间的拟制血亲关系不存在，养子女与养父母外的其他近亲属间的权利义务关系也就不再存在。

其二，未成年的养子女与生父母及其他近亲属间的权利义务关系自行恢复。收养关系成立后，养子女与生父母间的权利义务关系为养父母养子女间的权利义务关系取代，在收养关系解除后，养子女与养父母的权利义务关系终止，未成年养子女与生父母的权利义务关系也就自动恢复，因为生父母有抚养未成年子女的法定义务。养子女与生父母的权利义务关系自动恢复的，基于血缘关系的未成年养子女与生父母外的其他近亲属间的权利义务关系也自然恢复。

其三，成年养子女与生父母及其他近亲属间的权利义务关系是否恢复由双方协商确定。收养关系解除后，养子女与养父母的权利义务关系消除。由于在收养关系解除时，养子女已经成年，其与生父母间已经不存在亲权关系，因此，没有必要自动恢复养子女与生父母及其他近亲属间的权利义务关系。于此情形下，成年养子女可以与生父母协商确定是否恢复父母子女关系：双方协商同意恢复父母子女关系的，解除收养关系的成年养子女与生父母及其他近亲属间的权利义务关系恢复；双方没有达成恢复父母子女关系协议的，解除收养关系的成年养子女与生父母及其他近亲属间的权利义务关系不恢复。

（二）收养关系解除在财产关系方面的效力

第一千一百一十八条　收养关系解除后，经养父母抚养的成年养子女，对缺乏劳动能力又缺乏生活来源的养父母，应当给付生活费。因养子女成年后虐待、遗弃养父母而解除收养关系的，养父母可以要求养子女补偿收养期间支出的抚养费。

生父母要求解除收养关系的，养父母可以要求生父母适当补偿收养期间支出的抚养费；但是，因养父母虐待、遗弃养子女而解除收养关系的除外。

本条规定了收养关系解除在财产关系方面的效力。

收养关系解除后，依不同的情况会发生以下方面的财产关系的效力：

其一，成年养子女给付养父母生活费的义务。收养关系解除后，经养父母抚养长大的成年养子女对缺乏劳动能力又缺乏生活来源的养父母应当给付生活费。因为父母对未成年子女负有抚养、教育和保护义务，成年子女对父母负有赡养、扶助和保护的义务。养父母将养子女抚养成年，已经尽到抚养、教育和保护的义务，成年养子女虽已经与养父母解除收养关系，但是在养父母需要赡养扶助的情形下，基于权利义务对等原则，成年养子女对养父母的赡养扶助义务不应因收养关系解除而消除。因此，解除收养关系的成年养子女，对抚养其成长的缺乏劳动能力又缺乏生活来源的养父母有给付生活费的义务，缺乏劳动能力又没有生活来源的养父母有权要求解除收养关系的成年养子女给付生活费。成年养子女应给付的生活费的标准，一般不应低于当地居民的一般生活费用的标准。

其二，养父母要求养子女补偿抚养费的权利。因养子女成年后虐待、遗弃养父母而解除收养关系的，养父母可以要求养子女补偿收养期间其支出的抚养费，养子女负有支付相应的抚养费的义务。养父母要求补偿抚养费的权利与要求给付生活费的权利可以一并行使。也就是说，养父母要求养子女给付生活费的，也仍可以要求养子女补偿抚养费。但补偿抚养费是以养子女虐待、遗弃养父母为前提条件的，如养子女无虐待、遗弃养父母的行为，则养父母不享有要求补偿抚养费的权利。

其三，养父母要求生父母补偿抚养费的权利。生父母要求解除收养关系的，养父母可以要求生父母适当补偿收养期间支出的抚养费。因为因生父母要求而解除收养关系的，相当于养父母在收养关系解除前为生父母履行了抚养义务，生父母自应负担相应的抚养费用。但是，如果因养父母虐待、遗弃养子女而生父母要求解除收养关系的，则因解除收养关系的责任全在不尽抚养义务的养父母一方，而不在生父母一方，养父母无权要求生父母补偿收养期间支出的抚养费。

下卷　继承法

《民法典》第六编　继承

第一章 一般规定

一、继承法的调整对象与性质

(一) 继承法调整的对象

第一千一百一十九条 本编调整因继承产生的民事关系。

本条规定了继承法的调整对象。

继承法的调整对象是因继承产生的民事关系。所谓民事关系，也就是平等主体之间的社会关系。因此，继承法是以因继承产生的平等主体间的社会关系为调整对象的。

继承是一个多含义的概念。从最广义上说，继承是指后人对前人事业的承接和延续。如所称"继承先烈遗志"中的继承，可以说是政治学和社会学上继承的含义。在法学上也就是民法学上，继承也有广义与狭义之分：从广义上说，继承是指将死者的权利、义务承接下来，即对死者生前享有的权利和负担的义务的承受。这一意义上的继承，既包括对死者生前的身份权利义务的承受，也包括对死者生前财产权利义务的承受。从狭义上说，继承是对死者生前的财产权利义务的承受，又称为财产继承。古代法上的继承是就其广义而言的，包括身份继承、祭祀继承和财产继承。身份继承是承受死者生前身份的继承，官职、爵位的世袭就属于身份继承。祭祀继承是指承受祭祀宗庙资格的继承，继承人继承的是祭祀祖先的权利义务。我国古代的宗祧继承是集身份继承、祭祀继承与财产继承为一体的。而现代法上所称的继承一般是指其狭义而言的，不包括身份继承、祭祀继承。

关于继承的特征，学者中有不同的观点。总的来说，继承具有以下特征：

其一，继承的发生原因具有特定性。继承是因自然人死亡而发生的法律现象。自然人死亡（包括自然死亡和宣告死亡）是继承发生的唯一的法定原因。没有自然人的死亡，也就没有继承。只有因自然人死亡发生的权利义务移转才属于继承的范畴，也才是继承法调整的对象。不是因自然人死亡而发生的权利义务移转即便发生在家庭成员之间也不属于继承。例如，兄弟之间的分家析产，即便父母将其全部财产在其子女间分配，也只是父母对其财产的处置，而不属于由子女继承了父母的财产。但如果是父母死亡后，父母生前的财产权利义务移转给子女，则属于继承。

其二，继承主体的特定性。自然人死亡后，可以继承其遗产的只能是法律规定的特定范围内的死者的亲属。按照我国法律规定，不仅法人、非法人组织不能继承死者的遗产，就是法律规定范围之外的死者的其他亲属也不能继承死者的遗产。国家、法人、非法人组织以及特定范围之外的死者的其他亲属等自然人只能成为受遗赠人，而不能成为继承人。

其三，继承客体的范围的有限性。现代法上，自然人死亡后，继承人可以继承的遗产只能是该自然人死亡时遗留的个人财产。因此，继承的客体即标的在范围上是有限制的，不仅不能包括死者生前享有的人身权利义务，而且也不能包括死者生前享有财产权益但为其他人所有的财产。自然人是都会死亡的，但人死并不一定就发生继承。如果一个自然人死亡，而该人死亡时并没有遗留下任何个人财产，也就不会发生继承。

其四，继承的法律后果具有权利主体变动性。继承是由继承人承接被继承人的财产权利义务的制度，自然人死亡后发生继承也就是发生财产权利主体的变动，因此，继承的法律后果具有权利主体的变动性。但是，由于自然人死亡而发生的财产权利主体的变动，并不都属于继承。例如，因遗赠、遗赠扶养协议等而发生的死者财产的移转，虽然也发生权利主体变动，但这不属于继承的法律后果。

继承制度是将自然人死亡后遗留的财产权利义务依法转移给他人的法律制度。因自然人死亡发生继承而产生的社会关系，实质上是社会成员之间有关死者遗产处理的关系，这种关系的当事人各方具有平等的法律地位，为民事关系。因此，继承制度为民事法律制度。

继承作为法律制度，是随着社会的发展而发展的历史产物。在原始氏族公社初期，同一群体中的人们共同劳动、共同消费，没有个人的剩余财产，并不存在继承。只是到了后期随着生产的发展，个人得以占有的物品增多，氏族成员死后其物品在其他成员中分配，才出现最初的"继承"。但这种继承是由氏族习惯调整的，而不是由法律调整的。社会发展到氏族社会后期，母系社会过渡到父系社会，进而确立了私有制和以夫为中心的一夫一妻制家庭，继承也从母系氏族的继承经由父系氏族的继承过渡到私有制的继承。私有制继承的出现也就有了法律意义上的继承制度。

(二) 继承法的性质

继承法有纯粹继承法与非纯粹继承法之分。纯粹继承法是指规定与遗产继承直接有关问题的法律规范,也就是说,只有与将死者的财产经继承转移给他人直接有关的规范内容,才属于纯粹继承法规范。非纯粹继承法是指不仅包括与财产继承直接有关的法律规范,也包括与遗产继承并非直接有关的法律规范。例如,继承权的归属、继承的开始、继承人的权利义务、遗产的分配,这些内容属于纯粹继承法的内容;而遗嘱的形式和内容等则与遗产继承没有直接关系,因而仅属于非纯粹继承法的内容。实际上,各国继承法都为非纯粹继承法,是指调整因自然人死亡而发生的遗产处理关系的法律规范的总称。

各国对于继承法立法主要有特别法主义和法典主义两种不同的立法例。依特别法主义,继承法作为民事特别法单独制定。英美法系国家和未制定统一民法典的大陆法系国家,多采这种立法例。如英国早在1837年就颁布了遗嘱法,规定了遗嘱继承;1925年颁布遗产继承法以及以后修改的法规,规定了无遗嘱继承。依法典主义,继承法为民法典的一个组织部分,继承法编入民法典。大陆法系国家大多采取此种立法例。但关于继承法在民法典中的位置,各国的编排体例有所不同,主要有以下三种做法:

其一,将继承规定于民法典中的财产取得编。这种立法例是将继承视为财产所有权转移的一种方式,将继承与买卖、赠与等取得财产的法律行为同等看待。法国即采取此做法,将继承法规定于民法典的"取得财产的各种方法"中。

其二,将继承规定于民法典的物权编。这种立法例是将继承权看作是财产所有权于所有权人死亡后的自然延伸,认为继承法应为物权法的一部分。奥地利民法就采取此做法。

其三,将继承法作为民法典中的单独一编。这种立法例是认为继承权是与身份关系相联系的独立权利,因而将继承法作为民法典的独立一编并将继承法置于亲属法之后,但有的国家是将继承权放在物权法之前,如瑞士;有的国家是将继承法放在法典的最后一编,如德国、日本。

我国在继承法的编排体例上是采取法典主义的。尽管我国曾于1985年单独颁布了《继承法》,但这并不表示我国对继承法的立法采取特别法主义。我国当时之所以单独制定了《继承法》,是因为国家尚未制定出民法典,仅是基于民事立法先采取"零售主义"的现实,出于社会需要,才单独制定了《继承法》。但在我国历次的民法典草案中,继承法都是作为其中的一编。1985年的《继承法》也是以第三次民法典编纂中《民法草案(第四稿)》的继承编为基础的。随着2020年5月28日《中华人民共和国民法典》的颁布,继承法正式成为其中的一编。

不论继承法的立法体例采何种做法,各国的继承法都具有以下性质:

1. 继承法为私法

继承法为私法,而不属于公法。公法与私法的划分有不同的标准,但普遍认为,调整个体之间的人身关系和财产关系的法律属于私法。继承法是调整因自然人的死亡而发生的继承关系的,而继承关系是个体之间的关系,因此,继承法属于私法。

私法的基本法就是民法。继承法为民法的重要的组成部分,因此,调整继承关系的法律规范在法典化的国家也就构成民法典的继承编。

2. 继承法为普通法

普通法与特别法是根据法律规范的适用范围对法律的一种区分:适用于一切人的法律规范属于普通法,而仅适用于特别的某一部分人的法律规范属于特别法。继承法调整的财产继承关系是一切自然人死亡就会发生的普通的社会关系,因此,继承法规范属于普通法,而不属于特别法。凡我国的自然人,不论其性别、年龄、出身、职业、文化程度、社会地位如何,都适用继承法,依继承法的规定享有继承权,并受法律的平等保护。当然,继承法中也可以有特别规定。但这须由法律特别规定。

3. 继承法为实体法

依据法律的内容法律可分为实体法与程序法。实体法是规定主体实体上权利义务的,而程序法是规定保护实体权利的程序的。继承法规定继承关系的开始、继承关系的主体、继承人的权利义务、有关当事人在遗产处理中的权利义务等有关主体实体上的权利义务问题,因此,继承法为实体法而不属于程序法。

4. 继承法为强行法

依据当事人对于法律的规定可否变更,法律规范可分为强行性规范和任意性规范。强行性规范是当事人不得任意变动的规范,而任意性规范是当事人可以排除其适用的规范。继承法中有一些规定,当事人可以改变其适用。例如,关于遗产分割的时间、方式以及分配份额等，当事人可以协商决定。但是，因为继承关系涉及家庭伦理、亲属的和睦、社会的稳定等，因此，继承法的规范大多是强行性的，而不是任意性的。例如，关于继承的方式、继承人的范围、法定继承人的继承顺序、遗嘱能力、遗嘱形式、遗产的范围、遗产的管理等规定，当事人是不能变更或者排除其适用的。因此，可以说继承法为强行法，而不为任意法。

5. 继承法为财产法

财产法是与身份法相对应的。调整身份关系的法律为身份法，调整财产关系的法律则为财产法。关于继承法是为财产法还是身份法，有不同的观点。一种观点主张，继承法为身份法，因为继承法的目的就在于规定有一定身份关系的人继承被继承人地位的条件，也就是说，继承法是规定以身份关系为基础发生的权利变动，因此继承法为亲属法的补充，本应属于身份法。另一种观点主张，继承法为财产法，因为继承法规定的是财产转移的方式、效力和条件，继承人继承的只能是遗产，而遗产是财产权利的综合体，遗产继承当然属于财产法律关系，因此，继承法为财产法，而不为身份法。还有一种观点认为，继承法是身份法与财产法的结合。也有的认为，继承法为兼有身份法性质的财产法。① 从继承法调整的社会关系的性质上看，继承关系的权利主体虽是以一定的身份关系为前提的，具有主体的限定性，但继承关系的内容是财产权利义务关系，而不是身份权利义务关系，继承法并不规定主体的身份关系。"现代法上

---

① 杨立新：《家事法》，法律出版社2013年版，第360页。

之'继承',系属财产法之制度,而与往昔所存在之'祭祀继承'或'身份继承'制度为身份关系而与有财产色彩者,大有差别。"① 因此,继承法原则上应为财产法,而不为身份法或兼具身份法性质,也不是身份法与财产法的结合。

二、继承法的基本原则

(一) 保护继承权原则

第一千一百二十条　国家保护自然人的继承权。

本条规定了保护自然人继承权的原则。

国家保护自然人的继承权是宪法规定的原则,也是继承法的首要原则。这一原则是由我国社会主义初级阶段的政治经济制度决定的。

继承制度是私有制的产物,因而,关于社会主义是否应承认继承制度曾是一个有争议的问题。早在19世纪初,法国空想社会主义者圣西门及其信徒把"人类的宿疾"归结为"继承权",提出了"废除继承权"的要求。其后,无政府主义者巴枯宁也提出要把废除继承权作为社会革命的起点。我国在社会主义改造以后,也有人将私有财产看作是资本主义的尾巴,提出要取消私有制。但是,由于我国还处于社会主义的初级阶段,并不具有消除私有制的条件,因此,我国宪法不仅明确规定,"国家在社会主义初级阶段,坚持公有制为主体、多种所有制经济共同发展的基本经济制度,坚持按劳分配为主体、多种分配方式

---

① 陈棋炎等:《民法继承法新论》,三民书局2001年版,第1页。

并存的分配方式。""在法律规定的范围内的个体经济、私营经济等非公有制经济,是社会主义市场经济的重要组成部分。""国家保护个体经济、私营经济的合法的权利和利益。"还明确规定:"国家保护公民的合法的收入、储蓄、房屋及其他合法财产的所有权。""国家依照法律规定保护公民的私有财产的继承权。"

《中共中央 国务院关于完善产权保护制度依法保护产权的意见》(2016年11月4日)中指出,"有恒产者有恒心,经济主体财产权的有效保障和实现是经济社会健康发展的基础。"而对私人财产权的切实有效保障和实现的措施就是赋予私人财产继承权,保护自然人的私有财产继承权。保护自然人的继承权,是保护私人财产权的自然延伸和当然结果,是为产权主体提供的让其有恒产的"定心丸"。保护自然人的继承权也是实现社会稳定、维护家庭亲属间和谐的重要措施。

保护自然人的继承权有两方面的含义:一方面是指法律确认自然人享有私有财产的继承权,保护其不受非法侵害;另一方面是指在自然人的继承权受到不法侵害时,法律予以救济,国家将以其强制力予以保护。保护自然人继承权的原则主要体现在以下方面:

1. 凡自然人死亡时遗留的个人财产都为遗产,都可由继承人继承。遗产不仅包括自然人死亡时个人单独所有的私有财产,也包括死者生前与他人共有的财产中属于其应有的共有部分财产;不仅包括有形财产,也包括无形财产。

2. 被继承人的遗产尽可能由继承人继承或者受遗赠人取得,一般不会被收归国有。为了使遗产能够为继承人取得,法律扩大继承人的范围,以避免出现遗产无人继承的现象;法律还规定了非继承人酌情取得遗产的请求权,以使其取得遗产,如对于继承人以外的依靠被继承人扶养的人,或者继承人以外的对被继承人扶养较多的人,可以分给他们适当的遗产。在遗产无人继承又无人受遗赠的情况下,遗产也应归死者生前所在的集体所有制组织所有,只有在死者生前不为集体经济组织成员的情况下,遗产才可收归国家所有。

3. 保护继承人的继承权不被非法剥夺。只有在发生法定事由时,继承人的继承权才可丧失。在没有法定的继承权丧失理由时,任何人和任何单位都不得剥夺继承人的继承权。在继承人未明确表示放弃继承的情形下,任何人和任何单位都不得认定继承人放弃继承权。

4. 保障继承人、受遗赠人的继承权、受遗赠权的行使。继承人、受遗赠人为无民事行为能力人的,由其法定代理人代为行使继承权、受遗赠权;继承人、受遗赠人为限制民事行为能力人的,可由其法定代理人代为行使或者征得法定代理人同意后行使继承权、受遗赠权。

5. 继承权受到他人非法侵害的,继承人可在法定期限内请求法院给予法律保护。继承人享有继承权回复请求权,继承人的继承权受到他人不法侵害的,可以在诉讼时效期间内向法院提起诉讼要求返还被非法侵占的遗产。并且,继承人请求法院确认其继承资格的权利,不受诉讼时效的限制。

(二) 继承权平等原则

继承权平等原则是民法平等原则在继承法领域的体现,也是社会主义的平等价值观在继承领域的反映。继承权平等原则主要表现在以下方面：

1. 继承权男女平等

继承权男女平等是继承权平等原则的核心。在古代社会，男女继承权是不平等的。而在现代继承法上，男女继承权平等，这主要体现在以下方面：(1)女子与男子有平等的继承权，继承人的权利不因性别不同而不同；(2)夫妻的继承权平等，双方有相互继承遗产的权利。夫妻对夫妻共同财产享有平等的权利，任何一方死亡时都不得将夫妻共同财产的全部都作为遗产，而应先从夫妻共同财产中分出应归属生存一方配偶的部分，另一部分才可作为遗产继承。夫可继承妻之遗产，妻也可继承夫之遗产，任何人不得干涉夫妻相互间的继承权；(3)在继承人范围和法定继承人的继承顺序上，男女亲等相同。在确定法定继承人和继承顺序上，对父系亲与母系亲同等对待，适用于父系亲等的，同样适用于母系亲等。例如，父亲与母亲为同一顺序继承人，祖父母与外祖父母也为同一顺序继承人，丧偶女婿与丧偶儿媳的继承地位相同；(4)在代位继承中，男女有平等的代位继承权。适用于父系的代位继承，同样适用于母系的代位继承；(5)在遗嘱继承中，立遗嘱人不分男女都有权依照自己的意愿依法设立遗嘱，任何人不得非法干涉。

2. 非婚生子女与婚生子女继承权平等

在古代法上非婚生子女不享有与婚生子女相同的法律地位，即便在近代法上，也有许多国家的法律对非婚生子女的继承权予以限制。在我国法上，婚生子女与非婚生子女同为亲生子女，非婚生子女与婚生子女具有平等的社会地位，享有平等的权利。不论婚生非婚生，只要是亲生子女，就平等地享有继承父母遗产的权利。

3. 养子女与生子女继承权平等

养子女与养父母间为拟制的血亲关系，依法律规定，养父母与养子女间的权利义务适用法律关于父母子女间权利义务的有关规定。因此，养子女与生子女平等地享有继承父母遗产的权利。无论是养子女还是亲生子女先于被继承人死亡的，其晚辈直系血亲都可代位继承被继承人的遗产。

4. 同一顺序的继承人继承遗产的权利平等

同一顺序的继承人为多人的，多个继承人共同继承被继承人的遗产。各共同继承人不论社会地位如何，也不分长幼尊卑，继承权一律平等。

（三）当然继承原则

当然继承原则是与承认继承原则相对应的。在各国继承法立法例上，主要存在当然继承主义与承认继承主义及交付主义等不同的立法例。按照当然继承主义，自继承开始，被继承人的遗产就当然地由继承人承受，归属继承人。按照承认继承主义，继承人死亡后自继承人承认继承，遗产才归属继承人。而依交付主义，被继承人的遗产只有经遗产管理人交付继承人才归属继承人。我国立法采取的是当然继承主义的立法例，当然继承原则也就成为我国继承法的基本原则。依据当然继承原则，自被继承人死亡时起，继承就当然开始，继承人的客观继承权也就转化为主观继承权，除法律另有规定外，继承人也就当然承受全部的遗产，而无须继承人承认。

当然继承原则主要体现在以下方面：

其一，继承自被继承人死亡时开始，继承开始的时间与被继承人死亡的时间一致，不存在时间上的间隔；

其二，继承开始后，继承人未作表示的，视为接受继承，而不以继承人明确表示接受继承为其继承的条件；

其三，继承开始后，遗产就为继承人继承，继承人虽然直接承受遗产的全部权利义务，但是在遗产分割前是由遗产管理人管理遗产而不是由继承人直接对遗产行使权利。

（四）有限继承原则

有限继承原则是与无限继承原则相对应的，也有的称为有限责任继承原则。

无限继承又称为不限定继承，是指继承人必须承受被继承人的全部财产权利义务，即便被继承人的债务超过其财产权利，继承人也必须继承被继承人的全部遗产，而不得拒绝继承，继承人须以自己的财产清偿被继承人生前所欠的全部债务。无限继承原则强调保护债权人的利益，而忽视了对继承人利益的保护。我国古代法上实行的是无限继承原则，俗语"父债子还"就是对无限继承的形象表述。

有限继承又称为限定继承，是指继承人可以仅于一定范围内承受被继承人的财产权利义务，而不必承受被继承人的全部财产权利义务。依我国法规定，继承人清偿被继承人的债务可以仅以实际继承的遗产为限。因此，我国法实行的是有限继承原则。实行有限继承原则有利于保护继承人的利益，但也不是不重视债权人利益的保护。继承人只有在符合法律规定的条件下才可以放弃继承，才可以不承受被继承人的遗产债务，对于以故意损害债权人利益为目的的放弃继承，法院不予保护。

（五）维护亲属和睦，发挥家庭职能的原则

继承是关于自然人死亡后其财产在亲属之间、家庭成员之间传承的制度。亲属间的团结、家庭的和睦，是维持社会安定、构建和谐社会的基础。在现代社会，尽管家庭的职能与传统家庭的职能有所不同，但养老育幼等事务仍然主要是由家庭承担的职能。家庭在社会中的地位和作用，决定了继承法必以维护亲属和睦、发挥家庭职能为原则。

继承法维护亲属和睦、发挥家庭职能的原则主要体现在以下方面：

其一，法定继承人的范围限于一定的亲属范围内；继承人、受遗赠人杀害被继承人、为争夺遗产杀害其他继承人以及遗弃、虐待被继承人情节严重的，丧失继承权、受遗赠权。

其二，继承人可以自由协商遗产的分配时间、办法等，继承人之间达成的分配协议只要不违反法律和公序良俗，就应是有效的。

其三，继承人的继承份额原则上均等，但尽扶养义务多的，可以多分；尽扶养义务少的，可以少分。

其四，继承人设立遗嘱是其自由，但遗嘱不得取消胎儿的继承份额，不得取消法律规定的继承人的必留份额或特留份额。

其五，继承人以外的对被继承人扶养较多的或者依靠被继承人扶养的缺乏劳动能力又没有生活来源的人，可以要求分给适当的遗产。

其六，在遗产分割时坚持有利于生产和生活需要的原则，

不损害物的效用。

三、继承法律关系

（一）继承法律关系发生的原因和时间

第一千一百二十一条　继承从被继承人死亡时开始。

相互有继承关系的数人在同一事件中死亡，难以确定死亡时间的，推定没有其他继承人的人先死亡。都有其他继承人，辈份不同的，推定长辈先死亡；辈份相同的，推定同时死亡，相互不发生继承。

本条规定了继承法律关系发生的原因和时间。

1. 继承法律关系的含义和特征

（1）继承法律关系的含义

继承法律关系，是由继承法调整的因自然人死亡而发生的继承人与其他人之间在遗产继承上的权利义务关系。继承法律关系的这一概念包含以下四层含义：

其一，继承法律关系是人与人之间的法律关系，而不是人与物之间的关系。

其二，继承法律关系是一种法律关系，而不是其他的意志关系。现代继承关系是由法律调整的，而不是由道德、宗教等调整的，因此，继承关系是法律关系，而不是道德、宗教等关系。

其三，继承法律关系是因自然人死亡才发生的法律关系。法律关系的发生都是以一定法律事实为根据的，继承法律关系的发生根据就是自然人的死亡。自然人的死亡是与人的意志无关的事件，因此，引发继承法律关系的法律事实是事件，而不是行为。

其四，继承法律关系是财产继承上的民事法律关系。继承法律关系是由继承法调整的关系，继承法为民法，因此，继承法律关系属于民事法律关系，而不属于行政法律关系，更不属于刑事法律关系。继承法律关系仅是在财产继承上发生的民事权利义务关系，民事主体之间不是因财产继承形成的关系，即使是因自然人死亡而发生的，也不属于继承法律关系。

（2）继承法律关系的特征

继承法律关系与其他民事法律关系相比较，具有以下特征：

其一，继承法律关系是一种绝对关系。民事法律关系有绝对关系与相对关系之分。绝对关系的权利主体特定，而义务主体是不特定的；相对法律关系的权利主体和义务主体都是特定的。继承法律关系的权利主体即继承人是特定的，而义务主体是继承权人以外的不特定的人。因此，继承法律关系属于绝对法律关系，而不属于相对法律关系。

其二，继承法律关系是一种财产关系。民事法律关系有人身关系与财产关系之分。人身关系是具有人身属性的、不直接具有财产内容的权利义务关系；财产关系是直接以财产为内容的权利义务关系。在现代社会，继承人只能继承被继承人遗留的财产，继承关系也就只能是直接具有财产内容的财产法律关系，而不能是人身法律关系。

其三，继承法律关系是一种与亲属关系相联系的财产法律关系。亲属关系属于身份关系，继承法律关系既为财产关系，也就不能是亲属关系。但是继承法律关系却是与亲属关系相联系的财产关系。继承法律关系的权利主体是继承人，义务人是继承人以外的不特定的人，而继承人只能是自然人，并且继承人都是与被继承人有特定亲属身份关系的人。可以说，具有特定的亲属身份，是自然人作为继承人的前提条件。与被继承人之间不存在特定的亲属关系，不具有特定的亲属身份，也就不能成为继承人，不能享有继承权。因此，继承法律关系虽不是亲属关系，但却是与亲属关系相联系的财产关系。

2. 继承法律关系发生的时间

如同任何民事法律关系的发生须有一定的原因或根据一样，继承法律关系的发生也必须有一定的原因或根据。能够引发继承法律关系的法律事实就是被继承人的死亡。因为被继承人死亡，被继承人也就因民事权利能力的丧失而不再能成为权利主体，从而也就发生其生前的财产如何处理的继承问题，所以，没有被继承人的死亡，也就不能发生继承法律关系。既然被继承人的死亡是继承法律关系发生的唯一原因，被继承人死亡的时间也就是继承法律关系发生的时间。

被继承人的死亡包括自然死亡和宣告死亡。自然死亡的死亡时间应以医学上认定的死亡时间为准。宣告死亡的死亡时间应以法院宣告其死亡的判决作出之日为准；因意外事件下落不明宣告死亡的，意外事件发生之日视为其死亡日期。但确知其自然死亡的时间与宣告死亡的时间不一致的，以自然死亡的时间为继承开始的时间。

关于数人在同一事件中死亡，又不能确定死亡时间的，各国法上普遍规定应依照推定规则推定其死亡时间。但在推定死亡上各国有不同的做法。有的国家采取同时死亡推定制，如

《日本民法典》第 32 条之 2 规定："于数人死亡时,如果不能辨别其中一人在他人死亡以后仍生存,推定此类人等同时死亡。"《瑞士民法典》第 32 条中也规定："不能证明数人死亡之先后者,推定其同时死亡。"也有的国家采取死亡在后推定制。例如,依法国法规定,有相互继承权的数人,如在同一事故中死亡,何人死亡在先无法辨明时,死亡在后的推定,根据事实的情况确定,如无此种情况,根据年龄或性别确定。我国法原则上也是采取死亡在后推定制的。依我国法规定:同一事件死亡的数名死者中,有的有其他继承人,有的没有其他继承人的,推定没有其他继承人的人先死亡;死者都有其他继承人,辈份不同的,推定长辈先死亡;辈份相同的,推定同时死亡,相互不发生继承。法律之所以实行这样的推定规则,主要是为了让死者的遗产能够有人继承,能够让死者的各自的其他继承人公平地继承。例如,夫妻二人在同一事件死亡,而难以确定死亡时间,二人没有父母和子女,但夫有一兄弟,而妻无兄弟姐妹,于此情形下,推定妻先死亡,妻的遗产可归夫继承,无父母子女的夫的遗产可由其兄弟继承。如果妻也有一兄弟姐妹,则应推定该夫妻同时死亡,夫妻互不继承,各自的遗产由各自的兄弟姐妹继承。

3. 确定继承法律关系发生时间的意义

被继承人的死亡时间是继承法律关系发生的时间,继承法律关系发生也就是继承开始。继承开始的时间具有以下重要的法律意义:

(1) 根据继承开始的时间确定继承人的范围。因为只有继承开始,继承人享有的客观意义继承权才转化为主观意义继承权，从此时起继承人才可参与继承法律关系，才享有主观意义继承权和可以行使继承权。所以，继承开始的时间是确定继承人范围的界限。只有在继承开始时与被继承人有特定亲属关系的人才能享有继承权；也只有在继承开始时没有死亡的人和没有丧失继承权的人，才能作为继承人参与继承法律关系。在继承开始时已与被继承人解除婚姻关系、收养关系或者其他扶养关系的人，不为继承人；在继承开始时已经死亡的继承人不能参加继承，但会发生代位继承。而于继承开始时丧失继承权的人则不能继承被继承人遗产。

（2）根据继承开始的时间确定遗产的范围。继承开始的时间也是确定遗产范围的时间界限。因为遗产是被继承人死亡时遗留的财产，在继承开始前，不存在遗产；在继承开始后遗产发生变动而增加或者减少的，属于遗产的增减。

（3）根据继承开始的时间确定遗产权利的转移时间。关于遗产权利转移的时间，有死亡说和分割说两种不同的学说。因为被继承人死亡，被继承人也就不再具有民事权利能力，不能享有遗产权利，因此，按照当然继承原则，自继承开始遗产也就转归由继承人享有权利，否则，遗产就会处于无主状态。

（4）根据继承开始的时间确定继承人的应继份额。继承人对遗产享有的应继份额一般应均等，但在特殊情况下也可以不均等。继承人是否具有应继份额不应均等的特殊情况，以继承开始时继承人的情况确定。也就是说，继承开始的时间是确定继承人应继份额的时间界限。

（5）根据继承开始时间确定继承人放弃继承权和遗产分割的效力。继承人放弃继承的，放弃的是主观意义继承权，因此，只有继承开始后继承人才可放弃继承权；因为放弃继承权也就是不参加继承，所以不论继承人何时放弃继承权，放弃继承的效力都溯及继承开始的时间。继承开始后，继承人可以具体确定遗产分割的时间，但无论继承人何时分割遗产，遗产分割的效力均溯及继承开始的时间。

（6）依据继承开始的时间确定遗嘱的效力和执行力。遗嘱是遗嘱人生前做出的处分其财产的意思表示，但遗嘱却只能于遗嘱人死亡即继承开始时发生效力。因此，继承开始的时间也是确定遗嘱的效力和执行力的时间界限。遗嘱是否有效，是否可以执行，都以继承开始时的具体情形为准。例如，遗嘱中指定某人继承某物，而于继承开始时某物已经被遗嘱人处分的，该项遗嘱内容即无效。再如，遗嘱应为没有劳动能力又缺乏生活来源的继承人保留必要的遗产份额，判断继承人是否属于缺乏劳动能力又没有生活来源的人，也应以继承开始时间为准。如果在遗嘱人设立遗嘱时继承人缺乏劳动能力又没有其他生活来源，但于继承开始时该继承人有劳动能力或者有其他生活来源，则遗嘱中虽没有为其保留必要的遗产份额，也不影响遗嘱的效力；反之，则会影响遗嘱的效力。

（二）遗产

第一千一百二十三条　遗产是自然人死亡时遗留的个人合法财产。

依照法律规定或者根据其性质不得继承的遗产，不得继承。

本条规定了遗产。

遗产为继承法律关系的客体。如同任何法律关系的构成要素一样，继承法律关系的构成要素也包括主体、客体和内容，缺少其中任何一个要素，都不会成立继承法律关系。继承法律关系的客体就是遗产。遗产为继承法律关系的要素之一，为继承人享有的继承权的标的，没有遗产也就没有继承权的标的，也就不存在继承法律关系。

1. 遗产的含义

遗产是自然人死亡时遗留下的个人合法财产。这一概念包含以下含义：

其一，遗产是自然人死亡时遗留下的财产，不是自然人死亡时留下的财产不是继承法上的遗产。

其二，遗产是自然人的个人财产，不属于自然人个人的财产不能成为遗产。

其三，遗产是自然人的合法财产。遗产为自然人的个人财产，而任何财产只能依合法方式取得，因此，作为遗产的个人财产当然也就只能是个人合法取得和享有的财产，而不能是不法财产。

2. 遗产的特征

遗产具有以下法律特征：

（1）时间上的限定性。遗产是自然人死亡时遗留的财产，因此，遗产具有时间限定性，以自然人死亡的时间为确定遗产的特定时间界限。在被继承人死亡前，被继承人自己依法享有各项财产权利和负担各项财产义务，其有权对自己的财产依法行使占有、使用、收益和处分的权利，任何人不得非法干涉。在被继承人死亡后，因其不再具有民事权利能力，也就不能享有财产权利和承担财产义务，其遗留的财产也就转化为遗产。在被继承人死亡后，被继承人遗留的财产因各种原因增加的财产不属于遗产,例如,由遗产产生的孳息就不是遗产,而是遗产的增值。因此,只能以被继承人死亡时其个人财产的状况来确定遗产的状况。依最高人民法院《关于适用〈中华人民共和国民法典〉继承编的解释(一)》(以下简称《继承编解释》)第2条规定,承包人死亡时尚未取得承包收益的,可以将死者生前对承包所投入的资金和所付出的劳动及其增值和孳息,由发包单位或者接受承包合同的人合理折价、补偿。其价额作为遗产。

(2)内容上的财产性和概括性。现代法上的继承制度只是财产继承制度,继承人只能继承被继承人的财产,而不能继承被继承人生前享有的其他权益,因此,遗产只能是被继承人死亡时遗留的财产,具有财产性。

遗产的概括性,是指遗产既包括积极财产也包括消极财产。在遗产是否具有概括性上,有不同的立法例。一种立法例主张,遗产不包括消极财产,因此,被继承人的债务不属于遗产的范畴。另一种立法例主张,遗产也包括消极财产,因此,被继承人的债务也属于遗产的范畴。大陆法系国家的立法一般是采取后一种立法例的。依我国法规定,继承人继承被继承人财产权利的,也应当清偿被继承人的债务,因此,在我国法上遗产具有概括性,包括被继承人遗留的财产权利和财产义务。

(3)范围上的限定性。遗产范围上的限定性是指遗产仅限于自然人死亡时遗留的且依法可以转移给他人的个人财产。因此,只有在被继承人生前属于被继承人个人的财产,才能成为遗产。被继承人生前占有的应返还给他权利人的财产,不属于遗产。被继承人生前占有的其与他人共有的财产,不属于被继承人所有的部分，也不属于遗产。被继承人并不占有的与其他人共有的财产，应归其所有的共有部分属于遗产。虽为被继承人所有的财产，但按照法律规定或者根据其性质不得继承的遗产，不得继承。不得继承，也就不能归入遗产。例如，具有专属性而不能转由他人承受的财产权利义务，因其专属性不能列入遗产。一般来说，以人身关系为基础的财产权利义务，以当事人相互信任为前提的财产权利义务，均不具有可让与性，也就不能作为遗产。

（4）性质上的合法性、法定性。因为依法律规定，遗产只能是自然人死亡时遗留的个人合法财产，因此，遗产不论是积极财产还是消极财产必须具有合法性。自然人没有合法根据而得到的财产，不能成为遗产。遗产的范围是由法律规定的，凡法律规定不为遗产的权利义务，都不能成为遗产。从这一意义上说，遗产具有法定性。

3. 遗产的范围

遗产的范围是指由法律规定的可以作为遗产的财产范围。关于遗产范围的界定，有不同的立法例。具体来说，关于遗产范围的立法大致有三种立法例。一种是概括式。依此种立法例，法律仅概括规定能够继承的权利义务，将不能继承的权利义务排除出遗产的范围。另一种立法例是列举式。依此种立法例，法律列举出遗产所包括的权利义务的具体范围，未被列举为遗产的权利义务也就不为遗产。第三种立法例是列举式与概括式相结合。依此种立法例，法律既列举出可为遗产的财产范围，又概括规定可以列入遗产或不能列入遗产的权利义务。我国原《继承法》基本上采取的是第三种立法例，既概括规定遗产是公民死亡时遗留的个人合法财产,又列举出遗产的具体范围。[①]在民法典编纂过程中,对于遗产范围的立法应采何种立法例,有不同的观点。一种观点认为,应当沿袭我国的立法传统,仍采用概括加列举的方式规定遗产的范围。持这种观点的学者认为,采取概括式立法例,对遗产的范围仅作概括性规定,具体指引性太低,给予法官的自由裁量权过大,不利于法律的实施;也有的学者认为,采取列举式列举出遗产范围,有利于避免司法审判中的不确定性,特别是对于一些新型财产,如股权、知识产权、网络财产,以列举的方式做出规定,表达更清晰。另一种观点主张,对遗产范围应采取概括式立法,这样有利于扩大遗产的范围,避免对于一些财产权利义务可否继承发生的争议,防止以列举式立法列举遗产范围而出现"挂一漏万"现象。立法者最终采取后一种观点,对遗产的范围仅作了概括式规定。依据遗产的现行概括式规定,法院在认定一项个人财产为不得继承的遗产时,必须有法律规定或者证明该项财产的性质决定不得继承。换言之,凡死亡时遗留的个人财产,只要法律没有明确规定不得继承,或者根据其性质并非不得继承的,都为遗产,都可以继承。

实际上关于遗产范围的确定,不论采取何种立法例,都应遵循以下规则:

其一,现代法上的继承仅限于财产继承,因而不具有财产

[①] 原《继承法》第3条规定:遗产是公民死亡时遗留的个人合法财产,包括:(一)公民的收入;(二)公民的房屋、储蓄和生活用品;(三)公民的林木、牲畜和家禽;(四)公民的文物、图书资料;(五)法律允许公民所有的生产资料;(六)公民的著作权、专利权中的财产权利;(七)公民的其他合法财产。

属性的权利义务都不能作为遗产,应排除在遗产范围之外。

其二,遗产是一个概括性概念,不仅包括财产权利也应包括财产义务。

其三,遗产的范围随财产范围的扩张而扩张。遗产不仅包括传统的财产,也应包括新型的财产。例如,现实生活中普遍存在的网络财产,自应也纳入遗产的范围。据报道,我国90后出生的一代人设立的遗嘱中网络财产已经成为其处分的主要财产。

其四,基于特定身份享有的取得某项财产的请求权,因其具有特定的人身属性不属于遗产,但基于特定身份已经取得的财产应列入遗产。例如,退休金请求权不为遗产,但被继承人已经取得的退休金可以作为遗产继承。又如,农村居民享有的宅基地分配请求权,不为遗产,但农村居民已经取得宅基地使用权并在宅基地上建成房屋的,其死亡后,因为房屋可以继承,房屋占用范围内的宅基地使用权作为法定地上权,也就应当可以继承。① 还有,如城镇居民享有的取得经济适用房等的请求权不能继承,但被继承人已经取得的经济适用房应可以继承。

关于死亡赔偿金可否为遗产,学界有不同的观点。一种观点认为,死亡赔偿金请求权不为遗产,但死亡赔偿金可为遗产;另一种观点认为,死亡赔偿金是支付给死者特定的近亲属的,不应为遗产。实务中,最高人民法院在《关于空难死亡赔偿金能否作为遗产处理的复函》(〔2004〕民一他字第26号)中指出:

---

① 当然,司法实务中,有的认为继承人可以继承房屋,而不能继承宅基地使用权。这种将房屋与宅基地使用权分开的观念,理论上不符合"房地一体"的规则,实践上损害被继承人遗产的价值和继承人的继承权益,并不可取。

"空难赔偿金是基于死者死亡对死者近亲属所支付的赔偿。获得空难死亡赔偿金的权利人是死者近亲属,而非死者。故空难死亡赔偿金不宜认定为遗产。"人身保险的死亡赔偿金,已经指定受益人的,只能为特定受益人取得,不为遗产;但未指定受益人或无受益人领取的人身保险的死亡赔偿金,可以作为遗产。

其五,专属于被继承人生前享有的须经行政许可的财产权利不能作为遗产。例如,被继承人生前享有的采矿权、渔业权、养殖权等,这些权利不仅涉及自然资源的使用,而且属于特许经营的权利,不经行政主管部门的核准,是不能转让的。因此,这些权利是不能通过继承取得的。

(三)继承法律关系的主体

继承法律关系的主体包括权利主体和义务主体双方。继承法律关系中的权利主体是继承人,义务主体是继承人以外的不特定人。

1. 继承人的含义

继承人是指依照继承法的规定参与继承法律关系继承被继承人遗产的自然人。继承人具有以下含义:

其一,继承人是自然人。因为,依照我国法规定,只有自然人才能继承被继承人的遗产,所以,继承人只能是自然人,而不能是法人或者非法人组织。非自然人也会取得被继承人的遗产,但其不是也不能通过继承取得被继承人的遗产。

其二,继承人是由法律规定的。继承人只能是法律规定的可以继承被继承人遗产的人,而不能是法律规定的继承人范围以外的人。从各国立法规定看,继承人都是与被继承人有亲属关系的人，但哪些亲属或者说何种范围内的亲属可以为继承人，各国法律规定不一。这既决定于本国的历史文化传统，也决定于本国具体的政治、经济制度等。正是从这一意义上说，继承人的范围具有法律强制性。

其三，继承人是参与继承关系享有继承权的人。法律上规定的享有继承权的继承人，只是具有继承的资格或者说只是具有客观的可以继承遗产的法律地位，并不当然地就成为继承法律关系的主体。例如，法律规定，夫妻有相互继承遗产的权利，这是规定了夫妻之间有相互继承遗产的资格，并不等于夫或妻就是一方死亡后的遗产继承关系中的继承人。法律规定的有权继承被继承人遗产的继承人，只有参与到继承法律关系中才属于继承法律关系中的权利主体。自然人是否可以成为继承人，是由法律规定的；而其是否参与继承关系而成为继承法律关系中的权利主体，则是可以由继承人自行决定的。

2. 继承人的种类

从法律史上看，继承人的分类随继承制度的不同而有不同。例如，在我国古代的宗法制度下，继承人可以分为遗产继承人和遗产承受人。遗产继承人是既继承宗祧而又继承遗产的人，仅继承遗产而不继承宗祧的人属于遗产承受人。现代法上根据继承人参与继承的根据，将继承人分为法定继承人和遗嘱继承人。

（1）法定继承人

法定继承人是根据法律的直接规定参与继承关系继承被继承人遗产的自然人。法定继承人参与继承的，为法定继承。法定继承人的范围和继承顺序是由法律规定的，法定继承人正是按照法律规定的继承顺序依先后顺序直接参与继承的。法定继承人为多人时,参与继承的各继承人的份额也是由法律规定的。

(2)遗嘱继承人

遗嘱继承人是根据被继承人设立的合法有效的遗嘱参与继承关系继承被继承人遗产的人。遗嘱继承人参与继承的,为遗嘱继承。遗嘱继承人是由被继承人在遗嘱中指定的,遗嘱继承人正是根据被继承人的遗嘱参与继承的。在遗嘱继承中,遗嘱继承人继承的遗产也是由遗嘱指定的。没有被继承人的合法有效的遗嘱,也就不会发生遗嘱继承,也就不能有遗嘱继承人。关于遗嘱继承人的范围,各国法规定不一。依照我国法规定,遗嘱继承人也只能是法定继承人范围之内的自然人。也就是说,被继承人不能在遗嘱中指定法定继承人范围以外的人为遗嘱继承人。

3. 继承能力

继承能力是指继承人得享有继承权的资格。继承能力既然是继承人享有继承权的资格,也就为继承人的继承权利能力。继承权利能力是民事权利能力的一项内容。依《民法典》第13条规定,自然人从出生时起到死亡时止,具有民事权利能力。但依《民法典》第16条规定,涉及遗产继承、接受赠与等胎儿利益保护的,胎儿视为具有民事权利能力;但是胎儿娩出时为死体的,其民事权利能力自始不存在。因此,凡是在继承开始时生存的自然人都有继承能力;在被继承人死亡时已孕育的胎儿也具有继承能力。也只有在继承开始时生存的或者已经受孕的胎儿,才有继承能力。于被继承人死亡时已经死亡的或者尚未孕育的胎儿,不具有继承能力,不能成为继承法律关系的主体。

(四) 继承法律关系的内容

继承法律关系的内容是指权利主体享有的权利和义务主体负有的义务。

在继承关系中,继承人为权利主体,继承人以外的非继承人为义务主体。继承权利主体享有取得遗产的权利,继承人以外的义务主体负有不得侵害继承人权利的义务,二者共同构成继承法律关系的内容。但是,由于继承关系的客体为遗产,基于遗产的概括性和承受遗产的方式的多样性,在继承中还会发生继承人相互之间、继承人与受遗赠之间、继承人与被继承人的债权人、债务人之间的权利义务。

就继承人相互之间的关系来说,在继承人为多人且共同继承同一遗产时,各个继承人都既是权利主体,又是义务主体。各个继承人的权利主要是遗产分割的请求权;各个继承人的义务主要是管理和保管遗产。各个继承人对于遗产中的债权债务以及基于遗产发生的债权债务有连带关系,享有连带债权,负有连带债务。

就继承人与受遗赠人之间的关系而言,继承人被确定为遗产管理人的,应执行被继承人的遗嘱,将遗嘱人遗赠的财产给予受遗赠人,受遗赠人有权要求其将遗赠财产移交其所有。

就继承人与被继承人的债权人、债务人关系而言,在继承人与被继承人的债权人间的关系中,继承人为债务人,负有依法清偿被继承人债务的义务,当然在有限继承中继承人仅于继承的遗产实际数额内负清偿责任;在继承人与被继承人的债务人间的关系中,继承人为债权人,有权请求被继承人的债务人清偿债务，被继承人的债务人负有向继承人清偿所负债务的责任。

四、遗产的处置顺序

第一千一百二十三条 继承开始后，按照法定继承办理；有遗嘱的，按照遗嘱继承或者遗赠办理；依有遗赠扶养协议的，按照协议办理。

本条规定了遗产的处置顺序。

遗产的处置顺序是指遗产处理方式的适用顺序。

自被继承人死亡时起被继承人遗留的财产即成为遗产。遗产应按继承法的规定处置。关于遗产的处置方式有多种，既有按照有关当事人的协议处理的，又有按照遗嘱处理和按照法定继承处理的。各种不同的遗产处置方式的适用效力是不同的，即相互间有适用的先后顺序。

依照我国法规定，继承开始后，首先，有遗赠扶养协议的，应执行遗赠扶养协议。因为遗赠扶养协议是被继承人生前与受遗赠人达成的协议，应当尊重当事人的意愿，先执行该协议。这也是私法的意思自治原则的要求；其次，没有遗赠扶养协议，但被继承人立有遗嘱的，应当执行被继承人的遗嘱，按照遗嘱继承或者遗赠办理；依《继承编解释》第3条规定，被继承人生前与他人订有遗赠扶养协议，同时又立有遗嘱的，继承开始后，如果遗赠扶养协议与遗嘱没有抵触，遗产分别按照协议和遗嘱处理；如果有抵触，按照协议处理，与协议抵触的遗嘱全部或者部分无效；最后，没有遗赠扶养协议，被继承人也未设立遗嘱或者遗嘱无效的，以及遗嘱中未处分的遗产，按照法定继承办理。可见，法定继承在适用顺序上为最后的遗产处理方式，但法定继承的适用范围最广。

五、继承权

（一）继承权的含义和性质

关于继承权的概念，主要有权利说和法律地位说两种不同的学说。

权利说认为，继承权是自然人享有的依法律的直接规定或者被继承人设立的有效遗嘱继承被继承人遗产的权利。按照权利说，继承权是自然人享有的权利，法人、非法人组织都不享有继承权；继承权是继承人依照法律的直接规定或者有效遗嘱而享有权利；继承权是继承人继承遗产的权利。继承权也就是在继承法律关系中继承人享有的权利，是继承法律关系内容的组成部分。继承权是财产权，为绝对权，具有排他性。

法律地位说认为，继承权是指继承人所享有的可以继承被继承人遗产的权利，体现的是继承人的一种法律地位。按照法律地位说，继承权并不是继承人享有的具体权利，而是基于特定身份而享有的以可以继承被继承人遗产为内容的法律地位，是可以继承遗产的资格。

关于继承权概念的权利说和法律地位说，应当说都有一定道理，也都有一定的片面性。实际上，在现实法律生活中，继承权在不同的场合本来就会有不同的含义，总的来看，继承权有客观意义上的继承权与主观意义上的继承权两种不同的含义。因此，我们也就应当从这两方面考察继承权概念。

1. 客观意义上的继承权

客观意义上的继承权,是指继承开始前继承人的法律地位,是继承人可以继承被继承人遗产的资格。客观意义继承权是由法律直接规定的。例如,法律规定:夫妻有相互继承遗产的权利;父母子女有相互继承遗产的权利。这里所指的继承权,就属于客观意义的继承权,也就是法律地位说所讲的继承权。客观意义继承权是主观意义继承权的基础和前提,它具有以下特性:

(1)它是一种期待权。期待权是相对于既得权而言的。既得权是指具备全部实现要件,由权利人实际享有的权利;而期待权是指尚未具备全部实现要件,待全部实现要件具备后权利人才能实际享有的权利。客观意义的继承权,是基于法律的直接规定或者遗嘱指定,继承人可以参与遗产继承的一种客观的现实可能性,但享有这种意义继承权的主体并不能对被继承人的遗产享有任何权利。因此,有的子女在父母生前就以自己享有继承权为由提出继承其父母财产的要求,实际是没有法律根据的。因为,在父母生前,子女享有的继承父母遗产的权利仅是一种客观意义上的权利,并不具备权利的全部实现条件。但客观意义上的继承权确实是继承人继承遗产的前提条件,只有享有客观意义上的继承权,才可以在被继承人死亡时参与继承被继承人的遗产。只不过享有客观意义继承权的继承人,只有在具备被继承人死亡这一条件下,其继承权才可以实现。正是在这一意义上说,客观意义继承权为一种期待权。但客观意义继承权的期待性不同于其他期待权的期待性。客观意义上的继承权为法律赋予的一种资格,而不是由当事人约定的。在当事人就继承权的归属发生争议时，继承权人有权向法院提起确认之诉，请求法院确认其继承人的资格。由于客观意义继承权是继承人的一种资格，因此，在继承开始前，继承人不能放弃该继承权，除具有法定事由外，任何人也不得任意限制或者剥夺继承人之继承权。

（2）它是具有特定身份的人享有的一项权利。继承有法定继承与遗嘱继承之分，继承权也就有法定继承权与遗嘱继承权之别。但是，依我国法律规定，遗嘱继承人只能是法定继承人范围之内的人，可以说，凡继承人无论是法定继承人还是遗嘱继承人都只能是法律规定的有权继承被继承人遗产之人，继承人的继承权都是法律赋予的。法律对法定继承人范围的规定是以继承人与被继承人之间存在的一定亲属关系为根据的，只有与被继承人有着特定的亲属关系的人，才能享有继承权。正是从这一意义上说，客观意义继承权是具有特定身份的自然人享有的一项身份性权利，不具有特定身份就不能享有继承权。例如，配偶有相互继承遗产的继承权，夫妻离婚后因双方不具有配偶身份，也就不再享有相互继承遗产的继承权；又如养父母与养子女间有相互继承遗产的权利，但在收养关系解除后，当事人双方因失去了养父母、养子女的身份，也就不会有相互继承遗产的继承权。由于客观意义继承权是基于继承人与被继承人之间的特定身份关系当然发生的，因此，客观意义的继承权具有身份性。也正是基于这一点，有学者认为继承权为身份权。应当承认，在古代社会，因继承不仅包括财产继承还包括身份继承，继承权被视为身份权是有根据的。但是，现代法上，客观意义继承权也只是法律赋予具有特定身份的人可以取得被继承人遗产的权利,而不是保障其取得被继承人身份权益的,因此,现代法上的客观意义继承权也只能是具有身份性的权利。

(3) 它是只能由继承人享有的权利,具有专属性。客观意义继承权是继承人继承被继承人遗产的资格,因此,这一权利也就具有人身专属性。继承权只能由特定的继承人专有,既不能放弃,也不能转让。

(4) 它是一种效力会有所不同的权利。客观意义继承权是法律规定的法定继承人范围之内的自然人享有的权利。客观意义的继承权所表示的是继承人的法律地位,而不同继承人在继承中的法律地位是不同的。也就是说,继承人享有的客观意义的继承权的效力是有差异的。在法定继承中,法定继承人是按照法律规定的不同顺序参与继承的,因继承人继承顺序的不同,继承人所享有的继承权的效力也就有所不同,前一顺序继承人享有的继承权的效力强于后一顺序继承人享有的继承权利,因为只要有前一顺序继承人参与继承,后一顺序继承人就不能参加继承。在遗嘱继承中,有效遗嘱指定的继承人的继承权的效力强于其他法定继承人的继承权的效力,有遗嘱继承人继承的遗产,其他继承人就不能继承。

2. 主观意义上的继承权

主观意义上的继承权,是指继承人在继承法律关系中享有的实际继承被继承人遗产的权利。因此,继承人只有参与继承法律关系才能享有主观意义的继承权。主观意义继承权实际上也是继承法律关系的内容,只有产生继承法律关系,继承人才会享有主观意义继承权,也就是权利说所讲的继承权。

继承人之所以可以参与继承法律关系,是因为其享有客观意义的继承权。不享有客观意义的继承权,就不可能取得主观意义的继承权。因此,可以说,主观意义的继承权是由客观意义继承权转化而来的,而客观意义上继承权能够转化为主观意义的继承权,须具备以下三个条件:其一,被继承人死亡。因为只有被继承人死亡才产生继承法律关系。其二,被继承人留有遗产。因为遗产为继承法律关系的客体,没有遗产不能构成继承法律关系。其三,继承人未丧失继承权。因为,若继承人丧失了继承权,也就不能参与继承遗产。

因为继承人只有参与继承法律关系才能实际继承遗产,所以主观意义继承权也就是客观意义继承权的实现条件。主观意义继承权具有以下特性:

(1)它是一项既得权。主观意义继承权是继承人在继承法律关系中实际享有的继承被继承人遗产的具体权利,而不仅仅是取得遗产的现实可能性。继承人享有主观意义继承权,就可以行使和实现该权利,可以取得被继承人的遗产,而不再需要其他的条件。因此,主观意义的继承权是一种既得权,而不是在只有具备其他条件时才可行使和实现的期待权。

(2)它是一种财产权。主观意义的继承权是继承人取得被继承人遗产的权利,是以财产利益为内容的,因此它是一种财产权。如果说因客观意义的继承权具有一定身份性,对其属于财产权还是人身权有争议,那么,对于主观意义继承权的财产权性质是不应有任何疑问的。

(3)它是一种绝对权。绝对权是与相对权相对应的。绝对权是可以对抗权利人以外的任何人的权利,而相对权是仅能对抗特定相对人的权利。继承人享有的主观意义继承权是可以对抗任何人的，在继承法律关系中，继承人为权利主体，继承人以外的其他不特定人都是义务主体，继承人实现继承权也无须借助义务人的履行行为，且继承权一旦由某人享有，其他人就不能享有，因此，继承权为绝对权，具有排他性。

（4）它是以继承遗产为内容的权利。继承权为财产权，这基本已为学者共识。但在继承权为何种财产权以及权利内容为何上，却有不同的观点。由于继承权为绝对权，具有排他性，此与物权相似，因此，有的主张继承权为一种物权。由于继承人基于继承权而取得遗产，而债权人也是基于债权取得财产的，因此，有的主张继承权为一种债权。这些观点实际上都是以传统民法上将财产权仅划分为物权与债权为前提的。但是，现代民法上的财产权决不仅限于物权、债权，知识产权、继承权都已经成为一项独立类型的财产权。继承权是继承人取得遗产的根据，是以取得遗产为内容的财产权，它既不是对遗产的支配权，也不是要求义务人为给付行为的权利。因此，继承权既不属于物权，也不属于债权，而是一种独立的财产权类型。

（二）继承的接受、放弃和受遗赠的接受、放弃

第一千一百二十四条 继承开始后，继承人放弃继承的，应当在遗产处理前，以书面形式作出放弃继承的表示；没有表示的，视为接受继承。

受遗赠人应当在知道受遗赠后六十日内，作出接受或者放弃受遗赠的表示；到期没有表示的，视为放弃受遗赠。

本条规定了继承的接受、放弃和受遗赠的接受、放弃。

1. 继承的接受

继承的接受，又称为继承权的承认、继承权的接受，是与继承的放弃相对应的概念，指的是继承人在继承开始后作出的同意继承被继承人遗产的意思表示。

因为继承的接受是继承人作出的以同意继承遗产为内容的意思表示，所以继承的接受是继承权人实施的行使继承权的单方法律行为，称为继承行为。

关于继承权接受的意思表示的方式和效力，依各国继承法立法例的不同而不同。依照当然继承主义的立法例，自被继承人死亡继承开始，被继承人遗留的财产就当然归属继承人，而不以继承人接受或者承认继承为条件。依照承认继承主义的立法例，被继承人死亡后，遗产并不当然就归属继承人，须待继承人为承认继承的意思表示后，遗产始归属于继承人。而依照交付主义的立法例，继承开始后，遗产先归属遗产管理人，经清算后，继承人承认继承的才可以请求遗产管理人交付遗产。如上所述，我国法是采取当然继承主义立法例的，以当然继承为原则。因此，继承人接受继承的意思表示，无须明示，也可以采取默示的方式。在继承开始后遗产处理前，只要继承人未作出放弃继承的意思表示，就视为其接受继承。

关于继承的接受亦即继承的承认，许多国家的立法区分了单纯承认和限定承认。例如，《日本民法典》第922条规定，"继承人可以以只在因继承而取得财产的限度内清偿被继承人的债务及遗赠为保留条件，承认继承。"该条规定了继承的限定承认。依日本民法规定，只有在继承人作出继承的限定承认即限定接受的意思表示时，继承人才对被继承人的债务承担有限清偿责任，而继承人作出单纯承认时，就要无限承继被继承人的权利义务。依《日本民法典》第921条规定，于下列情形，继承人视为单纯承认：一是继承人已经全部或者部分处分了继承财产，但保存行为及不超过规定期间的租赁，不在此限；二是继承人未在规定期间内作出限定承认或者放弃继承；三是继承人在作出限定承认或者放弃继承以后，将继承财产全部或者部分隐匿或私自消费，抑或以恶意不将其记载于财产目录，但因继承人放弃继承，而已成为继承人的人对继承作出承认之后，不在此限。可见，限定接受继承制度是保护继承人和被继承人的债权人以及其他利害关系人利益的一项十分重要的制度。[1] 在民法典编纂过程中，有学者提出我国法上也应规定继承限定接受制度。虽然我国立法上最终未规定继承人的有限接受继承，而仅规定有限责任继承原则，但是法律明确规定了接受继承的继承人的管理遗产的义务，接受继承的继承人只有履行法律规定的义务，才能对遗产债务负有限清偿责任，否则，继承人应无限度地承受被继承人的财产权利义务。

接受继承，是继承人行使继承权以实现继承权的前提。继承权是继承人取得遗产的权利，包括占有、管理遗产，也包括请求侵占遗产之返还等权能。因此，继承人行使继承权的各项权能的行为，都为行使继承权的行为。继承权的行使可以由继承人自行为之，也可由代理人代为行使。继承人为无民事行为能力人的，由其法定代理人代为行使继承权；继承人为限制民事行为能力人的，可以由其法定代理人代为行使继承权，也可

---

[1] 张玉敏：《继承法律制度研究》，法律出版社1999年版，第124页。

以经法定代理人同意后自己行使继承权。法定代理人代理无完全民事行为能力的继承人行使继承权的,不得损害继承人的利益。

2. 继承的放弃

(1) 继承放弃的含义。继承的放弃,又称继承权的放弃、继承的拒绝,是指继承开始后继承人作出的放弃继承被继承人遗产的意思表示。继承的放弃实际上是继承人对自己继承遗产的权利的一种处分,因为权利人只能处分其具体的权利,因此,继承人放弃的继承权只能是主观意义上的继承权,而不能是客观意义的继承权。主观意义的继承权是自继承开始继承人才享有的,所以继承权的放弃只能是发生在继承开始后。在继承开始前继承人仅享有继承资格,而继承资格是不能放弃的。继承的放弃也不能在遗产处理后,因为遗产处理后,继承人就取得了遗产的单独所有权,于此时取得遗产的继承人可以放弃遗产,而不能是放弃继承。在共同继承时,遗产的处理表现为继承人分割遗产。因此,继承人放弃继承只能于遗产分割前。而在继承人只有一人单独继承时,不存在遗产分割,于此情形下,何时为遗产处理之时呢?对此有不同的看法。实务中通常认为,如遗产为动产,继承人占有该动产即为完成继承,遗产已处理;遗产为不动产的,办理了产权过户登记为完成继承,遗产已处理。

法律认可继承人可以放弃继承,这是法律和社会进步的表现,是对无限继承的一种否定。因为继承人放弃继承,也就可以不承受被继承人的债务,可以对被继承人的债务不负任何清偿责任。

（2）继承放弃的方式和条件。继承权的放弃，也属于广义上的继承行为。作为一种单方民事法律行为，继承的放弃也需继承人以一定的方式表达放弃继承的意思表示。各国继承法关于继承放弃的方式有两种做法：其一，继承放弃的意思表示须以明示方式。依此种立法例，继承人只有明确作出放弃的意思表示，才为放弃继承；继承人未明确表示放弃继承的，即视为接受继承。其二，继承放弃的意思表示可以采取默示方式。依此种立法例，继承人未明确表示接受继承的，则视为不接受继承。我国法采取前一种做法。依我国法规定，接受继承的意思表示可以采用默示方式，而放弃继承的意思表示必须以明示方式作出。

继承人放弃继承的，应采用书面形式向遗产管理人或者其他继承人作出放弃的意思表示。从实务上看，继承人也可以口头形式作出放弃继承的意思表示。但是，在本人不承认作出放弃的意思表示或者没有其他证据证明继承人放弃继承的，继承人口头放弃的意思表示会不发生放弃的效力。在诉讼中，继承人也可以向法院表示放弃继承。继承人向法院以口头形式放弃继承的，法院要制作笔录，由放弃继承的继承人签名。否则，继承人放弃的意思表示不能生效。

继承人放弃继承行为属于单方民事法律行为，只要有继承人明确放弃继承的意思表示即可成立，但是，放弃继承也只有符合民事法律行为的有效要件才能发生效力。由于继承人放弃继承会影响到其他人的利益，所以放弃继承不能附条件，也不能附期限。因为，如果允许放弃继承可以附条件和期限，继承关系就会处于不能确定的不稳定状态，从而影响其他继承人的利益。

放弃继承只能是概括放弃,而不能是放弃继承部分遗产而保留继承其他部分遗产的权利。继承人如果做出这种部分放弃部分接受继承的意思表示,则不为继承权的放弃而属于遗产的放弃。继承人放弃继承的意思表示一经发生效力,放弃继承的继承人既不负清偿遗产债务的责任,也不享有取得遗产权利的权利。

继承人放弃继承,不能损害他人的利益,否则其放弃行为无效。按照最高人民法院《继承编解释》第32条规定,司法实务中认为,"继承人因放弃继承权,致其不能履行法定义务的,放弃继承权的行为无效。"如果继承人放弃继承权与其不能履行法定义务之间并无因果关系,则继承人放弃继承权行为的效力不受不能履行法定义务的影响。继承人放弃继承权致其不能履行非法定的义务,即因其放弃继承而损害继承人的债权人利益的,该放弃行为是否有效呢?这涉及债权人是否可以行使撤销权而请求撤销继承人放弃继承的行为。对此,有不同的立法例,学者及实务上也有肯定说与否定说两种不同的观点。持肯定说的观点认为,继承人放弃继承的行为有害于债权人利益的,债权人可以行使撤销权,以保全自己的债权,这有利于维护债权人的利益。如《意大利民法典》第524条中规定,"如果因某人放弃继承一项遗产而使其债权人利益受到了损害,则该债权人可以为了用遗产进行清偿,请求准许以放弃继承的人的名义和顺序接受遗产,但是以满足债权额为限。"[①]持否定说的观点认为,放弃继承行为事关继承人人格的基本自由及尊严,即使放

---

① 费安玲等译:《意大利民法典》(2004年),中国政法大学出版社2004年版,第135页。

弃继承会"间接"地有损继承人之债权人利益,债权人也不得撤销。①也有学者持折中说,主张原则上继承人抛弃继承的行为,其债权人不得撤销,但继承人(债务人)若有因此而诈害债权人之故意者,应当例外承认债权人得撤销。②上述各种观点都有一定道理。债权人是否可以撤销继承人放弃继承的行为,更重要的是决定于立法选择。依我国现行法规定,继承人放弃继承的行为根本就不是撤销权的标的。原《合同法》第74条第1款明确规定,"因债务人放弃其到期债权或者无偿转让财产,对债权人造成损害的,债权人可以撤销债务人的行为。债务人以明显不合理的低价转让财产,对债权人造成损害,并且受让人知道该情形的,债权人也可以请求人民法院撤销债务人的行为。"《民法典》第538条规定,"债务人以放弃其债权、放弃债权担保、无偿转让财产等方式无偿处分财产权益,或者恶意延长其到期债权的履行期限,影响债权人的债权实现的,债权人可以请求人民法院撤销债务人的行为。"第539条规定,"债务人以明显不合理的低价转让财产、以明显不合理的高价受让他人财产或者为他人的债务提供担保,影响债权人的债权实现,债务人的相对人知道或者应当知道该情形的,债权人可以请求人民法院撤销债务人的行为。"继承人放弃继承权,既不属于放弃其到期债权的行为,也不属于转让财产的行为,并不属于法律规定的可以成为债权人撤销权标的行为。继承人放弃继承的行为

---

① 陈苇、王巍:《放弃继承行为不能成为债权人撤销权的标的》,载《甘肃社会科学》2015年第5期。
② 刘耀东:《论继承人放弃继承与债权人之撤销权》,载《民商法争鸣》2011年第2期。

既然不能成为其债权人行使撤销权撤销的标的,债权人也就不能请求撤销。债权人与继承人之间的债务关系是以债务关系发生之当时的继承人的财产为责任财产的,作为债务人的继承人未来可以继承之遗产并不在其责任财产的范围之内。因此,尽管作为债务人的继承人若继承遗产会有利于清偿其债务,但其放弃继承也不能成为损害债权人利益的原因,因为该可期待的继承利益也并非是债权人预期的利益。

(3)继承权放弃的效力。继承人放弃继承权,也就是不参与继承法律关系。继承法律关系自被继承人死亡时发生。因此,继承人放弃继承的效力也就溯及到继承开始。[①] 自继承开始,放弃继承权的人就不享有主观意义继承权,其既不享有接受被继承人遗产的权利,也不承担清偿被继承人债务的责任。但是,放弃继承权的继承人占有遗产的,在遗产移交给遗产管理人或者其他继承人以前,其仍负有妥善保管占有的遗产的义务;放弃继承权的继承人在被继承人生前与被继承人间有债权债务关系的,该债权债务关系不因其放弃继承权而消灭。继承人放弃继承权的,其应继承的遗产份额按照法定继承办理。同一顺序继承人中有放弃继承权的,该继承人应继份额归属于其他同一顺序的继承人;前一顺序的继承人全部放弃继承的,遗产为后一顺序继承人继承。

继承人放弃继承权的,其晚辈直系血亲可否代位继承呢?对此有不同的立法例。一种立法例认为,放弃继承的人"视为

[①] 最高人民法院《执行继承法的意见》第51条也规定,放弃继承的效力,追溯到继承开始的时间。

自始即非继承人",因放弃继承权的人自始就不是继承人,未曾拥有继承权,因此,放弃继承权不会发生代位继承。另一种立法例认为,放弃继承之人视为"继承开始前死亡"或遗产自始对其"未发生归属",放弃继承权的人原是享有继承权的,因此放弃继承权可以发生代位继承。我国法对此未作规定。一种观点认为,多数情形下继承人放弃继承权或是为了不承担清偿遗产债务的责任,或是为了其他继承人的利益,因此,继承人放弃继承权的,不应发生代位继承。司法实务中也不认可放弃继承权的可发生代位继承。

继承人放弃继承权后可否撤回其放弃的意思表示呢?各国立法规定不一。有的明确规定,放弃继承的声明不得撤回;有的规定,放弃继承的声明做出后在一定期间内可以撤回;有的对此不作规定。我国法即采取最后一种立法例,对继承人可否撤回放弃继承的意思表示未作规定。按照《继承编解释》第36条规定,司法实务中的做法是"遗产处理前或在诉讼进行中,继承人对放弃继承翻悔的,由人民法院根据其提出的具体理由,决定是否承认。遗产处理后,继承人对放弃继承翻悔的,不予承认。"对于这种由法院决定是否承认继承人对放弃继承的翻悔的做法是否妥当,是有争议的。有学者认为,由法院决定是否承认继承人撤回放弃继承的声明的做法不妥。放弃继承的意思表示一经生效也就不能撤回。许可继承人可以撤回放弃继承的声明,一方面影响继承法律关系的稳定性和其他继承人的利益,另一方面也不符合诚实信用原则的要求。当然,如果放弃继承的意思表示并非放弃人的真实意愿,放弃继承权的人可以要求撤销该有瑕疵的放弃行为,但撤销权的行使也应有时间限制,在没有另外规定时，可适用民法总则关于可撤销民事法律行为的撤销权行使期间的规定。

现实中，有的继承人是在继承开始前做出放弃继承的意思表示，而在继承开始后又要求参加继承。有的认为，这种翻悔应当允许。这种理解是不对的。因为放弃继承只能发生在继承开始后，在继承开始前，继承人享有的是客观意义继承权，是不能放弃的，其所为的所谓放弃根本就没有任何效力。如果继承人在继承开始前做出放弃继承的意思表示，在继承开始后认可其以前做出的放弃继承的意思表示，也只能说明该继承人在继承开始后重新做出放弃继承的意思表示。

3. 受遗赠的接受和放弃

受遗赠的接受和放弃，是指受遗赠人做出接受还是放弃受遗赠的意思表示。被继承人可以在遗嘱中决定将某项财产赠与继承人以外的人。遗嘱中指定的受赠人即为受遗赠人。遗嘱中指定赠与某人财产的，该人有决定是否接受赠与的权利，因为任何人不能强迫他人接受其赠与。受遗赠人接受遗赠的，遗赠生效，受遗赠人有权要求遗产管理人或者继承人移交受遗赠的财产；受遗赠人不接受遗赠的也就是放弃受遗赠，遗赠不生效，遗赠的财产归属于继承人。

为稳定继承法律关系，继承开始后，受遗赠人应当及时作出是否接受遗赠的意思表示。与继承人接受继承和放弃继承的意思表示的形式不同，受遗赠人接受遗赠的意思表示应采明示方式，而放弃遗赠的意思表示可以采默示方式。依我国法规定，受遗赠人作出是否接受遗赠意思表示的期间为60日，自受遗赠人知道受遗赠之日起计算。期间届满，受遗赠人没有明确表示接受遗赠的，视为放弃受遗赠，受遗赠人不得再主张接受遗赠的权利。受遗赠人为无民事行为能力人的，其法定代理人可以代为作出接受遗赠的意思表示，而不得代为拒绝接受遗赠。

受遗赠人接受遗赠后，可以自行行使受遗赠权，也可以由代理人代为行使受遗赠权。受遗赠人为无民事行为能力人的，由其法定代理人代为行使受遗赠权；受遗赠人为限制民事行为能力人的，由其法定代理人代为行使或者征得法定代理人同意后自己行使受遗赠权。

（三）继承权的丧失

第一千一百二十五条 继承人有下列行为之一的，丧失继承权：

（一）故意杀害被继承人；

（二）为争夺遗产而杀害其他继承人；

（三）遗弃被继承人，或者虐待被继承人情节严重的；

（四）伪造、篡改、隐匿或者销毁遗嘱，情节严重；

（五）以欺诈、胁迫手段迫使或者妨碍被继承人设立、变更或者撤回遗嘱，情节严重。

继承人有前款第三项至第五项行为，确有悔改表现，被继承人表示宽恕或者事后在遗嘱中将其列为继承人的，该继承人不丧失继承权。

受遗赠人有本条第一款规定行为的，丧失受遗赠权。

本条规定了继承权的丧失和受遗赠权的丧失。

1. 继承权丧失的含义

继承权的丧失，又称继承权的剥夺，是指依照法律规定在发生法定事由时取消继承人继承被继承人遗产的资格。继承权丧失有以下含义：

其一，继承权的丧失是继承人继承被继承人遗产资格的丧失。继承被继承人遗产的资格仅是继承人享有的客观权利，而不是主观权利。所以，继承人丧失继承权实际是继承人失去继承被继承人遗产的法律地位，而不是失去接受被继承人遗产的具体权利。

其二，继承权的丧失是依照法律的规定取消继承人的继承资格。继承权的丧失不是由继承人自行决定的，继承人可以自行决定是否接受继承，但这是以其有继承资格为前提的。继承权的丧失只能是依照法律规定对继承人继承资格的一种剥夺，而不能由任何人自主决定。

其三，继承权的丧失是在发生法定事由时继承人继承被继承人遗产资格的被取消。继承人继承被继承人遗产的资格是法律赋予的，非有法定的事由，非经法定的程序，任何人不得非法剥夺。继承权的丧失是以发生法定事由为条件的。也就是说，只有发生了法律规定的继承人丧失继承权的法定事由，继承人的继承权才能经法定程序予以取消。如果继承人不是因为发生继承权丧失的法定事由而不能继承被继承人的遗产，则不属于继承权的丧失。例如，被继承人在遗嘱中指定某继承人不能继承遗产，该继承人虽也不能继承被继承人的遗产，但其权利是由遗嘱人取消的，不是继承权丧失的效力。

2. 继承权丧失的法定事由

继承权丧失的法定事由，是法律规定的继承人丧失继承权的法律事实。因各国的国情不同以及法律规定的继承权丧失的含义不完全相同，各国法律规定的继承权丧失的法定事由也不同。例如,《德国民法典》第2339条中规定,有下列情形之一的,丧失继承权:(1)故意且不法杀害或意图杀害被继承人,或使被继承人生前陷入不能作成或废弃死因处分者;(2)故意且不法妨害被继承人作成或废弃死因处分者;(3)以恶意之欺诈或不法之胁迫使被继承人作成或废弃死因处分者;(4)对于被继承人之死因处分,实施刑法第267条、第271条至274条规定之犯罪行为,而应负责任者。《日本民法典》第891条规定,下列人等,不能成为继承人:(1)故意致使被继承人或在继承上处于先顺位或同顺位的人于死亡,或因要致其死亡而被处以刑罚的人;(2)已知被继承人被杀害而不去告发或控告的人;但该人不能辨别是非时,或杀害者为自己的配偶或直系血亲时,不在此限;(3)以诈欺或胁迫妨碍被继承人订立、撤回或变更被继承人关于继承的遗嘱的人;(4)以诈欺或胁迫致使被继承人订立、撤销或变更继承的遗嘱的人;(5)伪造、变造、销毁或隐匿被继承人关于继承的遗嘱的人。《魁北克民法典》第620条规定,下列人当然不配继承:(1)被确认试图杀害被继承人者;(2)被剥夺对子女的亲权且其子女免除向他支付扶养费义务的人对子女的遗产。第621条规定,下列人可以宣告为不配继承:(1)对被继承人有虐待或其他可严厉指责的行为者;(2)恶意隐匿、篡改或毁坏被继承人的遗嘱者;(3)阻挠遗嘱人书写、修改或撤销遗嘱者。依我国法规定,继承权丧失的法定事由有以下五项:

(1)继承人故意杀害被继承人

继承人故意杀害被继承人,从刑事上说是一种严重犯罪行为;从民事上说是一种严重侵害被继承人生命权的侵权行为。故意杀害被继承人的继承人,不论其是否被追究刑事责任,都丧失继承权。因为继承是可从被继承人的遗产得到利益的，不能让加害人因实施加害行为而得到利益。

构成故意杀害被继承人的行为须具备以下条件：

其一，须为继承人对被继承人实施的加害行为。不是继承人的人对被继承人实施的加害行为，不构成杀害被继承人的行为，但继承人与继承人以外的他人共同实施的加害被继承人的行为，可以构成杀害被继承人的行为。

其二，继承人实施的是杀害被继承人的行为。杀害是以剥夺他人的生命为目的不法行为，因此，如果继承人对被继承人实施的不是以剥夺生命权为目而是损害健康为目的的行为，则不能构成杀害行为。但杀害行为并不以被害人是否死亡为要件。因此，只要继承人对被继承人实施的是以剥夺生命权为目的行为，就构成杀害被继承人的行为，至于继承人杀害的动机为何，杀害是否导致被继承人死亡，则在所不问。

其三，须继承人主观上有杀害的故意。杀害行为有故意与过失之分，只有继承人故意杀害被继承人的，继承人的继承权才丧失。继承人杀害的故意包括直接故意和间接故意。继承人明知自己的行为发生侵害被继承人生命的结果的，为直接故意；继承人希望或者放任被继承人死亡的，为间接故意。但继承人并非故意而仅是过失杀害被继承人的，不构成继承权丧失的事由。继承人故意杀害被继承人的，不论直接故意还是间接故意，不论是既遂还是未遂，均可确认其丧失继承权。

在继承人故意杀害被继承人作为继承权丧失的事由上，还有以下三个问题存在争议：

第一，继承人因防卫过当而杀害被继承人的，其继承权是否丧失？

继承人因正当防卫而杀害被继承人的，因其行为不具有不法性，当然不能因此而丧失继承权。但继承人防卫过当而杀害被继承人的，是否丧失继承权呢？对此有三种观点。一种观点认为，继承人因防卫过当而杀害被继承人的，也是因实施正当防卫所致，只要被继承人是因继承人实施正当防卫行为被杀害的，就不应剥夺继承人的继承权。另一种观点认为，继承人防卫过当杀害被继承人的行为，已经不属于正当防卫，应当丧失继承权。再一种观点认为，继承人因防卫过当杀害被继承人的，是否属于故意杀害被继承人，应依防卫过当行为是否构成杀人罪而定。如果继承人实施的防卫过当行为构成杀人罪，则继承人的继承权应丧失；否则，继承人的继承权不应丧失。

第二，继承人对被继承人犯有故意伤害等其他犯罪行为的，是否丧失继承权呢？

对于继承人对被继承人实施故意伤害等犯罪行为是否丧失继承权，也有不同观点。一种观点认为，继承人对被继承人实施其他犯罪行为导致被继承人死亡的，继承人的继承权也丧失。另一种观点认为，对故意杀害被继承人不能作扩大解释，继承人故意伤害被继承人致被继承人死亡与继承人故意杀害被继承人，是两回事，二者不能混为一谈。继承人杀害被继承人，不论被继承人是否死亡，继承人的继承权都丧失；而继承人故意伤害被继承人，不论被继承人是否死亡，也都不能成为丧失继承权的事由，因为继承人的行为并非属于故意杀害被继承人的行为。

第三，未成年子女故意杀害父母的，是否丧失继承权？

对未成年子女故意杀害父母是否丧失继承权，有四种不同的观点。一种观点认为,继承人只要故意杀害被继承人,不论是否成年,均丧失继承权,因为法律并未作例外的规定。第二种观点认为,无民事行为能力人杀害被继承人的,不应丧失继承权,因为行为人是完全没有行为能力的,对自己的行为不承担任何责任,不能构成故意杀害行为。第三种观点认为,未成年子女杀害父母的,如果按照刑法规定不承担刑事责任,则不应丧失继承权;否则,就应丧失继承权。还有一种观点主张,未成年子女故意杀害被继承人而未造成被杀害人死亡后果的,其继承权的丧失应为相对丧失。①

(2)继承人为争夺遗产而杀害其他继承人

继承人为争夺遗产而杀害其他继承人的行为,是以取得遗产为目的而杀害其他继承人的违法行为。因为,法律不能让实施不法行为的行为人的行为目的实现,所以,法律规定继承人为争夺遗产而杀害其他继承人,为继承权丧失的事由。构成继承人为争夺遗产而杀害其他继承人的行为,须具备以下两个条件:

其一,继承人对其他继承人实施了杀害行为。这一条件要求:首先,行为人为继承人。至于继承人是何顺序的继承人,则不影响该行为的构成。继承人的配偶或者继承人的其他亲属独立实施杀害行为的,不发生继承人继承权丧失的后果;其次,继承人实施的是杀害行为。如果继承人实施的不是以剥夺生命权为目的的不法行为,则不构成杀害行为。但杀害不以继承人直

---

① 参见郭明瑞:《论继承法修订应考虑的因素》,载《四川大学学报(哲学社会科学版)》2018年第1期。

接自己亲自实施加害行为为限,继承人教唆他人实施杀害行为的,也构成继承人的杀害;再次,继承人杀害的对象为其他继承人。至于继承人与被杀害的继承人是否为同一顺序的继承人,则在所不问。如果继承人所杀害的人不是其他继承人,或者继承人对其他继承人实施的犯罪行为不是杀害行为,就不会导致继承人继承权的丧失。

其二,继承人杀害的目的是为了争夺遗产。继承人杀害其他继承人的行为是以争夺遗产为目的的故意行为,争夺遗产是继承人实施杀害行为的动机,也是实施杀害行为的目的。如果继承人不是为了争夺遗产而是为了其他的目的而杀害了其他继承人,那么,尽管该继承人应承担相应的刑事责任、民事责任,但此行为与遗产继承无关,该继承人的继承权并不会因此而丧失。例如,兄弟二人因承包的土地用水发生争执,其中一人将另一人打死,因他们并不是为争夺遗产而相互杀害的,所以并不发生其丧失继承父母遗产继承权的后果。

(3)继承人遗弃被继承人,或者虐待被继承人,情节严重

继承人遗弃被继承人是指继承人对没有劳动能力又没有生活来源和没有独立生活能力的被继承人拒不履行扶养义务。继承人遗弃被继承人是将被继承人置于危险境地而不顾的严重的不法行为,该行为既可以是积极行为,如将无独立生活能力的被继承人扔到某处而不管;也可以是消极行为,如对于生活不能自理的被继承人置之不理。继承人实行的行为,不论是积极行为还是消极行为,只有具备以下两个条件,才构成遗弃行为:

其一,被遗弃的对象是没有独立生活能力的被继承人。至于被继承人是因年老、年幼还是病残而没有独立生活能力,则

在所不问。一般来说,被遗弃的被继承人是无劳动能力又无生活来源之人。但被继承人虽有生活来源却无独立生活能力的,仍可成为被遗弃的对象。如果被继承人有独立的生活能力,则因其自己可以独立生活,不会发生被遗弃现象。

其二,继承人有能力尽扶养义务而不尽扶养义务。继承人遗弃被继承人是以其客观上能够扶养被继承人为前提的。如果继承人自身就没有独立的生活能力,客观上并无能力扶养被继承人,于此情形下继承人不尽扶养义务,并无主观上的恶意,也就不构成遗弃行为。

因为遗弃是严重的不法行为、不道德行为,所以凡遗弃被继承人的,继承人的继承权丧失。但对于继承人与被继承人之间因家庭矛盾或某种原因暂时不联系或者关系不密切的,不能认定为继承人实施了遗弃被继承人的行为。

虐待被继承人是指继承人在被继承人生前以各种手段对被继承人进行身体或者精神上的摧残或折磨。例如,在被继承人生前,继承人经常对其打骂,限制其人身自由,迫使其从事不能从事的劳动等。虐待被继承人的行为与遗弃被继承人的行为后果不同。继承人只要遗弃被继承人,就丧失继承权;而继承人虐待被继承人,只有情节严重的,才丧失继承权。因此,要判定虐待被继承人的继承人是否丧失继承权,就须确定继承人虐待被继承人的行为是否情节严重。按照《继承法编解释》第6条的规定,"继承人虐待被继承人情节是否严重,可以从实施虐待行为的时间、手段、后果和社会影响等方面认定。虐待被继承人情节严重的,不论是否追究刑事责任,均可确认其丧失继承权。"从司法实务上看,认定虐待行为是否情节严重,是从主客观两方面衡量的。一般来说，如果继承人对被继承人的虐待行为具有长期性、经常性，并且手段比较恶劣，社会影响很坏，就可认定为虐待情节严重。如果继承人对被继承人仅是一时关心不够、照顾不周，或是因家务事经常争吵甚至打骂，则不能认定为虐待情节严重。

（4）伪造、篡改、隐匿或者销毁遗嘱，情节严重

所谓伪造遗嘱，是指继承人以被继承人的名义制作假遗嘱。伪造的遗嘱根本就不是被继承人设立的，根本不能体现被继承人生前处分财产的意愿。伪造遗嘱一般发生在被继承人未立遗嘱的情形下。但被继承人立有遗嘱，继承人另又制作一份假遗嘱的，也为伪造遗嘱。继承人之所以伪造遗嘱，一般是为了能够独吞或者多得被继承人的遗产，但不论继承人出于何种动机或目的，只要制作假遗嘱，就构成伪造遗嘱。

所谓篡改遗嘱，是指继承人按照自己的意思擅自改变了被继承人设立的遗嘱内容。遗嘱只能是遗嘱人处分其遗产的意思表示，只有遗嘱人可以修改已立的遗嘱，其他任何人都不得改变遗嘱的内容。继承人篡改遗嘱也就是改变遗嘱人处分其遗产的意思表示，否定遗嘱人处分遗产的意思表示。继承人之所以篡改遗嘱，一般是因为遗嘱的内容对己不利。但不论篡改后的遗嘱内容对继承人是否有利，只要继承人修改了遗嘱人所立的遗嘱内容，就构成篡改遗嘱的行为。

所谓隐匿遗嘱，是指继承人将被继承人设立的遗嘱隐藏起来，而不让他人知道被继承人设立的遗嘱内容。所谓销毁遗嘱，是指继承人将被继承人设立的遗嘱毁掉，以完全否认被继承人生前对遗产的处置意思。隐匿或者销毁遗嘱，都是完全否定遗

嘱人遗嘱的行为，是完全否定被继承人生前对其死亡后遗产处理的安排，从根本上违背了被继承人的遗愿。

继承人伪造、篡改、隐匿或者销毁遗嘱的行为，既可以是继承人亲自实施的，也可以是继承人授意他人实施的。当事人实施行为的目的或是为使自己得到或多得遗产，或是为了使他人不能得到或少得遗产，但不论其目的或动机为何，该行为都是违背被继承人生前对其财产处分意愿的不法行为，应以故意为主观构成要件。

伪造、篡改、隐匿或销毁遗嘱，只有情节严重的，才丧失继承权。何为情节严重？司法实务中认为，"继承人伪造、篡改或者销毁遗嘱，侵害了缺乏劳动能力又无生活来源的继承人的利益，并造成其生活困难的，应认定为情节严重。"因此，继承人伪造、篡改、隐匿或者销毁遗嘱，只有侵害了缺乏劳动能力又无生活来源的继承人的利益，并造成其生活困难的，才构成情节严重，继承人才丧失继承权。继承人伪造、篡改、隐匿或者销毁遗嘱，并没有侵害缺乏劳动能力又无生活来源的继承人的利益的，不属于情节严重，继承人的继承权不丧失。

（5）以欺诈、胁迫手段迫使或者妨碍被继承人设立、变更或者撤回遗嘱，情节严重

丧失继承权的这一事由，在原《继承法》中并未规定，是《民法典》新增加的。依民法总则规定，以欺诈、胁迫的手段迫使他人实施的民事法律行为，属于意思表示不自由的民事法律行为，是可撤销民事法律行为。继承人以欺诈、胁迫手段迫使或者妨碍被继承人设立、变更或者撤回遗嘱的，严重地侵害了被继承人设立遗嘱的自由，使遗嘱不能真实地体现被继承人处

分遗产的真实意愿。因此，凡实施以欺诈、胁迫手段迫使或妨碍被继承人设立、变更或者撤回遗嘱的继承人，其实施的行为情节严重的，继承权也丧失。

如何判断继承人以欺诈、胁迫手段迫使或妨碍被继承人设立、变更或者撤回遗嘱的行为情节是否严重呢？一般来说，判断该行为情节是否严重应与判断伪造、篡改、隐匿或者销毁遗嘱的行为情节是否严重适用同一标准，也应以行为的结果是否侵害了缺乏劳动能力又无生活来源的继承人的利益且造成其生活困难为判断标准。也就是说，继承人以欺诈、胁迫手段迫使或者妨碍被继承人设立、变更或者撤回遗嘱，侵害了缺乏劳动能力又无生活来源的继承人的利益的，属于情节严重，丧失继承权。

3. 继承权丧失的类型

关于继承权丧失的类型，学者中有不同的划分。有的将继承权的丧失分为当然的终局的丧失、当然的非终局的丧失和兼有被继承人意思表示的丧失。继承权当然的终局的丧失，是指只要有法定的丧失事由发生，继承权就当然地且确定地丧失，嗣后也并不会因被继承人宽恕而回复；继承权当然的非终局的丧失，是指有法定的丧失事由，继承权就当然丧失，但也可以因被继承人的宽恕而不丧失；继承权兼有被继承人意思表示的丧失，是指继承人虽对被继承人有重大的不道德或违法行为，但继承人的继承权并不当然丧失，须有被继承人表示其不得继承时，继承人的继承权才丧失。这一划分标准是以被继承人取消继承人的继承权也作为继承权丧失的情形为前提的。我国继承法上并没有将被继承人在遗嘱中取消继承人继承遗产的权利也规定为继承权的丧失。因此,我国法上不存在兼有被继承人意思表示的继承权丧失。依我国法规定,根据继承权丧失后能否回复,继承权的丧失可以分为继承权的绝对丧失和继承权的相对丧失两种类型。

(1) 继承权的绝对丧失

继承权的绝对丧失,是指因发生某种使继承人丧失继承权的法定事由时,继承人的继承权便终局丧失,该继承人已经丧失对特定被继承人遗产的继承权,就不得也不能回复其继承权。可见,继承权的绝对丧失,是不可改变的,不依被继承人或者其他人的意志而变化。依我国法规定,继承人故意杀害被继承人和继承人为争夺遗产而杀害其他继承人,继承人的继承权绝对丧失。即使被继承人在遗嘱中指定该继承人继承的,该继承人也因继承权的绝对丧失而不得继承。司法实务中认为,继承人有故意杀害被继承人或者为争夺遗产杀害其他继承人的行为的,而被继承人以遗嘱将遗产指定由该继承人继承的,可以确认遗嘱无效,并确认该继承人丧失继承权。这是因为该遗嘱继承人的继承权已经丧失且其丧失为终局性的。如前所述,有学者主张,杀害被继承人的继承人不具备完全民事行为能力或者未造成严重后果的,其继承权的丧失可为相对丧失。但立法机关未接受这一建议。

(2) 继承权的相对丧失

继承权的相对丧失,是指虽因发生某种法定事由继承人的继承权丧失,但在具备一定条件时继承人的继承权也可以回复。由于相对丧失的继承权是可以回复的,因而继承权的相对丧失也就不属于终局丧失,所以,继承权的相对丧失又称为继承权的非终局丧失。依我国法规定，继承人因下列事由丧失继承权的，都属于继承权的相对丧失：①遗弃被继承人，虐待被继承人情节严重；②伪造、篡改、隐匿或者销毁遗嘱，情节严重；③以欺诈、胁迫手段迫使或者妨碍被继承人设立、变更或者撤回遗嘱，情节严重。

继承权相对丧失的继承人，如其确有悔改表现又经被继承人宽恕的，可不确认其丧失继承权，即丧失的继承权可回复。可见，被继承人的宽恕是回复相对丧失的继承权的根本条件。所谓被继承人的宽恕，是指被继承人对于继承人所实施的应丧失其继承权的行为予以谅解，认可继承人有可以继承其遗产的资格。一般来说，被继承人对继承人的宽恕也是以继承人承认错误，对其实施的不法行为确有悔改表现为前提的。但是，继承人是否有悔改表现，不是继承权可否回复的条件。继承人丧失的继承权可以回复的唯一的根本条件，就是被继承人的宽恕。因为法律规定继承权相对丧失制度的目的不是为了继承人的利益，而是为了被继承人的利益，促使继承人改恶从善，尊重被继承人的意愿。被继承人宽恕继承人的意思表示可采取明示方式，也可采取默示方式。被继承人在继承人实施可以相对丧失继承权的相关行为以后，在遗嘱中仍将该继承人列为继承人的，也就是以默示方式表示宽恕继承人的行为，该继承人的继承权不丧失。

4.继承权丧失的确认

关于继承权丧失的方式，各国有不同的立法例。有的国家规定，只要发生继承人继承权丧失的事由，继承人的继承权就当然地自然丧失，无须被继承人再做出某种意思表示，也无须采取某种形式。例如,《魁北克民法典》第 623 条规定,如一继承人当然不配继承,任何相续人可以在继承开始后或知悉不配事由后一年内,申请法院宣告该继承人为不配。有的国家规定,丧失继承权需要采用一定形式或经司法程序确认。例如,《德国民法典》第 2340 条中规定,继承权丧失之主张,以撤销遗产取得之方法为之。

依我国现行法规定,只要发生继承权丧失的事由,继承人的继承权就当然丧失,不需要再采取某种方式表示。但是,当事人就某人是否丧失继承权发生争议时,当事人应当向法院提起诉讼,由法院经司法程序确认继承人的继承权是否丧失,其他任何机关或者个人都无权确认继承人的继承权是否丧失。

依《继承编解释》第 5 条规定,"在遗产继承中,继承人之间因是否丧失继承权发生纠纷,向人民法院提起诉讼的,由人民法院根据民法典第一千一百二十五条的规定,判决确认其是否丧失继承权。"可见,在司法实务中,只有在遗产继承中继承人之间因其是否丧失继承权发生纠纷,诉讼到法院的,法院才经民事审判程序依法作出是否确认其丧失继承权的判决。由此可见,法院不能依职权主动地确认继承人是否丧失继承权。即使在刑事审判中,法院认定行为人的不法行为也构成继承权丧失的法定事由,法院也不能主动作出确认该行为人丧失继承权的判决。

5. 继承权丧失的效力

继承权丧失的效力也就是继承权丧失的法律后果,包括继承权丧失的时间效力和对人的效力两方面。

（1）继承权丧失的时间效力

继承权丧失的时间效力是指继承权的丧失自何时发生效力。关于继承权丧失的时间，有不同的观点。一种观点认为，继承权丧失的时间为丧失继承权的事由发生之时，因此，继承权丧失可发生在继承开始之时，也可发生在继承开始之前或之后。另一种观点认为，不论继承权丧失的事由发生在何时，继承权的丧失均自继承开始之时发生效力。因为继承权的丧失是继承资格的丧失，是指继承人不得为继承人，因此，继承权的丧失只能是指客观意义继承权的丧失。由于客观意义继承权于继承开始就转化为主观意义继承权，继承权的丧失不能发生在继承开始后，因此，即便继承权丧失的事由发生于继承开始后，例如，在继承开始后继承人为争夺遗产而杀害其他继承人，其继承权的丧失也是溯及于继承开始时发生效力。如果某继承人的继承权丧失经法院判决确认，该继承人也是自继承开始就无权继承，而不是从法院判决生效时起无权继承；若该人此时已经占有遗产，则应依不当得利的规定无条件返还给其他继承人。

（2）继承权丧失对人的效力

继承权丧失对人的效力包括以下四个方面：

其一，继承人的继承权的丧失对被继承人的效力。继承人继承权的丧失仅是对特定的被继承人发生效力，对其他被继承人不发生效力，即继承人只是对该特定的被继承人的遗产失去继承资格，而对其他的被继承人的遗产并不失去继承资格。例如，某继承人因杀害其父而丧失继承其父遗产的继承权，但该继承人仍可以继承其母的遗产。因为继承权的丧失并不是继承能力的丧失。继承能力属于权利能力的范畴，丧失继承能力的继承人不会再成为继承人。而继承权的丧失是继承特定被继承人遗产的资格的丧失，只是相对于特定被继承人的遗产失去继承资格。

其二，继承人继承权的丧失对其他继承人的效力。被继承人的某一继承人丧失继承权的，该继承人原应享有的继承份额转由其他继承人享有。

其三，继承权的丧失对该继承人的晚辈直系血亲的效力。关于继承权丧失对继承人的晚辈直系血亲的效力，主要有两种立法例：一是规定继承权的丧失对继承人的晚辈直系血亲不发生效力，即：继承人丧失继承权的，该继承人的晚辈直系血亲仍得代位继承；一是规定继承权的丧失对继承人的晚辈直系血亲发生效力，即：继承人丧失继承权的，其晚辈直系血亲也不得代位继承。《继承编解释》第17条规定，"继承人丧失继承权的，其晚辈直系血亲不得代位继承。如该代位继承人缺乏劳动能力又没有生活来源，或对被继承人尽赡养义务较多的，可以适当分给遗产。"可见，我国司法实务中认可继承权的丧失对继承人的晚辈直系血亲发生效力。但学者多认为，最高法院的这一司法解释并不合适。继承人的晚辈直系血亲代位继承应是其固有的权利，因此，只要继承人未参与继承，不论是因死亡还是因丧失继承权不能继承，继承人的晚辈直系血亲都应可代位继承。认可继承人的继承权丧失对其晚辈直系血亲发生效力，一方面让其晚辈直系血亲承担其不法行为的不利的民事法律后果，有犯罪株连之嫌；另一方面也会造成继承人之间的遗产继承不公平。例如，甲、乙、丙为祖孙三人，乙为甲之子，丙为乙之子，乙因杀害甲丧失继承权。甲与丙相依为命，甲有扶养丙之义务，丙有赡养甲之义务。丙死亡后，甲有权继承丙之遗产，而甲死亡的，丙却因乙丧失继承权而不能继承甲的遗产，这显然是不公平的，违反权利义务一致的基本原理。

其四，继承权的丧失对取得遗产的第三人的效力。继承权丧失对取得遗产的第三人的效力是指丧失继承权的继承人将遗产转让给第三人，该继承人被确认丧失继承权时是否对该第三人发生效力。关于继承权的丧失对取得遗产的第三人是否发生效力，主要有两种不同的观点。一种观点认为，继承权的丧失对善意取得遗产的第三人不发生效力，不得以继承人的继承无效而对抗善意第三人。另一种观点认为，继承人丧失继承权的，对全部第三人都发生效力，其他继承人可以丧失继承权人的继承无效对抗取得遗产的第三人，而不论该第三人取得遗产是否为善意。

因为丧失继承权的继承人无权继承，其也就不能取得遗产所有权，其将占有的遗产转让给第三人的，应属于无权处分。因此，处理丧失继承权的继承人将其占有的遗产转让给第三人的纠纷，应当适用法律关于善意取得制度的规定。因此，前两种观点的第一种观点更符合善意取得规则，有利于维护交易安全，更可取。但是丧失继承权的继承人将其占有财产转让给第三人，第三人无偿取得或者取得财产时不为善意的，则其他继承人要求其返还时，第三人应将从无权继承之人取得的财产返还之。

6.继承权丧失事由对受遗赠权丧失的准用

继承人有丧失继承权的法定事由时，其继承权丧失，无权继承被继承人的遗产。继承人继承权丧失的事由准用于受遗赠人受遗赠权的丧失。也就是说，受遗赠人实施继承人实施的可丧失继承权的行为的，受遗赠人的受遗赠权丧失。受遗赠人受遗赠权丧失的，该受遗赠人也就失去接受遗赠的资格，不得接受被继承人的遗赠。

（四）继承权回复请求权

1. 继承权回复请求权的概念和性质

继承权回复请求权，是指继承人享有的请求法院对其受侵害的继承权予以救济，以恢复其继承的权利。

如前所述，法律保护自然人的继承权。继承权的保护有积极意义上的保护与消极意义上的保护两方面的含义。积极意义上的保护，是指法律确认自然人的私有财产继承权；消极意义上的保护，是指自然人的继承权受到侵害时，法律予以救济，以使被侵害的继承权得到恢复。也就是，消极意义上的继承权保护，是指继承人在继承人的继承权受到侵害时得请求法院通过诉讼程序予以救济，以恢复被侵害的继承权。继承人享有的这一请求保护继承权的权利，也就是继承权回复请求权。

继承权回复请求权包含以下含义：其一，继承权回复请求权是继承人于继承权受到侵害时享有的权利。若继承权未受到侵害，也就不发生继承权回复请求权。因此，继承权回复请求权实际是继承权受侵害的救济措施。其二，继承权回复请求权是继承人要求法院通过诉讼程序保护其继承权的权利，是实体法上的请求权，而不是诉讼法上的诉权。其三，继承权回复请求权行使的目的，是恢复继承人继承被继承人遗产的权利，而不是恢复继承人的其他权利。

继承权回复请求权在各国法上有不同的名称,如日本民法称继承回复请求权①,瑞士民法上称为遗产回复之诉②,意大利民法上称为遗产的返还③。总的来说,各国法上的继承回复请求权具有以下特点:一是继承人可以向任何根据实际上并不存在的继承权而从遗产中取得财物的遗产占有人,请求返还已取得的财产。二是继承人行使该项请求权只需要证明其请求返还的各物于被继承人死亡时属于被继承人直接或者间接占有的物即可,而无须证明被继承人对于其占有的物有所有权或者其他权利。三是原告为继承人,被告除了是继承遗产的占有人之外,还包括承受遗产的第三人。四是继承人要求返还遗产的请求受诉讼时效限制。

关于继承权回复请求权的性质,主要有以下三种学说:

(1)继承地位恢复说,又称形成权说。此说认为,继承权回复请求权是确定合法继承人的继承地位的权利,而不是继承财产的回复请求权。通过行使继承权回复请求权,使表见继承人的资格溯及继承开始时消灭,而使行使继承权回复请求权者的继承资格溯及继承开始时恢复效力。

(2)遗产权利恢复说,又称遗产返还请求权说。此说认为,

---

① 《日本民法典》第884条规定:继承回复请求权,自继承人或其法定代理人知道继承权受到侵害的事实时起,五年间不行使的,因时效而消灭。自继承开始时起,经过二十年的,亦同。

② 《瑞士民法典》第598条中规定:对遗产或遗产物,自信为法定继承人或指定继承人,且较占有人更优之权利者,得以遗产回复之诉主张权利。

③ 《意大利民法典》第533条规定:继承人可以请求确认自己的继承人资格,以对抗任何一个以继承人名义或者无任何名义全部或部分占有遗产的人,从而达到获得遗产返还的目的。确认继承人身份的诉讼不因时效而消灭,对遗产中的单一财产而言,因时效取得的效力不在此限。

继承权回复请求权就是遗产回复请求权，继承人所主张的是对遗产的权利。此说又分为独立请求权说与请求权集合转化说。独立请求权说认为，继承权回复请求权是继承人于其继承地位因他人无正当权原占有遗产之全部或部分而被侵害时所认之特别的、独立的、包括的原状恢复请求权；请求权集合转化说认为，继承回复请求权是各种请求权的集合，因而理论上本无独立的请求权的性质。

（3）折中说，即形成权（确认资格）兼遗产返还请求权说。此说认为，继承回复请求是以确认真正继承人的继承权及请求被继承人遗产的给付为内容的请求权，继承权回复请求权包括两方面的请求权：一是确认继承人资格的请求权；一是对遗产的返还请求权。

上述各说，都有道理，比较而言，折中说更为可取。继承权回复请求权是法律基于继承人的合法继承权赋予继承人的保护其继承权的权利。继承回复请求权为不同于物权请求权的一种独立的请求权。[1]继承权回复请求权也不同于不当得利请求权、损害赔偿请求权。继承人在向侵害人请求返还遗产时，不必证明自己对于遗产内的各项财产享有何种权利，而只要证明被继承人死亡时对该财产享有权利和自己为真正继承人即可。也就是说，继承人可以就遗产的某项财产单独向占有人请求回复，也可以就被继承人死亡时遗留的全部财产包括地向遗产占有人请求回复。继承权回复请求权是一项包括性的请求权，其有两

---

[1] 参见房绍坤：《论民法典继承编与物权编的立法协调》，载《法学家》2019年第5期。

方面的内容：一是确认继承人的继承权；二是恢复继承人对遗产的权利。因此，继承回复请求权兼有确认之诉与给付之诉的功能，其性质应为确认继承权与遗产返还请求权的结合。①

2. 继承权回复请求权的行使

继承权回复请求权作为一项独立的继承权保护请求权，只有在继承权受到侵害时才会发生。一般来说，在具备下列条件时，继承权受到侵害，也就成立继承权回复请求权：

（1）无继承权的人以继承人的继承权为根据已为事实上的遗产管理及占有。这里的无继承权人，既包括不是继承人的人自称为继承人和共同继承中继承人以唯一的继承人自居而独占全部遗产（通常称为僭称继承人），也包括原有继承权但因某种原因丧失继承权、放弃继承权的人以及无效遗嘱中被遗嘱人指定的继承人（通常称为表见继承人）。如果遗产的占有人不是以所谓的继承权为根据占有遗产，则可以成立其他的请求权，如物上请求权、不当得利返还请求权等，但不能成立继承权回复请求权。

（2）非真正继承人对遗产的占有无占有的权原。不论是僭称继承人还是表见继承人，如果其占有遗产有正当的权原，例如基于与被继承人之间的租赁关系、保管关系等而占有遗产，则因其占有不构成对继承人应继承遗产的侵害，不能成立继承权回复请求权，继承人只能以其他理由要求返还被占有的遗产，而不能以继承权受侵害而行使继承权回复请求权。

（3）占有人否认真正继承人的继承权。如占有遗产的非继

---

① 杨立新：《家事法》，法律出版社 2013 年版，第 418 页。

承人并不否认真正继承人的继承权,继承人的继承权不为侵害,不发生继承权回复请求权。于此情形下,继承人要求占有人返还占有的遗产的,不是行使继承权回复请求权,而是行使债权请求权或者物权请求权。

继承权回复请求权一旦成立,作为继承权回复请求权主体的真正继承人可以亲自行使,也可以由代理人代理行使。继承人无完全民事行为能力人的,由其法定代理人代理行使继承权回复请求权。继承人行使回复继承权请求权,可以向侵害人提出请求或者向调解组织等机构提出请求,也可以直接向法院提起诉讼。

继承权回复请求权诉讼的原告为合法的真正继承人,被告为以继承人自居而占有遗产的僭称继承人、表见继承人。如果僭称继承人、表见继承人已经死亡的,也可以以继续占有遗产的其继承人为被告。原告请求的内容应为两项:一是确认其享有继承权;二是要求被告返还占有的遗产。法院受理继承人提起的继承权回复请求的诉讼,经审理确认原告有合法继承权以及被告非法占有原告应继承的被继承人的遗产的,应判决确认原告享有继承权、责令被告返还非法占有的遗产。但是,如果被告占有的遗产已经被第三人善意取得,则不能要求第三人返还,原告只能要求被告返还不当得利或者赔偿。

在共同继承中发生继承权受侵害时,应如何行使继承权回复请求权呢?对此,有共同行使和单一行使两种不同的做法和学说。共同行使说认为,共同继承财产不论全部或者部分被他人侵害时,都应由共同继承人全体出名为继承权回复的请求,若由其中一部分继承人出名为继承权回复的请求则属违法。单一行使说认为，共同继承人中的一人或者数人得请求全部继承遗产之返还。这两种做法、学说各有其道理。前者的根据在于共同继承人对遗产享有共有权；后者的根据在于各个共同继承人的继承权是独立的。因此，只要继承人的继承权受到侵害，不论该继承人为共同继承人还是单一继承人，继承人都有权行使继承权回复请求权。但在共同继承中，某一继承人行使继承权回复请求权，要求被告返还的财产，属于共同继承人共有，而不能直接成为原告的财产。继承人行使继承权回复请求权的行为属于保存行为，而不属于处分行为。因此，共同继承的继承人可单独为之。

我国原《继承法》第 8 条规定，继承权纠纷提起诉讼的期限为 2 年，自继承人知道或者应当知道其权利受侵犯之日起计算。但是，自继承开始起超过 20 年的，不得再提起诉讼。该条是对继承权保护期限的规定。《民法典》继承编未对继承权保护的期限再作规定，这表明继承权的保护期限应适用一般诉讼时效的规定，没有另作规定的必要。按照《民法典》总则编关于诉讼时效的规定，继承权保护的诉讼时效期间为 3 年，自继承人知道或者应当知道其权利受侵犯之日起算。在该 3 年的诉讼时效期间内发生时效中止、中断事由的，时效可发生中止、中断。自继承权受到侵害之日起超过 20 年的，法院不予保护。该 20 年的期间是继承权保护的最长期间，不适用中止、中断的规定。但是，继承权回复请求权是包括性权利，不仅包括请求返还占有的财产的权利，也包括请求确认继承人继承权的权利。从权利属性上说，返还遗产请求权属于财产性权利，当然适用诉讼时效的规定，而确认继承人享有继承权的请求权不属于财产性权利而具有确认身份的性质，不应适用诉讼时效的规定。因此，尽管法律上对此没有做出明确规定，但从解释上说，如果继承人提起继承权回复请求的诉讼仅仅是请求确认其为真正继承人享有继承权的，则不应适用诉讼时效规定。

第二章 法定继承

一、法定继承的概念与特征

(一) 法定继承的概念

法定继承是相对于遗嘱继承而言的,又称为无遗嘱的继承、非遗嘱继承,是指继承人根据法律直接规定的继承人的范围、继承人继承的先后顺序、继承的条件、继承人继承遗产的份额以及遗产分配原则来继承被继承人遗产的一项法律制度。

法定继承具有以下四层含义:

其一,法定继承是一种继承方式。自然人死亡的,因其不再具有民事权利能力,其遗留的财产必须通过继承或者其他方式移转给他人。在遗产继承上有遗嘱继承和法定继承两种方式。法定继承就是依照法律的直接规定将被继承人遗留的财产移转给继承人的制度,是一项将被继承人的遗产转归继承人的一种继承方式。从法制史上看,法定继承是最早的遗产继承方式,遗嘱继承的出现晚于法定继承。

其二,法定继承是由法律直接规定的继承人继承遗产的继承方式。在法定继承中,哪些人作为继承人有权继承遗产,继承人按照何种先后顺序参与继承,都是由法律直接规定的,而不是由被继承人或其他人决定的。

其三，法定继承是由继承人按照法律直接规定的遗产分配原则继承遗产的继承方式。在法定继承中，参与继承的继承人应继承的遗产份额，继承人分配遗产的原则，也都是由法律直接规定的，而不是由被继承人决定的，继承人也不得改变法律关于继承人的应继份额和遗产分配原则的规定。

其四，法定继承是不直接体现被继承人意志的继承方式。在法定继承中，因为继承人是直接依照法律的规定参与继承的，而不是直接按照被继承人的意志来继承的，因此，法定继承不直接体现被继承人的遗愿。当然，法定继承也并不是违背被继承人的遗愿的，实质上法定继承的继承人是依据法律推定的被继承人的意思继承被继承人的遗产，只不过不是直接按照被继承人的意思继承遗产而已。

（二）法定继承的特征

关于法定继承的特征，学者中有不同的概括。如有的认为，法定继承的基本特征主要有：其一，法定继承严格建立在人身关系的基础上；其二，法定继承人的范围、继承顺序和遗产分配原则等各方面均由继承法加以具体规定。[1] 有的认为，法定继承的特征为：法定继承具有强烈的身份性；法定继承具有法定性；法定继承具有强行性。[2] 有的认为，法定继承的特征为：第一，法定继承是对遗嘱继承的补充；第二，法定继承是对遗嘱继承的限制；第三，法定继承严格建立在人身基础上；法定继

---

[1] 参见马俊驹、余延满：《民法原论》（第四版），法律出版社2010年版，第918页。

[2] 参见杨立新：《家事法》，法律出版社2013年版，第465页。

承中有关继承人的范围、继承的顺序、遗产的分配原则及应继份额的规定具强行性。[1] 之所以有不同的表述,是因为学者各自的观察角度不同,并无实质性区别。与遗嘱继承相比较,法定继承具有以下特征:

1. 法定继承具有补充性

法定继承与遗嘱继承是法律规定的两种继承方式。从我国以往实务中适用的范围上看,法定继承的适用多于遗嘱继承的适用,甚至可以说法定继承是继承的主要方式。但是,从继承方式的适用效力上看,因实行"遗嘱在先原则",遗嘱继承的效力高于法定继承,法定继承的效力低于遗嘱继承。继承开始后,有遗嘱的,先按遗嘱继承办理;不能适用遗嘱继承的,才适用法定继承。正是在这一意义上,法定继承又称为无遗嘱的继承。因此,法定继承实际上是对遗嘱继承方式的一种补充,具有补充性。

2. 法定继承的继承人具有特定身份性

法定继承中的继承人是由法律直接规定的,而不是由被继承人指定的。各国法律规定法定继承人的依据一般就是继承人与被继承人之间的亲属关系;法律规定法定继承人的继承顺序一般也是以继承人与被继承人的亲属关系的远近为根据的。我国法律规定的法定继承人只能是与被继承人有特定亲属关系的自然人。亲属关系是一种身份关系,因此法定继承人也就只能是具有特定亲属身份的自然人。正是从这一意义上说,法定继承的继承人具有特定的身份性。

---

[1] 参见彭诚信主编:《继承法》,吉林大学出版社2007年版,第46—48页。

3. 法定继承具有法定性

法定继承是根据法律的直接规定进行的继承。在法定继承中，不仅继承人的范围、继承人参与继承的顺序是法律直接规定的，而且连继承人应继承的遗产份额以及遗产的分配原则也是由法律直接规定的，因此，法定继承具有法定性的特征。

4. 法定继承具有强行性

所谓法定继承的强行性，是指法律关于法定继承的规范属于强行性法律规范，当事人不得排除其适用。只要适用法定继承，任何人就不得改变法律关于法定继承人范围、继承顺序、继承人的应继份额以及遗产的分配原则的规定。法定继承具有强行性，并不等于在法定继承中没有任意性规范。法定继承中也有任意性规范的适用。例如，法定继承人可以协商确定遗产分配的时间，也可以协商遗产的分配数额不均等。

（三）法定继承中的男女平等原则

第一千一百二十六条　继承权男女平等。

本条规定了法定继承中继承权男女平等原则。

继承权平等原则是民法平等原则在遗产继承领域的体现，是继承法的一项基本原则。继承权平等的主要内容就是男女继承权平等。因此，继承权男女平等是贯穿继承法各项制度中的原则。法律之所以在法定继承一章中特别规定继承权男女平等，主要是因为古代法以及至今的民间习俗，在法定继承中往往不实行男女平等原则，女子不能与男子平等地享有继承权。例如，女儿不能同儿子一样继承父母的遗产，特别是已经出嫁的女儿的继承权更是不被重视。为了克服女子不能与男子同样继承遗产的观念和做法，法律特别强调法定继承中的继承权男女平等。

二、法定继承人的范围和顺序

第一千一百二十七条 遗产按照下列顺序继承：

（一）第一顺序：配偶、子女、父母；

（二）第二顺序：兄弟姐妹、祖父母、外祖父母。

继承开始后，由第一顺序继承人继承，第二顺序继承人不继承。没有第一顺序继承人继承的，由第二顺序继承人继承。

本编所称子女，包括婚生子女、非婚生子女、养子女和有扶养关系的继子女。

本编所称父母，包括生父母、养父母和有扶养关系的继父母。

本编所称兄弟姐妹，包括同父母的兄弟姐妹、同父异母或者同母异父的兄弟姐妹、养兄弟姐妹、有扶养关系的继兄弟姐妹。

本条规定了法定继承人的范围和继承顺序。

（一）法定继承人的范围

法定继承人是由法律直接规定的可以依法继承被继承人遗产的人，法定继承人的范围也就是指哪些人可以作为法定继承人。

各国法律对法定继承人范围的规定，一般是以血缘关系和婚姻关系为基础的，同时还考虑到当时社会的具体情况。例如，有的国家在确定法定继承人范围上，不仅考虑血缘关系、婚姻关系，还考虑到扶养关系。各国法律关于法定继承人范围的规定并不相同,大体可分为亲属继承无限制主义和亲属继承限制主义两种立法例。采亲属继承无限制主义立法例的国家规定的法定继承人的范围最广。这些国家规定配偶、直系血亲、旁系血亲都为继承人,不受亲等的限制。采取亲属继承限制主义的国家规定,仅限于一定范围的亲属为法定继承人,但各国限制的范围有所不同。例如,依《瑞士民法典》规定,法定继承人为直系血亲卑亲属、父母及其直系卑亲属、祖父母及其直系卑亲属以及生存配偶、登记的同性伴侣中的生存一方。《日本民法典》规定的法定继承人包括子女及其直系卑亲属、直系尊亲属及兄弟姐妹、配偶等。

我国法律基本也是以血缘关系和婚姻关系为基础来确定法定继承人范围的,并且采取亲属继承限制主义的立法例。我国原《继承法》在规定法定继承人范围上有两个突出特点:一是规定的法定继承人的亲属范围最狭窄,仅限于配偶、父母、子女及兄弟姐妹、祖父母、外祖父母;二是将对公、婆或岳父、岳母尽了主要赡养义务的丧偶儿媳或女婿也规定为法定继承人。关于法定继承人范围的这一规定考虑到继承人与被继承人间的血缘关系、婚姻关系,相互扶养的权利义务以及经济上的依赖程度和事实上的经济帮助等因素,但未考虑最大限度保护继承权。随着社会的发展,为使法定继承人的规定更具合理性和正当性,在确定继承人范围上还应考虑以下现实:一是亲属的情感不仅仅存在于小家庭成员之间或者所谓近亲属之间,近亲属以外的亲属特别是四亲等以内的亲属间的情感还是十分深厚的;二是尽管只是近亲属之间有法律上的相互扶养的权利义务,但在其他亲属之间特别是没有近亲属时相互间也多有相互扶助的事实和道德义务；三是计划生育政策的实行和人们的婚姻生育观念的转变；四是遗产范围和数量的重大变化，遗产继承有重要意义。① 因此，在民法典编纂中，许多学者主张我国法应适当扩大法定继承人的范围。

依我国法规定，法定继承人包括以下自然人：

1. 配偶

配偶是处于合法婚姻关系中的夫妻相互间的称谓，夫以妻为配偶，妻以夫为配偶。配偶是基于婚姻关系而形成的亲属，配偶相互有继承权，互为法定继承人。赋予配偶以继承权，是男女继承权平等的具体体现，也只是近现代法律思想的产物。

现代各国法律虽然普遍规定配偶为法定继承人，但在配偶参与继承的方式上有以下两种不同的立法例：

其一，规定配偶为当然继承人，但配偶并不是依一个固定的顺序参与继承，而是根据继承法的规定在参与继承时与其他继承人按照一定比例获得应继份额；

其二，规定配偶为某一固定顺序的继承人，配偶与同一顺序的其他继承人一同参与继承。

我国在继承法立法过程中对于配偶参与继承的方式一直有争议。早在1956年第一次起草民法典时，继承法的起草者对于是否将配偶固定在一个顺序上在向彭真请示的报告中就提出，"根据中国当前的实际情况，配偶应固定在一个顺序而且只应规定在一个顺序之内。因为配偶是被继承人家庭的重要成员，经济上的联系比其他人更为密切，假如不固定在一个顺序，易产

---

① 参见郭明瑞：《完善法定继承制度三题》，载《法学家》2013年第4期。

生被继承人死亡后在没有父母、子女时,所遗留下来的财产便由配偶与同被继承人经济联系不很密切的兄弟姐妹共同继承,虽则可以规定彼此间继承份额有所不同,但终究不能算是合理的。"这一观念一直贯穿在司法实务中,原《继承法》也是采取这一观点的,对配偶参与继承的方式采取第二种立法例,规定配偶为第一顺序的继承人。

在编纂民法典过程中,对于配偶是否应作为固定顺序的继承人参与继承,学者又提出了不同的意见。一种观点认为,配偶应为法定继承人无疑,但配偶不同于有血缘关系的继承人,不应作为固定顺序的继承人。也有学者指出,将配偶列为无固定顺序继承人有一定的合理性,有益于实现配偶与血亲继承人之间的利益衡平,也符合相当一部分国家的立法例。但是这种立法设计也存在弊端:一是该制度设计的价值逻辑偏重于强调传统中血亲在继承关系中的主导地位,相对弱化了作为姻亲的配偶的家庭功能与贡献;二是在配偶无固定顺序设计中,即使配偶获取了比按照第一顺序继承时可得到更多的遗产利益,也不意味着配偶继承地位的提升;三是在配偶无固定顺序设计中,会出现配偶与被继承人的兄弟姐妹甚至与其他四亲等以内的旁系血亲在一个顺序内共同分配夫妻双方共同创造的财富的情况,与大众观念不合;四是配偶继承顺序的调整一定程度会破坏既有继承顺序制度的稳定性、连续性,对人民群众造成不必要的困扰。[①]最终,立法者仍坚持将配偶固定为第一顺序继承人,未

---

① 参见杨震:《我国法定继承人范围与顺序的历史检视与当代修正》,载《四川大学学报(哲学社会科学版)》2018年第1期。

接受配偶不固定在某一顺序参与继承的观点。

作为继承人的配偶是指于被继承人死亡之时与死者之间存在合法的婚姻关系的人。原来与被继承人有婚姻关系，但在被继承人死亡之时已经与被继承人解除婚姻关系的，不为死者的配偶，不能以配偶的身份继承被继承人的遗产。至于其是否已经与被继承人解除婚姻关系，则应依照关于离婚的法律规定判定。就协议离婚来说，当事人双方达成离婚协议，但未办理离婚登记的，婚姻关系不为解除；就判决离婚而言，法院判决离婚但判决尚未生效的，双方的婚姻关系也不为解除。也就是说，只要已婚的男女双方未经法定程序办理离婚手续，双方就仍为配偶，一方于此期间内死亡的，另一方就可以作为配偶继承死者的遗产。

按照我国法律规定，合法的婚姻关系须依法律规定办理结婚登记方能成立。因此，除依法可以认定为事实婚姻关系的以外，未办结婚登记的婚姻不为法律认可，不受法律保护。这种关系只属于事实上的同居关系，当事人一方死亡的，另一方不能以配偶的身份继承对方的遗产。而依法承认的事实婚姻属于合法婚姻关系，当事人双方互为配偶，为法定继承人。依我国法规定，已经办理登记手续的婚姻如有法律规定的事由是可以撤销和确认无效的。被确认无效或被撤销的婚姻不为合法婚姻，当事人双方不为配偶，不能成为继承人。但是，无效或者可撤销的婚姻未被确认无效或者被撤销的，当事人双方仍互为配偶，一方死亡的，另一方有权继承其遗产。

2. 子女及其晚辈直系血亲

子女及其晚辈直系血亲为被继承人的直系卑亲属。从财产继承的本意来说，继承本来就是将前辈的财产传给其后辈的，因此，各国法上无不规定子女及其晚辈直系血亲为法定继承人的。从各国法的规定看，子女和晚辈直系血亲并不是同时参与继承的，而是按照"亲等近者优先"的规则参与继承，也就是说，前一亲等的直系血亲参与继承的，其晚辈直系血亲不参与继承；前一亲等的直系血亲未能参与继承的，其下一亲等的直系血亲参与继承。例如，被继承人死亡后，子女为继承人，子女不能继承的，则由孙子女、外孙子女作为法定继承人代位参与继承，依次类推，因此代位继承不受辈数限制。

依我国法规定，作为法定继承人的子女包括婚生子女、非婚生子女、养子女和有扶养关系的继子女。

（1）婚生子女。婚生子女是指有婚姻关系的男女双方生育的子女。婚生子女不论随父姓还是随母姓，不论已婚未婚，也不论落户在何处，都有权继承父母的遗产。在其父生前受孕的胎儿在其死后活着出生的，当然有权继承其父的遗产；但在父亲死后受孕的胎儿即便与其母之夫有血缘关系，其出生后也不能继承其父的遗产，但如果其父生前有让其妻利用其精子受孕的明确的意思表示的，则应当认可其为法定继承人。在婚姻关系存续期间，夫妻双方同意利用人工生殖技术生育的子女，无论是否与其有血缘关系，都应属于婚生子女，当然为法定继承人。

（2）非婚生子女。非婚生子女是指没有合法婚姻关系生育的子女。非婚生子女虽然是没有合法婚姻关系的男女生育的子女，但非婚生子女在因父母非婚而出生上并没有过错，非婚生子女也是其父母生育的子女，理应与婚生子女具有平等的法律地位。因此，非婚生子女与婚生子女一样地为法定继承人，有权继承其父母的遗产。当然，非婚生子女主张继承父亲遗产的，在未被其父认领时，须证明其与被继承人之间确实存在亲子血缘关系。

（3）养子女。养子女是因收养关系而形成的养父母的养子女。养子女与养父母的父母子女关系是以收养关系的成立为条件的。没有合法的收养行为，或者已经解除收养关系的，不发生养子女与养父母的关系。养子女为养父母的法定继承人，有权继承养父母的遗产，但不能继承生父母的遗产。

按照法律规定，被收养人为未成年人的，收养关系解除后，被收养人与生父母间的权利义务关系自然恢复，其不能继承收养人的遗产，但有权继承生父母的遗产。被继承人为成年人且有独立生活能力的，收养关系解除后，其与生父母间的权利义务关系不能自然恢复；双方协商同意恢复父母子女关系的，相互有继承权；双方没有恢复父母子女关系的，互不为法定继承人。被收养人为未成年人的，在养父母死亡后，由生父母领回的，双方恢复父母子女关系，该被收养人虽继承了养父母遗产，也仍有权继承其生父母的遗产。

在实务中，有的收养人与被收养人之间因双方的年龄相差悬殊或者收养前的辈份原因，收养双方之间不是以父母子女相称，而是以祖父母和孙子女相称。这种情况下双方间因收养形成的关系仍属于养父母子女关系。司法实务中认为，"养祖父母与养孙子女的关系，视为养父母与养子女关系的，可互为第一顺序继承人。"

（4）有扶养关系的继子女。继子女，指的是妻与前夫或者夫与前妻所生的子女。继子女与继父母之间的关系，是因为其父母一方死亡而另一方再婚或者父母离婚后再婚而形成的关系。继子女在继承中的地位不同于养子女，养子女与养父母间是拟制血亲关系，养子女是否为养父母的法定继承人，只决定于收养关系是否解除。而继子女与继父母的关系不是因收养形成的，而是因父或母的结婚而形成的姻亲关系。继子女是否为继父母的法定继承人，决定于继子女与继父母之间否存在扶养关系。依现行法规定，有扶养关系的继子女为法定继承人，可继承继父母的遗产；没有扶养关系的继子女不能继承继父母的遗产。有权继承继父母遗产的继子女仍有权继承其生父母的遗产。如何判定继子女与继父母之间存在扶养关系呢？一般认为，应从主客观两方面考虑：从主观方面说，双方应有相互扶养的意愿；从客观方面说，双方确实存在扶养的事实。

　　但对于有扶养关系的继子女的继承人地位，学者也有不同的观点。一种观点认为，这里的"有扶养关系"应是指有双向扶养关系，即继父母扶养过继子女，继子女也扶养了继父母。如果仅是单向扶养，不能认定为有扶养关系。如果继子女虽未受继父母扶养但对继父母尽了扶养义务，则可以按照法定继承人以外的对被继承人扶养较多的人对待，赋予适当分给遗产请求权。如果继子女仅受过继父母的扶养而未对继父母尽扶养义务，就认定为双方有扶养关系，认定该继子女有权继承继父母的遗产，是不公平、不合理的，会损害继父母的生子女的继承权益。也有学者认为，在没有明确认定有扶养关系的标准的情况下，如果赋予有扶养关系的继子女和继父母的继承地位，容易导致遗产继承的不公平，不利于家庭和谐，因此，不应当将其纳入法定继承人的范围。继子女与继父母的关系，应根据收养法的规定，看其是否存在收养关系，如继子女被继父母收养，则按养子女与养父母关系处理；如果不存在收养关系，该子女仍保有与生父母的权利义务关系，其有权继承生父母的遗产，而不能继承继父母的遗产，更不存在既继承生父母遗产又继承继父母遗产的双重继承。

3. 父母

父母是最近的直系尊亲属。父母子女之间具有最密切的人身关系和财产关系。因此，各国法上无不规定父母为法定继承人的。但是，各国法上规定的作为法定继承人的父母的范围并不同，大多仅限于生父母。而我国法上规定的作为法定继承人的父母包括生父母、养父母和有扶养关系的继父母。

生父母为生子女的法定继承人。不论子女为婚生还是非婚生，生父母均有权继承该子女的遗产。但是，亲生子女被他人收养的，不论生父母是否受过该子女的扶养，生父母都不为被收养的子女的法定继承人，无权继承该子女的遗产。收养关系解除后，被收养的子女与生父母恢复父母子女关系的，父母有权继承该子女的遗产；如果被收养的子女与生父母未恢复父母子女关系，则父母无权继承该子女的遗产。

养父母为合法收养的养子女的法定继承人，有权继承养子女的遗产。但是，养父母与养子女间解除收养关系的，不论因何原因解除，也不论解除收养关系后养子女与生父母是否恢复父母子女关系，原收养人已不为养父母，不为法定继承人。

继父母是相对于继子女而言的，继父母与继子女间的继承权不是决定于父母子女关系，而是决定于相互间的扶养关系，继父母作为法定继承人继承继子女的遗产是以其与继子女间存在扶养关系为条件的。但正如认定继子女有无继承权一样，继父母与继子女间有扶养关系应是指双方相互扶养过对方。如果继父母未扶养过继子女，仅是受过继子女的扶养，不应认定为有扶养关系。与继子女没有扶养关系的继父母，不为法定继承人，无权继承被继承人的遗产。如上所述，也有学者主张，继父母不应为继子女的继承人，继父母与继子女之间只有成立收养关系的，才互有继承权。

在历史形成的一夫多妻的家庭中，母亲与其夫的其他配偶所生的子女的关系，适用关于继父母与继子女关系的规定，如果相互间形成扶养关系，则相互有继承权；如相互间未形成扶养关系，则相互没有继承权。实务中认为，"在旧社会形成的一夫多妻家庭中，子女与生母以外的父亲的其他配偶之间形成抚养关系的，互有继承权。"

4. 兄弟姐妹

兄弟姐妹是最近的旁系血亲。兄弟姐妹一般都是在同一小家庭中生活多年，一直是相互帮助、相互照顾，感情密切。各国法上一般都规定兄弟姐妹为法定继承人，相互有继承遗产的权利。依我国法律规定，有负担能力的兄、姐，对于父母已经死亡或者父母无力抚养的弟、妹，有扶养的义务；由兄、姐扶养长大的有负担能力的弟、妹，对于缺乏劳动能力的兄、姐，有扶养的义务。因此，我国法如同他国的法律一样地规定，兄弟姐妹为法定继承人。但与他国法律规定所不同的是，我国法规定的作为继承人的兄弟姐妹包括同父母的兄弟姐妹、同父异母或者同母异父的兄弟姐妹、养兄弟姐妹、有扶养关系的继兄弟姐妹。

（1）同父母兄弟姐妹。同父母兄弟姐妹又称同胞兄弟姐妹，是指同一父母所生的兄弟姐妹。同父母兄弟姐妹是具有全血缘关系的兄弟姐妹，各国无不规定其为法定继承人，相互有继承遗产的权利。

（2）同父异母或者同母异父的兄弟姐妹。同父异母或同母异父兄弟姐妹是指有半血缘关系的兄弟姐妹。由于同父异母或同母异父的兄弟姐妹仅是有着父系或母系的血缘关系，因此，在其他国家的继承法中多规定其与同父母兄弟姐妹的法律地位不同。如《日本民法典》第900条中规定，仅为父母一方相同的兄弟姐妹的继承份额为父母双方相同的兄弟姐妹的继承份额的二分之一。我国法规定，法律所称的兄弟姐妹包括同父异母或同母异父的兄弟姐妹。有半血缘关系的兄弟姐妹是否全都与有全血缘关系的兄弟姐妹一样地为法定继承人呢？对此有不同的观点。有学者指出，对这里所称的"同父异母或同母异父的兄弟姐妹"，应做限缩解释，即仅限于相互共同生活、相互有扶养关系的同父异母或同母异父的兄弟姐妹。没有共同生活、没有扶养关系的同父异母或同母异父的兄弟姐妹，不应享有与同父母兄弟姐妹相同的继承权。

（3）养兄弟姐妹。养兄弟姐妹是因收养关系的成立的被收养人与收养人所生的子女以及收养的其他子女之间的亲属关系。我国司法实务中一直承认养兄弟姐妹为法定继承人，认定养子女与生子女之间、养子女与养子女之间，是养兄弟姐妹关系，可互为第二顺序继承人。被收养人与其亲兄弟姐妹之间的权利义务，因收养关系的成立而消除，不能互为第二顺序继承人。但也有学者认为,养子女与生子女之间互为继承人也应以相互共同生活、相互扶养为条件。如果养子女与生子女间没有共同生活、没有扶养关系,就不应互为继承人,否则,若认定这样的养兄弟姐妹也互为继承人,则不符合常理。这一观点值得重视。

(4)有扶养关系的继兄弟姐妹。继兄弟姐妹是异父异母的兄弟姐妹,相互间全无血缘关系(包括拟制血缘关系),因此,各国法上一般不承认继兄弟姐妹间相互有继承权,我国有学者也主张不应当将继兄弟姐妹规定为法定继承人,即便继兄弟姐妹间有扶养关系,也可赋予其要求适当分给遗产的权利,而不应作为法定继承人继承遗产。但我国法一直规定,继承法规定的法定继承人中的兄弟姐妹包括有扶养关系的继兄弟姐妹。这主要是因为继兄弟姐妹之间有扶养关系,就表明其关系密切,相当于亲兄弟姐妹。有扶养关系的继兄弟姐妹的继承权是法律基于扶养关系而赋予的,因此,不具有扶养关系的继兄弟姐妹是不能享有此权利的。司法实务中认为,继兄弟姐妹之间的继承权,因继兄弟姐妹间的扶养关系而发生。没有扶养关系的,不能互为第二顺序继承人。

由于继兄弟姐妹之间的继承权是基于扶养关系而成立的,与其是否继承了亲兄弟姐妹的遗产无关。因此,继承了亲兄弟姐妹遗产的继兄弟姐妹仍然可以继承有扶养关系的继兄弟姐妹的遗产。也就是说,继兄弟姐妹之间相互继承了遗产的,不影响其继承亲兄弟姐妹的遗产。

5. 祖父母、外祖父母

祖父母、外祖父母是父母以外的最近的尊亲属。我国历来有隔辈亲的传统,祖父母、外祖父母与孙子女、外孙子女有着特殊的亲情,并且依我国法规定,祖父母、外祖父母与孙子女、外孙子女之间在一定条件下有法定扶养义务,即:"有负担能力的祖父母、外祖父母,对于父母已经死亡或者父母无力抚养的未成年孙子女、外孙子女,有抚养的义务。有负担能力的孙子女、外孙子女,对子女已经死亡或者子女无力赡养的祖父母、外祖父母,有赡养的义务。"因此,祖父母、外祖父母理应为法定继承人,有权继承孙子女、外孙子女的遗产。这里的祖父母、外祖父母也应包括亲祖父母、亲外祖父母、养祖父母、养外祖父母,以及有扶养关系的继祖父母和的扶养关系的继外祖父母。

6. 其他亲属

原《继承法》规定的法定继承人基本限定在三亲等以内的近亲属,未规定其他亲属可为法定继承人。考虑到现实中家庭结构的变化特别是一代独生子女家庭的存在,为使被继承人的私有财产能够为自然人继承,考虑到我国传统上四亲等以内的亲属可以继承遗产以及现实中相互一般又有较密切的关系和强烈的亲属观念,在民法典编纂过程中,学者建议将四亲等以内的亲属也列入法定继承人的范围之内。四亲等以内的其他亲属,是近亲属以外最亲近的亲属,如叔、伯、姑、姨、舅、堂兄弟姐妹、表兄弟姐妹、侄子女、外甥子女。但《民法典》未完全接受学者的建议,未规定将法定继承人的范围扩大到四亲等以内的其他亲属,而是通过代位继承制度将法定继承人范围扩大到其他亲属,认可侄子女、外甥子女也可代位为法定继承人。

（二）法定继承人的继承顺序

1. 法定继承人继承顺序的概念和特征

法定继承人的继承顺序，是指法律直接规定的法定继承人参加继承的先后次序，即法定继承人参加继承的顺位。

继承开始后，适用法定继承时，应由法定继承人参加继承。但法定继承人并不是全部地同时参加继承，而是按照法律规定的先后次序参加继承。也就是说，在法定继承中是先由前一顺序的继承人继承；只有在没有前一顺序的继承人继承时，才由后一顺序的继承人参加继承。法定继承人参与继承的继承顺序具有以下特征：

其一，法定性。所谓法定性，是指法定继承人的继承顺序是由法律根据继承人与被继承人之间亲属关系的亲疏、远近直接规定的，而不是由继承人自行决定的。继承人可以自主决定是否参加继承，但不能决定在哪一顺序参加继承。

其二，强行性。所谓强行性，是指法律规定的继承顺序，是任何人、任何机关不得以任何理由改变的。法律规定继承顺序的目的，是为了保护不同情况的继承人的继承利益，是依推定的被继承人的意思让继承人继承遗产。因此，法律关于继承顺序的规定属于强行性规定，继承人必须按照规定的顺序参加继承。法定继承人可以放弃自己的继承权，但不得放弃自己的继承顺序。因此，前一顺序的继承人不得以改变或者放弃自己的继承顺序为由让后顺序的继承人参加继承。

其三，排他性。所谓排他性，是指前一顺序的继承人继承排斥后一顺序继承人继承。在法定继承中，法定继承人只能依法律规定的顺序依次参加继承，前一顺序的继承人总是排斥后一顺序继承人继承的，只要有前一顺序继承人继承，后一顺序的继承人就不能继承。后一顺序的继承人只有在有以下情形之一时，才有权参加继承：(1)没有前一顺序的继承人；(2)前一顺序继承人全部放弃继承或者全部丧失继承权；(3)前一顺序的继承人部分丧失继承权，其余未丧失继承权的继承人又全部放弃继承。

其四，限定性。所谓限定性，是指法定继承人的继承顺序只限定在法定继承中适用。法定继承人的继承顺序并不是无限制地适用于各种继承的场合。在遗嘱继承中不适用法定继承人的继承顺序的规定。被继承人可以通过遗嘱决定继承人在遗嘱继承中的继承顺序，被继承人可以在遗嘱中指定由后一顺序的继承人继承遗产，而不由前一顺序继承人继承，遗嘱继承人参加继承不受法定继承人的继承顺序的限制。

2.各国规定法定继承人继承顺序的依据和立法例

各国规定法定继承人继承顺序的依据并不完全相同。总的来说，各国规定法定继承人的继承顺序基本考虑以下因素：

其一，继承人与被继承人之间亲属关系的远近。亲属包括配偶、血亲与姻亲。在血亲关系上，与被继承人血缘关系近者，继承顺序在前；与被继承人血缘关系远者，继承顺序在后。配偶是家庭的基本成员，应尽可能使配偶能够继承遗产。

其二，继承人与被继承人之间扶养关系的亲疏。扶养关系或者长期的共同生活关系也是确定继承顺序的重要因素。继承人与被继承人之间的扶养关系亲近者，继承顺序在先；而扶养关系疏远者，继承顺序在后。

其三，民族传统与习俗。继承法本身具有本土性，因此，各国法在确定法定继承人的继承顺序上受本国的法律传统和习俗的影响。

各国在确定法定继承人的继承顺序上有两种不同的立法例：一种立法例是将所有的法定继承人都划入一定的固定顺序，也就是说，凡法定继承人都只能依规定在特定的顺序参与继承。另一种立法例是区分血亲继承人与配偶继承人，将血亲继承人分为若干顺序，而将配偶继承人不列入任何顺序，配偶继承人得与任何顺序的继承人一同继承遗产。采这种立法例的国家，配偶不固定在某一顺序参与继承，而是与其他顺序的继承人一同参与继承，不过配偶的应继份额会因血亲继承人的顺序不同而不同。

我国立法在确定继承人的继承顺序上应采何种立法例，一直有不同的观点。但立法者一直坚持采取第一种立法例，即将全部法定继承人都列入固定的顺序，而不将配偶继承人单列为不固定在特定顺序的继承人。

我国立法在划分继承人继承顺序上考虑的因素与他国立法基本相同，既以婚姻关系和血亲关系的远近为依据，也以相互间的扶养关系亲疏为依据。原《继承法》将法定继承人划为两个继承顺序。在编纂民法典过程中有学者建议将法定继承人的继承顺序分为三个顺序，即在保留原规定的第一、二顺序外，增加第三顺序，规定四亲等以内的其他亲属为第三顺序的继承人。但也有学者主张，法定继承人的继承顺序仍可为两个顺序，但应扩大法定继承人的范围，将法定继承人的范围扩大到兄弟姐妹的子女即侄子女、外甥子女。立法者最终采取了这一主张。

3. 我国法定继承人的继承顺序

我国法规定的法定继承人的继承顺序为两个顺序：

（1）第一顺序

第一顺序的继承人为配偶、子女及其晚辈血亲（亲等近者优先）、父母。

配偶关系是最亲近的亲属关系，是家庭关系的核心和基础。尽管有学者主张配偶不应列入固定顺序，但既然立法者决定将配偶列入固定顺序，配偶作为第一顺序继承人也就理所当然。因为，从亲属关系上说，配偶为最亲近的亲属；从扶养关系上说，配偶有相互扶养和扶助义务，关系最密切。

子女及其晚辈直系血亲是被继承人的直系晚辈血亲，在各国立法上普遍规定为第一顺序法定继承人，并且规定亲等近者优先。也就是说，被继承人死亡后由子女作为第一顺序继承人参加继承，子女不能继承的，由子女晚辈的直系血亲作为第一顺序继承人参与继承（此时即为代位继承）。我国法规定子女是第一顺序的继承人，也是因为子女是最近的直系晚辈血亲，并且父母子女间有法定的相互扶养的义务（父母有抚养子女的义务，子女有赡养父母的义务）。

父母是最近的直系尊血亲，与被继承人在情感上和经济上都有密切关系。但是，在父母是否应为第一顺序继承人上，学界有不同的观点。在国外的立法上，大多不将父母列入第一顺序继承人。在我国历史上，也没有父母继承遗产的传统，遗产继承只能是从上向下传，直系尊亲属是不能作为直系晚辈亲属的继承人的，在子女无后时，父母可以承受遗产，但不是继承遗产。这是受宗祧继承的影响，认为继承是男性后裔对父祖的继承，包括父母在内的直系尊亲属不能作为子女等直系卑亲属的继承人。尽管自新中国成立以来，司法实务中一直是将父母看作是第一顺序继承人的，继承法也是将父母规定为第一顺序法定继承人，但理论上仍有人主张，父母不应与子女列为同一顺序，其理由主要是：①子女成年后一般不与父母在一起共同生活，因而在被继承人死亡后，其遗产由配偶、子女继承，不致影响父母的生活。若父母是需要赡养的人，则被继承人的子女负有赡养义务；②在我国的经济条件下，遗产中有一部分生产资料，与其将这些生产资料分给无劳动能力的父母，反不如将其留给被继承人的子女；③遗产应当尽量避免由直系血亲尊亲属继承，因为那样很容易分散给原所有人的旁系血亲。有学者指出，"一个有产者总是希望将财产留给自己的子女并通过他们在自己的直系卑亲属中保持下去。只有在无直系卑亲属时，才会考虑将财产留给父母。因为父母继承了死者的财产，相应地，财产会部分归属死者的兄弟姐妹及他们的直系卑亲属。常言道，兄弟姐妹是成为他人的开始，在有子女的情况下，人们当然不愿意自己的财产落入旁系血亲手中。……在各个民族的传统习惯中，继承通常是由卑亲属继承尊亲属，而不是由尊亲属继承卑亲属。这样说并不意味着不孝敬父母，父母晚年的生活应通过赡养和适当分给遗产制度解决。我国继承法将父母和子女一起列为第一顺序法定继承人，其指导思想是死后扶养，即死者生前应当赡养父母，抚养子女，在死亡后，其财产应当继续发挥该作用。这在人们财产很少，仅限于生活资料时，还勉强说得过去，但在今天人们的财产数量增多，构成逐渐演变为以生产资料为主，如果仍然按照死后扶养的指导思想规定继承人的顺序，显然有悖人们的愿望。"① 持这种观点的学者主张，父母不应作为第一顺序的继承人，应将父母列于子女之后，为第二顺序继承人。另一种观点认为，父母应作为第一顺序继承人，否则，会有"大不孝"之嫌。应当说，两种观点各有道理。这一问题与是否将配偶列入固定顺序也有关。因为配偶已经规定为第一顺序继承人，父母就也应当规定为第一顺序继承人。因为如果不将父母规定为第一顺序继承人，则会出现被继承人死亡后如无子女，全部遗产都归属配偶，而父母不能继承的现象。在配偶固定为一定顺序的情形下，将父母规定为与配偶同一顺序的继承人，可以克服将配偶固定为一定顺序继承会发生的弊端。有学者指出，继承法修订应当立足于我国加速步入老龄社会的基本国情，立足于我国老人以家庭赡养为主、社会赡养为辅的基本现实，立足于老有所养、老有所依、老有所靠的基本需求，应当通过制度设计稳固和加强对被继承人死亡后父母后续生活的保障，而不是削弱和减损。就此，维持现有的父母为第一顺序人地位是必要的。②

（2）第二顺序

第二顺序继承人包括兄弟姐妹、祖父母、外祖父母。

兄弟姐妹是被继承人最近的旁系血亲，从扶养关系上说，在一定条件下与被继承人之间相互有扶养的义务，因此，兄弟姐妹的继承顺序理应仅次于父母的继承顺序，父母为第一顺序继承人，兄弟姐妹也就为第二顺序继承人。

---

① 张玉敏：《继承法律制度研究》，法律出版社1999年版，第208页。
② 杨震：《我国法定继承人范围与顺序的历史检视与当代修正》，载《四川大学学报（哲学社会科学版）》2018年第1期。

祖父母、外祖父母是父母以外最近的尊亲属，从扶养关系上说，在一定条件下与被继承人相互有扶养的义务，其经济上与被继承人的联系如同兄弟姐妹与被继承人的联系相同，因此，祖父母、外祖父母的继承地位应同于兄弟姐妹，既然兄弟姐妹为第二顺序继承人，祖父母、外祖父母也就为第二顺序继承人。

（3）关于第三顺序的争论

如上所述，在民法典编纂过程中，有学者提出应扩大继承人的范围和继承人的继承顺序，法定继承人应分为三个顺序，第三顺序的继承人为四亲等以内的其他亲属，亲等近者优先。

四亲等以外的其他亲属包括三亲等的亲属和四亲等的亲属。所谓亲等近者优先，是指有三亲等亲属时，由三亲等亲属作为第三顺序继承人参加继承；在没有三亲等的亲属参加继承时，则由四亲等的亲属继承。如此规定，其目的是为了使自然人的遗产能够为自然人继承。但是，另一种观点认为，继承法规定的两个继承顺序，已经为人们熟知，没有必要再扩大出一个第三顺序，为使遗产能够有人继承，可通过扩大代位继承的适用范围来解决。立法者最终基本上采纳了后一种观点。

三、代位继承

第一千一百二十八条　被继承人的子女先于被继承人死亡的，由被继承人的子女的直系晚辈血亲代位继承。

被继承人的兄弟姐妹先于被继承人死亡的，由被继承人的兄

弟姐妹的子女代位继承。
代位继承人一般只能继承被代位继承人有权继承的遗产份额。

本条规定了代位继承。

(一) 代位继承的概念和特征

1. 代位继承的概念

代位继承有广义与狭义之分。广义的代位继承，是指有法定继承权的人在继承开始前死亡或者因其他原因不能继承时，依法由其直系卑亲属按照其继承顺序和应继份额继承被继承人的遗产的继承制度；狭义的代位继承，仅指被继承人的子女不能继承时由其直系卑亲属代位继承被继承人的遗产的继承制度。我国法上的代位继承，是指被继承人的子女或者兄弟姐妹先于被继承人死亡时，依法由其直系晚辈血亲按照其继承顺序和继承份额继承被继承人遗产的制度。在代位继承中，先于被继承人死亡的继承人为被代位继承人，简称被代位人，被代位继承人的直系晚辈血亲为代位继承人，简称代位人。

各国立法规定的代位继承制度多有不同。从代位继承发生的原因上看，有的规定被代位人先于被继承人死亡；有的规定被代位人先于被继承人死亡和丧失继承权；有的规定被代位人先于被继承人死亡并丧失继承权和抛弃继承权。从被代位人的范围上看，有的规定被代位人限于被继承人的直系卑亲属；有的规定被代位人可以是被继承人的直系卑亲属和兄弟姐妹及其直系卑亲属；有的规定被代位人的范围包括直系卑亲属、父母及其直系卑亲属和祖父母及其直系卑亲属；有的规定被代位人的范围包括直系卑亲属、兄弟姐妹及其直系卑亲属、祖父母及其直系卑亲属。① 我国原《继承法》规定,"被继承人的子女先于被继承人死亡的,由被继承人的子女的晚辈直系血亲代位继承。"依此规定,我国原《继承法》对代位继承采取狭义的概念,将被代位继承人限定为被继承人的直系卑亲属。民法典扩大了被代位继承人的范围,规定被代位继承人包括被继承人的兄弟姐妹。

但是,对于将兄弟姐妹也规定为被代位继承人,学者中有不同的意见。支持者认为,规定兄弟姐妹为被代位继承人,可以避免财产外流,扩大了遗产为自然人继承的可能性。反对者认为,被继承人的兄弟姐妹为被代位继承人与防止遗产外流的思想相悖,外甥子女都可以继承,还能防止遗产外流吗?"兄弟姐妹的子女代位继承"实际加剧了财产外传,违背了继承制度的初衷。代位继承人也应为法定继承人范围之内的人,被继承人的子女为被代位继承人,是因为被继承人的子女及其晚辈血亲为第一顺序继承人,亲等近者优先。依我国法规定,兄弟姐妹和祖父母、外祖父母为同一顺序继承人,继承地位相同,仅规定兄弟姐妹可为被代位继承人,而不规定祖父母、外祖父母可为被代位继承人,不合理。例如,一个人有一兄弟姐妹,该兄弟姐妹有子女,祖父母有子女,兄弟姐妹、祖父母均先于该人死亡,于此情形下,其侄子女、外甥子女可以代位继承,而其叔、伯、姑却不能代位继承。这难以说是合理的。为保障被继承人的遗产能为自然人继承,按照多数学者的主张,应当增

---

① 参见杨立新:《孙子女外孙子女继承权的保障制度改革》,载《四川大学学报(哲学社会科学版)》2018年第1期。

加一个继承顺序,即规定第三顺序为四亲等以内的其他亲属,亲等近者优先,而指望通过将被代位继承人扩大到兄弟姐妹以解决遗产能为亲属继承的问题,是不可能的。例如,被继承人无配偶、子女、父母、兄弟姐妹、祖父母、外祖父母,但有叔、伯、姑、舅、姨,因为不规定叔、伯、姑、舅、姨为法定继承人,其遗产仍会无人继承。

从我国法现行规定看,《民法典》对代位继承采取的是较广义的代位继承概念。代位继承的这一概念包含以下含义:

其一,代位继承是被代位继承人在继承开始后不能参加继承被继承人遗产的情形下的一种继承方式。在被继承人死亡时,如果被代位继承人享有继承权,具有继承能力,则由被代位继承人自己也只能由被代位继承人自己继承被继承人的遗产,而不会发生代位继承。但是在继承开始后,因被代位继承人不具有继承能力,或丧失继承权,其不能参与继承,这才发生代位继承。可见,代位继承是以继承开始时被代位继承人不能参加继承为前提的。

其二,代位继承是由被代位继承人的晚辈直系血亲代位继承的制度。不论被代位继承人是否限于被继承人的直系晚辈血亲,而代位继承人是仅限于被代位继承人的直系晚辈血亲的。不是被代位继承人的直系晚辈血亲的人不能代位继承。

其三,代位继承是代位继承人继承被代位继承人的应继份额的制度。代位继承人参与继承并非直接继承自己的应继份额,而是代位继承被代位继承人的应继份额。因此,不论代位继承的继承人有几人,代位继承人只能共同继承被代位继承人有权继承的遗产份额。正是在这一意义上,代位继承又称间接继承。

其四，代位继承是法定继承中的制度。代位继承只适用于法定继承，在遗嘱继承中不发生代位继承，遗赠中也不发生代位受遗赠问题。

2. 代位继承的特征

代位继承具有以下法律特征：

其一，代位继承是与本位继承相对应的制度。代位继承与本位继承是根据继承人参与继承时的地位对继承的一种分类。本位继承，是指继承人基于自己的继承地位，在自己原来的继承顺序继承被继承人的遗产的继承制度。如子女继承父母遗产，祖父母、外祖父母继承孙子女、外孙子女的遗产，都为本位继承。代位继承，是指在应直接按其继承顺序继承被继承人遗产的继承人不能继承时，由其直系晚辈血亲代其继承被继承人遗产的继承制度。如被继承人的子女先于被继承人死亡的，被继承人的子女的晚辈血亲代其继承被继承人的遗产，即为代位继承。

其二，代位继承是发生在血亲继承中的一项制度。代位继承之立法意旨是建立在子股公平与子股独立之基础上。① 在某些继承顺序的血亲继承人中，遗产本是按股（支）分配的，每个继承人的应继份额被视为属于本支。正是基于按支继承，某一支中与被继承人亲等最近的人不能继承时，其应继份额就应留在该支，即由其直系晚辈血亲代位继承，而不能转归他支继承。没有按支继承的观念，就不可能有代位继承。也正因为如

---

① 刘耀东：《继承法修改中的疑难问题研究》，法律出版社 2014 年版，第 19 页。

此，代位继承只能发生在血亲继承之中，配偶不可能成为代位继承人。①

其三，代位继承是一次继承，而不是连续继承。继承开始后具备代位继承条件时，代位继承人是直接按照被代位继承人的顺序和应继份额继承被继承人遗产的，而不是先由被代位继承人继承被继承人的遗产，然后，再由代位继承人继承被代位继承人继承的遗产。一次继承，是代位继承与转继承不同的重要特征。

（二）代位继承的性质

代位继承起源于罗马法。罗马法上，在"大家庭的所有制被小家庭的私有制取代之后，血亲继承渐占主要地位，被继承人遗留的财产即按照感情疏密、亲等远近而定继承的顺序，先由第一亲等的亲属继承，如果第一亲等的亲属中有先于被继承人死亡，或者丧失继承权的，第二亲等的亲属代位他们来继承，但以第一亲等的亲属生前没有放弃继承权为条件，因为应推定被继承人对其直系卑亲属有同等的感情，特别在子女中有先死亡的，其所遗留的年幼尚不能自行谋生的儿童，更有予以照顾的必要。"②在罗马法，最初只是先死亡或受家父权免除者之子承继父之应继份，后来代位继承扩展到旁系亲属间，不仅直系血亲卑亲属可代位继承，而且兄弟姐妹的子女（被继承人的侄儿、侄女等）也享有代位继承权。我国古代也有代位继承，如唐代

---

① 张玉敏：《继承法律制度研究》，法律出版社1999年版，第224页。
② 周枬：《罗马法原论》（下册），商务印书馆1994年版，第440页。

就规定,"诸应分田宅财产者,兄弟均分。兄弟亡者,子承父份(继绝亦同)兄弟俱亡,诸子均分。"

尽管现代各国法上都规定代位继承制度,但各国代位继承的适用范围并不完全相同,对于代位继承的性质,也有固有权说与代表权说两种不同的学说。

固有权说认为,代位继承人参与继承是自己本身的权利,是基于自己固有的权利继承被继承人遗产的,并不以被代位继承人是否有继承权为转移。代位继承人之所以能够代位继承,是因为其与被继承人之间有特定的亲属关系,而不是因为被代位继承人有继承权。按照固有权说,只要被代位继承人不能继承,代位继承人就可以代位继承。即使被代位继承人丧失继承权,代位继承人也可以依自己的权利继承被继承人的遗产。多数国家的立法采这一学说。如《日本民法典》第871条中规定:被继承人的子女,在继承开始前已经死亡,或者适用于第891条的规定,抑或因废除而丧失继承权时,由被继承人的子女代袭为继承人。但并非被继承人的直系卑亲属的人,不在此限。《瑞士民法典》第541条第2款规定:继承资格丧失人的直系血亲卑亲属,视如继承资格丧失人先于被继承人死亡,继承被继承人的遗产。

代表权说,又称代位权说,认为代位继承人继承被继承人的遗产,不是基于自己本身固有的权利,而是代表被代位继承人参加继承,也就是说,代位继承人是以被代位继承人的地位而取得被代位继承人的应继份额的。代位继承人之所以可代位继承,是因为被代位继承人享有继承权。按照代表权说,只有被代位继承人有继承权,才会发生代位继承,在被代位继承人丧失继承权的情形下，不发生代位继承。因为被代位继承人已经丧失继承权，代位继承人自无可代继承之位。

我国法未明确规定，被代位继承人丧失继承权时，代位继承人是否可代位继承。但以往的司法实践认为，"继承人丧失继承权的，其晚辈直系血亲不得代位继承。如该代位继承人缺乏劳动能力又没有生活来源，或对被继承人尽赡养义务较多的，可适当分给遗产。"由此可见，我国司法实务中是采取代位权说的。其主要理由是法律中规定的代位继承的条件是继承人的子女先于被继承人死亡。

对于实务中对代位继承性质所持代位权的观点和做法，学者中多有批评意见。有学者提出以下主要理由反对对代位继承采取代位权说：（1）代位权说，违反民法关于自然人权利能力的基本原理，是不能成立的。因为自然人的民事权利能力始于出生，终于死亡。自然人死亡，其民事权利能力终止，其继承法律地位不复存在，不管被代位继承人是死亡还是丧失继承权，其代位继承人都不能去代替一个实际上已不存在的法律地位进行继承。而固有权说可以克服这一矛盾。（2）代位权说不能解释，法律为什么规定某些继承人先于被继承人死亡，其直系晚辈血亲可以代位继承；而另一些继承人先于被继承人死亡，其直系晚辈血亲则不能代位继承。而固有权说可以解释代位继承的实质根据，因为按照固有权说，代位继承人本来就是法定继承人范围之内的人，只不过在其尊亲属能够继承时，按照"亲等近者优先"规则，而被排斥参加继承，在其尊亲属不能继承时，代位继承人也就基于自己的继承地位直接继承被继承人的遗产。（3）代位继承是基于亲系继承和按支继承这样两种制度，没有亲系继承的按支继承，就不会有代位继承。代位权说与这两种制度的观念不符。而固有权说符合这两种制度的要求。（4）采取代位权说，依现行法规定，被继承人丧失继承权后，使孙子女、外孙子女等晚辈直系血亲不能行使继承权，继而形成株连丧失继承权者的晚辈直系血亲不得行使继承权的不公平现象，这与我国法律的基本精神未必相符。（5）采取代位权说不利于保护孙子女、外孙子女的继承权益，通过剥夺被代位继承人的继承权而剥夺其晚辈直系血亲的继承权，是不合理的。[①]学者普遍认为，在法律没有明确规定的情形下，司法实务对于代位继承也应当采取固有权说，而抛弃代位权说。

（三）代位继承的条件

代位继承应当具备以下条件：

其一，须被代位继承人不能参与继承。继承开始后，如果被代位继承人能够参与继承，自然由其参加继承，而不能发生代位继承。只有在被代位继承人不能继承的前提下，才能发生代位继承。被代位继承人不能参加继承的，有两种情形：一是被代位继承人先于被继承人死亡或者与被继承人同时死亡；二是被代位继承人丧失继承权。如前所述，对代位继承采取代位权说，则被代位继承人丧失继承权的，不发生代位继承，而采取固有权说，则被代位继承人丧失继承权，也发生代位继承。在被代位继承人与被继承人同时死亡时，是否发生代位继承呢？

[①] 参见杨立新：《家事法》，法律出版社2013年版，第485—486页；郭明瑞、房绍坤：《继承法》（第二版），法律出版社2004年版，第114页。

对此有不同的观点。一种观点认为,法律未规定被代位继承人与被继承人同时死亡为代位继承发生的原因,因此不能发生代位继承,而只能发生转继承。另一种观点认为,被代位继承人与被继承人同时死亡的,依我国法规定,相互有继承权的人同时死亡的,互不继承遗产,因此,于此情形下,不适用代位继承。还有一种观点认为,因为代位继承乃本于衡平原则及保护直系血亲卑亲属之利益而生制度,于此情形自宜认为被代位继承人之晚辈血亲亦有代位继承权,[①]应适用代位继承。例如,父与子同时死亡,父与子互不为继承人,但子之晚辈直系血亲可代位继承其父的遗产。

其二,被代位继承人是被继承人的子女或者兄弟姐妹。从各国立法看,被代位继承人只能是被继承人的血亲继承人,而不能是配偶,但在可为被代位继承人的血亲继承人范围上却规定不一,大体有四种立法例:一是规定被代位继承人仅限于被继承人的直系卑亲属;二是规定被继承人的直系卑亲属和兄弟姐妹及其直系卑亲属都可以作为被代位继承人;三是规定被代位继承人的范围包括直系卑亲属、父母及其直系卑亲属和祖父母及其直系卑亲属;四是规定被代位继承人的范围包括直系卑亲属、兄弟姐妹及其直系卑亲属、祖父母及其直系卑亲属。我国原《继承法》采取第一种立法例,规定被代位继承人仅限于被继承人的子女。在继承法制定前,有的主张,被代位继承人可以包括兄弟姐妹。在民法典编纂过程中,又有学者提出兄弟

[①] 刘耀东:《继承法修改中的疑难问题研究》,法律出版社2014年版,第28页。

姐妹可为被代位继承人的主张，认为被继承人的兄弟姐妹中有先于被继承人死亡的，其子女可代位继承。这一建议最终被立法者接受，法律明确规定，被继承人的兄弟姐妹也为被代位继承人。这一规定也将法定继承人之范围扩大到侄子女、外甥子女。

其三，代位继承人须为被代位继承人的晚辈直系血亲或子女。各国立法普遍规定，代位继承人须是被代位继承人的直系卑亲属，被代位继承人的其他亲属不得作为代位继承人。因各国法规定的被代位继承人的范围不一，因此，各国法上代位继承人并不以被继承人的直系卑亲属为限。在兄弟姐妹为被代位继承人的立法条件下，侄子女、外甥子女虽不是被继承人的直系晚辈血亲，却也可为代位继承人。但是，不论被代位继承人是否为被继承人的直系卑亲属，代位继承人只能是被代位继承人的晚辈直系血亲。《继承编解释》第14条规定，"被继承人的孙子女、外孙子女、曾孙子女、外曾孙子女都可以代位继承，代位继承人不受辈数的限制。"第15条规定，"被继承人的养子女、已形成扶养关系的继子女的生子女可代位继承；被继承人亲生子女的养子女可代位继承；被继承人的养子女的养子女可代位继承；与被继承人已形成扶养关系的继子女的养子女也可以代位继承。"从上述规定可见，在司法实务中，代位继承人包括被代位继承人的亲生子女、养子女以及有扶养关系的继子女。

（四）代位继承的效力

代位继承的效力，指的是代位继承人的应继份额。在具备代位继承条件时，发生代位继承。代位继承人以其固有的代位权，在原本由被代位继承人享有的继承地位上参加继承，直接继承被继承人的遗产。代位继承人若为数人，则数个代位继承人共同与同一顺序的继承人参加继承。但是，代位继承人一般只能继承被代位继承人有权继承的遗产份额。也就是说，在代位继承中，代位继承人的应继份额是依被代位继承人的应继份额来确定的。继承开始后，各代位继承人并不是与其他继承人一同均分遗产，而是先依照按支继承的规则确定被代位继承人的应继份，再由代位继承人承继这一份额。例如，被继承人有甲、乙、丙三子。甲先于被继承人死亡，有一子一女。被继承人死亡后，甲的子女代位继承，与乙、丙在同一顺序继承。于此情形下，被继承人的遗产应分为三份，乙、丙各应继承一份，甲之子女共同继承一份。

四、丧偶儿媳、丧偶女婿的继承权

第一千一百二十九条　丧偶儿媳对公婆，丧偶女婿对岳父母，尽了主要赡养义务的，作为第一顺序继承人。

本条规定了丧偶儿媳、丧偶女婿的继承权。

本条规定是对原《继承法》第42条的继受，也是我国继承法上的一个独有的制度。

在我国，历来有夫妻共同赡养父母的传统，但并不承认儿媳与公婆、女婿与岳父母之间有相互继承遗产的权利。但是，在司法实务中，有的承认儿媳可以代亡夫继承公婆的遗产，有的也承认女婿得代亡妻继承岳父母的遗产。1984年最高人民法院《关于贯彻执行民事政策法律若干问题的意见》第（39）项中明确规定："丧失配偶的儿媳与公婆之间、丧失配偶的女婿与岳父母之间,已经形成扶养关系至一方死亡的,互有继承权。儿媳或女婿继承了公婆或岳父母遗产的,仍有继承生父母遗产的权利。"这一规定将丧偶儿媳、女婿与公婆、岳父母之间的关系以继子女与继父母间的关系同等对待。在1985年《继承法》的制定中,继承法草案第12条中规定:"丧偶儿媳赡养公、婆直至其死亡,丧偶女婿赡养岳父、岳母直至其死亡,没有代位继承人的,为第一顺序继承人;有代位继承人的,应当分给他适当的遗产。"但是,在全国人民代表大会讨论继承法草案中,有的代表针对第12条的规定提出,不管有没有代位继承人,丧偶儿媳或女婿都应为第一顺序继承人。这一建议最终被接受,从而《继承法》第12条规定为"丧偶儿媳对公、婆,丧偶女婿对岳父、岳母,尽了主要赡养义务的,作为第一顺序继承人。"继承法之所以规定丧偶儿媳或丧偶女婿对公婆或岳父母尽了主要赡养义务的作为第一顺序继承人,其主要目的是为了鼓励赡养老人,贯彻继承法的养老育幼原则。

但是,对于原《继承法》的这一规定,学者多有异议。一种观点认为,将丧偶儿媳或女婿规定为法定继承人,不符合以血缘关系为基础的继承原理,并不合理。儿媳与公婆、女婿与岳父母不存在基于婚姻和血缘的亲属关系,其联系仅仅是基于与其配偶的婚姻而产生的姻亲关系,姻亲关系不发生法律上的权利义务。在现实生活中,父母有数个子女时,数子女共同承担赡养父母的义务,其中某一子女死亡的,其配偶一般也是与被继承人的其他子女共同分担赡养义务的,各房(支)所尽的赡养义务基本相同,并不会也不能构成尽了主要赡养义务。在先于被继承人死亡的子女有子女时,其子女可以代位继承被继承人的遗产,而在死亡的子女没有子女代位继承时,若不认可丧偶儿媳或丧偶女婿可以继承,则有失公平;而若认可丧偶儿媳或丧偶女婿不论其有无子女代位继承都为第一顺序继承人,则违反传统上按房(支)继承规则,也是更不公平的。因此,在民法典编纂过程中,有学者主张应修正关于丧偶儿媳或女婿可为第一顺序继承人的规定。但在如何修正上,又有不同意见。一种意见主张,应恢复1985年继承法草案的规定,即:丧偶儿媳赡养公、婆直至其死亡,丧偶女婿赡养岳父、岳母直至死亡的,没有代位继承人的,为第一顺序继承人;有代位继承人的,应当分给他适当的遗产。另一种意见主张,不规定丧偶儿媳、丧偶女婿的继承权,而是规定:对公、婆或岳父、岳母尽了赡养义务的丧偶儿媳或女婿,应分给适当遗产。其主要理由是,姻亲不能做继承人,这是各国法的通例。将丧偶儿媳、丧偶女婿规定为第一顺序继承人,既不符合各国立法的通例,也不符合传统习惯,赋予其酌情分得遗产的权利,足以保护其正当利益,可以达到将其作为第一顺序继承人的立法目的,又符合法理和传统习惯,也便于执行。也有的主张,为解决这一规定与代位继承的冲突,可以规定:"丧偶儿媳对公婆,丧偶女婿对岳父母,尽了主要赡养义务的,作为第一顺序继承人。但子女代位继承的除外。"有学者认为,赋予丧偶儿媳或丧偶女婿酌情分得遗产的权利,虽然可以避免将其作为第一顺序继承人的违反血缘继承和按支继承问题,也可免去对于其是否尽了主要赡养义务的认证困难,但是对于非继承人的酌给份制度的理论基础是扶养关系,与身份关系无关,其价值取向主要是一种取向于财产的市场思维,而非取向于身份的伦理思维。将对公婆、岳父母尽了主要赡养义务的丧偶儿媳、女婿列入继承人以外的酌情分给适当遗产的人,也就是将丧偶儿媳、女婿对公婆、岳父母遗产的权利单纯评价为一种经济关系,而忽略了他们之间的赡养关系实质上是基于特定身份关系发生的。也有学者认为,该规定虽系我国继承法的原创,但也并非"无的放矢""空穴来风"。其来源于建国以来的家庭生活现实,是对长期司法实践经验的提炼与确认,符合我们既有的独特的家庭赡养情形,彰显我国家庭生活形成的特有的伦理价值。这种道德指引与激励的规范化入法,符合权利义务相一致原则。虽然可能出现丧偶儿媳、丧偶女婿继承和其子女代位继承的所谓双份继承情形,但是丧偶儿媳、丧偶女婿继承的遗产是因其本无赡养义务却"尽了主要赡养义务"的对价,是对其赡养老人、巩固家庭的褒奖与回报,这并没有破坏实质意义上的公平。为尽可能保持继承制度延续性与稳定性,未来继承法修订中应保留该制度。[①] 这一观点被立法机关采纳。

按照法律规定,丧偶儿媳或者丧偶女婿并非当然的为第一顺序法定继承人,其作为法定继承人须具备以下两个条件:

其一,在配偶死亡后仍对公婆或岳父母尽赡养义务,直至被赡养人死亡;

其二,对被赡养人尽了主要赡养义务。丧偶儿媳或女婿如果仅对被赡养人尽了一般赡养义务,则不能成为第一顺序继承人。何为尽了主要赡养义务?司法实务中认为:对被继承人生活提供了主要经济来源,或在劳务等方面给予了主要扶助的,

---

① 杨震:《我国法定继承人范围与顺序的历史检视与当代修正》,载《四川大学学报(哲学社会科学版)》2018年第1期。

应当认定其尽了主要赡养义务或主要扶养义务。

五、法定继承的遗产分配

(一) 法定继承的遗产分配原则

第一千一百三十条 同一顺序继承人继承遗产的份额,一般应当均等。

对生活有特别困难又缺乏劳动能力的继承人,分配遗产时,应当予以照顾。

对被继承人尽了主要扶养义务或者与被继承人共同生活的继承人,分配遗产时,可以多分。

有扶养能力和有扶养条件的继承人,不尽扶养义务的,分配遗产时,应当不分或者少分。

继承人协商同意的,也可以不均等。

本条规定了法定继承的遗产分配原则。

1. 遗产分配原则的含义

法定继承的遗产分配原则,是指在法定继承中数人共同继承被继承人的遗产时,确定各个继承人应继份额的规则。

法定继承的遗产分配原则只适用于法定继承人数人共同继承遗产的场合。在遗嘱继承中不发生遗产分配原则,在法定继承的单一继承中因仅有一人继承遗产自然也不会发生遗产分配问题。因此,遗产分配问题仅发生在法定继承的共同继承中。在共同继承时,如何确定各个继承人应继承的遗产份额,就涉及遗产的分配原则。

关于法定继承的遗产分配原则,各国有不同的立法例,大体有两种做法:一种做法是由法律直接规定各法定继承人的应继份额。采这种做法的国家一般都不将配偶单列为某一继承顺序,配偶是与各顺序的继承人共同继承的,配偶在与不同顺序的继承人共同继承时,其份额并不相同。例如,依《日本民法典》第900条规定,同一顺位的继承人有数人时,其继承份额按照下列规定确定:(1)子女同配偶同为继承人时,子女的继承份额与配偶的继承份额为各二分之一;(2)配偶同直系尊亲属为继承人时,配偶的继承份额为三分之二,直系尊亲属的继承份额为三分之一;(3)配偶同兄弟姐妹为继承人时,配偶的继承份额为四分之三,兄弟姐妹的继承份额为四分之一;(4)子女、直系尊亲属或兄弟姐妹有数人时,各自的继承份额为相等。但非婚生子女的继承份额为婚生子女的二分之一;仅为父母一方相同的兄弟姐妹的继承份额为父母双方相同的兄弟姐妹的继承份额的二分之一。另一种做法是规定同一顺序的法定继承人均分遗产。

我国在确定法定继承的遗产分配原则上也曾有均等说、不均等说以及折中说三种不同的观点。均分说主张,同一顺序的法定继承人应平均分配遗产。其主要理由是:(1)平均分配简单易行;(2)我国历来有平均分家析产的传统;(3)各国继承法多以均分为原则;(4)从理论上说,继承权主要是基于血缘关系而产生的,而不是根据扶养关系而产生的,继承人的继承权是平等的,平等的继承权应体现在继承份额上的均等。不均等说主张,继承人的继承份额不能均等,应当按照继承人对被继承人所尽扶养义务的多少来确定其应继承的遗产份额。其主要理由是:(1)这样规定对扶养老人有利;(2)我国的继承顺序少,同一顺序的继承人人数多,如配偶、子女、父母为同一顺序,各自情况有很大差别,不应简单地平均分配、人人份额均等;(3)平均分配不利于解决农村出嫁女儿的继承问题,出嫁多年的女儿回来与其他子女均分遗产,在农村难以行得通;(4)均分遗产不利于保护配偶的继承权,配偶往往是尽义务最多的人,应当多分遗产;(5)我国继承政策历来主张按照权利义务相统一的原则确定继承人的继承份额;(6)从理论上说,继承权的平等并不等于继承份额的均等。折中说主张,继承人的应继份额可以均等,也可以不均等,完全由继承人决定。上述三种学说,各有一定道理。我国法并没有完全采纳上述各学说,而是采各说之长,最终规定法定继承中的遗产分配原则是以均等为原则,以不均等为例外:同一顺序继承人继承的遗产份额一般应当均等和特殊情况下继承人继承的遗产份额可以不均等。

2. 同一顺序法定继承人的应继份额一般应均等原则

同一顺序法定继承人的应继份额一般应均等原则,是确定法定继承人继承遗产份额的基本规则。按照均等原则,同一顺序的法定继承人不论有几人,只要没有法律规定的特殊情况,参与继承的各个继承人继承的遗产份额就应当相等,由各继承人按照人数平均分配遗产。例如,同一顺序继承人有三人参与继承的,每个人的继承份额为三分之一;有四个人参与继承的,每个人的继承份额则为四分之一。如果参与继承的继承人是因代位继承直接继承被继承人遗产的,各代位继承人共同继承的份额为与其他继承人继承的份额相同。

3. 特殊情况下同一顺序继承人的应继份额可以不均等原则

同一顺序继承人的应继份额可以不均等原则,是法定继承中遗产分配原则的例外规则。因此,只有在法律规定的特殊情况下，同一顺序的数个继承人继承的遗产份额才可以不均等。依现行法规定，在下列情况下，同一顺序的继承人继承的遗产份额可以不均等：

（1）对生活有特殊困难又缺乏劳动能力的继承人，分配遗产时，应当予以照顾。同一顺序的继承中人有需要照顾的，在分配遗产上应予以照顾。因为对此继承人要予以照顾，而予以照顾也就是较其他继承人多分一些遗产，所以，有此情况时，各继承人应继承的遗产份额也就会不均等。按照法律规定，应当予以照顾的继承人应同时具备以下两个条件：其一，生活有特殊困难，如因病因灾陷入困境，如果继承人的生活不是有特殊困难，而仅是一般困难，则不在照顾之列；其二，缺乏劳动能力，而不是劳动能力不强。一般来说，缺乏劳动能力的人是未成年人或者老弱病残者，健康的成年人不会缺乏劳动能力。需要在分配遗产时予以照顾的继承人必须同时具备以上两个条件，仅具备其中一个条件的，并不属于应予照顾者。对生活有特殊困难又缺乏劳动能力的继承人予以照顾的目的，是为了保障该继承人的基本生活需要。因此，如果被继承人的遗产不多，在分配遗产上对于生活有特殊困难且缺乏劳动能力的继承人予以照顾就显得尤其重要。但是，如果遗产较多，各个继承人均分遗产，也足以保障生活有特殊困难且缺乏劳动能力的继承人的生活需要，就没有必要对其再予以照顾，各继承人的继承份额仍应均等。当然，如果同一顺序的数个继承人都属于生活有特殊困难且缺乏劳动能力的人，也就无所谓应对某继承人予以照顾问题，各继承人继承的遗产份额只能均等。但也有学者认为，即使在被继承人遗产较多，平均分配遗产也足以保障生活特殊困难又缺乏劳动能力的继承人的基本生活需要的情形下，在生活上有特殊困难又缺乏劳动能力的继承人仍应多分遗产，但多分遗产的数额可以较通常情况下减少。在同一顺序继承人都属于生活特殊困难又缺乏劳动能力的人的情形下，各继承人的困难程度和劳动能力相差比较大的情况下，处境相对较差的继承人也应当予以照顾。[1]

（2）对被继承人尽了主要扶养义务或者与被继承人共同生活的继承人，分配遗产时，可以多分。在同一顺序的继承人中有的继承人可以多分遗产时，则各继承人继承的遗产份额就会出现不均等。可以多分遗产的继承人包括以下两种情况：其一是对被继承人尽了主要扶养义务的继承人。所谓对被继承人尽了主要扶养义务，是指对被继承人生活提供主要经济来源，或在劳务等方面给予了主要扶助。如果对被继承人仅是一般地与他人平均提供经济来源或者提供劳务扶助，则不能要求多分遗产。其二是与被继承人共同生活的继承人。与被继承人共同生活的继承人，较之其他继承人，对被继承人的饮食起居给予更多的扶助，对被继承人给予更多的精神慰藉，而且通常情形下与被继承人共同生活的继承人也是尽了主要扶养义务的人，与被继承人的情感更为密切，因此，与被继承人共同生活的继承人可以多分遗产。但依《继承编解释》第23条规定，有扶养能力和扶养条件的继承人虽然与被继承人共同生活，但对需要扶养的被继承人不尽扶养义务，分配遗产时，可以少分或者不分。

如果同一顺序的继承人中有生活特别困难又缺乏劳动能

---

[1] 参见彭诚信主编：《继承法》，吉林大学出版社2007年版，第81页。

力的人,又有对被继承人尽了主要扶养义务或者与被继承人共同生活的人,在分配遗产时应如何处理呢?于此情形下应坚持"照顾优先"原则,应当对有特殊困难又缺乏劳动能力的继承人先予以照顾,在遗产不多的情况下,不应因对被继承人尽了主要扶养义务或与被共同生活的人多分遗产而使生活有特殊困难又缺乏劳动能力的继承人得不到照顾。

(3)有扶养能力和有扶养条件的继承人,不尽扶养义务的,分配遗产时,应当不分或者少分。继承人对被继承人有扶养义务的,继承人应当对被继承人尽扶养义务。继承人不尽扶养义务的,不应与其他继承人继承同等份额的遗产,其应得的遗产份额应当少于其他继承人得到的份额,于此情况下,同一顺序继承人继承的遗产份额也就不均等。对被继承人不尽扶养义务的继承人少分或不分遗产的前提条件,是被继承人需要扶养而继承人具有扶养条件。如果被继承人不需要扶养,继承人因此未尽扶养义务的,则不应少分或不分遗产。如果继承人有扶养能力和扶养条件,愿意尽扶养义务,但被继承人因有固定收入和劳动能力,明确表示不要求其扶养的,分配遗产时,一般不应影响其继承份额。在被继承人明确表示不需要扶养,而实际上需要扶养的,例如,被继承人有经济来源,且自认为能够生活自理,而实际上生活已经不能自理,于此情形下,继承人也应尽扶养义务,未尽相应扶养义务的,也应少分遗产。尽管被继承人需要扶养,但继承人因没有扶养能力和扶养条件而未尽扶养义务,不应影响其继承份额,因为于此情况下,继承人是有扶养之心而无扶养之力的。只有在继承人有扶养能力和扶养条件而不尽扶养义务的条件下,才可少分或不分遗产。有学者指出，对于有扶养能力和扶养条件而不尽扶养义务的继承人，分配遗产时，可以少分，而不应当不分，只要继承人没有丧失继承权，就应当分给一定的遗产。

（4）继承人协商同意不均分。同一顺序的数个继承人共同继承时，继承人可以协商各继承人继承的遗产份额，这是继承人的自由。继承人协商一致同意不均分遗产的，应当按照继承人的协议分配遗产，于此情况下，各继承人继承的遗产份额也就不均等。需要注意的是，继承人关于遗产分配份额的协议必须经全体一致同意，仅是多数人同意的，协议不能成立。

（二）非继承人对遗产的取得

第一千一百三十一条　对继承人以外的依靠被继承人扶养的人，或者继承人以外的对被继承人扶养较多的人，可以分给适当的遗产。

本条规定了非继承人对遗产的取得权利。

1. 非继承人遗产取得权的含义

这里的非继承人，并非是指法定继承人范围之外的人，而是指不能按法律规定的顺序参与继承的人。在法定继承中，只有按照法律规定的顺序参与继承的法定继承人才可继承遗产，而不能在该顺序参与继承的人，不论其是否为法定继承人范围之内的人，都不能继承遗产。这些不能参与继承的人即为这里所说的非继承人。但是，参与继承的继承人以外的人，也可以分得适当遗产。这些人被称为继承人以外的遗产取得人、酌情分得遗产的人、酌情取得人、可适当分得遗产的人，其享有的可以请求分得遗产的权利被称为遗产酌情给予请求权或酌情分得遗产权,简称酌给请求权。

　　法律之所以对不能参与继承的特殊人员赋予其可以要求分给适当遗产的权利,是为了克服法定继承的局限性,保障特殊人员的利益。因为在法定继承中继承人只能基于自己的继承权取得遗产,而不能参与继承的人即使与被继承人有特殊扶养关系也不能继承遗产,而依照一般社会观念,与被继承人有特殊扶养关系的人不能得到遗产,有失公正,所以,法律为克服法定继承的这一局限性,赋予与被继承人有特殊扶养关系的人可以适当分得遗产的权利。

　　从各国法律规定看,各国法上规定的遗产酌给请求权人都是与被继承人有扶养关系的人。也就是说,各国法律是根据与被继承人之间的扶养关系而不是血缘关系和婚姻关系来确定可以分得适当遗产的人的范围的。

　　2. 非继承人可以取得遗产的条件

　　依我国法规定,可以分给适当遗产的继承人以外的人包括以下两部分:

　　其一,继承人以外的依靠被继承人扶养的人。继承人以外的依靠被继承人扶养的人一般是缺乏劳动能力又没有生活来源的人,否则,其也就不需要依靠被继承人扶养。这部分人在被继承人死亡后,仍需要依靠被继承人的遗产维持生活,否则将会由社会负责对其扶养。况且,在被继承人生前由被继承人对其扶养,在被继承人死亡后以被继承人的部分遗产继续对其扶养,也符合被继承人的遗愿。因此,对这部分人,可以分给适当的遗产。这里的"适当"应与其受扶养的需要相对应。也就是说,分给继承人以外的依靠被继承人扶养的人的遗产应与对其扶养的需要即满足其基本生活需求为限度。继承人以外的人是否是依靠被继承人扶养的人，应以被继承人死亡时该人是否为缺乏劳动能力又无生活来源且仍依靠被继承人扶养为判断标准。如果其以前曾依靠被继承人扶养，但在被继承人死亡时已经不依靠被继承人扶养，或者在被继承人死亡时其已经不是缺乏劳动能力又没有生活来源之人，则因其不需要依靠分得被继承人的遗产来保障其生活需要，也就不属于依法可以分给适当遗产的人。

其二，继承人以外的对被继承人扶养较多的人。对被继承人的扶养，既包括经济上、劳务上的扶助，也包括精神上的抚慰。对被继承人扶养是否较多，是与继承人对被继承人的扶养相比较而言的，这种比较既有量上的比较，也有时间上的比较。如果只是对被继承人给予一次性或临时性的经济、劳务、生活上的帮助或者所给予的物质帮助数额并不多，就不能认定为扶养较多。对被继承人扶养较多的人，不论其是否为法定继承人范围之内的人，只要其不能参与继承，就可以分给适当遗产。这里的"适当"应与其尽的扶养相对应。也就是说，分给对被继承人扶养较多的人的遗产应与其对被继承人的扶养相适应，既可以少于继承人的应继份额，也可以多于继承人继承的份额。最高人民法院《关于被继承人死亡后没有法定继承人分享遗产人能否分得全部遗产的复函》（〔1992〕民他字第25号）中指出，"沈玉根与叔祖母沈戴氏共同生活十多年，并尽了生养死葬的义务，依据我国继承法第十四条的规定，可分给沈玉根适当的遗产。根据沈戴氏死亡后没有法定继承人等情况，沈玉根可以分享沈戴氏的全部遗产，包括对已出典房屋的回赎权。至于是否允许回赎，应依照有关规定和具体情况妥善处理。"《继承编解释》第 20 条规定,"依照民法典第一千一百三十一条规定可以分给适当遗产的人,分给他们遗产时,按具体情况可以多于或者少于继承人。"

3. 非继承人可以取得遗产的权利的行使

非继承人可分得适当遗产的酌给请求权,是一项独立的权利。该项权利既可由有权分得适当遗产的人自己行使,也可由其代理人代理行使。可以分得遗产的人行使酌给请求权的,应向何人主张权利呢?对此,有不同的观点,这与对酌给请求权的性质认识不同有关。关于酌给请求权的性质有继承权说、债权说、附有优先权的债权说、法定遗赠说等。继承权说与法定遗赠说显然不合常理。尽管该项请求权发生在法定继承中,但不属于继承权;它也不是一种受遗赠的权利。应当说,债权说更符合酌给请求权的性质。酌给请求权的相对人应是遗产的承受人。因为依照当然继承原则,自继承开始,遗产即转归继承人。因此,有权要求分得适当遗产的非继承人应向参加继承的继承人主张权利,要求继承人分给其适当的遗产。在遗产分配前,可分得遗产的非继承人也可以向遗产管理人主张权利。

依法律规定可以请求分给适当遗产的人,在其依法取得被继承人遗产的权利受到侵犯时,本人有权以独立的诉讼主体的资格向人民法院提起诉讼。但在遗产分割时,明知而未提出请求的,法院一般不予受理。因为其明知而未提出请求,应视为放弃权利;不知而未提出请求权,其请求权的行使应受诉讼时效的限制。

法律赋予可适当分给遗产的非继承人以遗产酌给请求权的目的,是为保障需要扶养的人的生活需要和体现权利义务相一致原则。因此，如果被继承人对于依靠其扶养的缺乏劳动能力又没有生活来源的人和对其扶养较多的人已经有相当的遗赠，则不论是依靠被继承人扶养的缺乏劳动又没有生活来源的人还是对被人扶养较多的人，都不应再请求分给适当遗产。

（三）遗产分配的时间、办法和份额的确定方式

第一千一百三十二条　继承人应当本着互谅互让、和睦团结的精神，协商处理继承问题。遗产分割的时间、办法和份额，由继承人协商确定；协商不成的，可以由人民调解委员会调解或者向人民法院提起诉讼。

本条规定了法定继承中遗产分配的时间、办法和份额的确定方式。

法定继承中有数人参加继承时，就需要确定遗产分配的时间、办法和份额。因为遗产分配的时间、办法和份额是仅涉及参加共同继承的当事人利益，所以可由共同继承的当事人自行决定。由于参与继承的共同继承人是具有亲属关系的自然人，因此，当事人都更应当重视亲情，在物质利益前互谅互让，而不应斤斤计较，坚持以和为贵，从利于团结着眼，协商处理继承事务。

共同继承人就遗产分配的时间、办法和份额协商一致，达成协议的，即应按照协议确定的时间、办法和份额分配遗产。当事人就遗产分配的时间、办法和份额协商不成的，继承人可以单独或共同请求人民调解委员会予以调解，在调解委员会调解下达成调解协议的，当事人应当执行调解协议；当事人也可以不经人民调解委员会调解直接向人民法院提诉讼，请求人民法院就遗产的分配时间、办法和份额做出裁决。

第三章 遗嘱继承和遗赠

一、遗嘱继承的含义和适用条件

(一) 遗嘱继承的概念和特征

遗嘱继承,是与法定继承相对应的一种继承方式,指的是继承开始后继承人按照被继承人设立的合法有效的遗嘱继承被继承人遗产的法律制度。按照遗嘱继承被继承人遗产的继承人称为遗嘱继承人。遗嘱继承人是被继承人在遗嘱中指定的享有继承遗产权利的自然人,设立遗嘱的被继承人称为遗嘱人或立遗嘱人。

通说认为,遗嘱继承源于罗马法。但罗马法上的遗嘱继承与近现代法上的遗嘱继承是不同的。在罗马法上,遗嘱继承的目的在于保持人格继承、祭祀继续及家产,遗嘱继承是把家族代表权转移给指定继承人的手段。我国古代也有遗嘱继承制度,例如,唐《丧葬令》中规定:"诸身丧户绝者,所有部曲、宫女、奴婢、店宅、资财,并令近亲(亲依本服,不以出降)转易货卖,将营丧事及量营功德之外,余财并与女(户虽同,资财先别者亦准此)。无女均入次近亲,无亲戚者官为检校。若亡人在日,自有遗嘱处分,证验分明者,不用此令。"[①]

---

① 《宋刑统》,中华书局1984年版,第198页。

在我国社会主义条件下，是否应当承认遗嘱继承呢？对此，曾有不同的观点。一种观点认为，应当废除遗嘱继承；也有一种观点认为，可以承认遗嘱继承但要予以严格的限制。第三种观点认为，原则上应当承认遗嘱自由。前两种观点的主要理由是，因为马克思说过：限制遗嘱继承权，这种继承权不同于没有遗嘱继承权或家属继承权，它甚至是私有制原则本身的恣意和迷信的夸张。这两种观点的理论基础，是对马克思关于继承权思想的曲解，也是不符合社会主义实践的。自中华人民共和国成立后，我国在司法实务中也一直承认遗嘱继承。如，1956年司法部在《关于遗嘱、继承问题的综合批复》中就指出："遗嘱人在不违反国家政策、法律、法令与公共利益的情况下可以用遗嘱将他个人财产的一部或全部指定法定继承人中之一人或数人继承，也可以遗赠给国家、合作社、公共团体或其他人。"1979年最高人民法院《关于贯彻执行民事政策法律的意见》中明确规定："遗嘱继承应当承认。"1984年最高人民法院《关于贯彻执行民事政策法律若干问题的意见》中再次强调："公民依法用遗嘱处分自己的财产，应予承认和保护。"1985年的《继承法》总结了我国长期的司法实践经验，明确规定了遗嘱继承制度。

遗嘱继承是法定继承以外的另一种继承方式。与法定继承相比较，遗嘱继承具有以下法律特征：

其一，遗嘱继承的发生须有被继承人的合法有效的遗嘱存在。发生法定继承的法律事实只有被继承人死亡这一事实。也就是说，只要被继承人死亡，法定继承就可发生。但是，只有被继承人死亡这一法律事实，并不能发生遗嘱继承。只有被继承人死亡,并且被继承人立有合法有效的遗嘱,才能发生遗嘱继承。正是从这一意义上说,发生遗嘱继承的法律事实不是单一的。遗嘱继承是以有效遗嘱为前提条件的,没有被继承人的遗嘱也就不可能发生遗嘱继承。但是遗嘱继承和遗嘱不是一回事。一方面,只有存在合法有效的遗嘱才能发生遗嘱继承,只有合法有效的遗嘱才是发生遗嘱继承的一个法律事实;另一方面,遗嘱为单方民事法律行为,只要有被继承人的意思表示就可以成立,无须征得他人同意,而发生遗嘱继承不仅须被继承人设立的遗嘱合法,并且还须遗嘱中指定的继承人接受继承。如果被继承人设立的遗嘱无效或者遗嘱虽有效但遗嘱中指定的继承人放弃继承,则所涉及的遗产仍应适用法定继承,而不发生遗嘱继承。

其二,遗嘱继承直接体现了被继承人的遗愿。遗嘱继承是在继承开始后按照被继承人的遗嘱进行的继承,而遗嘱是被继承人生前做出的对其财产的死后处分,并于被继承人死亡后发生效力的法律行为,充分体现了被继承人处分自己财产的意愿。因此,按照遗嘱进行继承,也就直接体现了被继承人的遗愿。在遗嘱继承中,继承人以及继承人继承的顺序、继承的遗产份额、继承的遗产目录等都是由被继承人在遗嘱中指定的。按照遗嘱继承也就充分体现了对被继承人处分其财产自由的尊重。而在法定继承,继承人是按照法律的直接规定参与继承的,而法律对继承人的范围以及继承顺序、继承份额的规定则是依据现实状况推定为是被继承人的意思。因此,法定继承只能是间接体现被继承人的遗愿。

其三,遗嘱继承是对法定继承的一种排斥。遗嘱继承与法定继承是两种继承方式，从法律史上看，先有法定继承，而后才出现遗嘱继承。现代各国法上都承认法定继承与遗嘱继承这两种继承方式，但二者的效力不同，遗嘱继承的效力优于法定继承。在继承开始后，有遗嘱的，先按照遗嘱继承，遗嘱继承也就排斥了法定继承的适用。由于遗嘱中所指定的继承人继承遗产，不受法定继承中法律对继承人的继承顺序、应继份额的限制，因此，遗嘱继承实际上就是对法定继承的一种排斥。

遗嘱继承的特点决定了遗嘱继承更有利于充分保护和尊重自然人对自己私有财产处分的权利，更有利于在继承中实现"自由"这一社会主义核心价值观，更有利于调动自然人创造财富的积极性。并且遗嘱继承充分尊重自然人生前对自己财产的分配，也会更加有利于稳定家庭关系，促进亲属间的和睦团结。

（二）遗嘱继承的适用条件

遗嘱继承的适用条件，是指可以适用遗嘱继承的具体情形。如前所述，遗嘱继承不同于遗嘱，有遗嘱不等于就发生遗嘱继承。继承开始后，只有具备以下条件时，才适用遗嘱继承，按照被继承人的遗嘱办理继承事宜：

其一，没有遗赠扶养协议。遗赠扶养协议是被继承人生前与扶养人订立的协议。继承开始后，有遗赠扶养协议的，按照遗赠扶养协议办理。只有在没有遗赠扶养协议的情况下，才进行遗产继承。依法律规定，尽管遗嘱继承的效力优于法定继承，但遗嘱继承的效力不能优于遗赠扶养协议的效力。因此，继承开始后，只有在没有遗赠扶养协议时，才会适用遗嘱继承。当然，如果被继承人与扶养人虽然订有遗赠扶养协议，但遗产中还有遗赠扶养协议未作处分的部分，被继承人对该部分遗产的处分立有遗嘱的，那么该部分遗赠扶养协议未作处分的遗产可以按遗嘱继承办理。

其二，被继承人立有遗嘱，且遗嘱合法有效。遗嘱继承是以有合法有效的遗嘱为前提的。没有被继承人设立的遗嘱，就没有发生遗嘱继承的法律事实，当然不发生遗嘱继承。而遗嘱只有符合法律规定的有效条件，才能发生执行效力，不具备有效遗嘱要件的遗嘱是没有执行效力的，不能执行，也就不会发生遗嘱继承。因此，只有在被继承人立有遗嘱且其设立的遗嘱符合法律规定的情形下，才可适用遗嘱继承。

其三，遗嘱中指定的继承人未丧失继承权也未放弃继承。遗嘱继承人也须具备继承资格，遗嘱中指定的继承人因具备丧失继承权的法定事由而丧失继承权的，因其不享有继承权，也就不能适用遗嘱继承。遗嘱中指定的继承人虽未丧失继承权，但其放弃继承的，也不能适用遗嘱继承。因为遗嘱继承人是否接受按照遗嘱继承是其权利，而不是义务，因此，遗嘱继承人可以接受按照遗嘱继承，也可以放弃按照遗嘱继承遗产的权利。遗嘱继承人放弃按照遗嘱继承的遗产，只能按法定继承办理，而不能按照遗嘱继承办理。

二、遗嘱

（一）遗嘱的含义与内容

第一千一百三十三条 自然人可以依照本法规定立遗嘱处分个人财产，并可以指定遗嘱执行人。

自然人可以立遗嘱将个人财产指定由法定继承人中的一人或者数人继承。

自然人可以立遗嘱将个人财产赠与国家、集体或者法定继承人以外的组织、个人。

自然人可以依法设立遗嘱信托。

本条规定了遗嘱的概念和内容。

1. 遗嘱的概念和特征

遗嘱有广义与狭义之分。广义的遗嘱是指死者生前对其死后一切事务做出的处置与安排的行为。例如，死者生前嘱托他人在其死后对其未成年子女的照顾，生前指定其死后的未成年子女监护人的遗书，孙中山先生临终前的"革命尚未成功，同志仍须努力"的遗言，都属于广义的遗嘱内容。继承法上的遗嘱是狭义的遗嘱，指的是自然人生前按照法律规定处分自己的财产及安排与此有关的事务并于死亡后发生效力的民事法律行为。设立遗嘱的自然人为立遗嘱人或遗嘱人。

继承法上的遗嘱有以下含义：

（1）遗嘱是自然人生前独立作出的意思表示。不是自然人生前独立作出的意思表示，不能称为遗嘱。

（2）遗嘱是立遗嘱人对自己的财产作出处分及与此相关事务作出安排的意思表示。遗嘱人所作出的不是与财产处置事务相关的安排，不属于遗嘱的内容。

（3）遗嘱是于立遗嘱人死亡后才发生效力的法律行为。不是死亡后发生效力的行为，如在遗嘱人生前就发生效力的遗嘱人处分财产的行为，不能是遗嘱。

（4）遗嘱是立遗嘱人按照法律规定所实施的民事法律行为。

遗嘱人实施的不符合法律规定的行为,不能发生遗嘱的效力。

(5)遗嘱是单方民事法律行为。只要有遗嘱人一方的意思表示,遗嘱就可以成立。

遗嘱具有以下法律特征:

其一,遗嘱是自然人独立实施的单方民事法律行为。遗嘱是以意思表示为要素的以发生民事法律后果为目的的行为,因此,遗嘱属于民事法律行为。民事法律行为的主体可以为自然人、法人或者非法人组织,但遗嘱的主体只能是自然人,只有自然人才可设立遗嘱。这是遗嘱在主体上的特征。

民事法律行为有单方民事法律行为与双方、多方民事法律行为之分。遗嘱为单方民事法律行为,只要有遗嘱人的单方意思表示就可以成立。单方民事法律行为也有有相对人的单方民事法律行为和无相对人的单方民事法律行为之别。有相对人的单方民事法律行为自该意思表示到达相对人时成立生效,而无相对人的单方民事法律行为,不以意思表示到达相对人为成立生效条件。遗嘱属于无相对人的单方民事法律行为,因此,自遗嘱人作出自己处分财产的意思表示,遗嘱就可以成立;至于遗嘱的内容是否为他人知晓、是否为他人接受,都不能影响遗嘱的成立。

遗嘱是立遗嘱人生前做出的对自己财产的处分行为,只能是遗嘱人自己真实意愿的体现。因此,遗嘱是须由遗嘱人自己独立实施的民事法律行为。被继承人是否设立遗嘱、遗嘱的内容如何,都只能由被继承人自己决定。设立遗嘱不适用代理制度,因为由代理人设立的遗嘱并不一定是遗嘱人的真实意思。遗嘱不仅须由遗嘱人亲自设立,并且遗嘱须为遗嘱人的真实意思表示。不是遗嘱人独立设立的不反映遗嘱人真实意愿的遗嘱，是不能发生效力的。

其二，遗嘱是于遗嘱人死亡后才发生法律效力的财产法律行为。遗嘱既然是遗嘱人对自己财产的处分行为，也就是以财产变动为内容的财产法律行为，而不属于身份法律行为。遗嘱虽是被继承人生前依自己的意思实施的法律行为，但是于遗嘱人死亡后遗嘱才能发生效力。因此，在立遗嘱人死亡前，不论遗嘱设立的时间多长，也不论其他人是否知道遗嘱的内容，遗嘱中指定的遗嘱继承人也是不能享有主观意义上的继承权的。在被继承人死亡前，被继承人可以随时变更或者撤回其设立的遗嘱。遗嘱的这一特点被称为遗嘱的可撤回性。

由于遗嘱于立遗嘱人死亡后发生效力，因此，遗嘱是否符合法律规定，是否有效，一般均应以遗嘱人死亡时的状况为准。遗嘱人死亡，遗嘱即发生效力，任何人不得变更或者撤销遗嘱。

遗嘱是立遗嘱人死亡后才发生法律效力的民事法律行为，属于死因行为。但是，死亡后才发生法律效力的死因行为并不都是遗嘱。例如，以被保险人的生命为标的的人身保险合同，是于被保险人死亡后才发生保险人支付保险金义务的效力的法律行为，但人身保险合同不是遗嘱。又如，死因赠与也是于赠与人死亡后才发生效力的死因行为，但死因赠与属于双方民事法律行为，而不属于遗嘱。

其三，遗嘱是须依法律规定实施的要式民事法律行为。遗嘱虽是遗嘱人自由处置自己财产的意思表示，但如同任何自由一样，遗嘱人处分其财产的自由也是受法律的一定限制的。由于遗嘱虽为遗嘱人的单方意思表示，但会在指定继承人、受遗赠人以及法定继承人等之间发生效力，涉及亲属间的利益关系，也会影响到社会利益，所以，被继承人以遗嘱处分自己的财产，也必须按照法律规定设立遗嘱，不得违反法律规定和公序良俗。不依法律规定设立的遗嘱是不合法的，不合法的遗嘱是不能发生法律效力的。由于遗嘱又是在立遗嘱人死亡后才生效的，因此，为保障遗嘱内容确是遗嘱人的真实意思表示，遗嘱须采用法律规定的形式。遗嘱未采用法定形式的，不能发生效力。因此，遗嘱属于要式民事法律行为。遗嘱的形式是否符合法律规定，应以立遗嘱时的法律规定为准。遗嘱设立时符合法律规定的形式，即使其后法律做出另外的新规定，已设立的遗嘱也是符合形式要求的。已作成的遗嘱因意外或者第三人的恶意而使之不合法律要求的，例如，已作成的遗嘱被损毁，遗嘱并不因此而当然地丧失效力，但于此情形下，主张合法遗嘱存在的当事人应负举证责任。

2. 遗嘱的内容

遗嘱的内容是立遗嘱人在遗嘱中表示出来的对自己财产处分及安排与此相关事宜的意思。

遗嘱作为民事法律行为，其内容不得违反法律、行政法规的强制性规定，不得违背公序良俗。遗嘱的内容也应当具体明确，这样才易于执行，才可避免发生歧义。设立遗嘱是被继承人的自由，因此，设立遗嘱的被继承人，完全可以依照法律规定自行决定遗嘱的内容。一般来说，遗嘱应包括以下内容：

（1）指定继承人

遗嘱中指定的继承人也就是遗嘱继承人。遗嘱中可指定哪些人为继承人，这涉及遗嘱继承人的范围。关于遗嘱继承人的范围，各国法规定不一，大体有三种做法：一是规定遗嘱继承人可以是法定继承人范围之内的人，也可以是法定继承人范围之外的人，但只能是自然人；二是规定遗嘱继承人既可以为任何自然人，也可以是法人、国家；三是规定遗嘱继承人仅限于法定继承人范围之内的自然人。我国立法是采取第三种做法的。依我国法规定，只有法定继承人范围之内的人才可作为遗嘱继承人，其他人不能成为遗嘱继承人。

自然人设立遗嘱时可在遗嘱中指定由法定继承人范围中的一人或者数人继承遗产。遗嘱中指定的继承人不受法定继承人的法定继承顺序的限制，即便有前一顺序的法定继承人，遗嘱中也可以指定后一顺序的法定继承人中的人继承。遗嘱中指定的继承人可以为一人，也可以为数人。指定的数个继承人可以是同一法定继承顺序的人，也可以是不同法定继承顺序的人。但遗嘱中应当明确载明指定的继承人的姓名。

（2）指定受遗赠人

自然人可以立遗嘱将个人财产赠给国家、集体或者法定继承人以外的组织、个人。自然人立遗嘱将个人财产赠给国家、集体或者法定继承人以外的其他人的，也就是在遗嘱中指定受遗赠人。受遗赠人是遗嘱人在遗嘱中指明要给予遗产的人，也会承受遗嘱人的遗产，因此，遗嘱指定的受遗赠人与指定的继承人地位相似。如何区别遗嘱中指定的承受遗产的人是指定继承人还是受遗赠人呢？各国法上关于受遗赠人与指定继承人的区别标准不同。有的规定，如遗嘱中指定某人既承受财产权利也承受财产义务，则该人为指定继承人；如遗嘱中指定的某人仅承受财产权利，则该人为受遗赠人。依我国法规定，指定继承人与指定受遗赠人的区别,就在于其是否为法定继承人。如果遗嘱中将个人财产指定给法定继承人范围以内的人,则该人为指定继承人;如果遗嘱中将个人财产指定给法定继承人范围以外的人,则该人就为指定的受遗赠人,而不是指定继承人。

(3)指明自己的财产、指定遗产的分配办法或者份额

遗嘱是以处分财产为主要内容的法律行为,因此立遗嘱人应当在遗嘱中列明自己遗留的财产清单,说明各项财产的名称、数量以及存放地点等。遗嘱中应说明每个指定继承人可以继承的具体财产;指定数个继承人共同继承的,应当说明指定继承人对遗产的分配办法或者各个指定继承人应继承的遗产份额。遗嘱中指定受遗赠人的,应说明赠给受赠人的具体财产。遗嘱中指定数个继承人共同继承某项财产又未说明各个继承人的应继份额或者遗产分配办法的,推定为指定的数个共同继承人均分该项遗产。

遗嘱人可以在遗嘱中处分全部财产,也可以处分部分财产。遗嘱中指定由指定继承人继承全部遗产的,为遗嘱人处分全部财产;遗嘱中指定继承人继承部分财产,其余财产全赠与受赠人的,也为遗嘱人处分全部财产。如果遗嘱中指明某继承人继承某财产,赠与某人某财产,而还有未指明由何人继承和赠与何人的财产的,则该项未指明的财产为遗嘱人未处分的遗产。遗嘱人在遗嘱中对财产的处置前后相互矛盾的,如指定某继承人继承该财产又指定将该财产赠与某人的,应推定为遗嘱人对该财产未予处分。

(4)对遗嘱继承人、受遗赠人附加的义务

立遗嘱人可以在遗嘱中规定指定继承人、受遗赠人要负担

一定的义务。例如，遗嘱人可以在遗嘱中指明继承人或者受赠人应将取得的某项遗产用于特定的用途。立遗嘱人在遗嘱中可以指定继承人负担其他的一定义务。例如，遗嘱中可以指定某继承人继承某项财产，同时指明该继承人应以该项财产的部分收益扶养某人。遗嘱人在遗嘱中指定某遗产由未成年的继承人继承的，可以指定在该未成年人成年前由其父母负责管理，而不得处分。遗嘱中对指定继承人或受遗赠人规定义务的，称为附义务的遗嘱继承或者受遗赠。

（5）再指定继承人、受遗赠人

立遗嘱人可以在遗赠中指明遗嘱中指定的继承人不能继承时，由某人继承该人不能继承的遗产，被指定在指定的继承人不能继承时得继承遗产的继承人属于再指定继承人。遗嘱人也可以在遗嘱中指明受遗赠人不能接受遗赠时，将其不能接受赠与的财产赠与某人，被指定在受遗赠人不能接受遗赠时接受该受遗赠的人即为再指定的受遗赠人。遗嘱中再指定的继承人通常称为候补继承人或者补充继承人，也有的称为预备继承人；再指定的受遗赠人通常称为候补受遗赠人或者补充受遗赠人。

因为只有指定的继承人在遗嘱生效时具有继承能力且未丧失继承权也未放弃继承权时，才会发生遗嘱继承，由该指定的继承人继承指定其继承的遗产。如果在遗嘱生效时，遗嘱中指定的继承人已经死亡或者丧失继承权或者虽未丧失继承权却放弃继承，则指定的该继承人也就不能继承，遗嘱中指定的该指定继承人可继承的遗产就会按照法定继承办理。为避免这种现象的出现，遗嘱人可以在遗嘱中再指定继承人，以再指定的该继承人为候补继承人，在指定的继承人不能继承时，由候补继承人继承指定继承人可继承的遗产。同理，在遗嘱生效时，如果遗嘱中指定的受遗赠人已经死亡或者丧失受遗赠权或者放弃受遗赠时，则指定由该受遗赠人受赠与的遗产也会按照法定继承办理。为避免此现象发生，遗嘱人可以在遗嘱中再指定受遗赠人，指明在指定的受遗赠人不能或者不接受遗赠时，将赠与的财产赠给再指定的受遗赠人即候补受遗赠人。候补继承人、候补受遗赠人都是被继承人在遗嘱中再指定的，候补继承人只能在指定继承人不能参加继承的情况下，才可依遗嘱的指定参加继承；候补受遗赠人只能在受遗赠人不能接受或者不接受遗赠的情况下，才可以依遗嘱的指定受遗赠。

关于候补继承人、候补受遗赠人，许多国家的法律有明确规定。如，《德国民法典》第2096条规定："被继承人就继承开始后继承人之可能出缺，而得以遗嘱预定他人为继承人（预备继承人）。"预备继承人也就是候补继承人。《瑞士民法典》第487条规定："被继承人得在处分中指定一人或数人，在继承人或受遗赠人先于被继承人死亡或者拒绝继承或遗赠时，其取得遗产或遗赠。"我国法并未明确规定遗嘱中可否指定候补继承人、候补受遗赠人。但学者普遍认为，遗嘱中可以指定候补继承人、候补受遗赠人，因为遗嘱中有此内容与遗嘱人以遗嘱处分自己财产的立法本意并不相悖。法律既然明确规定遗嘱人可以在遗嘱中指定一个或数人继承，可以在遗嘱中指定将个人财产赠给他人，遗嘱人也就可以在遗嘱中指定数个继承人或受遗赠人参加继承或受赠与的先后次序，可以预先指定某继承人不能继承时由另外的继承人继承，也可以预先指定某受遗赠人不能接受赠与时，将赠与的财产赠给另外的某人。因此，在遗嘱中再指定继承人、再指定受遗赠人的，该遗嘱内容并不违反法律的规定，应是有效的。

除候补继承人、候补受遗赠人外，国外的立法上有的还规定了后位继承人、后位受遗赠人。例如，《德国民法典》第2100条规定："被继承人得以遗嘱指定继承人，使其于他人先为继承人，而后始由其为继承人（后位继承人）。"《瑞士民法典》第488条规定："1. 被继承人得在其处分中指明，作为先位继承人的指定继承人，有将其所继承的遗产，在将来交付于后位继承人的义务。2. 不得使后位继承人负担前款义务。3. 对遗赠，适用前款规定。"第489条规定："1. 除处分中另有指明外，先继承人死亡之日，为遗产的交付时间。2. 处分中指明以其他日期为交付时间，而先位继承人在该日期届至前死亡者，经提供担保后，遗产归属于先位继承人的继承人。3. 上述日期，无论因何原因，而不可能出现者，遗产无条件地归属于先位继承人的继承人。"后位继承人，是指遗嘱人在遗嘱中指定的在指定继承人死亡时可继承该指定继承人继承的遗产或者指定继承人应于某种条件成就时将其所继承的利益转移给其所有的人。在后位继承中，遗嘱中指定的继承人为前位继承人或先位继承人，后位继承人只能从前位继承人那里取得财产，而不是直接继承立遗嘱人的遗产。所以，后位继承人实际上是遗嘱人在遗嘱中指定的可以继承指定继承人取得的遗产的继承人。后位受遗赠人，是指遗嘱人在遗嘱中指定的受遗赠人所受的遗赠利益于某种条件成就或某期限届至时受遗赠人应将其转移归其享有的人。按照《瑞士民法典》第492条规定，后位继承人在规定的交付遗产的时期尚生存者，取得被继承人的遗产；在规定的交付遗产的时间届至时已死亡者,除被继承人另有处分外,遗产仍属于先位继承人所有;先位继承人先于被继承人死亡或者丧失继承资格或者拒绝继承者,遗产归属于后位继承人。

后位继承人、后位受遗赠人与候补继承人、候补受遗赠人都是被继承人在遗嘱中指定的,但其法律地位并不同。候补继承人、候补受遗赠人是在指定继承人不能继承、指定的受遗赠人不能接受遗赠的情形下,依遗嘱参加继承、接受遗赠的,而候补继承人、候补受遗赠人只要参加继承、接受遗赠,就是直接取得被继承人的遗产;而后位继承人、后位受遗赠人是在发生一定条件或一定期限届至时从先位继承人、先位受遗赠人那里取得被继承人遗产的,先位继承人、先位受遗赠人负有将继承的遗产、受赠的遗产于一定情形下交付给后位继承人、后位受遗赠人的义务。

对于我国继承法上应否承认后位继承和后位受遗赠,有肯定说、否定说和部分肯定说三种不同的观点。

肯定说认为,后位继承人是遗嘱人对指定继承人的继承人的指定,后位受遗赠人是遗嘱人对指定受遗赠人的受赠人的指定,是遗嘱人的真实意思表示,应当予以尊重。我国是对遗嘱自由限制最少的国家之一,为保障遗嘱人以遗嘱处分个人财产的充分自由,遗嘱人可以在遗嘱中最充分地行使对其遗产的处分权,法律不应禁止遗嘱人以指定后位继承人、后位受遗赠人的办法处分自己的遗产。既然法律未禁止遗嘱人指定后位继承人、后位受遗赠人,若被继承人在遗嘱中有此指定,也就应当认可其效力。

否定说认为,我国法上不应当承认遗嘱中指定后位继承人和后位受遗赠人。因为后位继承的规定,与所有权的理论不符。遗嘱中指定的继承人继承了遗产,财产所有权已经转移归其所有。如果遗嘱中又预先指定后位继承人,也就侵犯了遗嘱继承人已经取得的所有权(限制了其对财产的处分权)。同理,遗嘱中指定后位受遗赠人,也会限制受遗赠人取得的财产权。

部分肯定说认为,我国法上不应当承认后位继承,但应当承认后位受遗赠。因为受遗赠人与继承人的地位是不同的,受遗赠人是纯属受利益的,遗嘱人对受遗赠的处分是完全自由的,因此,遗嘱人可以在指定受遗赠中规定,于某种条件成就或期限届至时,受遗赠人应将其所受利益转移给第三人,该第三人也就是后位受遗赠人。

上述各说,各有其道理。从尊重被继承人的遗愿、保障遗嘱自由上考量,应当采取肯定说,特别是在现今遗产复杂多样的情形下,肯定说会更有利于发挥遗产的作用。因为被继承人指定后位继承人、后位受遗赠人时会从遗产利用价值上考虑。而从维护财产秩序的稳定性上说,应当采取否定说、折中说。在法律没有明确规定认可后位继承、后位受遗赠的情形下,被继承人可以通过对指定继承人、指定受遗赠人附加义务的方式,赋予指定继承人、指定受遗赠人将取得的遗产利益于一定情形下给予他人("后位继承人""后位受遗赠人")的义务,以实现其设立后位继承、后位受遗赠的目的。

(6)指定遗嘱执行人

遗嘱执行人是继承开始后执行遗嘱的人。遗嘱执行人是否合适,关系到能否真正按照遗嘱人的遗嘱执行遗嘱,以实现遗嘱人的真实意愿。因此,指定遗嘱执行人也是遗嘱的重要内容。

当然，法律规定遗嘱人"可以指定遗嘱执行人"，说明是否指定遗嘱执行人是立遗嘱人的自由。指定遗嘱执行人只是为了能够更好地执行遗嘱，并不是对遗产的处分。因此，指定遗嘱执行人属于与处分财产有关的事项。遗嘱中未指定遗嘱执行人的，不影响遗嘱的效力和遗嘱的执行。

（7）其他事项

遗嘱人除在遗嘱中指定继承和受遗赠、指定遗嘱继承人和受遗赠人、指定遗嘱执行人等，还可以在遗嘱中说明其他的事项。例如，遗嘱人可以在遗嘱中就其死亡后的丧事做出安排和提出要求。

遗嘱人可以依法以遗嘱设立信托。遗嘱人设立信托的，应当在遗嘱中明确规定受托人和受益人，并规定其相应的权利义务。除遗嘱中另有规定外，遗嘱中指定的受托人拒绝或者无能力担任受托人的，由受益人另行选任受托人；受益人为无民事行为能力人或者限制民事行为能力人的，依法由其监护人代行选任受托人。

（8）遗嘱人签名和制作日期

遗嘱人应在设立的遗嘱文书上签名，以证明遗嘱内容为自己的意思表示。遗嘱人还应在遗嘱中注明制作遗嘱的具体日期，以便确定遗嘱人的遗嘱能力和遗嘱设立的先后顺序。

（二）遗嘱能力

遗嘱能力有广义与狭义之分。广义的遗嘱能力是指处分能力，包括设立遗嘱的能力、继承的能力以及遗嘱作证能力。狭义的遗嘱能力仅指设立遗嘱的能力。通常所称的遗嘱能力是就其狭义而言的，是指自然人依法享有的设立遗嘱、自由处分自己财产的资格。

遗嘱是民事法律行为，实施任何民事法律行为的行为人都须具备相应的民事行为能力，否则，其实施的民事法律行为会无效。因此，立遗嘱人须具备设立遗嘱的行为能力，这种能力也就是遗嘱能力。自然人只有具备遗嘱能力才可以设立遗嘱，不具有遗嘱能力的自然人不具备设立遗嘱的资格，即便其设立遗嘱也是无效的。

遗嘱能力是特别的民事行为能力。因为完全民事行为能力人可以完全独立地实施各种民事法律行为，因此具有完全民事行为能力的自然人当然具有遗嘱能力。而无民事行为能力人完全不能独立实施民事法律行为，所以，无民事行为能力人无遗嘱能力也属当然。由于限制民事行为能力人是可以独立实施一定的民事法律行为但又不能独立实施全部的民事法律行为，因此，对于限制民事行为能力人是否具有遗嘱能力，即可否设立遗嘱上，各国法也就有不同的规定。从各国立法例看，基本上有以下两种做法：

一种做法是规定限制民事行为能力人也具有遗嘱能力，可以设立遗嘱。日本法即采此种做法。依《日本民法典》第4条规定，以年龄满20岁为成年。成年人才具有完全民事行为能力。而依《日本民法典》第961条规定，已达15岁的人，可以订立遗嘱。依此规定，不具有完全民事行为能力的15岁以上的未成年人也具有遗嘱能力。再如，依《德国民法典》第2229条、2233条规定，未成年人满16岁者，始得订立遗嘱。未成年人订立遗嘱，得不经法定代理人之同意。遗嘱人未成年者，其立遗嘱仅得向公证人以意思表示为之,或以开封之书面向公证人提出。

另一种做法是规定遗嘱能力与民事行为能力完全一致,限制民事行为能力人不具有遗嘱能力,只有完全民事行为能力人才具有遗嘱能力。

我国法未对遗嘱能力做出规定。但原《继承法》第22条中规定,无民事行为能力人或者限制民事行为能力人所立的遗嘱无效。这是从反面表明我国法上采取遗嘱能力与民事行为能力完全一致的这一做法。依我国法规定,有完全民事行为能力的自然人具有遗嘱能力,可以设立遗嘱;不具有完全民事行为能力的自然人不具有遗嘱能力,不能设立遗嘱。但有学者认为,应当有条件地赋予限制民事行为能力的自然人以遗嘱能力。因为遗嘱是遗嘱人对自己财产的处分,有一定财产和具有一定的处分财产能力的人,就应当可以通过遗嘱处分自己的财产。有学者建议,我国法律可以规定:16周岁以上的限制民事行为能力人可以设立遗嘱。但立法机关未接受这一建议。依我国现行法律规定,16周岁以上的未成年人,以自己的劳动收入为主要生活来源的,视为完全民事行为能力人。视为完全民事行为能力人也就属于完全民事行为能力人,当然具有遗嘱能力,可以设立遗嘱。凡属于完全民事行为能力人,不论其是否存在有设立遗嘱的障碍均不影响其遗嘱能力。例如,盲人有立遗嘱的视力障碍,只能用盲文自书遗嘱,或者用其他方式立遗嘱;又如,有听力障碍的一般不能以代书方式立遗嘱,但这不影响其具有遗嘱能力。

因为于遗嘱人死亡时遗嘱才能发生效力,从遗嘱的设立到遗嘱的生效之间通常会有很长的一段时间间隔，在这一期间内，立遗嘱人的民事行为能力状态也会发生变化，所以有必要确定遗嘱能力的时点。关于遗嘱能力的时点，有的国家法律有明确规定，如《日本民法典》第963条明确规定："遗嘱人在订立遗嘱时，须具备其能力。"有的国家未作规定。我国法也未作规定。但实务中一直认为，遗嘱人立遗嘱时必须有民事行为能力。无民事行为能力人所立的遗嘱，即使其后本人有了民事行为能力，仍属无效遗嘱。遗嘱人立遗嘱时有民事行为能力，后来丧失了民事行为能力的，不影响所立遗嘱的效力。因为，遗嘱能力是立遗嘱人设立遗嘱的能力，因此，立遗嘱人是否具有遗嘱能力应以设立遗嘱时的民事行为能力状况而定，而不能依遗嘱执行时立遗嘱人的民事行为能力状况确定。

（三）遗嘱的形式

遗嘱的形式是立遗嘱人表达自己处分其财产的意思表示的方式。如前所述，由于遗嘱事关遗嘱人及继承人、受遗赠人等各方面的利益，又是在遗嘱人死亡后才能发生效力的，因此，为确保遗嘱为遗嘱人的真实意思表示，法律规定遗嘱为要式民事法律行为，遗嘱必须依照法定规定的方式作成。当然，各国规定的遗嘱形式并不完全相同，遗嘱形式也随社会的变迁而有变化。依我国法规定，遗嘱的形式包括自书遗嘱、代书遗嘱、打印遗嘱、公证遗嘱、录音录像遗嘱以及口头遗嘱等，其中口头遗嘱属于特别形式遗嘱。

1. 自书遗嘱

第一千一百三十四条　自书遗嘱由遗嘱人亲笔书写，签名，注

明年、月、日。

本条规定了自书遗嘱。

自书遗嘱,是指由遗嘱人亲笔书写的遗嘱,因此又称为亲笔遗嘱。自书遗嘱因是由遗嘱人亲自将自己处分财产的意思用文字记载下来,不仅简便易行,而且可以保证遗嘱内容的真实并便于保密,所以自书遗嘱在实务中适用极为广泛。

自书遗嘱应当符合以下要求:

其一,自书遗嘱须由遗嘱人亲笔写下遗嘱的全部内容。自书遗嘱不能由他人代笔,也不能打印。自书遗嘱要求遗嘱人以文字记载下其处分财产的意思表示,至于该意思表示是以本国文字表述还是以他国文字表述以及记载于何种载体上,则在所不问。通常自书遗嘱是纸质的,但遗嘱人也可将遗嘱书写在布上或者其他载体上。遗嘱人设立自书遗嘱应采用不易涂改的书写方式,而不宜使用铅笔等易于涂改的笔书写。遗嘱中若有部分内容为自书,部分内容为代书,自书部分有独立意义的,可以认定自书部分具有自书遗嘱的效力。

其二,自书遗嘱须是遗嘱人书写的关于其死亡后处置财产的意思表示。自书遗嘱虽不要求遗嘱人注明其记载的意思表示为遗嘱,但其记载的内容须是对其死亡后自己财产的处置和安排。如果被继承人仅是在生前的日记或者有关信件中提到死亡后对某遗产作如何处置,则不能将该内容认定为自书遗嘱。《继承编解释》第27条规定,自然人在遗书中涉及死后个人财产处分的内容,确为死者真实意思的表示,有本人签名并注明了年、月、日,又没有相反证据的,可按自书遗嘱对待。

其三,自书遗嘱须由遗嘱人签名。遗嘱人在自书遗嘱上签名，既是证明遗嘱确为遗嘱人亲笔书写的需要，也是证明遗嘱为遗嘱人真实意思表示的需要。遗嘱人签名应是由遗嘱人亲笔书写自己的姓名，而不能以盖章或者捺手印的方式代替签名。遗嘱内容如有涂改、增删时，遗嘱人应于涂改、增删处签名，否则，其涂改、增删的内容应为无效。遗嘱人的签名是否须为本名呢？所谓本名通常称为实名，是指身份证上使用的姓名。由于遗嘱人的签名仅是有用以证明遗嘱为遗嘱人意思表示的功能，法律也未规定遗嘱采用实名制，因此，遗嘱人的签名既可以是其本名，也可以是其艺名、别名，只要能够足以证明为遗嘱人本人即可。

其四，自书遗嘱须注明年、月、日。遗嘱人应在自书遗嘱上注明设立遗嘱的具体日期。遗嘱中注明遗嘱设立日期是确定遗嘱人是否具有遗嘱能力的准据，也是在遗嘱人设立有数份遗嘱时确定各份遗嘱设立先后的准据。实务中有的遗嘱人设立自书遗嘱的当时并未签名，而于事后签名，但在设立当时就注明遗嘱的设立日期。于此情形下，遗嘱的设立时间是以遗嘱人签名的时间为准还是以遗嘱中已经注明的时间为准呢？对此有不同的看法。如果遗嘱人于签名时又注明了签名时间的，应以签名的日期为遗嘱的设立时间；如果遗嘱人仅是于事后签名而未另注明签名时间，则应以遗嘱中注明的设立时间为准。

遗嘱中未注明年、月、日的，该遗嘱是否就一定认定为无效呢？对此有不同的观点。一种观点认为，遗嘱中未注明年、月、日的，不符合法律关于遗嘱形式要件的规定，因此，应认定遗嘱无效。另一种观点认为，要求遗嘱注明年、月、日，是为了确定遗嘱人于立遗嘱时是否有遗嘱能力和立有数份遗嘱时确定遗嘱的前后顺序。因此，如果遗嘱中未注明年、月、日，或者年、月、日的记载有欠缺，如果有足够的证据证明遗嘱人于立遗嘱时是有遗嘱能力的且仅立有此一份遗嘱或者确认该遗嘱是最先设立的，遗嘱内容又确为遗嘱人真实意思表示的，就应当认定该遗嘱有效。例如，能够证明遗嘱人从未丧失民事行为能力，意志一直清醒，且遗嘱人仅有一份自书遗嘱，只是遗嘱中未注明具体的年、月、日，遗嘱应当有效，承认该遗嘱的效力并不违反法律的精神。

2. 代书遗嘱

第一千一百三十五条　代书遗嘱应当有两个以上见证人在场见证，由其中一人代书，并由遗嘱人、代书人和其他见证人签名，注明年、月、日。

本条规定了代书遗嘱。

代书遗嘱是指由他人代为书写的遗嘱。代书遗嘱也是以文字记录遗嘱内容的，但它不是由遗嘱人亲笔书写，而是由他人代遗嘱人书写的。遗嘱人自己能够书写的，可以设立自书遗嘱；遗嘱人不能自行书写的或者自己不愿意书写的，也可以请他人代为书写，设立代书遗嘱。

代书遗嘱须符合以下要求：

其一，代书遗嘱须由遗嘱人口授遗嘱内容，而由代书人记录。代书遗嘱仅是由代书人代遗嘱人书写遗嘱，而不是由代书人代理遗嘱人设立遗嘱。立遗嘱不适用代理。因此，遗嘱人必须亲自口授遗嘱的内容，由代书人将其口头表示的处分其财产的意思记录下来。代书遗嘱的代书人，仅仅是遗嘱人口述遗嘱内容的文字记录者，须忠实地记录遗嘱人口头表达出的意思，而不能就遗嘱内容提出任何意见，不能对遗嘱人表示的意思作任何修正或篡改。

其二，代书遗嘱须由两个以上的人在现场见证。代书遗嘱除由代书人代书外，还须至少有另外的一个人在场见证。按照法律要求，代书遗嘱至少要有两个以上见证人在场见证，其中一个人可为代书人。之所以要求除代书人外还须有另外的人在场见证，是为了保证代书的遗嘱确为遗嘱人的真实意思表示。如果仅有代书人一人代书，而没有其他人在场见证，就难以证明代书人真实记录了遗嘱人的口授内容，而没有做出任何修改。因此，只有一人代书而无其他人在场见证的遗嘱，不具有代书遗嘱的效力。

其三，代书人、其他见证人和遗嘱人须在遗嘱上签名，并注明年、月、日。代书遗嘱的代书人在记录下遗嘱人的口述内容后，应向遗嘱人宣读遗嘱，在遗嘱人和其他见证人确认记录无误后，在场的见证人、代书人和遗嘱人须在遗嘱上签名，并注明年、月、日。未在遗嘱上签名的人不为见证人。

代书遗嘱的遗嘱人可否在代书遗嘱上以捺手印的方式代表签名呢？对此有不同观点。一种观点认为，法律未规定可用捺手印代替签名，因此，遗嘱人不能以捺手印的方式代替签名。另一种观点认为，遗嘱人不能用盖章代替签名但可用捺手印的方式代替签名。因为，法律之所以在自书遗嘱外又规定代书遗嘱，主要还是因为有的人不具有自书的能力，在现实中有的人甚至连自己的姓名都不会写，让人代写遗嘱后也不能书写自己的姓名，要求遗嘱人必须亲笔签名会限制代书遗嘱的适用，而捺手印不同于盖章，章是任何人都可以盖的，而手印只能是自己的,代书遗嘱的遗嘱人在代书遗嘱上捺手印,足可以证明遗嘱的内容是自己的真实意思表示。因此,应当承认遗嘱人捺手印具有签名的效力。

代书遗嘱也须注明遗嘱的设立日期,遗嘱中注明的设立遗嘱的具体日期,也属于见证人见证的事项,见证人应保证遗嘱中注明的日期真实无误。

3. 打印遗嘱

第一千一百三十六条　打印遗嘱应当有两个以上见证人在场见证。遗嘱人和见证人应当在遗嘱每一页签名,注明年、月、日。

本条规定了打印遗嘱。

打印遗嘱是指以打印方式记载遗嘱内容的遗嘱。打印遗嘱是随着打印机的出现而出现的一种遗嘱形式,随着个人电脑的普及使用而日益增多。

我国原《继承法》中未规定打印遗嘱,在民法典编纂过程中关于法律上应否规定打印遗嘱为一种遗嘱形式,有不同的观点。一种观点认为,打印遗嘱可视为自书遗嘱或者代书遗嘱,而没有单独作为一种遗嘱形式的必要。另一种观点认为,打印遗嘱在现实中的存在已经不是个例,而它既不同于自书遗嘱,也不同于代书遗嘱,因为它并不是书写的,而是打印的。所以,为适应时代的发展,立法上应规定打印遗嘱。民法典接受了后一种观点,规定了打印遗嘱。

打印遗嘱应当符合以下条件:

其一,打印遗嘱应由遗嘱人在每一页上签名并注明年、月、日。因为打印遗嘱可能并不仅仅只有一页,因此,为保证每页上的内容都为遗嘱人的真实意思表示的记载，遗嘱人应在每页上都签名，并注明具体日期。

其二，打印遗嘱应有两个以上的见证人在场见证，见证人并应在遗嘱的每页签名。因为打印遗嘱不能从笔迹上确定是否为被继承人的意思表示，容易被伪造。因此，法律要求打印遗嘱应由两个以上的见证人在场见证，以证明该打印遗嘱确实是遗嘱人自己的意思表示。

但打印遗嘱没有两个以上见证人或者就没有见证人的，该打印遗嘱是否有效呢？对此有不同的观点。一种观点认为，打印遗嘱如没有两个以上的见证人在场见证，则不符合形式要求，遗嘱无效。另一种观点认为，打印遗嘱没有规定的两个以上的见证人在场见证的，遗嘱并非一定无效。因为见证人见证的目的是证明遗嘱确为被继承人设立，是遗嘱人的真实意思表示。如果打印遗嘱没有见证人，但能够证明为遗嘱人真实意思表示的，不应影响遗嘱的效力，遗嘱仍可有效。例如，有足够的证据证明打印遗嘱上遗嘱人的签名确是其本人在意志完全清醒的情况下所为，就可以证明该遗嘱为遗嘱人的真实意思表示。

4. 录音录像遗嘱

第一千一百三十七条　以录音录像形式立的遗嘱，应当有两个以见证人在场见证。遗嘱人和见证人应当在录音录像中记录其姓名或者肖像，以及年、月、日。

本条规定了录音录像遗嘱。

原《继承法》仅规定了录音遗嘱，现在《民法典》又规定了录像遗嘱。录音录像遗嘱是指以录音录像的形式录制下遗嘱人的口授遗嘱内容的遗嘱。录音录像遗嘱是随着录音录像的普及而出现的新的遗嘱形式。录音录像遗嘱具有制作方式简单、取证方便等优点，但也有容易被伪造、剪辑等短处。因此，法律在认可这种遗嘱形式的同时，也对其规定了严格的条件。

录音录像遗嘱应符合以下要求：

其一，须由遗嘱人口授全部遗嘱内容。录音录像遗嘱必须是对遗嘱人口述的全部遗嘱内容的记载，只能由遗嘱人亲自口述全部内容，而不能由他人代述或者转述遗嘱的内容。遗嘱人口述的内容要清楚、明白，而不能含糊不清。

其二，须由两个以上的见证人在场见证。录音录像遗嘱须由见证人见证的目的，是为了保证遗嘱确为遗嘱人的真实意思表示。为保证见证的目的，见证人须为两人以上，因为一个人的证明不具有足够的证明力。

其三，遗嘱人和见证人应在录音录像遗嘱中表明自己的身份。录音遗嘱中应记录下遗嘱人和见证人的姓名，录像遗嘱中应录制下遗嘱人和见证人的肖像。

其四，遗嘱中应注明遗嘱录制的地点以及具体日期。录音录像遗嘱之所以应注明录制地点，是为了判明遗嘱的真实性、合法性，因此，遗嘱中即使未注明录制地点但只要能够判明遗嘱真实性、合法性的，不影响遗嘱的效力。

录音录像遗嘱制作完成后，应当密封，以防止被剪切、篡改。遗嘱密封后，遗嘱人、见证人应在密封处签名或按手印，并注明密封的具体时间。但是，将录音录像遗嘱密封，并不是录音录像遗嘱必备的要件。

遗嘱人将密封的录音录像遗嘱交由公证机构或其他人保存的，该遗嘱也就为密封遗嘱。各国法律一般规定，密封遗嘱是由遗嘱人将秘密制作的遗嘱密封后交公证机构保存的遗嘱。但从密封遗嘱的设立目的看,保存遗嘱的机构可不限于公证机构,只要具备能够保存遗嘱的能力,就可以作为密封遗嘱的保存人。

密封的遗嘱可以是录音录像遗嘱,也可以是自书遗嘱、代书遗嘱。密封遗嘱应由遗嘱人和遗嘱保存人在密封处签名盖章。被密封的遗嘱即使不符合自书遗嘱、代书遗嘱或录音录像遗嘱形式要求,但只要密封符合要求,该密封遗嘱就是有效的。密封遗嘱密封上有瑕疵或者被不当开启或者由保存人返还给遗嘱人的,应依被密封的遗嘱的形式确定其效力。例如,被密封的为自书遗嘱,就按照自书遗嘱的形式确定其效力,如果其符合自书遗嘱的形式要求,是有效的自书遗嘱;如不符合自书遗嘱的形式要求,则遗嘱不发生效力。

5. 口头遗嘱

第一千一百三十八条 遗嘱人在危急情况下,可以立口头遗嘱。口头遗嘱应当有两个以上见证人在场见证。危急情况消除后,遗嘱人能够用书面或者录音录像形式立遗嘱的,所立的口头遗嘱无效。

本条规定了口头遗嘱。

口头遗嘱是指由遗嘱人以口述方式表达遗嘱的内容,而不以任何方式记载遗嘱人口述内容的遗嘱。

口头遗嘱因不需要以任何载体记载,因此,口头遗嘱的设立简便易行,只要被继承人能够说话,就可以设立口头遗嘱。但是,因为口头遗嘱的内容完全依靠见证人表述证明,因而容易发生纠纷。所以各国法上一般都承认口头遗嘱,但对其适用规定了严格的条件。例如,依《瑞士民法典》第 506 条、507 条规定,被继承人,因急迫的死亡危险、交通断绝、流行病或战争等非常情事,不能使用其他方式作成遗嘱时,得口授遗嘱。被继承人应在两名见证人面前表示其遗嘱,并委任该见证人将其遗嘱作成必要的文书。口授的遗嘱,应即时由见证人中之一人作成书面记录,记明口授遗嘱的处所及年月日,并由两名见证人签名。此外,见证人尚须在书面记录中声明,被继承人在上述特别情事下口授其遗嘱,且在口授遗嘱的整个过程中有遗嘱能力,随后应及时将该笔录交与法院保管。两名见证人亦得在法院,按同样方式将被继承人的遗嘱作成笔录,以代替前款的书面记录。

依我国法规定,口头遗嘱须符合以下条件:

其一,遗嘱人处于危急状态下,不能以其他方式设立遗嘱。这是可以设立口头遗嘱的前提条件。若遗嘱人不是处于危急情况下,则不能设立口头遗嘱。所谓危急情况,一般是指遗嘱人生命垂危或者发生意外灾害或处在战争状态,遗嘱人随时会有生命危险,而来不及或者没有条件以其他形式设立遗嘱的情况。遗嘱人是否处于危急状态,应依遗嘱人认定为危急情况而定,但并无任何危险存在,仅是遗嘱人主观上认为有危险的,应不属于危急情况。

其二,须有两个以上见证人在场见证。口头遗嘱须至少有两个以上见证人在场见证。见证人应当及时将遗嘱人口授的遗嘱内容记录下来,记录人和其他见证人须在记录上签名并注明年、月、日。

见证人是否都须在现场见证呢?有的学者提出,见证人并不一定都必须在现场,若遗嘱人或见证人能够以其他传播方式将遗嘱人的真实意思通知其他见证人的,见证人也可以不在现场。一般来说，见证人应于当场当时记录下遗嘱人口述的遗嘱内容，但见证人无法于当时记录而于事后及时补记遗嘱内容的，也未尝不可，但见证人须于记录上共同签名，并注明年、月、日，以保证见证的遗嘱内容真实、可靠。

其三，须在遗嘱的有效期内。口头遗嘱不同于其他遗嘱，口头遗嘱的效力是受限制的。关于口头遗嘱的效力的限制，主要有两种立法例：一是规定口头遗嘱的有效期间。口头遗嘱是有有效期间的，超过有效期的口头遗嘱，不具有效力。如《瑞士民法典》第508条规定，被继承人嗣后得采用其他方式订立遗嘱者，自此时起14日内，口授遗嘱失去效力。依《德国民法典》第2252条第1款规定，依第2249条、第2250条或2251条规定立遗嘱，自遗嘱订定后3个月遗嘱人仍生存者，其遗嘱视为未订立。二是规定对口头遗嘱适用认许制度。如《日本民法典》第976条规定，因疾病或其他事由濒临死亡的人可以立口头遗嘱，"自订立遗嘱之日起二十日内，须经证人中的一人或利害关系人向家庭法院请求，并得到其确认，否则不发生效力。"我国立法采取的是第一种体例。

依我国法规定，在危急情况消除后，遗嘱人能够用书面或者录音录像形式立遗嘱的，所立的口头遗嘱无效。从字面上解释，口头遗嘱的有效期间为危急情况消除至遗嘱人能以其他形式设立遗嘱的期间。但是，这一期间应如何确定呢？是否于危急情况消除后，遗嘱人就应当即以其他形式设立遗嘱呢？对此，并不无疑问。从比较法上看，各国的立法一般规定了遗嘱人另立遗嘱的期限。这一期限也就是口头遗嘱的有效期间。遗嘱人在危急情况消除后，必须在口头遗嘱的有效期内另以其他形式设立遗嘱，口头遗嘱的有效期届满，口头遗嘱也就失去效力。在民法典编纂过程中，学者建议法律应明确规定口头遗嘱的有效期，这一建议未被立法者接受，《民法典》最终未明确规定口头遗嘱的有效期间。但这不等于说口头遗嘱只以危急情况的存续期间为有效期间。有学者建议，口头遗嘱的有效期至少应为两周，也就是说，遗嘱人于危急情况消除后两周内未以其他形式设立遗嘱的，口头遗嘱失效。当然，这一期间如何确定，还有待于司法实务中做出解释。

6. 公证遗嘱

第一千一百三十九条　公证遗嘱由遗嘱人经公证机构办理。

本条规定了公证遗嘱。

公证遗嘱是指经公证机构公证的遗嘱。

公证遗嘱的办理须符合以下要求：

其一，公证遗嘱须由遗嘱人亲自申请办理公证。一般来说，设立公证遗嘱的遗嘱人应亲自带有关的身份证明到公证机构以书面或口头形式提出办理遗嘱公证的申请。遗嘱人确有困难，如因病或者其他原因，不能亲自到公证机构办理公证的，可以要求公证人员到其住所办理遗嘱公证。但无论在何种情形下，不能由他人代替遗嘱人申请办理遗嘱公证。

其二，遗嘱人应于公证人员面前亲自书写或者口述遗嘱内容。公证机构办理遗嘱公证应有两个以上的公证人员参加，遗嘱人须在公证人员面前亲自以书面或者口头形式表达出遗嘱的内容。遗嘱人亲笔书写的，要在遗嘱上签名或盖章，并注明年、月、日；遗嘱人口述遗嘱内容的，由公证人员作出记录，然后由公证人员向遗嘱人宣读记录的遗嘱内容，经遗嘱人确认无误后，由在场的公证人员和遗嘱人签名盖章，并应注明年、月、日及设立遗嘱的地点。

其三，公证人员在办理公证遗嘱时应遵守回避的规定。为保证公证遗嘱的真实性，遗嘱人与公证员有某种利害关系会影响公证的，公证人员应当回避。遗嘱人认为到场公证的公证人员有某种利害关系会影响公证的，有权要求该公证人员回避，该公证人员应当回避，由公证机构另行指派公证人员。

其四，公证人员应当对遗嘱相关事项的真实性、合法性等予以审查，并依法做出公证。办理遗嘱公证的公证人员应当对遗嘱的相关事项予以审查。公证人员应予以审查的事项包括：遗嘱人的遗嘱能力、遗嘱内容的真实性、遗嘱内容的合法性以及按照公证规则应当审查的其他事项。经审查，公证人员认为遗嘱人有遗嘱能力，遗嘱确属遗嘱人的真实意思表示，遗嘱内容不违反法律规定的，出具《遗嘱公证书》。公证书由公证机构和遗嘱人分别保存。公证人员在遗嘱开启前有为遗嘱人保守遗嘱秘密的义务。公证人员经审查认为遗嘱不真实、不合法的，有权拒绝公证，也不得公证。遗嘱人对公证机构拒绝公证不服的，可以向司法行政机关申诉，由申诉的受理机关做出是否准予公证的决定。

公证人员对遗嘱的真实性、合法性的审查只能是形式审查，而不能是实质审查。对遗嘱内容进行实质审查，既违反遗嘱公证的保密原则，也是对遗嘱人意愿的不法干涉，并且也是无法做到的，因为遗嘱的内容是否有效不是以设立遗嘱的时间为准，而是以遗嘱人的死亡时间为准。但是，公证遗嘱的公证程序有瑕疵的，该公证遗嘱会被撤销；在公证机构审批人批准遗嘱公证书之前,遗嘱人死亡或者丧失民事行为能力的,公证机构会终止办理公证遗嘱。

在公证遗嘱因公证程序瑕疵被撤销或者遗嘱公证书未经批准而终止办理的,应如何认定遗嘱的效力呢?对此,有两种不同的观点和做法。一种观点认为,公证遗嘱不成立,也就等于未设立遗嘱。另一种观点认为,公证遗嘱不成立,如果遗嘱人在公证机构做出的设立遗嘱的意思表示符合其他形式遗嘱要求的,应视为遗嘱人设立了其他形式遗嘱。后一种观点更能符合遗嘱人的遗愿。

现实中还有律师公证遗嘱的现象。有的认为经律师公证的遗嘱相当于公证遗嘱。这是不对的。公证遗嘱只能由公证机构作成,律师事务所不具备公证遗嘱的资格。因此,所谓经律师公证的遗嘱,只能是属于由律师见证的遗嘱,如果是由律师记录下遗嘱人口授的遗嘱内容的,可以按照代书遗嘱认定其效力。其不符合代书遗嘱的要求的,如有的仅有一个律师记录并见证,虽加盖律师事务所公章,也不会发生效力。

(四)遗嘱见证人的条件

第一千一百四十条 下列人员不能作为遗嘱见证人:

(一)无民事行为能力人、限制民事行为能力人以及其他不具有见证能力的人;

(二)继承人、受遗赠人;

(三)与继承人、受遗赠人有利害关系的人。

本条规定了遗嘱见证人的条件。

遗嘱见证人是证明遗嘱真实性的第三人。按照法律要求,除公证遗嘱由公证机构办理外，代书遗嘱、录音录像遗嘱和口头遗嘱都须由两个以上的见证人在场见证。因为遗嘱见证人的见证证明直接关系着遗嘱的效力，关系到遗产的处置是否符合被继承人的遗愿，因此，遗嘱见证人必须是能够客观公正地证明遗嘱内容真实性的人。一般来说，只有具有见证能力又与遗嘱的执行没有利害关系的人，才适于作为遗嘱见证人。

按照法律规定，下列人员不能作为遗嘱见证人：

1. 无民事行为能力人、限制民事行为能力人及其他不具有见证能力的人

无民事行为能力人、限制民事行为能力人因不具有独立实施各种民事法律行为的能力，对客观事物不具有充分认识和识别能力，因此，这部分自然人不能作为遗嘱见证人。具有完全民事行为能力的人，因其具体情况不能证明遗嘱内容真伪的，也不具有见证能力，不能为遗嘱见证人。例如，盲人就不能作代书遗嘱、录像遗嘱的见证人，因为他不具有识别代书内容、录像内容的能力。

见证人是否具有见证能力，应以见证遗嘱设立的时间为准。如果遗嘱见证人在见证遗嘱人设立遗嘱时具有见证能力，而其后丧失了见证能力，则不影响遗嘱见证的效力；如果遗嘱见证人在见证遗嘱人设立遗嘱时不具有见证能力而其后具有了见证能力，也不能认定其可以作为遗嘱见证人，其当时对遗嘱的见证仍是不具有效力的。

2. 继承人、受遗赠人

继承人是指法律规定的有权继承被继承人遗产的全部法定继承人，而不是指遗嘱中指定的遗嘱继承人。受遗赠人则是指

遗嘱中指定的遗嘱人赠与其财产的法定继承人以外的人。因为遗嘱对遗产的处分直接影响着继承人的利益、受遗赠人对遗产的接受，从而继承人与受遗赠人与遗嘱有直接利害关系，由继承人、受遗赠人做见证人难以保证其证明的客观性、真实性。因此，不论是哪一个顺序的法定继承人以及受遗赠人，都不能作为遗嘱的见证人。

3. 与继承人、受遗赠人有利害关系的人

与继承人、受遗赠人有利害关系的人，是指继承人、受遗赠人能否取得以及取得多少遗产会直接影响其利益的人。继承人、受遗赠人的近亲属以及共同生活的其他亲属，当然与继承人、受遗赠人有利害关系，不能作为遗嘱见证人。此外，司法实务中认为，继承人、受遗赠人的债权人、债务人，共同经营的合伙人，也应当视为与继承人、受遗赠人有利害关系的人，不能作为遗嘱的见证人。

在遗嘱见证人的见证效力上有以下问题值得注意：

其一，不具有见证资格的人不能做遗嘱见证人，只是强调其见证不能发生见证人见证的效力，但不意味着只要其见证，遗嘱就不符合形式要求。只要除了不具有见证资格的人以外仍有两个以上具有见证资格的人在场见证的，该遗嘱在见证形式上就是符合要求的。

其二，代书遗嘱中的代书人不具有见证资格，但除代书人外还有两个以上具有见证资格的人做见证人的，该代书遗嘱是否符合要求？对此有不同观点。一种观点认为，该代书遗嘱不合法定形式，因为法律要求见证人中的一人代书。另一种观点认为，该代书遗嘱应符合要求，因为遗嘱见证人见证的目的就是就证明遗嘱的真实性,虽然代书人不具有见证资格,但这不影响其他见证人足以可以也能够证明遗嘱的真实性,代书人只要具备能够真实记录遗嘱人口授的遗嘱内容的能力即可。

其三,在口头遗嘱设立上对见证人是否应有例外要求?有学者认为,被继承人只能在危急情况下设立口头遗嘱,例如被继承人在生命垂危时可设立口头遗嘱,而于被继承人命危之时在现场的往往都只是被继承人的近亲属,如此情形下要求继承人不能做被继承人设立口头遗嘱的见证人,也就等于不承认被继承人于此情形下可以立遗嘱。因此,对此情形下设立的口头遗嘱的见证人应有例外。有的认为,法律可以规定被继承人病危时设立口头遗嘱的,也可以由两个以上包括继承人在内的人见证。法律未做出明确规定的,如果有两个以上的其不为遗产分配受益的继承人现场见证命危的被继承人的口头遗嘱,解释上就应认定该口头遗嘱符合形式要件。

(五)遗嘱处分遗产的限制

第一千一百四十一条　遗嘱应当为缺乏劳动能力又没有生活来源的继承人保留必要的遗产份额。

本条规定了遗嘱处分遗产的限制。

遗嘱人可以自由地以遗嘱处分自己的财产,这是遗嘱自由的要求。现代各国法普遍认可遗嘱自由。但遗嘱自由如同其他自由一样,并不是无限制的。自罗马法到现代法,各国立法无不对遗嘱人可以遗嘱自由处分的遗产范围予以一定限制。这种限制主要为两个方面:一是国家收取遗产税,遗嘱人不能处分全部遗产,只能处分缴纳遗产税后剩余的遗产;二是以特留份限制遗嘱人处分遗产的自由，遗嘱人处分遗产须为继承人保留法律规定的特留份。

1. 特留份的含义、性质和价值功能

所谓特留份，有的称为保留份、必继份，是指法律规定的遗嘱人不得以遗嘱取消的应由特定的法定继承人继承的遗产份额。特留份制度的实质，就是通过规定遗嘱须对特定法定继承人保留一定的应继份额以限制遗嘱人的遗嘱自由。从各国的立法看，在规定特留份权利人上有两种立法例：一是规定全部法定继承人都为特留份权利人；二是规定只有法定继承人中的部分继承人为特留份权利人，并且特留份权利人的特留份额因其所处的继承顺序不同而有所不同。

关于特留份的性质主要有以下三种学说：一为继承权说或遗产说。该说认为，特留份为遗产的一部分，非继承人不得享有，它属于法定继承份，特留份权利是一种受法律保护的法定继承权。二为债权说。该说认为，特留份权是特留份权利人对继承人的请求权，属于一种债权性权利。按照该说，特留份甚至可以转让给他人，继承人虽抛弃继承权但仍可请求特留份。三为折中说。该说认为，特留份权是特留份权利人对于继承人的请求权，而非继承人不得付与特留份。上述各说是从特留份与继承权关系上来考察特留份性质的，各有其一定合理性。

从特留份与继承权关系上看，继承权是特留份的前提或基础。实质上，特留份就是法律赋予特定法定继承人必继承的遗产份额的权利，该项权利不得由遗嘱人取消。所以，对被继承人来说，特留份是对其以遗嘱处分遗产的限制，因为特留份是必须保留给特定法定继承人的遗产的一部分；对特定的继承人来说，特留份是其享有的继承遗产的权利，特留份是法律特别规定赋予特定继承人的继承权，是特定的法定继承人享有的不可侵害的应继份额。特留份权是以法定继承权为基础的，只有法定继承人才可以享有。虽然遗嘱人不得以遗嘱处分特留份权利人应继承的遗产份额，但是享有特留份权利的继承人也必须有继承权，若其因有丧失继承权的法定事由而丧失继承权时，则其也不享有取得特留份的权利。

关于法律规定特留份的理论基础，有不同的观点。有学者认为，建立特留份制度的理论基础有三：一是伦理基础——亲属身份的伦理价值；二是法律基础——扶养近亲，保护社会利益，维护社会公德；三是衡平继承利益与遗嘱自由。有学者认为，规定特定法定继承人享有特留份权的理论基础主要有二：其一为遗产构成说。该说认为，作为遗产的一个人的私人财产的取得是有三方面的因素：一是国家、社会提供的机会、条件；二是家庭成员提供的条件和帮助；三是个人的努力。因此，属于因社会力量介入而取得的财产应以遗产税的形式回归社会；属于因家庭成员力量的介入而取得的财产应以特留份形式留归家庭成员享有；属于个人努力取得的财产可以由被继承人以遗嘱自由处分。其二为扶养义务说。该说认为，家庭成员有相互扶养义务。一个人死亡后，仍应以其遗产的一部分用于扶养应受其扶养的家庭成员，这一部分遗产即为应受扶养之人的特留份，被继承人不得以遗嘱处分之。[①] 上述各说，都有一定道理，

---

① 参见郭明瑞：《论继承法修订应考虑的因素》，载《四川大学学报（哲学社会科学版）》2018年第1期。

也从不同角度说明了特留份制度的价值功能。

2. 我国法对遗嘱自由处分遗产的限制

我国原《继承法》未规定遗嘱人不得处分的特定法定继承人的特留份，而是规定遗嘱应当为缺乏劳动能力又没有生活来源的继承人保留必要的遗产份额，即遗嘱人不得处分缺乏劳动能力又没有生活来源的继承人的必要遗产份额。继承人享有的这一遗嘱中须予保留的份额，有学者称之为"必留份"，也有的认为这是我国法上的"特留份"。这一规定表明，我国法是以必留份制度来限制遗嘱人以遗嘱处分遗产的自由的。

依我国法规定，享有必留份的法定继承人必须同时具备缺乏劳动能力和没有生活来源两个条件。有劳动能力而生活困难或者缺乏劳动能力但有其他生活来源的继承人，都不能成为必留份的权利人。判断继承人是否为缺乏劳动能力又没有生活来源的人的时点为继承开始之时，而不是遗嘱人立遗嘱之时。在被继承人立遗嘱时缺乏劳动能力又没有生活来源的继承人，于继承开始时已经有劳动能力或者有生活来源的，不为必留份的权利人；反之，在被继承人立遗嘱时有劳动能力或者有生活来源而于继承开始时已缺乏劳动能力又没有生活来源的继承人，为必留份的权利人，有要求取得必留份的权利。

显然，缺乏劳动能力又没有生活来源的继承人享有的必留份，不同于特定的法定继承人享有的特留份和继承人的应继份。必留份是遗嘱人处分遗产必须为必留份权利人留下的必要份额，而特留份是遗嘱人须为特留份的权利人留下的遗嘱不得处分的应有份额，应继份是继承人应继承的份额。特留份的份额是固定的，而必留份是不确定的。必留份是指保证必留份权利人基本生活需要的遗产份额。所谓基本生活需要，是指能够维持当地一般人生活水平的需要。因此，必留份可以大于法定继承人的应继份额，也可以少于法定继承人的应继份额。必留份的权利人只能是缺乏劳动能力又没有生活来源的继承人，而特留份的权利人不以缺乏劳动能力和没有生活来源为条件，而是由法律特别规定的法定继承人。

1985年我国原《继承法》制定之时，由于人民的生活水平不高，自然人的私有财产并不多，在遗产继承上首先考虑的是保护缺乏劳动能力又没有生活来源的继承人的利益，以确保其能够以得到的遗产作为其基本生活需要的保障，因此，法律规定遗嘱应当为缺乏劳动能力且没有生活来源的继承人保留必要的遗产份额。这一规定从当时的社会条件看是必要的，也是适宜的。但是，社会发展到今天，私有财产显著增多，为维护家庭的和睦团结，仅仅规定必留份是不够的。在编纂民法典的过程中许多学者主张，我国继承法应当规定特留份制度。有学者建议，考虑到我国现有的家庭结构状况，法律可规定享有特留份的权利人仅限于子女、父母、配偶。这样既可避免被继承人恣意处分遗产以维持人伦亲情，也可以最大限度保护被继承人的遗嘱自由。但立法者最终并未接受建立特留份制度的建议，《民法典》中仍然仅规定了必留份制度，特留份制度的确立有待于法律以后的完善。

（六）遗嘱的撤回和变更

第一千一百四十二条 遗嘱人可以撤回、变更自己所立的遗嘱。

立遗嘱后，遗嘱人实施与遗嘱内容相反的民事法律行为的，视为对遗嘱相关内容的撤回。

立有数份遗嘱，内容相抵触的，以最后的遗嘱为准。

本条规定了遗嘱的撤回和变更。

1. 遗嘱撤回和变更的概念

遗嘱的撤回，是指遗嘱人在设立遗嘱后于遗嘱生效前取消原来所立的遗嘱。遗嘱的变更，是指遗嘱人在设立遗嘱后遗嘱生效前对所立遗嘱的内容予以部分修改。遗嘱的撤回、变更都是遗嘱人对原来所立的遗嘱的修正，二者的区别仅在于修正的程度不同。遗嘱的撤回是完全改变原来所立的遗嘱的内容，而遗嘱的变更仅仅是改变原来所立的遗嘱的部分内容。

因为遗嘱是遗嘱人以自己的意思处分其财产的单方民事法律行为，而遗嘱又是只有在遗嘱人死亡时才能发生效力的死后行为，因此，遗嘱人于设立遗嘱后可以随时改变自己处分财产的意思表示，也就是可以随时撤回、变更自己所立的遗嘱。

立遗嘱是遗嘱人的自由，撤回、变更自己所立的遗嘱也是遗嘱人的自由。遗嘱人可以在遗嘱设立后的任何时间内依自己的意思撤回、变更自己所立的遗嘱，而不必有任何事由，也不必征得任何人的同意。相反，任何人都不得干涉遗嘱人撤回、变更遗嘱的自由。

2. 遗嘱撤回、变更的条件

遗嘱人虽于遗嘱设立后的任何时间，无须有任何理由都可以撤回、变更已立的遗嘱。但遗嘱的撤回、变更也是单方民事法律行为，只有符合以下条件，才能发生撤回、变更的效力：

其一，遗嘱人撤回、变更遗嘱时须具有遗嘱能力。不具有遗嘱能力的人不能设立遗嘱，具有遗嘱能力的人设立遗嘱后丧失遗嘱能力的,不能对已设立的遗嘱予以撤回、变更。遗嘱人丧失遗嘱能力后又恢复遗嘱能力的,其在恢复遗嘱能力前对遗嘱予以撤回、变更的,不发生遗嘱撤回、变更的效力,原设立的遗嘱仍然有效。但是,遗嘱人丧失遗嘱能力后又恢复遗嘱能力的,可以于恢复遗嘱能力后撤回、变更原所立的遗嘱。

其二,遗嘱的撤回、变更须为遗嘱人的真实意思表示。只有遗嘱的撤回、变更为遗嘱人的真实意思表示,遗嘱的撤回、变更才能发生效力。遗嘱的撤回、变更不是遗嘱人的真实意思表示的,如伪造的遗嘱撤回、变更,当然不能发生遗嘱撤回、变更的效力。遗嘱的撤回、变更虽是出于遗嘱人的意思但不是其真实意思表示的,例如,遗嘱人是因受胁迫、欺诈而违心地撤回、变更自己所立遗嘱的,也不能发生遗嘱撤回、变更的效力,原来所立的遗嘱仍应有效。

其三,遗嘱的撤回、变更须是由遗嘱人亲自依法定的方式实施的。遗嘱应由遗嘱人亲自设立,遗嘱的撤回、变更也只能由立遗嘱人亲自为之,而不适用代理。遗嘱人撤回、变更遗嘱应依法定的方式实施。遗嘱撤回、变更的方式有以下两种:

(1)明示方式。遗嘱撤回、变更的明示方式,是指遗嘱人以明确的意思表示撤回、变更已设立的遗嘱。遗嘱人撤回、变更遗嘱的意思表示应采用法律规定的立遗嘱的形式。如果撤回、变更遗嘱的意思表示未采用法定的遗嘱形式作成,则不能发生撤回、变更的效力。当然,遗嘱人撤回、变更遗嘱的意思表示不必采用与原立遗嘱同样的形式。例如,原立的遗嘱为自书遗嘱的,遗嘱人也可以采用录音录像遗嘱形式撤回、变更以前所立的自书遗嘱。

（2）推定方式。遗嘱撤回、变更的推定方式，是指遗嘱人不是以明确的意思表示而是以其行为表明撤回、变更自己以前所立的遗嘱。也就是说，遗嘱人虽然未以明确的意思表示撤回、变更遗嘱，但根据遗嘱人的行为法律推定遗嘱人撤回、变更了其所立的遗嘱。法律的这种推定，是不允许以反证推翻的，只有能够证明遗嘱人未实施相关的行为，才能否认遗嘱人对遗嘱的撤回、变更。从遗嘱人的行为推定遗嘱人撤回、变更遗嘱的情形主要有以下三种：

第一种是遗嘱人在立遗嘱后实施的与遗嘱内容相反的行为。遗嘱人在生前实施了与遗嘱内容相抵触的处分财产的行为，视为遗嘱人对遗嘱的内容的撤回。因为于此情形下，立遗嘱人虽未明确做出撤回、变更遗嘱的意思表示，但其实施的处分行为与遗嘱的内容相反，导致遗嘱的相关内容不能执行，也就推定其撤回、变更了遗嘱。遗嘱人实施的处分遗产的行为一般为民事法律行为，例如将遗嘱中指定由继承人继承或者受遗赠人受遗赠的财产出卖或者赠与他人。但遗嘱人处分遗产的行为不限于民事法律行为，因为遗嘱人通过事实行为也可以处分财产。例如，遗嘱人将遗嘱中指明由继承人继承或遗赠的财物销毁，就是一种事实处分行为。最高人民法院《执行继承法的意见》第39条曾规定，"遗嘱人生前的行为与遗嘱的意思表示相反，而使遗嘱处分的财产在继承开始前灭失、部分灭失或所有权转移、部分转移的，遗嘱视为被撤销或部分撤销。"该解释除"撤销"一词不当，应改为"撤回"外，是符合立法精神的，应当可以继续适用。

第二种是遗嘱人立有数份遗嘱，且内容相抵触的，推定遗嘱人撤回、变更以前所立的遗嘱。遗嘱人立有数份遗嘱，内容相抵触的，以最后的遗嘱为准，这也就是说，遗嘱人以后立的遗嘱撤回、变更了先前设立的遗嘱。《执行继承法的意见》第42条曾规定，"遗嘱人以不同的形式立有数份内容相抵触的遗嘱，其中有公证遗嘱的，以最后的公证遗嘱为准；没有公证遗嘱的，以最后所立的遗嘱为准。"这一解释赋予公证遗嘱以最强的效力，遗嘱人不得以其他形式的遗嘱撤回、变更公证遗嘱。这是不合适的，受到学者的批评。这一解释并没有法理上的依据，不仅限制了遗嘱人选择遗嘱形式的自由，也为遗嘱人以遗嘱撤回、变更以前所立遗嘱设置了障碍，限制了遗嘱人撤回、变更遗嘱的自由。例如，遗嘱人设立了公证遗嘱，但到临终前，根据设立公证遗嘱后的情况变化，遗嘱人想撤回、变更先前所立的公证遗嘱，但其已经不能再去办理公证遗嘱了，而只能设立其他形式的遗嘱。若认为只能以公证遗嘱撤回、变更公证遗嘱，则完全会使遗嘱不是遗嘱人最终的真实意思表示。因此，《民法典》否认了司法实务中原来的做法，最高人民法院原来的这一解释不能再适用。依法律规定，立遗嘱人立有数份遗嘱且内容相抵触的，不论遗嘱形式为何，都应以最后的遗嘱为准。

遗嘱人立有数份遗嘱而最后的一份遗嘱被认定为无效的，应如何认定遗嘱的效力呢？对此有不同的观点。一种观点认为，遗嘱人立有数份遗嘱的，推定遗嘱人是以后一份遗嘱撤回、变更了前一份遗嘱，因此，由于最后一份遗嘱已经撤回、变更了前面设立的遗嘱，最后一份遗嘱无效的，也就等于遗嘱人未立遗嘱。另一种观点认为，遗嘱人立有数份遗嘱且内容相抵触的，推定遗嘱人是以每次设立的遗嘱撤回、变更前次设立的遗嘱，因为最后一份遗嘱无效,该遗嘱不发生效力,也就不能推定其撤回、变更了前次设立的遗嘱,所以,遗嘱人立有数份内容相抵触的遗嘱,最后一份遗嘱无效的,前一份遗嘱发生效力。

第三种是遗嘱人故意销毁遗嘱的,推定遗嘱人撤回原遗嘱。遗嘱人设立遗嘱后又设立遗嘱的,如在后一份遗嘱中明确表示撤回前遗嘱,则为以明示方式撤回前遗嘱;如在后一份遗嘱中未明确表示撤回前遗嘱,但内容与前一遗嘱相抵触,则推定遗嘱人撤回、变更原遗嘱。如果遗嘱人在设立遗嘱后未再重新立新遗嘱,而只是将自己所立的遗嘱销毁,这也就表明遗嘱人废除了原设立的遗嘱。但是,遗嘱不是由遗嘱人自己销毁而是由他人销毁的,不能视为遗嘱人撤回遗嘱。遗嘱不是遗嘱人有意销毁的,而是因意外的原因毁损、丢失而遗嘱人并不知道的,也不能推定遗嘱人撤回遗嘱。但遗嘱人知道遗嘱意外毁损或者丢失而未采取措施另立遗嘱的,则可推定遗嘱人撤回已立遗嘱,因为这等于遗嘱人同意毁掉遗嘱。

3. 遗嘱撤回、变更的效力

遗嘱撤回、变更的效力就在于使原来所立遗嘱的内容不能发生效力。

遗嘱的撤回、变更的,自撤回、变更生效之时发生撤回、变更的效力。遗嘱撤回的,被撤回的遗嘱作废。遗嘱撤回后,遗嘱人设立新遗嘱的,以新设立的遗嘱确定遗嘱的效力和执行。遗嘱撤回后,遗嘱人未再设立新遗嘱的,视为被继承人未设立遗嘱,按照法定继承办理遗产继承。遗嘱变更的,以变更后的遗嘱内容为遗嘱人的真实意思表示,以变更后的遗嘱内容来确定遗嘱的效力和执行。即使变更后的遗嘱内容无效而原未变更的遗嘱内容可以是有效的，也应按照变更后的遗嘱内容确认该部分遗嘱内容无效，而不能因为变更后的内容无效而以未变更的原遗嘱内容为准。

（七）遗嘱的无效

第一千一百四十三条　无民事行为能力人或者限制民事行为能力人所立的遗嘱无效。

遗嘱必须表示遗嘱人的真实意思，受欺诈、胁迫所立的遗嘱无效。

伪造的遗嘱无效。

遗嘱被篡改的，篡改的内容无效。

本条规定了遗嘱无效的情况。

1. 遗嘱无效与有效的含义

遗嘱无效是指遗嘱因违反法律规定而不能发生法律效力。遗嘱无效，也就是遗嘱人在遗嘱中处分自己财产的意思表示无效，不能按照遗嘱处置被继承人的遗产。

遗嘱无效是与遗嘱有效相对应的概念。遗嘱有效，是指遗嘱符合法律规定的条件而发生法律效力。遗嘱有效也就是遗嘱人在遗嘱中处分自己财产的意思表示有效，从而应当执行遗嘱，按照遗嘱处置被继承人的遗产。因此，遗嘱有效也称遗嘱有执行效力。

遗嘱作为一种单方民事法律行为，如同其他民事法律行为一样，在其成立后，是否能发生法律效力还决定于其是否符合法律规定的有效条件。如果遗嘱符合法律规定的有效条件，则遗嘱有效；如果遗嘱不符合法律规定的有效条件，则遗嘱无效。

又因为遗嘱是在遗嘱人死亡后才能发生效力的,因此,判断遗嘱是否有效,原则上应以遗嘱人死亡时即继承开始为时点。也就是说,判定遗嘱是否符合法律规定,可否有效和可以执行,原则上应以遗嘱人死亡时遗嘱的情形为准。

2. 遗嘱的有效条件

遗嘱的有效条件,包括以下四项:

其一,遗嘱人于立遗嘱时须有遗嘱能力。按照我国现行法规定,只有完全民事行为能力人,才可以设立遗嘱。无民事行为能力人、限制民事行为能力人不具有遗嘱能力。因此,如果遗嘱人于设立遗嘱时并不具有完全民事行为能力,属于无民事行为能力人或者限制民事行为能力人,则其设立的遗嘱不能有效。

其二,遗嘱中处分的财产为遗嘱人自己所有的有权处分的财产。遗嘱是被继承人处分自己财产的法律行为,因此,遗嘱中处分的财产必须为遗嘱人自己所有的其有权处分的财产,而不能是他人的遗嘱人无权处分的财产。遗嘱中处分的财产是否为遗嘱人的财产应以继承开始时为准,而不是以遗嘱设立时为准。设立遗嘱时为遗嘱人自己财产而于继承开始时已经不为遗嘱人享有的财产,不属于遗产,遗嘱人无权处分;设立遗嘱时不为遗嘱人享有,但其后为遗嘱人取得并于继承开始时仍为遗嘱人享有的财产,属于遗嘱人自己所有的遗产,遗嘱人可以处分。但遗嘱人所有的财产不限于其单独所有的财产,也包括遗嘱人与他人共有的财产中属于遗嘱人的部分。

其三,遗嘱须为遗嘱人的真实意思表示。意思表示真实,是民事法律行为有效的基本条件,也是遗嘱有效的必备要件。

遗嘱是否是遗嘱人的真实意思表示，原则上应以遗嘱人最后在遗嘱中表达的意思为判断对象。

其四，遗嘱的形式符合法律规定的形式。遗嘱为要式民事法律行为，遗嘱人须采用法律规定的遗嘱形式设立遗嘱。遗嘱的形式是否符合法律规定，应以遗嘱设立时的法律规定为准。遗嘱人设立遗嘱的形式不符合法律规定的，该遗嘱为不成立还是为无效呢？对此，有不同的观点。《执行继承法的意见》第35条曾规定，"继承法实施前订立的，形式上稍有欠缺的遗嘱，如内容合法，又有充分证据证明确为遗嘱人真实意思，可以认定遗嘱有效。"依此规定，在司法实务中是将遗嘱的形式要件作为遗嘱效力的要件，而非遗嘱成立的要件。遗嘱的形式不符合法律规定的，不影响遗嘱的成立，但影响到遗嘱的效力。对于《继承法》实施以后，形式上稍有欠缺的遗嘱是否可以认定遗嘱有效呢？对此，主要有有效说和无效说两种观点。无效说认为，遗嘱为要式民事法律行为，这就要求遗嘱只能依法律规定的方式设立，必须按照法律的程序设立遗嘱，不符合某种形式要求的遗嘱如符合其他形式遗嘱的要求，该遗嘱按其他形式遗嘱对待，可以有效，但不符合法律规定的任何形式的遗嘱，不能有效，只能是无效的。依最高人民法院的解释，《继承法》实施前订立的形式上稍有欠缺的遗嘱才可认定有效，在《继承法》实施后订立的形式上稍有欠缺的遗嘱不能认定有效。有效说认为，法律之所以对遗嘱予以严格的形式上的要求，就是为了确保遗嘱为遗嘱人的真实意思表示，因此，对遗嘱形式的强制应予以缓和，最大限度地确保遗嘱人的最终的真实意思表示得以实现。不论遗嘱是何时订立的，如果仅是形式上稍有欠缺，但确有充分证据能够证明遗嘱确为遗嘱人真实意思表示的,就可以也应当认定该遗嘱有效。

只要遗嘱符合法律规定的有效条件,遗嘱就有效。遗嘱有效是否就一定发生效力呢?这涉及遗嘱有效与遗嘱不生效的区别。遗嘱生效是指遗嘱发生效力,按照遗嘱处置遗嘱人的财产。遗嘱不生效,是指遗嘱不发生效力,不是按照遗嘱处置遗嘱人的遗产。只有有效遗嘱才可以发生效力,只有有效遗嘱才可以执行。但是,有效遗嘱不一定就发生效力,有效遗嘱不一定就要执行。因为遗嘱为单方民事法律行为,遗嘱有效仅指遗嘱人自己处分遗产的意思表示发生效力,而遗嘱是否执行还决定于遗嘱中指定的继承人能否继承,遗嘱中指定的受赠人能否接受遗赠。遗嘱虽然有效,但如果遗嘱继承人、受遗赠人先于遗嘱人死亡或者丧失继承权、受遗赠权,或者遗嘱继承人放弃继承、受遗赠人放弃受遗赠,则都不会按照遗嘱内容执行遗嘱。在这种情形下,遗嘱的相关内容不生效,但不能说遗嘱的相关内容无效。

3. 遗嘱无效的情况

不符合法律规定的有效条件的遗嘱是无效的。遗嘱的无效主要有以下情况:

(1) 无民事行为能力人或者限制民事行为能力人所立的遗嘱无效

无民事行为能力人、限制民事行为能力人不具有遗嘱能力,也就不能立遗嘱处分自己的财产。因此,无民事行为能力人、限制民事行为能力人设立遗嘱的,其所立的遗嘱无效。一个自然人不是在立遗嘱时无民事行为能力或者限制民事行为能力,而是在立遗嘱后丧失完全民事行为能力的,则其所立的遗嘱并不属于无民事行为能力人或者限制民事行为能力人所立的遗嘱,该遗嘱可以有效。相反,立遗嘱时为无民事行为能力人或者限制民事行为能力人而在死亡时已经具有完全民事行为能力的,其所设立的遗嘱也仍为无效。

(2) 受欺诈、胁迫所立的遗嘱无效

所谓受欺诈所立的遗嘱,是指遗嘱人因受他人故意的虚假行为或者言词诱导而产生错误的认识,从而在遗嘱中做出了与自己的真实意思不相符的意思表示。所谓受胁迫所立的遗嘱,是指遗嘱人因受到他人的非法威胁、要挟,为避免自己或者亲人的生命健康或财产受到侵害而违心设立与自己的真实意愿相悖的遗嘱。对遗嘱人进行胁迫、欺诈的人既可以是法定继承人范围内的任一继承人,也可以是法定继承人范围以外的人,至于进行欺诈、胁迫者是否可以从被继承人受欺诈、胁迫所立的遗嘱中得到利益,则在所不问。但对遗嘱人实施欺诈、胁迫的人主观上只能是故意的,如果行为人不是故意对被继承人进行欺诈或者胁迫而仅是向遗嘱人提供了不正确的信息,导致遗嘱人产生错误的认识,从而使遗嘱人改变了自己处分财产的意思,那么,遗嘱人所立的遗嘱不属于受欺诈、胁迫所立的遗嘱。

受欺诈、胁迫所立的遗嘱属于受欺诈、胁迫的民事法律行为。按照《民法典》总则编的有关规定,受欺诈、胁迫的民事法律行为,是可撤销民事法律行为,行为人可以请求撤销该行为。但因为遗嘱是于遗嘱人死亡后才发生效力的,遗嘱人死亡后就不可能撤销有瑕疵的受欺诈、胁迫的遗嘱,所以,由于受欺诈、胁迫所立的遗嘱并不是遗嘱人的真实意思表示,它就只能是无效的。当然，如果遗嘱人于生前知道其所立遗嘱受到欺诈、胁迫，自己有权撤销该遗嘱，但是遗嘱人撤销受欺诈、胁迫所立的遗嘱不必经过诉讼程序，自己另行设立一份遗嘱即可。如果遗嘱人知道所立遗嘱是受欺诈、胁迫的，而于撤销权行使期间内又没有另立遗嘱的，则应视为遗嘱人认可所立遗嘱的内容。但遗嘱人因受胁迫设立遗嘱的，如果在遗嘱人生前他人对其胁迫一直存在而未消除，与遗嘱有利害关系的当事人可以主张该遗嘱无效。

（3）伪造的遗嘱无效

伪造的遗嘱属于假遗嘱，是指以被继承人的名义设立的但根本就不是被继承人意思表示的遗嘱。制作假遗嘱的人可能是法定继承人范围内的法定继承人，也可能是法定继承人范围以外的非法定继承人；制作假遗嘱的人之所以制作假遗嘱的目的或动机，可能是为自己取得某种财产利益，也可能是为亲属或者朋友取得某种财产利益。但不论假遗嘱是何人制作的，也不论制作者出于何种目的或动机，因为该遗嘱是伪造的，并不是被继承人的真实意思表示，所以都是无效的。

在实务中还存在由他人代理被继承人设立遗嘱的情况。代理人代立的遗嘱与伪造的遗嘱有所不同，因为它是经被继承人同意的。但是，因为立遗嘱不适用代理，因此代理人代立的遗嘱发生与伪造遗嘱同等的法律后果，也是无效的。

（4）遗嘱被篡改的，篡改的内容无效

遗嘱被篡改，是指遗嘱的内容被遗嘱人以外的人作了更改。例如，遗嘱人以外的人对遗嘱进行修改、补充、删节等。遗嘱被篡改，只能是对遗嘱内容的部分更改。如果遗嘱的全部内容都被更改,则该遗嘱为伪造遗嘱而不属于被篡改的遗嘱。遗嘱被篡改的,因篡改的内容已经不是遗嘱人的意思表示,而是篡改人的意思表示,因而篡改的内容是无效的,不能发生遗嘱的效力。但遗嘱中未被篡改的内容因仍然是遗嘱人的真实意思表示,仍然可以是有效的。由此,可以说,被篡改的遗嘱为部分无效的遗嘱。

(5)遗嘱未保留缺乏劳动能力又没有生活来源的继承人必要份额的,对应当保留的必要份额的处分无效

如前所述,在有特留份制度规定的国家,遗嘱人处分遗产必须保留特留份权利人的应继份额,没有保留的,遗嘱中处分特留份权利人应继份额的内容无效。我国现行法虽未规定特留份但仍规定了必留份,因此,遗嘱人在以遗嘱处分遗产时也必须为无劳动能力又无生活来源的继承人保留必要的遗产份额,遗嘱中处分该必要份额的内容是无效的。我国司法实务中认为,"遗嘱人未保留缺乏劳动能力又没有生活来源的继承人的遗产份额,遗产处理时,应当为该继承人留下必要的遗产,所剩余的部分,才可参照遗嘱确定的分配原则处理。"可见,未为缺乏劳动能力又没有生活来源的继承人保留必要的遗产份额的遗嘱并非全部无效,而是仅涉及处分应保留的必要遗产份额的内容无效,其他内容仍可有效。

(6)遗嘱处分不属于遗嘱人自己财产的内容无效

遗嘱人只能以遗嘱处分属于自己的财产,而不能处分属于他人的财产。遗嘱中处分他人财产的,处分他人财产的遗嘱内容无效。《继承编解释》第26条规定,"遗嘱人以遗嘱处分了国家、集体或者他人财产的,应当认定该部分遗嘱无效。"可见,

实务中认定，遗嘱中处分了他人财产的遗嘱也属于部分无效的遗嘱，处分他人财产的遗嘱内容无效，其他部分的遗嘱内容仍可以有效。

（八）共同遗嘱

1. 共同遗嘱的概念和特征

共同遗嘱，有的称为合立遗嘱，是指两个以上的遗嘱人共同设立一份遗嘱，在遗嘱中同时处分共同遗嘱人各自所有或者共有的财产。共同遗嘱，以夫妻合立的夫妻共同遗嘱最为常见，也有父母与子女、兄弟姐妹以及其他亲属之间合立遗嘱的，但基本上不存在没有亲属关系之人设立共同遗嘱的现象。共同遗嘱也为遗嘱，当然具有遗嘱的一般特征，同时，共同遗嘱还具有以下特殊性：

其一，共同遗嘱是一种共同民事法律行为。共同民事法律行为是指二人以上实施的有同一内容、同一目的的并行的意思表示一致。共同遗嘱的"共同"表明遗嘱是由多个遗嘱人共同设立的，应属于共同民事法律行为。共同遗嘱既然属于共同民事法律行为，设立共同遗嘱的各遗嘱人的意思表示内容必须一致，各遗嘱人设立遗嘱的目的必须一致。各个遗嘱人对遗嘱内容不能达到一致同意的，则共同遗嘱不能成立。而一般遗嘱为单方民事法律行为，只要有遗嘱人一人单独的意思表示就可以成立。

其二，共同遗嘱的各个遗嘱人处分遗产的意思受他人意思的制约。因为共同遗嘱只有各个遗嘱人的意思表示一致才能成立，而遗嘱人都是以遗嘱处分自己财产的，而要做到各方的意思表示一致，必然会使各遗嘱人处分遗产的意思受到他人意思的制约。这也正是一些人反对共同遗嘱的理由之一。一般来说，共同遗嘱的各个遗嘱人的意思表示往往具有关联性，一方的意思表示与另一方的意思表示互为条件。例如，夫妻共同遗嘱中，往往会指明：任何一方死亡后，其遗产由另一方继承。在夫妻共同遗嘱设立后如果夫妻关系恶化，一方撤回自己合立的夫妻遗嘱，即使另一方未撤回遗嘱，共同遗嘱的内容也失去效力。

其三，共同遗嘱的生效时间有其特殊性。遗嘱自遗嘱人死亡时生效。因为共同遗嘱人一般不是同时死亡的，因此，共同遗嘱设立人中的一人死亡而他人未死亡时，共同遗嘱并不能全部发生效力，只有涉及死亡的遗嘱人遗产的内容发生效力，而涉及未死亡遗嘱人的遗产内容不能发生效力。共同遗嘱，只有在各个遗嘱人全部死亡时，遗嘱的内容才会全部发生效力。

2. 共同遗嘱的类型

从现实发生的共同遗嘱的情况看，共同遗嘱主要有以下不同的类型：

其一，单纯的共同遗嘱。这种共同遗嘱是指两个以上的内容各自独立的遗嘱记载于同一份遗嘱中。这种共同遗嘱具有形式上的同一性和内容上的独立性的特点。各遗嘱人撤回或者变更其遗嘱内容不会影响他人遗嘱内容的效力。

其二，相互指定的共同遗嘱。这种共同遗嘱的遗嘱人在共同遗嘱中相互指定对方为继承人或者受遗赠人，亦即各遗嘱人互以对方为继承人或者受遗赠人。夫妻共同遗嘱多为这种类型。夫妻一般在共同遗嘱中互相指定对方为继承人。

其三，共同指定的共同遗嘱。这种共同遗嘱的遗嘱人在遗嘱中共同指定第三人为继承人或者受遗赠人，而不是相互指定对方为继承人或者受遗赠人。

其四,内容相关的共同遗嘱。这种共同遗嘱的遗嘱人互相以对方的遗嘱内容为前提条件,一方指定某人为继承人是以另一方也指定该人为继承人为条件的。这种共同遗嘱,在一方撤回遗嘱时,另一方的指定也就当然失去效力;一方遗嘱的内容执行的,另一方的遗嘱内容也须执行。

3. 共同遗嘱的效力

关于共同遗嘱的效力,各国和地区有不同的规定,大体有三种立法例:一是明确规定共同遗嘱,承认共同遗嘱的效力。如《德国民法典》设专节规定了共同遗嘱。该法第2265条规定,"共同遗嘱仅得由配偶双方订定"。二是明确禁止设立共同遗嘱,不承认共同遗嘱的效力。如《日本民法典》第975条规定,"遗嘱,不能由两人以上的人以同一证书订立。"三是既未明确规定共同遗嘱,也没有明确禁止共同遗嘱。瑞士民法就采取这种立法模式。

我国法对共同遗嘱也是采取第三种立法例的,法律既未明确认可共同遗嘱,也未明确禁止共同遗嘱。关于共同遗嘱的效力,理论上有肯定说、有限制的肯定说和否定说三种观点。肯定说主张,立法上虽然没有明确规定共同遗嘱,但也未排除共同遗嘱的有效性,我们应当认可共同遗嘱的法律效力。有限制的肯定说认为,应当承认夫妻共同遗嘱的效力而不能承认其他共同遗嘱。否定说认为,不应当承认共同遗嘱的效力。

否定说的主要理由为:其一,共同遗嘱与遗嘱的法律特征不符,遗嘱为单方民事法律行为,只要有遗嘱人一人的单独意思表示就可以成立,遗嘱人可以随时自主撤回或者变更遗嘱。

而共同遗嘱不仅成立时共同遗嘱人中的一个遗嘱人的意思表示受他遗嘱人的意思的制约,就是在撤回或者变更遗嘱上也要由共同遗嘱人共同实施,任何一个遗嘱人生前处分财产的自由都受到限制。其二,共同遗嘱发生纠纷,特别是由于共同遗嘱人中的一人已经死亡,其遗嘱是否出于遗嘱人的真实意思无法查明,会给司法审判带来较多的困难。

肯定说的主要理由为:其一,合立遗嘱与我国民间的传统习俗协调一致。我国财产继承的习惯做法是,父母一方死亡的,子女一般不急于继承分配死亡的父或母的遗产,而是在父母双方都亡故时,子女才分配父母的遗产。父母双方共同订立遗嘱与此习惯做法相适应。其二,夫妻合立遗嘱与夫妻财产制相适应。我国对夫妻财产采取法定共有制与约定财产制并存制度。夫妻财产共有时,一方死亡时必然导致共同财产的分割,为保证家庭财产的完整性与共有性,夫妻共同遗嘱的客观需求是实际存在的。通过订立共同遗嘱,多个遗嘱人在一份遗嘱中表达一致的意思,也可达到简化程序,避免分别设立单独遗嘱因不得处分他人的共有财产可能导致的遗嘱部分无效的情形出现。在现代社会中,共同财产的存在样态呈多元化趋势,包括股权等企业财产的共有,此时,设立共同遗嘱也可以在一定程度上发挥防止股权分散,提高企业效率的作用。① 其三,夫妻共同遗嘱有利于保护配偶的继承权。夫妻双方通常是年龄相近,健康状况相仿,死亡先后顺序难料,为保障配偶的利益,夫妻共

---

① 王毅纯:《共同遗嘱的效力认定与制度构造》,载《四川大学学报(哲学社会科学版)》2018年第1期。

同设立遗嘱往往互相指定对方为继承人,指明一方死亡时其在共同财产中的财产由对方继承。这不仅有利于财产关系的稳定,更有利于配偶的生活不至于因一方死亡而受到冲击。其四,共同遗嘱不仅不违背遗嘱自由的原则,更是遗嘱自由在现代继承法律制度中的体现与实现。遗嘱自由不仅包括遗嘱人选择是否订立遗嘱的自由,也包括遗嘱人选择订立何种形式遗嘱的自由。遗嘱人既可以根据自己的意思设立单独遗嘱,也可以选择与配偶订立共同遗嘱。[①]

我国原《继承法》上没有规定共同遗嘱,在民法典编纂过程中学者建议规定共同遗嘱,然而民法典最终还是没有规定共同遗嘱,但现实中一直存在共同遗嘱。2000年司法部颁布的《遗嘱公证细则》第15条规定,两个以上的遗嘱人申请办理共同遗嘱公证的,公证处应当引导他们分别设立遗嘱。遗嘱人坚持申请办理共同遗嘱公证的,共同遗嘱中应当明确遗嘱变更、撤销及生效条件。这一规定表明,公证机构也不排除对共同遗嘱的公证。共同遗嘱是两个以上的自然人共同实施的民事法律行为,按照"法无禁止即自由"的私法自治规则,法律没有禁止设立共同遗嘱,也就应当承认共同遗嘱的效力。

从实务上看,夫妻共同遗嘱只要符合法律规定的形式要件,法院是承认其效力的。夫妻共同遗嘱应于遗嘱人全部死亡时才能全部发生效力。共同遗嘱的设立人一方先死亡的,未死亡一方有权撤回遗嘱中涉及其财产部分的内容;但该共同遗嘱中存

[①] 参见王毅纯:《共同遗嘱的效力认定与制度构造》,载《四川大学学报(哲学社会科学版)》2018年第1期。

在不可分割的共同意思表示的，一方撤回、变更遗嘱内容不得违背该共同遗嘱中的共同意思表示。

（九）遗嘱的执行

1. 遗嘱执行的含义

遗嘱的执行，是指在遗嘱生效后为实现遗嘱内容所必要的行为和程序。因为遗嘱是于遗嘱人死亡后才发生效力的，遗嘱只有通过执行才能实现遗嘱人的遗愿，所以遗嘱的执行是实现遗嘱人在遗嘱中表达的意思表示所必要的措施。

遗嘱的执行是以遗嘱有效为前提条件的，无效的遗嘱不具有法律效力，不能执行，当然也就不发生执行问题。

遗嘱执行也就是按照遗嘱处理遗产，因此，在被继承人死亡后，公布遗嘱的存在事实，为遗嘱执行的必要程序。如《日本民法典》第1004条中就规定，遗嘱文件的保管人，在已知继承开始后，须毫不迟缓地将该项遗嘱文件提交家庭法院，请求验证。如果没有遗嘱文件保管人，继承人发现遗嘱文件后，亦同。我国法虽然未作类似规定，但从遗嘱执行上看，知道遗嘱存在事实，为执行遗嘱不可或缺的程序。因此，遗嘱的保管人或者遗嘱的发现人在知道继承开始后，应当立即将存在遗嘱的事实通知已知的继承人。当然，也有学者主张遗嘱保管人或者发现人应将遗嘱提交公证机构。遗嘱保管人或者发现人通知继承人遗嘱存在的事实后，相关当事人应当公开开启遗嘱的内容，以按遗嘱内容执行遗嘱。

2. 遗嘱执行人的确定

遗嘱执行人是有权执行遗嘱的人。因为执行遗嘱的行为也是一种民事法律行为,并且遗嘱的执行涉及相关利害关系人的利益,因此,遗嘱执行人须是具有完全民事行为能力的人,无民事行为能力人、限制民事行为能力人应不具备担任遗嘱执行人的资格。遗嘱执行人的确定主要有两种方式:

其一,由遗嘱人在遗嘱中指定的或者委托他人代为指定的人担任遗嘱执行人。遗嘱人可以在遗嘱中指定遗嘱执行人,也可以委托他人指定遗嘱执行人。遗嘱中指定了遗嘱执行人的,被指定的人就为遗嘱执行人;遗嘱中委托他人指定遗嘱执行人的,受委托人指定的遗嘱执行人为遗嘱执行人。

其二,由遗嘱人的法定继承人担任遗嘱执行人。遗嘱中未指定遗嘱执行人也未委托他人指定遗嘱执行人,或者被指定的遗嘱执行人不具有担任遗嘱执行人的资格或不愿意担任遗嘱执行人的,由遗嘱人的法定继承人为遗嘱执行人。

至于遗嘱执行人的辞任、选任和指定,适用遗产管理人的规定。

3. 遗嘱执行人的法律地位

关于遗嘱执行人的法律地位在立法和学说上主要有固有权说和代理权说两种不同主张。

固有权说认为,遗嘱执行人执行遗嘱是基于自己固有的权利,既不是代表遗嘱受益者的利益,也不是继承人的代理人。此说中又有三种不同的观点:其一为机关说。机关说认为,遗嘱执行人为维护被继承人法律上所认利益及实现遗嘱人意思的机关。其二为限制物权说。限制物权说认为,遗嘱执行人是遗嘱人的限制包括承继人或者受托人,对遗产享有限制物权。其三为任务说。任务说认为,遗嘱执行人如同破产管理人一样基于其任务有法律上独立的地位，于遗嘱所定的范围内，独立地为他人利益处理事务。

代理权说认为，遗嘱执行人在遗嘱继承关系中处于代理人的地位。该说又有被继承人的代理人说、继承人的代理人说和遗产代理人说三种不同的观点。被继承人的代理人说主张，遗嘱执行人为遗嘱人的代理人或者代表人，遗嘱执行人须依遗嘱人的意愿为忠实的执行。继承人的代理人说主张，遗嘱执行人为继承人的代理人，是代理继承人实施行为的，因为遗嘱人的权利能力已经因死亡而消灭，已经不能委托代理人为法律行为，而遗嘱的执行主要以遗产为标的，遗产则因继承的开始归属于继承人，所以遗嘱执行人所为的行为实际上是代理继承人实施的。遗产代理人说主张，继承的遗产为独立的特别财产，遗嘱执行人为此时财产的代表人或者代理人。

我国法未明确规定遗嘱执行人的法律地位，学者中主要有被继承人的代理人说、继承人代理人说和固有权中的任务说及信托受托人说。按照任务说，遗嘱执行人并不是遗嘱人或者继承人的代理人，而有自己的固有的法律地位，遗嘱执行人的法律地位决定于其职责或任务。依信托受托人说，遗嘱执行人是继承人事实上的信托受托人，即使遗嘱执行人并非由被继承人指定，也应该认为在被继承人与遗嘱执行人之间成立拟制的信托关系。[①]

[①] 刘耀东：《继承法修改中的疑难问题研究》，法律出版社2014年版，第211页。

4.遗嘱执行人的职责

遗嘱执行人的职责也就是遗嘱执行人的权利和义务。遗嘱执行人的权利义务主要有以下几项:

其一,召集全体遗嘱继承人和受遗赠人,公开遗嘱内容,并对遗嘱是否合法真实以及有关遗产的情况做出说明。这既是遗嘱执行人的权利,也是遗嘱执行人的义务。

其二,作为遗产管理人履行遗产管理人的职责。

其三,按照遗嘱的内容执行遗赠和将遗嘱继承人继承的遗产移交给遗嘱继承人。

其四,排除执行遗嘱中的各种障碍。任何人不得妨碍遗嘱执行人执行遗嘱。遗嘱执行人执行遗嘱中受到非法干涉和妨碍的,有权排除妨碍和干涉。

其五,忠实勤勉地执行遗嘱。遗嘱人须按照法律的要求和遗嘱人的遗愿,忠实勤勉地执行遗嘱,以使遗嘱内容得以实现。遗嘱执行人在执行遗嘱中非因不可归责于自己的事由受到损害的,可以请求继承人赔偿;遗嘱执行人因自己的过错而给继承人或受遗赠人造成损害的,遗嘱执行人也应承担赔偿责任。

三、遗赠

(一)遗赠的概念和特征

遗赠是指自然人在其遗嘱中指定将财产赠与他人而于遗嘱人死亡后发生效力的法律现象。立遗嘱的自然人为遗赠人,被指定赠与财产的人为受遗赠人,遗嘱中指定赠与的财产为遗赠财产或遗赠物。

各国继承法上普遍规定有遗嘱继承与遗赠制度。但在遗嘱继承与遗赠的区分上有不同的立法例，大体有以下三种做法：

其一，以遗嘱中指定的人被指定继受遗产的内容来区分遗嘱继承和遗赠。依此种立法例，凡遗嘱中指定某人概括继受遗产的，为遗嘱继承；凡遗嘱中指定某人单纯继受财产权利的，即为遗赠，至于被继承人指定承受遗产的人是否为法定继承人，则在所不问。如《德国民法典》第2087条规定："1. 被继承人以遗嘱将其财产之全部或一部分给予受益人者，其处分视为继承人之指定。即使未指定受益人为继承人者，亦同。2. 遗嘱仅以个别财产之标的对受益人为给予者，有疑义时，不能推定其为继承人，即使指明其为继承人。"再如，依《瑞士民法典》第560条、562条规定，继承人在被继承人死亡时依法概括承受其遗产。除法律另有规定外，被继承人的债权、所有权、限制物权和占有权，当然移转于继承人，被继承人的债务，成为继承人的个人债务。受遗赠人对遗赠义务人有债权请求权；未特别指定遗赠义务人的，对法定继承人有债权请求权。这种立法例是以继承责任的非有限性为前提的，遗嘱继承人对遗产债务的清偿承担无限责任，而遗赠人对遗产债务不负清偿责任。如果遗嘱继承人对遗产债务的清偿仅以其实际继承的遗产数额为限，遗嘱继承与遗赠之间也就没有多大实际性差别。

其二，不区分遗嘱继承与遗赠。遗嘱人通过遗嘱将其遗产指定给他人继受的，统称为遗赠，被指定的人都称为受遗赠人，而不称为继承人。但采这种立法例的，在遗赠中区分概括遗赠与特定遗赠。概括遗赠是遗嘱人指定将遗产的全部或者部分概括地给予受遗赠人，被指定的概括承受遗产的人不仅继受遗产权利，也必须继受遗产债务。特定遗赠是指遗嘱人将遗产中的特定权利指定给予受遗赠人，被指定继受特定遗产权利的人仅仅继受遗产权利，而不继受遗产债务。至于受遗赠人的范围则没有限制，受遗赠人既可以为法定继承人范围以内的人，也可以为法定继承人范围以外的人。日本民法即采取这一立法例。依《日本民法典》第964条规定，遗嘱人可以以概括或特定的名义，处分其财产的全部或一部分，但不能违反关于特留份额的规定。

其三，以继受遗产的人与遗嘱人的关系来区分遗嘱继承和遗赠。遗嘱中指定法定继承人范围以内的人继受遗产的，为遗嘱继承；而遗嘱中指定法定继承人以外的人继受遗产的，为遗赠。继承人必须概括地承受遗产的全部或者一部，而受遗赠人只能承受遗产中的权利，而不承受遗产债务。我国继承法就采取这种立法例。依我国法规定，自然人可以通过遗嘱将个人财产赠给国家、集体或者法定继承人以外的组织、个人。被继承人在遗嘱中指定将个人财产给予国家、集体或者法定继承人以外的人，就属于遗赠。若遗嘱中指定将其个人财产给予法定继承人范围以内的人，则属于遗嘱继承。

依我国法规定，遗赠具有以下法律特征：

第一，遗赠为依遗嘱方式实施的单方民事法律行为。遗赠必须以遗嘱方式实施，由于遗嘱为单方民事法律行为，遗赠也就属于单方民事法律行为。因此，只要有遗嘱人自己的赠与他人财产的意思表示，遗赠就可以成立。遗嘱人遗赠财产的意思表示不受其他任何人的意思的制约，也不需要经过相对的受遗赠人同意。遗嘱人可以通过设立遗嘱表达遗赠的意思，也可以通过遗嘱的撤回或者变更改变自己赠与的意思。

第二，遗赠是遗嘱人无偿给予法定继承人范围以外的人以财产利益的行为。遗赠是遗赠人无偿给予他人财产利益的，受遗赠人与遗赠的标的都具有特定性。受遗赠人可以是法定继承人范围以外的自然人、法人、非法人组织或者国家，但不能是法定继承人范围以内的人。如果遗嘱人在遗嘱中指定由法定继承人范围以内的人承受某财产，则不为遗赠，而属于遗嘱继承。遗赠的标的只能是特定的财产利益，这种财产利益可以是某项财产权利，也可以是免除某项财产债务，但遗赠的标的既不能是人身利益，也不能是包括债务的财产。

第三，遗赠是一种于遗嘱人死亡后才发生效力的死后行为。遗赠虽是遗嘱人生前做出的赠与他人财产的意思表示，但只能在遗嘱人死亡后发生效力。遗赠的这一特征与死因赠与相似，因为死因赠与也是于赠与人死亡后才发生效力的。但遗赠不同于死因赠与。死因赠与是以赠与人死亡为停止条件的赠与，是一种双方民事法律行为；而遗赠是单方民事法律行为，遗赠人得于死亡前随时依法定程序变更或者撤回遗赠。

第四，遗赠是只能由受遗赠人亲自接受的行为。遗赠是以特定的受赠人为受益主体的，受遗赠主体具有不可替代性。也就是说，只有受遗赠人有权决定是否接受遗赠，只有受遗赠人自己享有受遗赠的权利，受遗赠人不能将受遗赠权转让。因此，受遗赠人须为遗嘱人死亡时生存之人。于遗嘱人死亡时已经不存在的主体，不能成为受遗赠人；遗嘱人死亡时已经受孕的胎儿可以作为受遗赠人，但没能活着出生的，不成为受遗赠人。受遗赠人因具备法定事由丧失受遗赠权的，也不能成为接受遗赠的受遗赠人。在遗嘱中指定的受赠人不能或者无权接受遗赠的情形下，遗赠不发生效力。但是，所谓遗赠只能由受遗赠人亲自接受，仅是指受遗赠权仅为受赠人亲自享有，并不意味着受遗赠权只能由受遗赠人亲自行使。受遗赠人为无民事行为能力人、限制民事行为能力人的，可以由其法定代理人代理行使受遗赠权。

（二）遗赠与遗嘱继承、赠与的区别

1. 遗赠与遗嘱继承的区别

遗赠和遗嘱继承，都是被继承人以遗嘱处分个人财产的方式。如前所述，各国关于遗嘱继承与遗赠的立法有不同做法。从我国法规定看，遗赠与遗嘱继承是两种不同的制度，二者的区别主要有以下几点：

其一，受遗赠人和遗嘱继承人的范围不同。受遗赠人可以是法定继承人范围以外的任何人，包括自然人、法人、非法人组织和国家，但不能是法定继承人范围以内的自然人。而遗嘱继承人只能是法定继承人范围以内的自然人，而不能是其他人。遗嘱继承人不受法定继承人法定继承顺序的限制，但受法定继承人范围的限制。如果遗嘱中指定由法定继承人范围以内的人承受某项遗产，则只能发生遗嘱继承，而不属于遗赠。

其二，受遗赠的标的和遗嘱继承的标的不同。受遗赠的标的只能是遗产中的积极财产，而不能是消极财产，受遗赠人接受遗赠时只承受遗产中的财产权利而不能承受遗产中的债务。即使遗嘱人在遗嘱中指定将全部遗产赠与法定继承人范围以外的某主体，而被继承人生前又有债务的，受遗赠人也只能接受清偿被继承人的债务后剩余的财产,这种债务清偿也只能是对被继承人债务的处理,并不是由受遗赠人承受被继承人的债务。而作为遗嘱继承的标的遗产,既可以包括积极财产,也可以包括消极财产。遗嘱继承人对遗产的承受是概括性的,即概括地承受被继承人的财产权利义务。

其三,受遗赠权和遗嘱继承权的行使方式不同。受遗赠人接受遗赠的,应于法定期间内做出接受遗赠的明示的意思表示。而遗嘱继承人接受遗嘱继承的,可以默示的方式做出表示。遗嘱继承人只要未以明示的方式表示放弃继承,也就视为接受继承。受遗赠人表示接受遗赠的,可以要求遗产管理人向其移转遗赠的标的。并且,一般来说受遗赠人的受遗赠权应优于继承人的继承权。也就是说,对被继承人的遗产应先执行遗赠,继承人只能继承执行遗赠后剩余的遗产。

2. 遗赠与赠与的区别

遗赠与赠与都是赠与人将自己的财产无偿给予他人的行为,但二者性质不同。遗赠与赠与主要有以下区别:

其一,遗赠是单方民事法律行为,只要有遗嘱人一方为赠与的意思表示就可以成立,并无须他方的同意。而赠与是一种双方民事法律行为,只有赠与人与受赠人的意思表示一致才能成立。因此,赠与的成立不仅须有赠与人为赠与的意思表示,还须有受赠人接受该赠与的意思表示。

其二,遗赠采取遗嘱的方式,而赠与采取合同形式。遗赠为继承法上的制度,而赠与为合同法中的制度。

其三,遗赠是于遗嘱人死亡后才发生效力的死后行为,属于死后处分行为。而赠与是生前行为,是于赠与人生前发生效力的。当然，死因赠与作为一种特殊赠与是例外。死因赠与也属于在赠与人死亡后才发生赠与物的权利转移的死后处分行为。

（三）遗赠的执行

遗赠的执行，是指在受遗赠人接受遗赠后按照遗嘱人的指示将遗赠的遗赠物移交给受遗赠人。

在罗马法上，直接受赠的受遗赠人享有遗赠物所有权，受遗赠人可以通过请求返还之诉向继承人或者其他任何占有人主张自己的所有权；间接受赠的受遗赠人享有债权，受遗赠人可以要求遗嘱人的继承人给予受遗赠的财产。近现代法在遗赠的执行上，各国和地区的立法有不同的规定。有的立法认为，受遗赠人的权利为债权性权利，除被继承人另有指示外，继承人负担遗赠的义务。如依德国民法规定，"遗赠仅具有债权之效力，于继承开始时，对于遗赠义务人请求给付遗赠标的物。但其对拒绝遗赠之权利不受影响。"① 有的立法认为，受遗赠人享受遗赠物的物权。日本民法基本采取这一学说。依《日本民法典》第998条规定，在以不特定物为遗赠的标的时，受遗赠人就遗赠标的受到第三人的侵夺时，遗赠义务人对此与出卖人相同，负担保责任；在以不特定物为遗赠的标的时，如果物上存在瑕疵，遗赠义务人须以无瑕疵之物为其替换。也有的立法认为，受遗赠人享有债权请求权。如依《瑞士民法典》第562条规定，受

---

① 台湾大学法律学院、台大法学基金会编译：《德国民法典》，北京大学出版社2017年版，第1386页。

遗赠人对遗赠义务人有债权请求权；未指定遗赠义务人时，对法定继承人或指定继承人有债权请求权。前款请求权，在遗赠义务人接受继承或不得再为拒绝继承时，届其清偿期，但从处分中可得出其他意思者不在此限。继承人不履行其义务时，受遗赠人得诉请交付所遗赠的财产，处分客体表现为某种行为者，受遗赠人得诉请损害赔偿。

我国法对遗赠的执行未作明确规定，但因自继承开始遗嘱生效之时起，受遗赠人在规定期间内明确表示接受遗赠的，受遗赠人就有权要求执行遗嘱，也就是要求义务人给予遗赠标的物。受遗赠人既不是遗赠人的债权人，也不是受遗赠义务人的债权人。

在执行遗赠中，负有给付遗赠物给受遗赠人的义务人应为执行遗嘱的义务人，也就是遗嘱执行人。因为遗嘱执行人也就是遗嘱处分遗产的遗产管理人，所以遗产管理人为受遗赠的义务人。遗嘱执行中的权利人为受遗赠人。受遗赠人可以接受遗赠，也可以拒绝接受遗赠即放弃受遗赠。受遗赠人无论是接受还是放弃受遗赠都不能附条件。不过，依我国法规定，受遗赠人接受遗赠的，应在规定期间内以明示的方式作出接受的意思表示。受遗赠人接受遗赠的，即享有请求遗产管理人依遗赠人的遗嘱将遗赠物交付其所有的请求权。但是受遗赠请求权并不是一种债权，遗赠人的债权人的债权优先于受遗赠人的受遗赠权，受遗赠人不能与遗赠人的债权人平等地分配遗产。也正因为如此，遗赠执行人不应先以遗产用于执行遗赠，而应先将遗产用于清偿遗赠人的债务。

四、附义务遗嘱继承或者遗赠

第一千一百四十四条 遗嘱继承或者遗赠附有义务的,继承人或者受遗赠人应当履行义务。没有正当理由不履行义务的,经利害关系人或者有关组织请求,人民法院可以取消其接受附义务部分遗产的权利。

本条规定了附义务遗嘱继承或者遗赠。

(一)附义务遗嘱继承或者遗赠的含义

遗嘱人在遗嘱中指定继承人继承遗产或者指定将遗产遗赠给某人的,可以同时规定继承人接受继承或者受遗赠人接受遗赠时应履行一定的义务。于此情形下,遗嘱继承或者遗赠即附有义务,称为附义务的遗嘱继承或者遗赠。遗嘱人在遗嘱中指定遗嘱继承人或者受遗赠人应履行的义务,是遗嘱人附加给遗嘱继承人或者受遗赠人的义务,也就是加给遗嘱继承人或者受遗赠人的负担。

遗嘱人在遗嘱中规定遗嘱继承人或者受遗赠人应负担义务的内容,通常称为遗托,也有的称为遗嘱负担。关于遗托,原《继承法》第21条有明确规定,这一规定为《民法典》所继受。

遗托有以下两个根本特征:

其一,遗托有附随性。遗托只能是附加给遗嘱继承人或者受遗赠人的特定义务,尽管遗嘱继承人或者受遗赠人对附加义务的履行并不是遗嘱继承人或者受遗赠人承受遗产的对价,但是该项义务却是附随于遗嘱继承或者遗赠的,履行所附义务是以遗嘱继承人接受继承或者受遗赠人接受遗赠为前提条件。如果遗嘱继承人不接受继承或者受遗赠人不接受遗赠,遗嘱继承人或者受遗赠人也就无履行相应的所附义务的责任。除遗嘱继承人或者受遗赠人外,其他人不负履行遗嘱继承或者遗赠所附义务的责任。

其二,遗托是必须履行的,具有不可免除性。遗托也是遗嘱人的遗愿,是遗嘱内容的一部分,因此,遗托是必须履行的,这是执行遗嘱人遗嘱的必然要求。遗托既是遗嘱继承或者遗赠所附的义务,也就具有不可免除性,遗嘱继承人或者受遗赠人只要接受继承或者接受遗赠,就必须履行遗托。当然,遗托的内容亦即附义务遗嘱继承或者受遗赠所附的义务,不得违反法律和公序良俗,须是可以履行的,并且不应超过遗嘱继承人或者受遗赠人所受利益的范围。《瑞士民法典》第482条中规定,"被继承人得对其处分,附加负担或条件,处分生效后,利害关系人,得请求执行该负担或条件。""所附负担或条件,违反善良风俗或法律者,其处分,为无效。""所附负担或条件,令人难以承受或无任何意义者,视为不存在。""以死因处分对动物为遗赠者,视为设定如下负担:该动物应受合理的照料。"我国法虽未作如此明确之规定,但也应作如此解释。如果遗嘱继承或者遗赠所附的义务违反法律和公序良俗,则该义务无效,遗嘱继承人或者受遗赠人不必履行,也不得履行该负担;如果所附义务是不可能履行的,则该义务是没有意义的;如果所附义务超过遗嘱继承人或者受遗赠人所受利益,则遗嘱继承人或者受遗赠人仅在所受利益范围内承担履行责任。

（二）附义务遗嘱继承或者遗赠的效力

附义务遗嘱继承或者遗赠具有以下效力：

其一，遗嘱继承人或者受遗赠人只要接受继承或者接受遗赠，就应当履行遗嘱继承或者遗赠所附的义务。因为这一义务是遗嘱人为其处分遗产所附加的条件或负担，它与遗嘱继承人接受继承或者受遗赠人接受遗赠是不可分的。

其二，遗嘱继承人或者受遗赠人不履行遗嘱继承或者遗赠所附义务而又无正当理由的，法院可以取消其接受附义务部分遗产的权利。《继承编解释》第29条规定，"附义务的遗嘱继承或遗赠，如义务能够履行，而继承人、受遗赠人无正当理由不履行，经受益人或其他继承人请求，人民法院可以取消其接受附义务部分遗产的权利，而由提出请求的继承人或受益人负责按遗嘱人的意愿履行义务，接受遗产。"由此规定可见，司法实务中认为，附义务的遗嘱继承或者遗赠的继承人或者受遗赠人有正当理由的，可以不履行所附义务。所谓的正当理由，主要是指遗嘱继承人或者受遗赠人有理由认为所附的义务违法或违反公序良俗，或者不可能履行，或者履行没有意义，或者履行负担超过其所受利益。如果没有正当理由而不履行义务，经利害关系人或者有关组织请求，法院可以取消继承人或者受遗赠人接受附义务部分遗产的权利。

需要注意的是，取消附义务的遗嘱继承或者遗赠的遗嘱继承人或者受遗赠人接受附义务部分遗产的权利，只是法院的职权，其他任何机关或者个人均无此项权利；法院只能应利害关系人或者有关组织的请求取消遗嘱继承人或者受遗产的权利，而不得主动为之。这里的利害关系人或者有关组织，是指与遗嘱继承人或者受遗赠人履行义务有利害关系的人或者有关组织。例如，遗嘱中指定遗嘱继承人或者受遗赠人负有担任未成年人的监护人，履行监护职责的义务的，履行这一义务的利害关系人就包括其他有监护资格的自然人、居民委员会、村民委员会、学校、未成年人保护组织、民政部门等。

其三，遗嘱执行人应当监督遗嘱继承人或者受遗赠人履行遗嘱人附加的义务。因遗嘱继承人或者受遗赠人的原因不履行附加义务，被取消的遗嘱继承人或者受遗赠人接受的附义务部分的遗产，应由按遗嘱人意愿履行义务的人接受。遗嘱中对遗嘱继承或者遗赠附加义务指定受益人的，该受益人也不同于受遗赠人，该受益人可以要求遗嘱继承人或者受遗赠人履行义务，但不能要求遗赠执行人给付。

第四章 遗产的处理

一、遗产的管理

(一) 遗产管理的含义

遗产管理制度,是指在继承开始后遗产交付前,依法律规定确定遗产管理人,由遗产管理人为维护遗产的价值和遗产权利人的合法利益对被继承人的遗产进行管理、清算的制度。可以说,遗产管理制度是遗产处理制度的核心内容。

我国原《继承法》中未规定遗产管理制度而仅规定了遗产保管制度。这与当时的社会现实是相适应的。因为在1980年代中期,自然人的私有财产不仅数量不多,而且构成简单,主要是生活资料。自然人死亡后,死者有哪些遗产往往是非常清楚的,一般并无查清和管理上的困难。基于当时的遗产状况,原《继承法》第24条规定,"存有遗产的人,应当妥善保管遗产,任何人不得侵吞或者争抢。"依此规定,继承开始后存有遗产的人为法律规定的遗产保管人,负有保管遗产的义务。遗产保管人是继承开始后存有遗产的人,既可能是继承人,也可能不是继承人。存有遗产的继承人作为遗产保管人保管遗产既是其权利,也是其义务。可以说,存有遗产的继承人保管遗产,是基于遗产继承人的地位而产生的权利义务;而存有遗产的非继承人作为遗产保管人，其保管义务是基于占有而产生的。因此，存有遗产的非继承人的保管义务只能是暂时性的，其可以随时将存有的遗产移交给继承人而免除其保管义务。

随着社会的发展，到了21世纪的今天，对遗产的管理仅仅设立保管制度是不够的。因为，现在自然人的私有财产不仅数量大，而且种类繁多，构成复杂；不仅诸如股权、知识产权等这类财产大量呈现，而且网络财产等新型财产也已经存在。由此以来，自然人死亡后，死者的遗产往往并不是显而易见的，无论是在遗产的查清还是在遗产的管理上都是有一定难度的。并且，由于遗产的不易查清，也会导致发生遗产易散失和受损的风险以及损害债权人利益，这不是仅仅依靠对个别财产的遗产保管制度就能够解决的，有必要对遗产进行统一的管理、清算。正是为了适应新时代的现实社会需要，《民法典》继承编构建了遗产管理制度。

遗产管理制度与遗产保管制度是不同的。遗产保管的核心是保管，保管人对遗产只负有保管义务而无处置的权利，不得对遗产为任何处置。而遗产管理的核心在管理，管理不仅包括对遗产的保管，还包括对遗产的清理、处置。遗产管理制度的内容是多方面的，在整个遗产管理过程中，遗产管理人是管理主体，遗产的处理能否有序地依法进行，遗产管理人起着决定性作用。因此，遗产管理制度的核心内容是遗产管理人。

（二）遗产管理人的确定和指定

第一千一百四十五条 继承开始后，遗嘱执行人为遗产管理人；没有遗嘱执行人的，继承人应当及时推选遗产管理人；继承人未推选的,由继承人共同担任遗产管理人;没有继承人或者继承人均放弃继承的,由被继承人生前住所地的民政部门或者村民委员会担任遗产管理人。

第一千一百四十六条 对遗产管理人的确定有争议的,利害关系人可以向人民法院申请指定遗产管理人。

上两条规定了遗产管理人的确定和指定。

遗产管理人是指对遗产负有管理职责的人。遗产管理人的确定是遗产管理制度的首要内容,因为不确定遗产管理人,也就谈不上如何管理遗产。

关于遗产管理人的确定,各国立法规定不一,大体规定有三种做法:其一是由全体共同继承人共同选任。共同继承人对遗产都有管理权,应当共同行使管理遗产的权利。共同继承人可以选任某一人或数人作为遗产管理人。其二是由被继承人指定。被继承人在遗嘱中指定遗产管理人的,该指定的人为遗产管理人;遗嘱中指定遗嘱执行人的,遗嘱执行人在指定的范围内履行遗产管理人的职责。其三是由有关机关指定。在不能依照以上两种方法确定遗产管理人或者有其他特别情形时,可以由有关机关确定遗产管理人。

我国法对于遗产管理人的确定基本上也是采取了以上这三种方法。遗产管理人依照以下方式和程序确定:

首先,由遗嘱指定的管理人为遗产管理人。因为遗产管理人管理的是被继承人的遗产,决定将遗产交由何人管理,这当然是被继承人的权利。因此,被继承人完全可以在遗嘱中指定遗产管理人。被继承人是否在遗嘱中指定遗产管理人以及指定何人为遗产管理人,是被继承人的自由。被继承人在遗嘱中指定遗产管理人的,该遗嘱指定的遗产管理人当然为遗产管理人。被继承人在遗嘱中未指定遗产管理人,而指定遗嘱执行人的,该遗嘱执行人为遗产管理人;被继承人在遗嘱中委托他人指定遗嘱执行人的,受托人指定的遗嘱执行人为遗产管理人。

但是,遗嘱执行人是执行遗嘱的主体,而遗产管理人是管理遗产的主体,因此,遗嘱执行人不同于遗产管理人。遗嘱执行人只能是遗嘱处分的遗产的管理人,而不能当然成为全部遗产的管理人。如果被继承人以遗嘱处分了其全部遗产,则遗嘱执行人可以为全部遗产的管理人;如果被继承人的遗嘱未处分全部遗产,则遗嘱执行人只能是遗嘱中处分的部分遗产的管理人,遗嘱中未处分部分遗产的管理人仍须以其他方式确定。

其次,由继承人推选的人为遗产管理人。被继承人在遗嘱中未指定遗产管理人,也未指定或者委托他人指定遗嘱执行人的,继承人应当及时推选遗产管理人。继承人推选的遗产管理人可以是继承人中的一人或数人,也可以是继承人以外的第三人。继承人在多长时间内推选遗产管理人才为及时推选呢?对此,法无规定,有的学者认为,此期限以一个月为好。也就是说,继承开始后继承人应在一个月内推选出遗产管理人。当然,确定继承人推选是否及时的具体时间有待于实践经验的总结。如果继承人未及时推选,而某继承人自行承担起了遗产管理人职责,其他继承人知道而未作反对表示的,就应视该继承人为继承人共同推选的遗产管理人。

再次,由继承人担任遗产管理人。共同继承人未及时推选遗产管理人,也没有共同认可的自行承担遗产管理人职责的应视为遗产管理人的人,那么,就由全体继承人共同担任遗产管理人。

最后,没有继承人或者继承人均放弃继承的,由被继承人生前住所地的民政部门或者村民委员会担任遗产管理人。被继承人为城镇居民的,其最后住所地的民政部门担任遗产管理人;被继承人为农村居民的,其生前所在的村民委员会担任遗产管理人。

依照以上方法确定遗产管理人有争议的,利害关系人可以向法院申请指定遗产管理人。法院受理利害关系人的请求指定遗产管理人的申请后,应以裁定指定遗产管理人。由法院指定的遗产管理人不得拒绝接受指定。

(三)遗产管理人的职责

第一千一百四十七条 遗产管理人应当履行下列职责:

(一)清理遗产并制作遗产清单;

(二)向继承人报告遗产情况;

(三)采取必要措施防止遗产毁损、灭失;

(四)处理被继承人的债权债务;

(五)按照遗嘱或者依照法律规定分割遗产;

(六)实施与管理遗产有关的其他必要行为。

本条规定了遗产管理人的职责。

遗产管理人的职责也就是遗产管理人基于遗产管理人的身份所享有的权利和义务。也就是说,遗产管理人的职责既是其享有的权利,也是其负担的义务。遗产管理人的职责包括以下几项:

1. 清理遗产并制作遗产清单

继承开始后,遗产管理人应当负责及时清查遗产,制作遗产清单，以便于管理和移交遗产。

遗产清单又称遗产清册、财产目录。遗产清单制度的主要内容包括遗产清单制作的主体和要求、制作时间、提交对象及查阅对象、制作效力及制作不实的法律后果等。遗产清单制度的功能包括以下两方面：一是限制清偿遗产债务责任财产的范围，保护继承人利益；二是根据遗产清单依顺序和比例清偿遗产债务，保护债权人利益。[1]

制作遗产清单，是查明遗产，防止遗产散失、遗漏的重要措施，也是得以清偿遗产债务、执行遗嘱、分配遗产的重要依据。遗产管理人是遗产清单的制作主体，因此，制作遗产清单是遗产管理人的主要义务，而遗产清单的制作又是以清理遗产为前提条件的。

遗产清单的内容主要应包括：（1）被继承人生前所有的不动产（包括不动产权利）、动产、知识产权、股权等财产的数量及价值；（2）被继承人生前享有的不具有人身属性的债权；（3）因被继承人死亡而获得的未指定受益人的保险金、赔偿金、补偿金、抚恤金等；（4）被继承人生前享有的受法律保护的网络虚拟财产等；（5）被继承人生前所欠的债务和税款；（5）被继承人的丧葬费用及继承费用；（6）被继承人财产上的其他负担（如抵押权、质权等）；（7）有争议或者诉讼过程中的债权债务。

2. 向继承人报告遗产情况

遗产管理人在制作遗产清单后，应及时通知和召集继承人，

---

[1] 参见陈苇、刘宇娇：《中国民法典继承编之遗产清单制度系统化构建研究》，载《现代法学》2019年第5期。

向继承人报告遗产情况。遗产管理人应向继承人说明遗产的种类、数量、存放地点以及遗产的管理状况等,以使继承人了解和掌握遗产状况。

3. 采取必要措施防止遗产毁损、灭失

遗产管理人负有保护遗产安全的职责,应当采取必要的措施防止和排除对遗产的侵害,包括对遗产的自然侵害和人为的侵害。遗产为非继承人占有的,遗产管理人应及时取回交由继承人保管。遗产管理人保管遗产的,应当如同保管自己的财产一样保管遗产。遗产管理人应采取措施,防止遗产保管人对遗产为不当的使用和处置。

4. 处理被继承人的债权债务

遗产管理人应负责处理被继承人的债权债务。处理被继承人的债权债务也就是催收被继承人的债权,清偿被继承人的债务。遗产管理人处理被继承人的债权债务,应当先查清被继承人的债权债务。一般来说,在无人承认继承、继承人的有无不明,遗产债权人、受遗赠人的有无也不确定的情况下,遗产管理人应当通过公示催告程序搜索可能存在的继承人、催促可能存在或者确定存在但无法通知的遗产债权人、受遗赠人尽快申报其债权或为是否接受遗赠的声明,以尽速确定悬而未决的继承法律关系。[①]

遗产管理人在处理被继承人债务时,应当正确地确定被继承人的债务。被继承人的债务是被继承人生前个人依法应当缴

---

① 参见刘耀东:《继承法修改中的疑难问题研究》,法律出版社 2014 年版,第 277 页。

纳的税款和完全应由被继承人财产清偿的债务。因此，在确定被继承人债务时，特别应当注意将被继承人的个人债务与家庭共同债务、夫妻共同债务及继承费用区别开来。

家庭共同债务是指家庭成员共同作为债务人所承担的债务，主要包括：为家庭成员共同生活需要所欠的债务；为增加家庭共有财产而承担的债务等，例如，家庭经营的个体工商户因经营所承担的债务。夫妻共同债务是指夫妻双方共同承担的债务，主要包括：以夫妻双方名义负担的债务；夫妻一方为实施家事代理所欠的债务；夫妻一方以自己名义欠下的但用于家庭生活、生产的债务。家庭共同债务、夫妻共同债务不是被继承人的个人债务，但被继承人在家庭共同债务或者夫妻共同债务中应当负担的部分属于被继承人的债务。被继承人以个人名义为有劳动能力的继承人的需要而欠下的债务，应不属于被继承人的债务，而属于该继承人的个人债务；被继承人因继承人不尽扶养义务而迫于生活需要以个人名义所欠下的债务，应属于负有法定扶养义务的继承人的债务，而不属于被继承人的债务。

继承费用是指继承开始后，因清理遗产、制作遗产清单、管理遗产以及执行遗嘱、分割遗产而发生的费用。继承费用与被继承人的债务是完全不同的：继承费用是继承开始后而发生的费用，而被继承人的债务是在继承开始前发生的；继承费用是为遗产的管理、分配等而支出的必要费用，而被继承人的债务是被继承人生前因生产、生活需要而欠下的债务。因此，不能将继承费用混同于被继承人的债务。继承费用是继承中发生的共益费用，应优先于被继承人债务的清偿。

5.按照遗嘱或者依照法律规定分割遗产

遗产管理人处理被继承人的债权债务后,应及时按照遗嘱或者法律规定分割遗产,也就是将遗产移交给继承人。遗产管理人按照遗嘱或者按照法律规定分割遗产时,应保证充分实现遗嘱人的遗愿,保证继承人之间遗产分配的公平、公正。

6.实施与管理遗产有关的其他必要行为

管理遗产是遗产管理人的权利,为正常行使管理遗产的权利,遗产管理人有权实施与管理遗产有关的其他必要行为。例如,遗产管理人行使管理权利受到妨碍的,遗产管理人得要求排除妨碍;遗产管理人为处理被继承人的债权债务,有权向债权人提起诉讼,在债务人提起诉讼时有权参与诉讼。

(四)遗产管理人不履行职责的责任

第一千一百四十八条 遗产管理人应当依法履行职责,因故意或者重大过失造成继承人、受遗赠人、债权人损害的,应当承担民事责任。

本条规定了遗产管理人不履行职责的责任。

遗产管理人应当忠实地依法履行自己的职责。遗产管理人在遗产管理中未能尽到应有的注意,造成遗产损失,损害继承人、受遗赠人、债权人利益的,应当承担民事责任,赔偿受害人的损失。

遗产管理人承担赔偿责任,须具备以下条件:

其一,遗产管理人违反依法履行自己管理职责的义务。依法履行管理遗产的职责,是遗产管理人的法定义务。遗产管理人未依法履行自己的遗产管理职责,例如,遗产管理人未及时清理遗产、制作遗产清单，未依规定进行公示催告，未能采取措施避免遗产遭受损害，未能保障遗产增值等，即为违反依法履行职责的义务。

其二，继承人、受遗赠人、债权人因遗产管理人违反依法履行管理职责的义务而遭受损失。这一条件包括两层含义：一是继承人、受遗赠人、债权人受有损失；二是该损害与遗产管理人未履行管理职责之间有因果关系。例如，被继承人遗留的房屋急需维修，遗产管理人未对其维修，导致该房屋毁损而贬值。继承人的损失即与遗产管理人违反履职义务间有因果关系。

其三，遗产管理人在未履行职责上有过错。依本条规定，遗产管理人因故意或者重大过失造成继承人、受遗赠人、债权人损害的，应当承担民事责任。这是以遗产管理人无偿管理为前提的，因为除法律另有规定或者当事人另有特别约定外，遗产管理人从事遗产管理是无偿的，无偿管理的行为人仅对其故意或者重大过失造成的损害负赔偿责任。但是，如果遗产管理人的遗产管理为有偿的，则遗产管理人的赔偿责任应不限于其故意或重大过失，只要遗产管理人履行职责有过错，就应当对其过错造成的损害承担赔偿责任。

（五）遗产管理人的报酬请求权

第一千一百四十九条　遗产管理人可以依照法律规定或者按照约定获得报酬。

本条规定了遗产管理人的报酬请求权。

遗产管理人的报酬请求权，是遗产管理人有偿管理遗产享有的请求给付报酬的权利。

遗产管理人进行遗产管理一般是无偿的，但也可以是有偿的。如果遗产管理是有偿的，则遗产管理人享有报酬请求权，可以要求获得报酬。遗产管理是否有偿决定于法律规定或者约定。一般来说，依遗嘱确定的遗产管理人是否有偿，决定于遗嘱的指定：遗嘱中指定给与遗产管理人（遗嘱执行人）报酬的，则遗产管理为有偿的，否则遗产管理即为无偿的；由继承人选任的遗产管理人是否有偿决定于当事人的约定，当事人约定有偿的，则遗产管理为有偿的，否则遗产管理为无偿的；由法院指定的遗产管理人所为的遗产管理都是有偿的，法院不能强制他人为无偿的遗产管理。

按照法律规定或者约定应给与遗产管理人的报酬的，遗产管理人享有获得报酬请求权，其获得的报酬应当列入继承费用，从遗产中优先支付。

（六）遗产管理人的辞任和解任

1. 遗产管理人的辞任

遗产管理人的辞任，是指遗产管理人辞去遗产管理人的职务，不再担任遗产管理人。

遗产管理人可否辞任，依遗产管理人的确定根据不同而有所不同。遗产管理人是依遗嘱的指定而确定时，遗产管理人实际上是受被继承人的委托而担任遗产管理人的，遗产管理人可以不接受被继承人的委托，拒绝担任遗产管理人，于此情形下，也就没有按遗嘱的指定而确定的遗产管理人。在没有依遗嘱指定的遗产管理人时，应由继承人推选遗产管理人。继承人推选的遗嘱管理人与继承人之间为委托关系。依委托关系的原理，受托人或者委托人可以随时解除委托关系,因此,受委托的遗产管理人可以随时无理由地辞任。由法院指定的遗产管理人没有正当理由不得辞任,只有在有正当理由(如因客观原因不能履行管理人职责)时才可以辞任。

遗产管理人辞任的,应向继承人做出明确的辞去遗产管理人职务的意思表示。依诚信原则,遗产管理人不得因其辞任而给他人造成损失。遗产管理人因任意辞任而给他人造成损失的,应当承担相应的赔偿责任。

在遗产管理人辞任后,继承人应当按法定程序重新推选遗产管理人。法院指定的遗产管理人因有正当理由辞任的,继承人也可以要求法院重新指定遗产管理人。

2. 遗产管理人的解任

遗产管理人的解任,是指遗产管理人被解除遗产管理人的职务,不再为遗产管理人。遗产管理人一经确定,不得任意解除遗产管理人的职务。但是,在以下情形下,可以解除遗产管理人的职务:

其一,确定的遗产管理人丧失民事行为能力。遗产管理人应具有完全民事行为能力,无民事行为能力人、限制民事行为能力人不能担任遗产管理人。因此,在确定的遗产管理人丧失民事行为能力而成为无民事行为能力或者限制民事行为能力人时,确定该遗产管理人的当事人应当解除该遗产管理人的职务。

其二,遗产管理人怠于履行职责或者不当地履行职责。遗产管理人应当忠实地积极地履行自己的职责,在遗产管理人怠于履行职责或者不当地履行职责时,为使自己的利益不受损害,继承人有权解除遗产管理人的职务,受遗赠人、遗产债权人或者其他利害关系人也可以要求继承人解除遗产管理人的职务。由法院指定的遗产管理人怠于履行职责或者不当地履行职责的，继承人、受遗赠人、遗产债权人或者其他利害关系人可以请求法院对其指定的遗产管理人予以解任。

遗产管理人解任后，应按法律规定的方式和程序重新确定遗产管理人。

二、继承开始的通知

第一千一百五十条 继承开始后，知道被继承人死亡的继承人应当及时通知其他继承人和遗嘱执行人。继承人中无人知道被继承人死亡或者知道被继承人死亡而不能通知的，由被继承人生前所在单位或者住所地的居民委员会、村民委员会负责通知。

本条规定了继承开始的通知义务。

继承自被继承人死亡时开始。继承开始后，由于各种原因，继承人并不一定全都知道被继承人死亡的事实。因此，继承开始后，应为继承开始的通知。

所谓继承开始的通知，也就是将被继承人死亡的事实告知其他人。依我国法律规定，继承开始通知的义务人为知道被继承人死亡的继承人，被通知的对象为其他继承人和遗嘱执行人。若遗嘱执行人知道被继承人死亡的，则遗嘱执行人应为通知义务人，遗嘱执行人应将被继承人死亡的事实通知继承人。继承人中无人知道被继承人死亡或者虽然知道被继承人死亡却不能通知的（例如，继承人为无民事行为能力人），负有通知义务的人为知道被继承人死亡信息的死者生前所在单位或者住所地的居民委员会、村民委员会。

继承开始后，负有通知义务的人，应当及时将被继承人死亡的事实通知继承人和遗嘱执行人。通知可采用书面形式或者口头形式。通知义务人不知道继承人和遗嘱执行人具体信息的，也可以采取公告方式予以通知。

继承开始的通知，是继承开始的重要环节，是继承人行使继承权的一个前提条件。负有通知义务的人，如果有意隐瞒继承开始的事实，造成继承人损失的，应当承担民事责任。

《继承编解释》第30条规定，人民法院审理继承案件，如果知道有继承人而无法通知的，分割遗产时，要保留其应继承的遗产，并确定该遗产的保管人或保管单位。

三、继承开始的地点

1. 继承开始地点确定的意义

继承开始的地点，是继承人参与继承、行使继承权、接受遗产的场所，也是遗产纠纷管辖的地点。因此，继承开始地点的确定，对继承人有以下重要意义：

其一，有利于查清被继承人的遗产。因为继承开始的地点往往也就是遗产的集中地，确定继承开始的地点有利于调查被继承人的遗产的种类、遗产的数额等；

其二，有利于继承人参加继承、接受遗产。继承人是在继承开始地点参加继承和接受遗产的，只有确定继承开始地点，才能确定继承人在何处行使继承权；

其三，有利于分清继承人之间的责任。一般情形下，继承开始地点的继承人负有继承开始通知义务和遗产保管责任，因此，只有确定继承开始地点才能分清继承人应负的义务和责任；

其四，有利于继承人参加诉讼。继承人之间以及继承人与其他人之间因遗产继承、遗产债务清偿、遗赠执行等发生纠纷时，当事人可以通过诉讼程序解决。当事人通过诉讼程序解决纠纷时，需要确定诉讼管辖地。继承开始的地点也就是诉讼管辖地。

2. 继承开始地点确定的规则

关于继承开始地点的确定，各国法一般都有规定，但规定并不一致，主要有住所地主义、死亡地主义和遗产所在地主义。住所地主义主张，继承开始的地点为被继承人的住所地。如《日本民法典》第883条规定："继承，于被继承人的住所地开始。"死亡地主义主张，继承开始的地点为被继承人死亡的地点。如《瑞士民法典》第538条中规定："继承，就全部财产，在被继承人的最后住所地开始。"《魁北克民法典》第613条中规定："继承因被继承人死亡在其最后住所地开始。"遗产所在地主义主张，继承开始的地点为遗产所在地。也有的国家同时采取遗产所在地和住所地主义。

我国法没有明确规定继承开始的地点，学者中也有不同的观点。有的主张，继承开始的地点为被继承人的生前住所地，有的主张继承开始的地点既是被继承人的生前最后住所地，也是被继承人的财产所在地和死亡地。我国《民事诉讼法》第33条第（3）项规定，"因继承遗产纠纷提起的诉讼，由被继承人死亡时住所地或者主要遗产所在地人民法院管辖。"依此规定，继承开始的地点应为被继承人死亡时的住所地或者主要遗产所在地。被继承人死亡时的住所地也就是被继承人生前的最后住所地。依我国法规定，自然人以户籍登记或者其他有效身份登记记载的居所为住所；经常居所与住所不一致的，经常居所为住所。如何确定主要遗产所在地呢？因为不动产纠纷适用特别管辖，因此遗产中有不动产和动产的，不动产所在地即为主要遗产所在地；不动产为多处的，应以价值额大的不动产所在地为主要遗产所在地；遗产均为动产的，应以不同动产中价值额大的动产所在地为主要遗产所在地。

四、遗产存有人的保管义务

第一千一百五十一条　存有遗产的人，应当妥善保管遗产，任何组织或者个人不得侵吞或者争抢。

本条规定了遗产存有人的保管义务。

继承开始后，存有遗产的人，负有妥善保管遗产的义务。所谓存有遗产的人，是指在继承开始时占有遗产的人。遗产占有人占有遗产可能是有权占有，也可能是无权占有，但无论其占有是否有合法根据，遗产占有人都应当妥善保管占有的遗产，防止该遗产遭受侵害。遗产占有人不论其为继承人还是非继承人，都不得侵吞占有的遗产，对于抢夺其占有的遗产的行为应予以制止。对遗产负有保管义务的遗产占有人未尽必要的注意，致使其存有的遗产受到损害的，应当承担民事责任。

尽管不论存有遗产的人是继承人还是非继承人，都负有妥善保管遗产的义务。但二者的保管性质并不相同。存有遗产的非继承人基于合法根据有权占有遗产的，应依占有的基础关系确定其保管义务（如被继承人存款的银行应依储蓄关系保管存款）；存有遗产的非继承人没有合法根据占有遗产的，则对遗产负有非法占有人的保管义务。但不论存有遗产的非继承人对遗产的占有是有权占有还是无权占有，其占有都是为他人的占有，对遗产的保管具有暂时性、临时性。存有遗产的非继承人违反保管义务的，应当承担赔偿责任。存有遗产的继承人对其存有的遗产的保管既是为他人的保管，也是为自己的保管，其保管遗产的义务具有管理性质。司法实务中，人民法院对故意隐匿、侵吞或争抢遗产的继承人，可以酌情减少其应继承的遗产。

五、转继承

第一千一百五十二条　继承开始后，继承人于遗产分割前死亡，并没有放弃继承的，该继承人应当继承的遗产转给其继承人，但是遗嘱另有安排的除外。

本条规定了转继承。

（一）转继承的含义与性质

1. 转继承的含义

转继承，又称转归继承、连续继承、再继承，是指继承人于继承开始后遗产分割前死亡时，该继承人有权实际接受的遗产转归其法定继承人承受的一项制度。在转继承中，实际接受被继承人遗产的继承人的法定继承人为转继承人；继承开始后遗产分割前死亡的继承人为被转继承人。我国原《继承法》未明确规定转继承，但司法实务中认可转继承。如，《执行继承法的意见》第52条就规定，"继承开始后，继承人没有表示放弃继承，并于遗产分割前死亡的，其继承遗产的权利转移给他的合法继承人。"在民法典编纂中立法者采纳了司法实务中的做法，在《民法典》中明确规定了转继承。

转继承有以下三层含义：

其一，转继承是在继承开始后因参加继承的继承人死亡而发生的一种法律现象。继承人于继承开始前死亡的，只会发生代位继承而不能发生转继承。代位继承是代位继承人基于自己的权利直接参加继承，而转继承并不是转继承人直接参加继承。转继承是因继承开始后继承人接受继承但未能参加遗产分配而发生的现象。因此，继承开始后，继承人因丧失继承权不能参加继承或者因放弃继承而不参加继承的，因其对遗产不享有任何权利，不存在其应承受的遗产转给何人的问题，也就不会发生转继承。

其二，转继承是继承人于遗产分割前死亡而发生的法律现象。继承自被继承人死亡时开始，于被继承人死亡之时生存的继承人都具有继承能力，可以继承被继承人的遗产。但是，继承开始后，继承人一般并不是当即分割遗产，继承人于遗产分割前死亡的，其虽参加继承，却不能实际接受其继承的遗产，于此情形下，继承人对遗产的权利是体现在其应继份，而不是体现在具体的财产上，从而也就需要确定已经死亡的参加继承的继承人应承受的遗产份额应当由何人接受的问题，这就发生转继承。如果继承人在遗产分割后死亡，因其所得的具体遗产已经确定，其已经实际接受的具体遗产成为其所有财产的一部分,也就直接构成其遗产,不发生转继承。

其三,转继承是由继承人的法定继承人承受继承人有权继承的被继承人遗产的法律现象。在转继承中,转继承人不是直接继承已经死亡的被转继承人自己的遗产,而是直接继受已死亡的被转继承人取得被继承人遗产的权利,直接参与被继承人遗产的分割。因为在被转继承人死亡时,被转继承人已经取得和享有对被继承人的遗产继承权,被转继承人与其他继承人对被继承人的遗产形成遗产共有关系,只是其未实际接受遗产,所以,在转继承中是由转继承人承受被转继承人应继承的遗产份额,转继承人是直接参与被继承人遗产的分配。

2. 转继承的性质

关于转继承的性质,主要有三种观点。一种观点认为,转继承只是继承遗产权利的转移。因为继承权自遗产分割后才转化为所有权,因此,转继承只能是转继承人的继承权的转移,在处理转继承案件时不应将转继承人应当继承的遗产份额视为被转继承人同配偶的共同财产。另一种观点认为,转继承是被转继承人应继承的遗产份额的转移,是将被转继承人继承下来的遗产应继份额的权利转移给转继承人,转继承所转移的不是继承权,而是遗产所有权。第三种观点认为,转继承只是将被转继承人应继承的遗产份额转由其继承人承受,因此,应将被转继承人应继承的遗产份额视为被转继承人与配偶的共同财产(如果没有另外的特别约定),转继承关系的客体是被转继承人应取得的遗产份额,而不是被转继承人应取得的全部遗产份额。

上述观点都有一定道理,但比较而言,后一种观点更为可取。因为我国继承法是采取当然继承主义的,继承开始后被继承人遗留的财产权利义务即由继承人承受，二者之间并无时间间隔，只要继承人没有丧失继承权或者放弃继承权，被继承人的遗产也就成为继承人的合法财产。继承人为数人的，发生共同继承，遗产为共同继承人共有。共同继承人共同对遗产享有权利，共同继承人内部如何享有遗产权利体现在继承人的应继份额上。所以，在被继承人死亡后，遗产分割前，各个继承人应得的遗产份额也就已经是各继承人的财产，而不是被继承人的财产或者其他人的财产。只不过在遗产分割前，继承人的权利体现在应继的遗产份额上即共有权，而不是体现在具体特定的财产上；而在遗产分割后，继承人的权利则体现在特定的具体财产上即单独所有权。如此看来，在遗产分割前因继承人死亡发生转继承，并不是由死亡的继承人的法定继承人代其参加继承被继承人的遗产，而是由死亡的继承人的法定继承人参与分割共有的遗产。转继承实际上是发生又一次继承，转继承人所继承的是被转继承人的遗产，而不是被继承人的遗产。所以转继承又称为连续继承、二次继承。

依我国现行法规定，除当事人另有约定外，在婚姻关系存续期间，一方继承的财产为夫妻共同财产，除非被继承人在遗嘱中另有指定。依此规定，在被继承人死亡时，继承人如有配偶存在，除当事人另有约定或者遗嘱另有指定外，其所继承的被继承人的遗产属于夫妻共同财产，即使继承人在遗产分割前死亡，该遗产的性质也不会改变。因此，在转继承时，如被转继承人没有遗嘱或者遗嘱中对从被继承人继承的遗产没有作处分，就应当先从被转继承人应继承的遗产份额中分出属于其配偶的部分，剩余的部分，才由被转继承人的继承人按照法定继承进行继承。

（二）转继承的适用条件和效力

转继承的适用条件亦即发生转继承的条件。只有具备以下条件时，才适用转继承：

其一，继承人于被继承人死亡后遗产分割前死亡。这是适用转继承的前提条件。如果继承人先于被继承人死亡，只会发生代位继承，而不会发生转继承；如果继承人于遗产分割后死亡，则因继承人直接参与了遗产分割，而不必由其继承人参与遗产分割，当然也不会发生转继承。

其二，须继承人未丧失继承权或者放弃继承。如果继承人丧失继承权或者放弃继承，则因其不能继承被继承人遗产，也就不发生其应继份额由何人承受问题，自然也就不能发生转继承。

其三，死亡的继承人未以遗嘱处分其应继承的遗产份额。如果继承人以遗嘱处分了其应继承的被继承人的遗产份额，且遗嘱是合法有效的，则在继承人死亡后，应执行其遗嘱，按照遗嘱处置其继承的被继承人的遗产份额，也就无适用转继承的余地。

具备转继承的发生条件，适用转继承时，转继承人继受被转继承人应继承的归其享有的被继承人的遗产。在法定继承中，转继承人应继承的为被转继承人的应继份，当然被转继承人死亡时有配偶的，应先从其应继份中扣除配偶应得的部分，转继承人就剩余的遗产进行分配。被转继承人为遗嘱继承人的，转继承人可以承受的遗产为其依被继承人的合法有效遗嘱应继承的遗产，该部分遗产由其法定继承人承受。但是，如果被继承人在遗嘱中另有安排，则应按遗嘱处理，而不能由死亡的遗嘱继承人的法定继承人继承。例如，遗嘱中指明，在指定的继承人未实际取得遗产前死亡的，该遗产由何人继承，则应按照遗嘱的安排由该人取得遗产。

（三）转继承与代位继承的区别

转继承与代位继承，都是不由原定的继承人直接承受遗产的制度，但二者不同。转继承与代位继承的区别主要在以下方面：

其一，二者的性质不同。转继承是一种连续发生的二次继承，是在继承人直接继承后又转由其法定继承人继受被继承人遗产的制度。尽管转继承人似乎是参加了两个继承关系，但从被转继承人参与继承的关系上说，转继承人实际上享有的是参与分割遗产的权利，而不是对被继承人的遗产继承权；转继承人只是在被转继承人死亡后发生的遗产继承关系中才享有遗产继承权，转继承人正是基于对被转继承人享有的遗产继承权才得以直接承受被继承人的遗产的。而代位继承中的代位继承人是直接参加被继承人遗产的继承，并且代位继承人是基于其自己的代位继承权而取得继承被继承人遗产的权利的。正是从这一意义上，有学者认为，转继承具有连续继承的性质，而代位继承具有替补继承的性质。

其二，二者发生的时间和条件不同。转继承是在继承开始后遗产分割前而发生的由继承人的继承人承受被继承人遗产的制度，只能发生在继承开始后遗产分割前。也就是说，只有继承开始后遗产分割前继承人死亡的,才会发生转继承,且被继承人的任何继承人于此期间死亡的,都会发生转继承。也就是说,被继承人的任何一个继承人都可以成为被转继承人。而代位继承不同。代位继承是在继承人先于被继承人死亡由其晚辈直系血亲代其继承顺序继承被继承人遗产的制度。代位继承的被代位继承人只能是先于被继承人死亡或者与被继承人同时死亡的继承人,而不能是继承开始后死亡的继承人。并且,代位继承中的被代位继承人仅限于法律明确规定的继承人,并不是任何继承人先于或与被继承人同时死亡都会发生代位继承。

其三,二者的主体和客体不同。在转继承中,享有转继承权的是被转继承人死亡时生存的所有法定继承人,被转继承人的继承人为不同顺序时,有前一顺序法定继承人的,由前一顺序继承人继承;没有前一顺序继承人的,则由后一顺序继承人继承,法律对转继承人的主体并无限制。而代位继承中代位继承人具有限定性,并不是被继承人的任何继承人都可为被代位继承人,代位继承人也只是限于被代位继承人的直系晚辈血亲,而不是其他法定继承人。转继承中转继承权的客体为被转继承人未能分得的遗产份额,而代位继承中,代位继承人继承的是被代位继承人不能继承的应继份额。

其四,二者的适用范围不同。转继承可发生在法定继承中,也可发生在遗嘱继承中。因为在法定继承中,继承人于继承开始后遗产分割前死亡的,其未取得的遗产转归其法定继承人承受;而在遗嘱继承中指定的遗嘱继承人于继承开始后遗产分割前死亡的,其尚未实际接受的遗产同样可转归其法定继承人承受。而代位继承只适用于法定继承,而不适用于遗嘱继承。在遗嘱继承中,遗嘱中指定的继承人先于被继承人死亡的,因遗嘱继承人于遗嘱生效时无继承能力而不会取得遗产继承权,也就不能取得遗嘱中指定由其继承的遗产;遗嘱中指定的受遗赠人先于被继承人死亡的,同样因其没有受遗赠能力而不能享有取得遗赠的权利,于此情形下,遗嘱中指定继承或者遗赠的财产只能按法定继承办理。

需要指出的是,在遗赠中,受遗赠人于继承开始后明确接受遗赠后死亡的,其未实际接受的遗产也转归其法定继承人承受。这种情形也可以视为转继承。《继承编解释》第38条规定,"继承开始后,受遗赠人表示接受遗赠,并于遗产分割前死亡的,其接受遗赠的权利转移给他的继承人。"

六、遗产的确定

第一千一百五十三条　夫妻共同所有的财产,除有约定的外,遗产分割时,应当先将共同所有的财产的一半分出为配偶所有,其余的为被继承人的遗产。

遗产在家庭共有财产之中的,遗产分割时,应当先分出他人的财产。

本条规定了遗产分割前遗产的确定。

遗产的确定,就是确定被继承人遗留的个人财产。只有确定了遗产,才能正确分割遗产。因此,遗产的确定是遗产分割的前提条件。遗产是被继承人死亡时遗留的个人财产。由于在现实生活中,被继承人的财产不仅有其单独所有的财产,还会有因各种原因与他人共有的财产,因此,在确定遗产时,应将被继承人的个人财产与其他人的财产区分开,将被继承人生前与他人共有的财产中属于他人所有的部分分出。在共有财产中,只有属于被继承人个人的部分才属于遗产。被继承人生前与他人共有的财产,主要有以下三种情形:

其一,夫妻共同财产。按照我国法律规定,夫妻在婚姻关系存续期间所得的财产,除法律另有规定和夫妻另有约定外,为夫妻共同财产。夫妻对其共同财产享有平等的权利。因此,夫妻一方死亡的,在存在夫妻共同财产时,应将夫妻共同财产的一半分出归配偶所有,剩余的另外一半才能确定为遗产。

其二,家庭共有财产。家庭共有财产是家庭成员共同享有的财产。家庭成员对家庭共有财产享有的份额依其约定,没有约定的,一般应根据各成员对其家庭财产的贡献确定其享有的份额。被继承人死亡时,其与其他家庭成员共有家庭财产的,应从家庭财产中分出其应得的部分作为遗产,而从家庭共有财产中分出的归他人部分的财产属于其他家庭成员的财产,不属于被继承人遗产。

其三,其他共有财产。除夫妻共同财产、家庭共有财产外,被继承人还会与其他人存在其他共有财产。在有其他共有财产时,应从共有财产中将他人应得的财产分出,剩余的属于被继承人所有的部分才能确定为遗产。例如,被继承人与他人成立合伙,进行合伙经营的,合伙财产即为合伙人共有财产。合伙人中一人死亡的,应当将被继承人在合伙财产中的份额分出,列入其遗产范围。至于被继承人在合伙财产中的份额,则应按照其协议的约定或者出资比例确定。再如,被继承人与他人同居的,除当事人另有约定外,其同居期间所得的财产也为共有财产，应当将共有财产的一半分出归同居的另一方所有，剩余的另一半才可确定为被继承人的遗产。

七、法定继承的适用范围

第一千一百五十四条　有下列情形之一的，遗产中的有关部分按照法定继承办理：

（一）遗嘱继承人放弃继承或者受遗赠人放弃受遗赠；

（二）遗嘱继承人丧失继承权或者受遗赠人丧失受遗赠权；

（三）遗嘱继承人、受遗赠人先于遗嘱人死亡或者终止；

（四）遗嘱无效部分所涉及的遗产；

（五）遗嘱未处分的遗产。

本条规定了法定继承适用的范围。

法定继承的适用范围，是指在何种情形下适用法定继承，亦即哪些遗产依法定继承办理，由法定继承人分割。

遗嘱继承与法定继承是继承的两种不同方式。尽管法定继承制度先于遗嘱继承制度产生，但在现代各国继承法上，遗嘱继承的效力优先于法定继承。继承开始后，有遗嘱的，先适用遗嘱继承；不能适用遗嘱继承的遗产，才按法定继承办理。有学者称此为"遗嘱在先原则"。

依我国法律规定，有下列情形之一的，遗产中的有关部分适用法定继承：

其一，遗嘱继承人放弃继承或者受遗赠人放弃受遗赠。遗嘱继承人放弃继承或者受遗赠人放弃受遗赠的，其放弃继承或者受遗赠的遗产部分，适用法定继承。其他遗嘱继承人未放弃继承或者其他受遗赠人未放弃受遗赠的遗产部分，仍应按遗嘱执行，不能适用法定继承。

其二，遗嘱继承人丧失继承权或者受遗赠人丧失受遗赠权。遗嘱中指定的继承人丧失继承权的，其不再享有继承权，遗嘱中指定由该人继承的遗产，不能依遗嘱继承办理，只能适用法定继承。遗嘱中指定的受遗赠人丧失受遗赠权的，因其不再享有受遗赠的权利，不为受遗赠人，遗嘱中指定由其受赠与的遗产，也只能适用法定继承。

其三，遗嘱继承人、受遗赠人先于遗嘱人死亡或者终止。因为只有于继承开始时生存之继承人，才具有继承能力，才可以成为继承人。而受遗赠人也须于继承开始时具有民事权利能力。遗嘱继承人于先于遗嘱人死亡的，因其不具有继承能力而不能继承；受遗赠人为自然人的，其先于遗嘱人死亡因其民事权利能力终止，也就不能成为受遗赠的主体；受遗赠人为非自然人的，其于遗嘱人死亡前终止的，因其在继承开始时已不存在，也不能成为受赠人。于此情形下，遗嘱中指定由继承人继承、受遗赠人受赠与的遗产，不能按照遗嘱执行，只能适用法定继承。

其四，遗嘱无效部分所涉及的遗产。遗嘱必须依法设立。遗嘱人设立的遗嘱只有符合法律的要求才能有效，只有合法的遗嘱才有执行效力。如果遗嘱不合法律规定的有效条件，则该遗嘱不能有效，而属于无效遗嘱。遗嘱的无效可有全部无效和部分无效之别，遗嘱全部无效的，遗嘱中处分的所有财产全应适用法定继承；遗嘱部分无效的，属于遗嘱无效部分所涉及的遗产，适用法定继承，而不能执行遗嘱。

其五，遗嘱未处分的遗产。被继承人可以设立遗嘱处分全部遗产，也可以仅以遗嘱处分部分遗产。被继承人以遗嘱处分部分遗产的，遗嘱未处分的遗产部分自不能按照遗嘱办理，而只能适用法定继承。

八、遗产的法律地位和遗产分割

（一）遗产的法律地位和共同继承

1. 遗产的法律地位

遗产的法律地位实际是指继承开始后遗产的归属。因为，自被继承人死亡继承开始，被继承人因民事权利能力终止，已经不能再作为遗产的权利主体，这就需要确定遗产的主体。确定继承开始后遗产主体涉及的就是遗产的法律地位问题。

关于遗产的法律地位，主要有三种学说：其一为无主财产说。无主财产说认为，继承开始后遗产分割前，遗产的权利主体没有确定，因此，遗产没有所有权人，属于无主财产。其二为财产法人说。财产法人说认为，继承开始后，遗产本身是一个财产法人，独自享有和承担权利义务。其三为继承人共有说。继承人共有说认为，继承开始后遗产分割前，遗产为全体继承人共有，在继承人没有做出放弃继承的意思表示前，继承人一律视为遗产的共有人。

在采取当然继承原则的立法例上，对于遗产的法律地位是采取继承人共有说的。由于我国采取的是当然继承主义，因此，在遗产法律地位上采取的是继承人共有说。

对遗产地位采取继承人共有说，具有以下重要意义：

（1）因为继承开始后，遗产为继承人共有，因此这种共有状态无论持续多长时间，继承人都可以提出分割遗产的请求。如果继承人在分割遗产时排斥某一继承人，则侵害的是该继承人的遗产共有权，而不是继承权；只有在否认该人为继承人的情形下，才构成侵害继承权。

（2）继承开始后，遗产分割前，继承人死亡的，该继承人应继承的被继承人的遗产份额构成该继承人的遗产的一部分，应由其法定继承人承受，这也就发生转继承。

（3）遗产的管理、收益、处分以及分割方法等，原则上适用共有的有关规定。

2. 共同继承

继承开始后，如果继承人仅有一人，则由该人单独继承遗产，该人也就单独取得和享有遗产所有权；如果继承人为数人，则发生共同继承。共同继承也就是数继承人共同继承遗产。

共同继承的数继承人对遗产享有共有权。但是，各国法在共同继承上，也有按份共有制、共同共有制等不同的立法例。

按份共有制是罗马法的立法体例。按照按份共有的立法例，继承开始后，各继承人按照其应继份对遗产享有权利和负担义务，各继承人在遗产分割前可以单独处分其应继份额。现在的日本民法即采取此种立法例。《日本民法典》第898条规定，"继承人有数人时，继承财产属于其数人共有。"第899条规定，"各共同继承人，按其应继承份额承继被继承人的权利义务。"

共同共有制是日耳曼法的立法体例。依照共同共有的立法例，继承开始后，遗产一体地归属于共同继承人，各共同继承人就继承财产的全部享有其应继份，且其应继份额是潜在的、不确定的，各继承人仅得处分继承财产的全部的应继份，而不得就个别财产的应有部分作处分。现在的德国、瑞士等均采取此种立法例。如《德国民法典》第2032条中明确规定，"被继承人有多数继承人者，遗产为继承人之共同共有。"《瑞士民法典》第602条规定：被继承人有数继承人者，各继承人基于继承，在分割遗产前，共有遗产的全部权利和义务。共同继承人，为各项遗产客体的共同共有人，对属于遗产的各项权利的处分，应共同为之，但约定或法定的代表权和管理权，不受影响。主管机关，得依共同继承人中一人之声请，在遗产分割前，为继承人共同体指定代表人。

我国学者在遗产为共同继承人共有问题上，没有争议。但关于遗产共有的性质，学者中则有不同的观点。一种观点认为，遗产共有，在共同继承人具有家庭关系时，遗产为共同共有，否则，遗产为按份共有。这种观点认为，认定遗产为共同共有与物权法关于共同共有规定的要求不符，尽管最高人民法院在《关于贯彻执行〈民法通则〉若干问题的意见》第177条明确规定，"继承开始后，继承人未明确表示放弃继承的，视为接受继承，遗产未分割的，视为共同共有。"但这一司法解释已经因不符合物权法规定而被废除。另一种观点认为，遗产为共同共有。遗产共同共有说的理由主要是：其一，共同继承人之间存在共同关系，这一共同关系就是继承人与被继承人间的亲属关系，在继承被继承人遗产上，继承人构成一个亲属团体；其二，共同继承人对于遗产享有应继份，但这并不是按照份额享有所有权，共同继承人并不能如同按份共有人一样处分自己的份额，其应继份额实际上潜在的，继承人享有应继份与共同共有并不矛盾。①

确定遗产为共同继承人共同共有具有以下重要意义:

其一,遗产共同共有表明共同继承人对全部遗产享有应继份,每个继承人的应继份额是潜在的,不确定的,各继承人不能对遗产的各项财产主张应继份额;

其二,遗产共同共有表明对遗产的使用、处分应由共同继承人共同决定,任何继承人不论其是否占有遗产都无权擅自使用和处分遗产;

其三,遗产共同共有表明共同继承人负有连带责任,对于被继承人的债务和因遗产所发生的债务,各继承人均负有清偿责任,债权人可以向全体继承人请求清偿,也可以要求继承人中的一人或数人清偿。各继承人在全部债务未清偿前不能免除清偿责任。

继承开始后遗产分割前,遗产为共同继承人共同共有。但遗产共同共有不同于普通共同共有,二者主要有以下区别:

(1)共有权的客体不同。普通共有是所有权的一种特别形态,原则上只以物为客体;而遗产共有的客体为遗产,遗产不仅包括物还包括继承的债权、债务以及其他可继承的财产。

(2)财产分割的根据不同。普通共有以共有关系本身为其终局的目的,按照物权法规定,共同共有人对共有财产的分割没有约定或者约定不明确的,共有人只有在共有的基础丧失或者有重大理由需要分割时才可以请求分割。而遗产共同共有是

---

① 详见房绍坤:《论民法典继承编与物权编的立法协调》,载《法学家》2019年第5期。

以遗产的分割为终局的目的，共同继承人可以随时要求分割遗产，至于继承人是否要求分割、是否较长期间保留共有，这是其权利。

（3）财产分割的效力不同。普通共同共有的财产分割采取转移主义，自财产分割时起发生财产归属及相互转移的效力，即分割具有创设的效力。而遗产共同共有的分割采取宣告主义，遗产分割溯及继承开始发生效力，即自继承开始起分割的遗产就专属于继承人。

（二）遗产分割的原则

1. 自由分割原则

遗产分割是指在共同继承人之间，按照各继承人的应继份额分配遗产的现象。所谓遗产自由分割原则，指的是共同继承人原则上可以随时分割遗产。

如上所述，遗产虽为共同继承人共同共有，但它是以遗产的分割为目的的，而不是以维持共同生产和生活为目的的，遗产共同共有只是一种暂时性的共有，总是会以分割为终局的结果。所以，共同继承人可以随时行使请求分割遗产的请求权。继承人享有的遗产分割请求权从性质上说属于形成权，因此，继承人可以随时行使遗产分割请求权，该项请求权并不会因时效期间届满而消灭。

遗产分割，虽以自由分割为原则，但对于共同继承人自由分割遗产的请求权的行使也是有一定限制的。如《瑞士民法典》第604条第1款规定，"各共同继承人，均得随时请求分割遗产，但依契约或依法律规定，有维持共有之义务者，不在此限。"从各国继承法的规定看，对遗产分割自由的限制主要有以下情形：

其一，法律规定未经清偿遗产债务不得分割遗产的，须先清偿遗产债务才可以分割遗产。在遗产债务的清偿上有两种不同的立法例：一种是非经遗产债务清偿，不得分割遗产；另一种是遗产债务的清偿不是分割遗产的前提条件。采取前一种立法的，继承人如分割遗产，必先清偿遗产债务。如《德国民法典》第2046条第1款规定，"遗产应先清偿遗产债务。遗产债务未至清偿期或有争议者，应保留其清偿所需之数额。"

其二，遗嘱中规定在一定期间内不得分割遗产的，当事人在遗嘱规定的禁止分割的期间内不得分割遗产。被继承人可以在遗嘱中指定遗产的分割办法，也可以在遗嘱中指定不得分割遗产的期间。遗嘱中规定不得分割遗产期间的，应当尊重被继承人意愿，在遗嘱规定的期间内不得分割遗产。但是，被继承人以遗嘱禁止分割遗产的期间，也不能是无限制的，各国法律普遍对此限制做出明确规定。如《日本民法典》第908条规定："被继承人可以通过遗嘱，确定或委托第三人确定分割的方法，或者确定自继承开始起不超过五年的期间内禁止分割遗产。"依《德国民法典》第2044条规定，被继承人得以终意处分，禁止遗产或其个别标的物之分割，或使其分割遵守一定之预先期间。但前款处分，自继承开始后逾30年者，失其效力。我国法未明确规定这一限制期间。有学者建议，这一期间应以5年为宜。也就是说，遗嘱中规定的不得分割遗产的期间不应超过5年，超过5年的，其分割的禁止就失去效力。

其三，继承人协议在一定期间内不得分割遗产的，在约定的期间内也不得分割遗产。各共同继承人虽然可以随时请求分割遗产，但是共同继承人达成协议约定在一定期间内不得分割遗产的，继承人不得违反协议要求分割遗产，应继续维持遗产的共同关系。当然，因遗产共有的终局是分割，所以继承人约定的禁止分割的期间也不能是无限期的，而应有所限制。有学者主张，继承人不得分割遗产的期间不应超过5年。

其四，遗产分割会严重损害其价值的，经有关当事人请求，法院也可以裁决继承人暂缓分割遗产，以有利于财产效益的发挥，避免损害遗产的价值，维护继承人的利益。暂缓分割的可以是全部遗产，也可以是遗产的一部分。

2. 保留胎儿继承份额原则

第一千一百五十五条　遗产分割时，应当保留胎儿的继承份额。胎儿娩出时是死体的，保留的份额按照法定继承办理。

本条规定了保留胎儿应继份额的遗产分割原则。

保留胎儿继承份额原则，是指在分割遗产时，如果有胎儿，就应当保留胎儿的应继份额。这是保护胎儿利益的需要。各国法普遍规定在遗产分割上保护胎儿利益。如《瑞士民法典》第605条第1款规定："在继承时，如需考虑未出生的子女的利益，遗产分割应延期至子女出生时。"《德国民法典》第2043条第1款规定："因期待共同继承人之出生，致应继份尚未确定者，于其不确定之事由消灭前，不得分割。"

依我国《民法典》第16条的规定，在继承事项上，胎儿视为具有民事权利能力。也就是说，从继承开始，法律推定胎儿是有继承能力的，因此，既然胎儿对被继承人的遗产享有应继份额，分割遗产时就应当保留其应继份额，以待其出生后接受。但是胎儿毕竟是未出生的，是否能活着出生还存在一定的不确定性。如果胎儿出生时为活体,为其保留的遗产份额也就由其承受;如果胎儿娩出时为死体,也就推翻了其有民事权利能力的推定,为其保留的遗产份额按照法定继承办理,即由被继承人的法定继承人继承该部分遗产。依《继承编解释》第 31 条的规定,分割遗产时应当为胎儿保留的遗产份额没有保留的,应从继承人所继承的遗产中扣回。

为胎儿保留的遗产份额,如胎儿出生后死亡的,由其法定继承人继承;如胎儿出生时就是死体的,由被继承人的法定继承人继承。需要指出的是,这里的胎儿应仅限于被继承人死亡时已经受孕的胎儿。在被继承人死亡后利用被继承人生前保护的精子受孕的,应不包括在内。保留的胎儿应继份额,应为每个胎儿的应继份额。在多胞胎的情况下,如果仅保留了一份胎儿的应继份额,而两个以上的胎儿出生时为活体,则应从继承人继承的遗产份额中扣回应为其他胎儿保留的遗产份额。因此,为避免发生纠纷,更好地保护胎儿的权益,在有受孕胎儿时,最好暂缓分割遗产,待胎儿出生后再分割遗产。胎儿出生后死亡的,为其保留的遗产份额,由其继承人继承。这时,其继承人通常也只有其母亲一人(其母亲先于其死亡的为例外)。

3. 物尽其用原则

第一千一百五十六条 遗产分割应当有利于生产和生活需要,不损害遗产的效用。

不宜分割的遗产,可以采取折价、适当补偿或者共有等方法处理。

本条规定了遗产分割的物尽其用原则。

遗产分割的物尽其用原则,是指在遗产分割时应当从有利于生产和生活需要出发，不损害遗产的效用。从有利于生产和生活需要出发，也就是要求根据各继承人的具体情况和遗产的类型来分割遗产；不损害遗产的效用，也就是要求最大限度发挥遗产的实际效用。

物尽其用原则也是许多国家的继承法明确规定的遗产分割原则。如《日本民法典》第906条规定，"遗产的分割，需要考虑属于遗产的物或权利的种类及性质，各继承人的年龄、职业、身心状态、生活状况及其他一切情况。"我国在司法实务中，也一贯坚持和遵循遗产分割的物尽其用原则。如《继承编解释》第42条就规定，"人民法院在分割遗产中的房屋、生产资料和特定职业所需要的财产时，应当依据有利于发挥其使用效益和继承人的实际需要，兼顾各继承人的利益进行处理。"

按照物尽其用原则，分割遗产时应根据遗产的性质将遗产分给最有利于发挥遗产效用的继承人。例如，对于特定职业所需要的遗产，应分给从事该特定职业的继承人，而不应分给不从事该特定职业的继承人。例如，遗产中有农业生产所用的农机器具的，应将这类遗产分给从事农业生产的继承人；遗产中的图书资料，应分给从事相关文化事业的继承人。

按照物尽其用原则，分割遗产时应有利于继承人的生活需要。例如，对于遗产中的房屋应先考虑将其分给没有房屋的继承人，以满足其居住的需要，而不应由各继承人分割房屋。

按照物尽其用原则，分割遗产时应有利于生产的需要。例如，对于遗产中的经营性遗产应考虑分给愿意从事经营活动的继承人，而不宜由各继承人分割该经营性遗产。实务中，典型的经营性遗产就是被继承人生前经营的独资企业。个人独资企业在投资人死亡后，作为遗产为投资人的继承人继承。但个人独资企业不同于被继承人的其他遗产，它属于经营性遗产，它是作为一个经营实体存在的。一般来说，作为一个经营实体的独资企业的价值远大于企业各项财产单独价值的总和，无论是从维护继承人的利益上说，还是从有利于生产上来说，对于个人独资企业，不宜在各继承人中进行实物分割，而应由愿意和有能力经营企业的继承人取得独资企业这一经营性遗产。因为经营性遗产是一项综合性的财产，不仅包括经营中的各项资源（如客户名单、营销渠道等），也包括经营中发生的各项债权债务，继承人继承独资企业这类经营性遗产，仍以原企业的名义进行营业，因此，除法律另有规定外，继承经营性遗产的继承人应对经营性遗产中的债务负无限清偿责任。

遗产的分割方式与其他共有财产的分割方式没有区别，也有实物分割、变价分割和补偿分割等方式。具体采取何种方式分割遗产，被继承人未在遗嘱中指定时，由继承人协商。继承人协商不成的，可以经调解达成分割协议；调解不成的，继承人可以请求法院裁决。不论是当事人协商也好，还是法院的裁决也好，在确定遗产的分割方式上，都应贯彻遗产分割的物尽其用原则。

分割遗产时，尽管按照物尽其用原则，从有利于生产和生活需要和更好发挥物的效益出发，可将某项遗产分给某继承人，但不能因此而损害其他继承人的利益，于此情形下可由该继承人给其他继承人以补偿，即采用折价、适当补偿的分割方式分割遗产。对于不宜分割又不能采取折价、适当补偿方式分割的遗产，例如，对于不宜分割而继承人都愿意取得的遗产，保持共有更有利生产的遗产，也可以采取由继承人保留共有的方式处理。但是，遗产分割后保留的共有，已经不属于原来的遗产共有关系，而成为普通的财产按份共有关系，每个继承人享有的共有份额依各继承人的应继份额的比例确定，应继份相等的，各继承人的共有份额相等。

（三）遗产分割的归扣

遗产分割的归扣，又称为遗产分割的扣除、合算、冲算，是指在遗产分割中将继承人已经从被继承人处所得的部分财产予以扣除，归入其应继份额中的制度。

遗产分割中实行的归扣制度源于罗马法。在罗马法上创设了遗产"加入"制度，一方面，允许脱离家长权的子女等回到生父家继承其父的遗产；另一方面，要求他们将在脱离家长权期间的劳动所得或接受的赠与、继承的遗产等加入到其父的遗产中，与其他继承人共同分配。加入制度的目的在于进一步维持共同继承人应继份的平衡。须"加入"财产的范围不限于来自家长的财产，也不限于被解放子女的财产和嫁奁。凡继承尊亲属遗产的，该尊亲属过去对该卑亲属的赠与、设立的嫁奁、婚娶赠与、为了捐官的赠与等，都需要"加入"到尊亲属的遗产中去共同分配。后来随着家父权的逐渐消亡，这种制度逐渐演变成赠与冲算制度，即被继承人生前给予继承人的赠与，在遗产分割时要归入遗产进行分配。罗马法上创立加入制度的目的在于维护共同继承人应继份的平衡，其根据是尊亲属对卑亲属有同等的慈爱，其情感是一样深的，因而在继承时应一视同仁，平均分配，尊亲属过去对某卑亲属的赠与或设立的嫁资等等，视为该卑亲属预先提取了自己的应继份，所以现在继承被继承人的遗产时，应当将预先取得的那部分财产"加入"到遗产中，以示公平。①

　　后世各国民法考虑到罗马法上"加入"制度的特殊功能，为维护共同继承人在继承被继承人遗产上的公平，确立了遗产分割的归扣制度。归扣制度的根本目的，是实现共同继承人之间的公平，实际上是扩张了遗产的范围。在共同继承中，有的继承人在被继承人生前因特别原因受有被继承人赠与的财产，如果不将该财产并入遗产中计算，则该继承人不仅保有所受赠与的财产，并且还可以和其他继承人一样地享有相同的应继份价额。这显然会造成继承人之间在取得被继承人财产上的利益失衡。而实行归扣制度，将继承人所受被继承人生前特种赠与的财产计入应继财产之中，并依此算定共同继承人的应继份价额，受特种赠与的继承人从其应继份价额中扣除其所受特种赠与的价额，以其余额为所得的遗产。这样可以达到维护继承人之间遗产分配的公平，有利于避免继承人之间的矛盾。

　　我国原《继承法》未规定遗产分割中的归扣制度，但现实生活中存在着"遗产"归扣的习惯。例如，在我国尤其广大农村，长期存在分家析产与继承不加区分的习惯，其实质就是要在诸子中平均分配重要财产。如果长子结婚时已经从父母处得到房产等，而次子尚未结婚的，则父母死亡时长子不能与次子平分父母的遗产。因此，在民法典编纂过程中学者多主张应从立法上明确规定归扣制度。但立法者未接受这一建议，民法典

---

① 周枏:《罗马法原论》(下册)，商务印书馆1996年版，第536页。

最终并未从立法上规定归扣制度。然而，立法上未规定归扣制度，并不等于现实中不存在归扣现象。在现实中出现归扣纠纷时，仍应依归扣制度的原理和习惯予以处理。

遗产归扣制度，包括归扣的标的物、归扣的主体、归扣的实行和效力等内容。

1. 归扣的标的物

归扣的标的物也就是归扣的对象。从各国法律规定看，主要有两种做法：一是归扣的对象限于特种赠与，即仅对属于法律所明确列举的赠与实行归扣。如《瑞士民法典》第626条第2款规定，"被继承人对其直系血亲卑亲属，以婚产嫁资、生计资本、财产让与或债务免除的方式而给予财产时，该直系血亲卑亲属负有归扣义务，但被继承人在其处分中有明示之反对意思者，不在此限。"二是归扣的对象包括遗赠或特种赠与。例如，《日本民法典》第903条规定：①在共同继承人中，如果有从被继承人处接受遗赠或者因结婚、收养或作为生计的资本而接受了赠与的人时，以被继承人在继承开始时所有财产的价额加上其赠与的价额，视为继承财产。该人的继承份额是从依前三条的规定已算定的继承份额中扣除其遗赠或赠与的价额后的余额。②遗赠或赠与的价额等于或超过继承份额的价额时，受遗赠人或受赠与人不能接受其继承份额。③被继承人已作出与前两项规定相异的意思表示时，其意思表示在不违反特留份额规定的范围内，具有其效力。我国学者主张，归扣的对象应仅限于特种赠与，归扣的财产应以婚姻、营业、分居、为继承人支付的保险费和偿还债务支出的费用以及超出正常费用的教育费为限。但被继承人生前有明确的相反意思表示的赠与财产，不属于归扣的对象。

2. 归扣的主体

从各国法规定看，归扣的主体包括归扣义务人和归扣权利人。

归扣义务人，是从被继承人处受有特种赠与的继承人。依日本民法规定，归扣义务人是受遗赠或赠与的继承人；而依瑞士民法规定，归扣义务人为受特种赠与的被继承人的直系卑亲属。从我国的实际情况看，归扣的义务人应以受特别赠与的被继承人的直系晚辈亲属为限。

归扣权利人，是有权请求实行归扣的继承人。从归扣制度的设立目的看，因为规定归扣制度的目的是为维持共同继承人之间分配遗产的公平，所以，只要有继承人受有被继承人的生前特种赠与，其他继承人都应有权请求归扣。也就是说，除受有特种赠与的继承人外的其他共同继承人都可以作为归扣权利人。如果全体共同继承人都受有被继承人的生前赠与，那么全体共同继承人都既为归扣的义务人又为归扣的权利人。

3. 归扣的实行

归扣是在遗产分割中进行的，一般是先算定继承开始时被继承人遗留的遗产价额，然后将继承人从被继承人接受的特种赠与的财产价额计入遗产价额，并以此总额算定各继承人的应继份的价额，最后根据算定的应继份的价额扣除受特种赠与价额的余额，得出受特种赠与的继承人应得的遗产数额。

依上述步骤进行归扣，会得出以下三种结果：一是继承人的应继份的价额高于其受特种赠与的价额，于此情形下，该继承人应取得其差额的遗产；二是继承人的应继份价额与受特种赠与的价额相当，于此情形下，该继承人不再参与遗产的分配；三是继承人的应继份的价额低于其受特种赠与的价额。在出现第三种结果的情形下，应如何处理呢？对此，有返还说与非返还说两种主张。返还说主张，继承人应返还此差额，非返还说主张继承人不必返还。两说相较，非返还说更为可取。也就是说，于此情形下受特种赠与的继承人仅仅是不参加遗产分配，而不必将所受特种赠与的价额高于其应继份的价额部分返还。

4. 归扣的效力

归扣虽是在遗产分割中进行的，但归扣的效力始于继承开始之时。实行归扣制度，实质上是将被继承人生前对继承人的特种赠与视为继承人的应继份的预付，因此，自继承开始也就可以发生归扣。但是，因为，归扣权属于形成权，形成权的权利人不行使就不会发生效力，所以，只有归扣权利人行使归扣权，才能产生归扣的效力，而归扣权利人也只是在分割遗产时才可以行使归扣权。

归扣权利人可能为多人，但归扣权的行使不以全体归扣权利人的共同行使为必要。继承人中有一人主张归扣的，受有特种赠与的继承人就有义务将其受赠的财产份额计入遗产，因此该继承人行使归扣权的行为对其他继承人也发生效力，其他继承人虽未主张归扣，也可承受归扣所得的利益。

（四）遗产分割的效力

遗产分割的效力，是指遗产分割发生的法律后果。遗产分割的效力主要包括遗产分割的溯及力、共同继承人之间的瑕疵担保责任以及连带债务免除等内容。

1. 遗产分割的溯及力

遗产分割的溯及力，是指遗产分割于何时可发生法律效力问题。遗产分割后，各共同继承人就其分得的遗产部分享有单独所有权，而遗产分割的这一效力从何时开始呢？这就涉及遗产分割是否具有溯及效力问题。关于遗产分割的溯及力，各国有不同规定，主要有转移主义和宣告主义两种不同的立法例。

转移主义认为，遗产分割为一种交换，即各继承人因分割遗产而相互让与各自的应有部分，从而取得分配给自己的遗产的单独所有权。依照转移主义，遗产分割有权利转移的效力或创设的效力，而不具有溯及力。罗马法上遗产分割采取转移主义，现德国民法、瑞士民法等也采取转移主义。依《德国民法典》继承编规定，于继承开始后，遗产尚未分割前，多数继承人间为共同共有之法律关系，除继承编有特别明文规定外，适用物权编有关共同共有之规定。对继承法上共同共有之处分，《德国民法典》持较宽松的态度，即各共同继承人得单独处分其对于全部遗产之应有部分，不必得其他共同继承人全体之同意，但对于个别遗产之标的物，不得处分其应有部分。① 德国民法没有规定遗产分割具有溯及的效力。《瑞士民法典》第634条第1款规定，"分割，因分配份的划定及受领，或者因订立分割契约，而对继承人发生拘束力。"

宣告主义又称宣示主义认为，因遗产分割而分配给各继承人的财产，视为自继承开始就已经归属于各继承人单独所有，

---

① 台湾大学法律学院、台大法学基金会编译：《德国民法典》，北京大学出版社2017年版，第1382页。

遗产分割不过是宣告既有的状态而已。依照宣告主义，遗产分割具有权利宣告的效力或者认定的效力，因此，遗产分割具有溯及力，分割的效力应溯及自继承开始。日本民法、魁北克民法等即采宣告主义。《日本民法典》第909条规定，"遗产的分割，溯及继承开始时发生效力。但不能损害第三人的权利。"《魁北克民法典》第884条规定："各共同分割人均视为已单独、直接地继承其应继份额的全部，包括在其份额中的财产或通过全部或部分的分割移转于他人的财产。他被视为自被继承人死亡之日起拥有上述财产的所有权，但从未拥有过遗产中的其他财产。"

我国法未明确规定遗产分割的效力，学者中也有两种不同的观点。对于共同共有财产的分割效力，学者多采转移主义，即共同共有财产一经分割，共有人共同支配的共有物转归各人支配，共有人各自取得单独所有权。但是，遗产共有虽为共同继承人共同共有，但遗产共同共有不同于物权法上的普通共同共有。因此，对于遗产分割的效力，学者大多主张应采宣告主义。主张遗产分割采取宣告主义的主要理由在于：

第一，有利于简化取得遗产所有权的手续。采取宣告主义，继承人因分割所取得的财产为直接继承被继承人的财产，遗产为不动产的，继承人无须登记即可取得；遗产为债权的，也无须其他继承人对债务人为通知即可取得。而如果采取转移主义，则继承人因分割而取得的财产为继承人之间相互让与的财产，遗产为不动产的，非经登记不得由共同共有人转移于继承人；遗产为债权的，也须其他继承人对债务人为通知才对债务人有效。

第二，有利于保护善意的继承人。采取宣告主义，继承人应当继承遗产的瑕疵，不能适用善意取得原则；而如果采取转移主义，则遗产因动产的移交或不动产的登记而发生权利转移，继承人于接受交付或移转登记时是善意的，才可取得所有权。[1]

也有学者主张，遗产分割的效力可采取宣告主义，但为了保护债权人利益，应当作以下限制：(1) 分割的溯及力仅限于现物分割。在遗产折价分割的情形下，无论继承人是取得价金，还是因未取得价金而对其他继承人取得债权，这种价金或债权的取得不具有溯及力。(2) 在遗产分割前，各共同继承人对于全部遗产的应继份，原则上不得以物权的效力为处分。(3) 相互担保责任。[2]

2. 遗产分割的瑕疵担保责任

遗产分割的瑕疵担保责任，指的是共同继承人之间对经遗产分割取得的遗产的瑕疵相互负担的瑕疵担保责任。尽管在遗产分割效力上有移转主义和宣告主义两种不同立法例。但是，各国法上都规定了共同继承人之间的相互担保责任。如，采取移转主义的《瑞士民法典》第637条规定："1. 分割终结后，对于遗产物，共同继承人之间，视同买受人和出卖人，互负责任。2. 共同继承人对于因分割而取得的债权，互负担保责任，并以算入应继份的债权金额，对于债务人的无支付能力，负与普通保证人相同的责任，但有市价的有价证券，不在此限。3. 担保义务之诉，经过一年而罹于时效，自分割终结起算，但债权

---

[1] 郭明瑞、房绍坤：《继承法》（第二版），法律出版社2004年版，第217页。
[2] 马俊驹、余延满：《民法原论》（第四版），法律出版社2010年版，第966—967页。

的清偿期在日后届至者，自清偿期届至时起算。"采取宣告主义的《日本民法典》第911条也规定，"各共同继承人对其他共同继承人，与出卖人相同，按其继承价额负担保责任。"该法典第912条还规定："①各共同继承人按其应继承份额，就其他共同继承人因分割而取得的债权，担保于其分割时债务人的资力。②就未届清偿期的债权及附停止条件的债权，各共同继承人担保债务人在应清偿时的资力。"

从各国法的规定看，共同继承人的遗产分割的瑕疵担保责任包括以下两项：

其一，继承人分得实物的瑕疵担保责任。遗产分割采取实物分割方法时，各共同继承人对其他继承人所分得的遗产，负有如出卖人相同的瑕疵担保责任。出卖人的瑕疵担保责任包括物的瑕疵担保责任和权利瑕疵担保责任。这也就是说，如果某继承人分得的遗产上存在物的瑕疵或者权利瑕疵，该继承人可以要求其他继承人给予补偿或者要求重新分割遗产。

需要说明的是，在受遗赠人所接受的遗赠物为种类物时，该物是从遗产的同种类物中任意给付的，受遗赠人有权要求继承人承担瑕疵担保责任，但仅以遗产中的同种类物的品质为限。如果受遗赠人接受的遗赠物为特定物，则继承人不负瑕疵担保责任。

其二，继承人分得债权的瑕疵担保责任。遗产分割后继承人分得债权的，其他共同继承人负有担保债权实现的担保责任。也就是说，继承人分得的遗产债权因债务人在遗产分割时无支付能力而无法实现时，该继承人可以要求其他共同继承人承担担保责任。如果该遗产债权是附停止条件的债权或者未届清偿期的债权,则各共同继承人应对债权清偿时债务人的支付能力负担保责任。共同继承人担保的数额以通常债权数额为准,但在遗产分割时对该债权另有估价计算的,应以当时计算的价额为担保数额。但是,对于继承人分得的股份有限公司的股份,其他共同继承人对公司资力不负担保责任。

3. 遗产分割后共同继承人的连带债务

共同继承人对遗产的关系为一种共同共有关系,按照一般法理,共同共有人对因共有财产产生的债务负连带责任,因此,共同继承人对于遗产所发生的债务应当负连带责任,对于遗产债务也应当承担连带责任。也就是说,被继承人的债权人有权要求共同继承人的全体或者任一人或数人清偿其全部遗产债务,而任何继承人不得拒绝债权人的请求,即使在遗产分割后,各共同继承人对债权人所负的连带责任也不能免除,当然,每个继承人也仅以所实际接受的遗产价额承担清偿责任。债权人对共同继承人中的某一人为债务免除的,该免除对于其他继承人也应发生效力。

九、配偶处分所继承财产的权利

第一千一百五十七条　夫妻一方死亡后另一方再婚的,有权处分所继承的财产,任何组织或者个人不得干涉。

本条规定了配偶一方处分所继承财产的权利。

被继承人死亡后,继承人经遗产分割后对所继承取得的财产享有单独所有权,因此,任何一个继承人均当然有权自主处分所继承的财产,任何人的干涉实际上就是对所有权的侵害。

夫妻一方死亡的，生存的另一方配偶继承遗产的，与其他继承人继承遗产具有同样的效力。也就是说，夫妻一方死亡后另一方对于其所继承取得的财产也是享有单独所有权的，其如何处分所继承的财产，是其权利和自由，他人当然也无权干涉。但是在现实生活中，夫妻一方死亡后另一方再婚，特别是寡妇改嫁的，往往会受到来自家族成员"不得带走所继承的财产"的限制。这种限制不仅侵害了生存的配偶一方所继承的财产的所有权，而且还侵害了其再婚的婚姻自由权。为贯彻婚姻自由和财产自由原则，保护夫妻一方死亡后生存的另一方的权益，法律特别规定，夫妻一方死亡后生存一方再婚的，任何人不得干涉其处分所继承财产的权利。

十、遗赠扶养协议

第一千一百五十八条　自然人可以与继承人以外的组织或者个人签订遗赠扶养协议。按照协议，该组织或者个人承担该自然人生养死葬的义务，享有受遗赠的权利。

本条规定了遗赠扶养协议。

（一）遗赠扶养协议的概念和特征

1. 遗赠扶养协议的概念

遗赠扶养协议，是指自然人作为受扶养人与作为扶养人的继承人以外的组织或者个人订立的关于扶养与遗赠的协议。

遗赠扶养协议，是我国继承法上特有的一种遗产处理方式,是在我国长期实行的"五保"制度①基础上发展而创造出的一项制度。遗赠扶养协议由双方通过订立协议、履行协议的方式,落实对需要扶养的自然人的生养死葬及其死亡后遗产的处理事项。

遗赠扶养协议制度的确立,至少有以下重要意义:

第一,遗赠扶养协议有利于保护老年人等需要他人扶养的自然人的合法权益。需要他人扶养的人一般是缺乏劳动能力或者生活自理能力的老年人和残疾人,这类人如果有近亲属,因近亲属有法定的扶养义务,从而也就可由其近亲属担负对其扶养的责任;如果没有近亲属,则无人负担法定扶养义务。但是,这类人不仅生前需要有人扶养,以保障其生活,而且死亡后也需要他人予以妥善安葬,这就要求对其生养死葬的需求做出制度安排。确立了遗赠扶养协议制度,需要他人扶养的自然人可以与他人签订遗赠扶养协议,明确双方在扶养和受扶养方面的权利义务,这既可以使需要扶养的人放心自己的生养死葬,又可使扶养人能够在尽扶养义务后得到受扶养人的遗产,调动扶养人扶养受扶养人的积极性,从而使需要扶养的老年人、残疾人的合法权益得到更好的保障。

第二,遗赠扶养协议有利于减轻国家和社会的负担。对于需要扶养而又无人扶养的人,通常需要通过社会保障制度保障其生活和死后的安葬。社会保障的费用是由国家和社会负担的。而有了遗赠扶养协议制度,需要扶养的人可以通过遗赠扶养协

---

① "五保"是农村集体组织对没有亲属供养的人实行保吃、保穿、保住、保医、保葬。

议制度解决其生养死葬的需求，而不必由国家和社会负担其生养死葬，从而也就可以减轻国家和社会的负担。

第三，遗赠扶养协议有利于维护社会安定。在实行"五保"制度时，由于五保协议具有强烈的社会福利性，并不明确"五保户"死后遗产的归属。因此，往往会因争夺"五保户"的遗产而发生纠纷。而实行遗赠扶养协议制度，因协议明确扶养人死亡后其遗产的归属，这就可以避免纠纷，维护社会安定和增强团结。《执行继承法的意见》第55条曾规定：集体组织对"五保户"实行"五保"时，双方有扶养协议的，按协议处理；没有扶养协议的，死者有遗嘱继承人或法定继承人要求继承的，按遗嘱继承或法定继承处理，但集体组织有权要求扣回"五保"费用。从司法实务上看，遗赠扶养协议有避免"五保户"死亡后发生遗产处理纠纷的重要作用。

2. 遗赠扶养协议的特征

遗赠扶养协议具有以下特征：

其一，遗赠扶养协议是双方民事法律行为。遗赠扶养协议不同于遗赠。遗赠是单方民事法律行为，只要有遗嘱人一方的意思表示就可以成立，遗赠人也可以在生前任意以自己的意思变更或者撤回遗赠。而遗赠扶养协议是双方民事法律行为，只有双方的意思表示一致即达成合意才能成立，任何一方不得任意变更或者解除。

其二，遗赠扶养协议是主体受限制的双方民事法律行为。遗赠扶养协议的双方当事人为扶养人和受扶养人。受扶养人也就是遗赠人，只能是自然人，而不能是法人、非法人组织；而扶养人也就是受遗赠人，可以是法人、非法人组织，也可以是自然人,但不能是法定继承人范围以内的自然人,也不限于集体组织。正是从这一意义上说,遗赠扶养协议的主体是受限制的,并不是任何人都可订立遗赠扶养协议。有的认为,法定继承人也可以作为扶养人订立遗赠扶养协议。这是不可能的,因为依我国法规定,受遗赠人不能是法定继承人范围之内的人,被继承人以遗嘱指定将某项财产赠与某法定继承人的,也不属于遗赠而为遗嘱继承。

其三,遗赠扶养协议是诺成性的民事法律行为。遗赠扶养协议自双方意思表示一致时起即可成立生效,而不以交付实物或者实施特定行为为成立生效要件。因此,遗赠扶养协议属于诺成性法律行为,而不属于实践性法律行为。当然,遗赠协议中关于遗赠的内容于受扶养人死亡才发生效力,但这不影响遗赠扶养协议的诺成性。

其四,遗赠扶养协议为要式民事法律行为。因为,遗赠扶养协议包括扶养和遗赠两方面的内容,协议的内容并非同时履行,其履行期限相差时间较长,因此,为避免发生纠纷,有利于协议的执行,遗赠扶养协议应采用书面形式,而不能采用口头形式。也有学者主张,遗赠扶养协议应经公证或者有两个以上的无利害关系人在场见证。但法律并未作此要求。因此,遗嘱扶养协议是否经过公证,是否有两个以上的无利害关系人在场见证,均不影响其效力。

其五,遗赠扶养协议是双务民事法律行为。遗赠扶养协议的当事人双方都负有一定的义务,且双方的义务具有对应性。扶养人负有对受扶养人负担生养死葬的义务,受扶养人负有将其财产遗赠给扶养人的义务。因此,遗赠扶养协议具有双务性,这也是遗赠扶养协议与遗赠的不同之处。遗赠扶养协议当事人双方的义务履行是有顺序的，双方义务的效力发生时间并不同。扶养人的义务自遗赠扶养协议成立生效之日起就发生效力，而受扶养人的义务是于其死亡后才发生效力的。自协议成立之日起，受扶养人就可以要求扶养人履行扶养义务；而扶养人在受扶养人死亡前不得要求受扶养人将协议中遗赠的财产归其所有。

其六，遗赠扶养协议是有偿的财产法律行为。遗赠扶养协议虽以特定当事人间的扶养和遗赠为内容，但其涉及的仅为财产利益变动，而不是身份利益的变动，因此，遗赠扶养协议属于财产法律行为而不属于身份法律行为。也正因为遗赠扶养协议不属于身份法律行为，而属于财产法律行为，因此，对于遗赠扶养协议可以适用合同法的有关规定。遗赠扶养协议的订立须依合同的订立程序，遗赠扶养协议一经依法成立，任何一方不得擅自变更或者解除协议。

在遗赠扶养关系中，任何一方享有权利都是以其履行一定的财产义务为代价的，任何一方都不是无偿地从对方取得利益：扶养人不履行对受扶养人的生养死葬义务，就不能享有受遗赠的权利；受扶养人不将自己的财产遗赠给扶养人，也就不能享有要求扶养人扶养的权利。所以，遗赠扶养协议属于有偿法律行为，而不是无偿法律行为。

其七，遗赠扶养协议是自然人生前对其死后的财产处分行为。遗赠扶养协议的受扶养人负有于其死后将财产遗赠给扶养人的义务，受扶养人订立遗赠扶养协议实际上是于生前对于其死亡后的财产做出了处分。正因为遗赠扶养协议是受扶养人生前对其死后财产的处分行为，遗赠扶养协议不会因受扶养人死亡而终止，受扶养人对财产的处分于其死亡后才发生效力。

（二）遗赠扶养协议的订立

遗赠扶养协议由双方当事人在自愿基础上自由订立。因为遗赠扶养协议实际上是一种合同，所以遗赠扶养协议的订立也需经要约和承诺两个阶段。订立遗赠扶养协议，是先由一方发出订立遗赠扶养协议的要约，另一方予以承诺，双方达成合意，遗赠扶养协议即成立。要约人可以是需要扶养的自然人，也可以是愿意对需要扶养的人进行扶养的法定继承人范围以外的自然人、法人、非法人组织。

遗赠扶养协议也需要符合法律规定的有效要件才能有效。如果当事人不是出于自己的真实愿意订立遗赠扶养协议的，则当事人有权撤销已经成立的遗赠扶养协议。

遗赠扶养协议的内容包括扶养和遗赠两方面。关于扶养的内容，当事人应当明确约定扶养人提供供养的标准、办法和要求以及对被扶养人死后殡葬的要求；关于遗赠的内容，当事人应当明确遗赠的财产的种类、名称、状况等。

遗赠扶养协议应采书面形式。当事人可以自行书写，也可以由他人代写或打印。当事人双方应在书面协议上签字、盖章，并应当注明协议订立的日期。

（三）遗赠扶养协议的效力

遗赠扶养协议一经依法订立即具有法律效力。遗赠扶养协议为双务民事法律行为，协议双方都负有一定义务，享有一定权利，双方的权利义务具有对应性。因此，遗赠扶养协议双方都应当履行自己的义务并享有相应的权利。

1. 受扶养人的权利义务

受扶养人的权利就是要求和接受扶养人按照协议的约定提供供养，受扶养人的义务就是按照协议的约定将其财产遗赠给扶养人。

因为受扶养人的遗赠义务是在其死亡后才发生效力的，因此，为保护扶养人将来取得遗赠财产的权益，保障实现扶养人的受遗赠权，受扶养人在生前虽然对其约定遗赠给扶养人的财产仍可以为占有、使用、收益，但不得擅自处分。受扶养人生前擅自处分协议中约定遗赠的财产，致使扶养人的受遗赠权不能实现的，扶养人应有权解除遗赠扶养协议，并可以要求受扶养人偿还其已经付出的扶养费用。受扶养人无偿地擅自处分遗赠财产，而扶养人不解除遗赠扶养协议的，可以要求撤销受扶养人的处分行为并要求第三人返还。依《继承编解释》第40条规定，遗赠人无正当理由不履行协议，致使协议解除的，遗赠人应偿还扶养人已支付的供养费用。需要强调的是，如果因为不可抗力的原因致使协议中约定的遗赠财产灭失的，受扶养人不承担责任，扶养人也无权以遗赠财产毁损为由解除遗赠扶养协议。

2. 扶养人的权利义务

扶养人的义务是对受扶养人生前供养和死后安葬，扶养人的权利是在遗赠人死亡后接受遗赠的财产。

扶养人的义务自遗赠扶养协议生效时起就具有履行效力，并且其履行是继续性的。也就是说，自遗赠扶养协议生效之时起，扶养人就应当履行自己的义务，在受扶养人生前依协议的约定不间断地供养受扶养人，在受扶养人死后依协议的约定体面地安葬受扶养人。

扶养人不认真履行扶养义务的，受扶养人有权解除协议。依《继承编解释》第40条规定，扶养人无正当理由不履行遗赠扶养协议，致使协议解除的，不能享有受遗赠的权利，其支付的供养费用一般不予补偿。扶养人无正当理由不尽扶养义务，受扶养人未解除遗赠扶养协议的，经遗赠人的亲属或者有关单位的请求，法院可以剥夺扶养人的受遗赠权；对于不认真履行义务致使受扶养人经常处于生活缺乏照料处境的扶养人，法院也可以酌情对扶养人受遗赠的财产数额予以限制。

3. 遗赠扶养协议在遗产处理上的优先效力

遗赠扶养协议在遗产处理上具有最优先的效力。因此，被继承人死亡后，只要被继承人与他人订立有遗赠扶养协议，就须先执行遗赠扶养协议，由扶养人按照协议的约定取得遗赠的财产，而不论是指定继承人还是法定继承人都无权就该遗产主张继承权。只有遗赠扶养协议中未约定遗赠给扶养人的遗产，才可由继承人按照遗嘱继承或者法定继承办理。

4. 遗赠扶养协议的变更和解除

遗赠扶养协议一经生效，任何一方不得擅自变更。但经当事人双方协商一致，遗赠扶养协议也可以变更。例如，在协议生效后，当事人可以协商变更供养标准以及遗赠财产的范围、种类等。协议双方就遗赠扶养协议变更达成合意的，遗赠扶养协议发生变更。遗赠扶养协议变更后，当事人应按变更后的内容履行协议。双方就遗赠扶养协议的变更未达成合意的，遗赠扶养协议不发生变更效力，双方仍应履行原协议。

如前所述，遗赠扶养协议的任何一方不履行义务的，另一方有权解除遗赠扶养协议。那么，在遗赠扶养协议有效成立后当事人可否任意解除遗赠扶养协议呢？对此，法无明文规定，学者中也有不同的意见。从遗赠扶养协议当事人双方关系性质上说，遗赠扶养协议是建立在双方相互信任的基础上的，因此，任何一方失去对另一方的信任，都应当有权解除协议。但是，从遗赠扶养协议订立的目的上看，受扶养人任意解除协议的，应当返还扶养人已经支付的扶养费用；扶养人一方任意解除协议的，无权要求受扶养人返还已支付的扶养费用。

（四）遗赠扶养协议与继承协议的区别

继承协议又称继承契约、继承合同，有广义与狭义之分。广义的继承契约包括继承权赋予和继承权抛弃两种，狭义的继承契约仅指继承权赋予的契约，是指被继承人与继承人之间达成的关于赡养被继承人和遗产继承的协议。

对于继承契约，各国立法例有所不同。意大利等国法律持否定态度。如《意大利民法典》第458条〔禁止约定继承〕规定，"任何对自己的继承做出安排的约定，均无效。在继承尚未开始之前，任何处分或者放弃继承权的文件，亦均无效。"[①] 瑞士、德国等国法律持肯定态度。德国民法上既规定有继承权放弃契约，也规定有继承契约，二者是继承中两种不同的契约。《德国民法典》上之继承契约系被继承人得于生前与他人订立契

---

① 《意大利民法典》（2004），费安玲等译，中国政法大学出版社2004年版，第119页。

约,为继承人之指定、遗赠与负担等死因处分。此项死因处分与遗嘱不同,契约当事人原则上不得撤回。故被指定为继承人或受遗赠人之相对人或第三人,其法律地位较遗嘱指定之情形安定,此为继承契约之实益。[①]依《瑞士民法典》第494条规定,被继承人得依继承契约,向相对人负担使其本人或第三人取得其遗产或获得遗赠的义务;被继承人得自由处分其财产;死因处分或赠与,与被继承人因继承契约而负担的义务相抵触者,得被撤销。

从各国立法规定看,各国的继承契约的含义、当事人及内容等并不完全相同。就一般意义上说,继承协议实际上是各继承人以及被继承人之间达成的关于扶养被继承人以及遗产继承的协议。

遗赠扶养协议与继承协议都涉及被继承人的扶养和遗产的处置,二者有相似之处,但二者是不同的。遗赠扶养协议与继承协议的主要区别在于主体不同。遗赠扶养协议的主体双方是受扶养人(被扶养人)与扶养人。受扶养人为遗赠人,扶养人为受遗赠人。受扶养人一般应是孤老病残且经济上或者生活上无人扶养、照顾的人。但受扶养人虽有法定扶养人(如子女等),而由于关系恶劣或者法定扶养人不能良好地尽扶养义务时,被扶养人也可以与其他自然人或者法人、非法人组织签订遗赠扶养协议。扶养人可以是自然人,也可以是集体所有制组织以及其他法人、非法人组织,但不能是法定继承人范围以内的人。

---

① 台湾大学法学院、台大法学基金会编译:《德国民法典》,北京大学出版社2017年版,第1378页。

而继承协议的主体双方是被继承人与继承人。作为继承协议当事人一方的被继承人,并不限定为无人扶养之自然人,其应有作为法定继承人之亲属。作为继承协议另一方的继承人,只能是被继承人的法定继承人范围之内的自然人,不能是法定继承人范围之外的人,更不能是法人或者非法人组织。

我国原《继承法》中就规定有遗赠扶养协议,而没有规定继承协议,而且依照法律关于遗赠扶养协议的规定,遗赠扶养协议排除了继承协议的适用。在民法典编纂过程中对于我国法是否应当扩大遗赠扶养协议的适用范围以承认继承协议,有否定说与肯定说两种不同的观点。否定说认为,不应承认继承协议。其主要理由是:一方面法定继承人与被继承人之间本来就有法定的扶养权利义务,法定继承人对被继承人的法定扶养义务不能通过被继承人与法定继承人之间订立的关于扶养和遗赠(继承)协议而免除;另一方面在继承开始前,继承人享有的只是客观继承权,而客观继承权仅是一种继承资格属于继承权利能力,是不能放弃的,继承人可以放弃的仅是继承开始后取得的主观继承权,因此,即使有的继承人在继承协议中承诺放弃继承被继承人的遗产,这种承诺也是无效的,这就会导致在继承协议的执行上发生争议。肯定说认为,应当承认继承协议。其主要理由是:继承毕竟是私人之间的事情,应当贯彻私法自治原则,被继承人和各继承人之间就赡养和遗产继承订立的协议,只要是其真实意思表示,就应当承认。既然被继承人和继承人以外的人可以签订遗赠扶养协议,也就应当认可被继承人与继承人之间就扶养、继承达成的协议。因为继承协议是就被继承人的赡养及遗产继承一事一并做出的安排,与继承人在继承前自己做出的放弃继承具有不同的性质。继承协议既可调动扶养义务人的扶养积极性,又可保障被扶养人得到良好的扶养。①

民法典最终并未就是否认可继承协议做出规定。

在现行法未规定继承协议的情形下,若被继承人与继承人订立了以扶养义务的履行和遗产归属为内容的继承协议,该协议是否就无效呢?对此有两种不同的观点。一种观点认为,依现行法规定,被继承人只能与法定继承人以外的人签订遗赠扶养协议,而不能与法定继承人签订遗赠扶养协议。因此,被继承人与法定继承人之间订立的以扶养和遗赠财产为内容的协议是无效的。另一种观点认为,尽管现行继承法仅规定了遗赠扶养协议,但也没有禁止被继承人与法定继承人之间订立有关被继承人生前的扶养和死后遗产处置的协议。因此,当事人订立的此种协议属于双方民事法律行为,其是否有效应依其是否符合民事法律行为的有效要件而定,只要该协议不存在民事法律行为无效的事由,就应当是有效的。有学者指出,家庭成员之间通过继承契约安排将来遗产的继承问题并不违背继承人和被继承人的意志,也不会影响家庭的和睦团结,更不会损害社会公共利益,所以,继承契约只要内容合法,就应予以承认。② 实际上,对于被继承人作为一方订立的继承协议,也可以视为被继承人设立的遗嘱,协议中约定的遗产继承内容可视为被继承人对遗产的处分,协议中的关于扶养义务履行的内容可以视为

---

① 详见郭明瑞:《论继承法修订应考虑的因素》,载《四川大学学报(哲学社会科学版)》2018年第1期。

② 张玉敏:《继承法律制度研究》,法律出版社1999年版,第111页。

被继承人附加给遗嘱继承人的义务。

现实生活中还存在各继承人之间就扶养被继承人和遗产继承达成的协议,协议中约定由某继承人负责扶养被继承人并由该继承人取得某项遗产。此类协议的效力是否应认可呢?对此也有两种不同意见。一种观点认为,不应认可此类协议内容的效力。其主要理由是:继承人有法定扶养义务,继承人不能以放弃继承为条件不履行法定扶养义务;放弃继承只能在继承开始后,继承开始前的放弃无效。另一种观点认为,应当认可此类协议的效力。其主要理由是,这类协议并不是以当事人放弃继承和不履行法定扶养义务为内容的。放弃继承只能是继承人的单方法律行为,而不能是双方法律行为。这类协议实际上也不是继承人以不履行法定义务为条件放弃继承的。此类协议实质上是共同继承人之间就如何履行法定扶养义务和分配遗产做出的一种安排。从私法自治原则上说,应当尊重当事人的意思自治,只要其订立的协议是其真实意思表示,又不违反被继承人的意愿和公序良俗,就应当认可其效力。况且,当事人订立此类协议又能认真履行协议,会更有利于对被继承人的扶养,那又为何要否定其效力呢?因此,如果某继承人按照协议的约定认真履行了扶养义务,就应当取得协议中约定其应取得的遗产。如果其他继承人在依协议应取得约定遗产的继承人履行协议后又否认协议的效力,不仅对履行了协议的继承人不公平,而且其行为也违反诚信原则。按照民法一般原理,违反诚信原则的行为是不应受保护的,更不应得到制度上的鼓励。

十一、遗产债务的清偿

第一千一百五十九条 分割遗产,应当清偿被继承人依法应当缴纳的税款和债务;但是,应当为缺乏劳动能力又没有生活来源的继承人保留必要的遗产。

第一千一百六十一条 继承人以所得遗产实际价值为限清偿被继承人依法应当缴纳的税款和债务。超过遗产实际价值部分,继承人自愿偿还的不在此限。

继承人放弃继承的,对被继承人依法应当缴纳的税款和债务可以不负清偿责任。

第一千一百六十二条 执行遗赠不得妨碍清偿遗赠人依法应当缴纳的税款和债务。

第一千一百六十三条 既有法定继承又有遗嘱继承、遗赠的,由法定继承人清偿被继承人依法应当缴纳的税款和债务;超过法定继承遗产实际价值部分,由遗嘱继承人和受遗赠人按比例以所得遗产清偿。

以上四条规定了遗产债务的清偿。

(一)遗产债务的概念和范围

遗产债务,广义上是指被继承人生前所欠付的债务和应缴纳的税款等,狭义上仅指被继承人生前所欠付的债务。通常所称的遗产债务是广义的,既包括私法上的债务,也包括公法上的"债务"。

遗产债务包括以下几类:一是被继承人生前依法应缴纳的税款、罚款、罚金;二是被继承人生前因合同之债权而欠下的债务；三是被继承人生前因无因管理之债所欠的债务；四是被继承人生前因不当得利之债所欠的债务；五是被继承人因侵权行为应承担的损害赔偿债务；六是被继承人生前应承担的其他债务，如因与他人合伙经营所欠下的债务，因担任保证人承担的保证债务等。

在确定遗产债务范围时，应当注意以下问题：

其一，须将遗产债务与家庭共同债务、夫妻共同债务区别开来。家庭共同债务是家庭成员作为债务人共同承担的债务，包括为增加家庭共同财产而承担的债务、为家庭成员生活需要所承担的债务等。家庭共同债务应当以家庭共有财产清偿，家庭共有财产不足以清偿的部分，才由家庭成员的个人财产清偿。因此，家庭共同债务中只有应由被继承人承担的部分，才为被继承人应以个人财产清偿的个人债务，也才属于遗产债务。夫妻共同债务是夫妻共同作为债务人承担的债务。夫妻共同债务应当以夫妻共同财产清偿，夫妻共同财产不足以清偿的部分，则由夫妻以其个人财产清偿。因此，在夫妻共同债务中只有应由被继承人以个人财产清偿的部分，才为遗产债务，而不能将全部夫妻共同债务都作为遗产债务。

其二，须将遗产债务与被继承人生前以其个人名义欠下的债务区别开来。一般来说，被继承人生前以个人名义承担的债务应属于其个人债务。但是，在现实生活中被继承人有时虽是以个人名义欠下的债务，但该债务却属于家庭共同债务或者夫妻共同债务，应当按家庭共同债务、夫妻共同债务处理，不能全部作为遗产债务看待。另外，被继承人以个人名义欠下的债务，若属于继承人的个人债务，也不能作为遗产债务处理。例如,被继承人以个人名义为有劳动能力的继承人的生活需要或其他需要而欠下的债务,实质上是该继承人的个人债务,而不是被继承人的个人债务。被继承人因继承人不尽扶养义务而迫于生活需要以个人名义欠下的债务,性质上应当属于有法定扶养义务的继承人的个人债务,也不应归为遗产债务。

其三,须将遗产债务与继承开始后发生的债务区别开来。继承开始后发生的债务,如继承费用,具有优先清偿效力。

(二) 遗产债务的清偿顺序

遗产债务的清偿顺序是指以被继承人遗留的积极财产清偿债务的先后次序。遗产在债务的清偿上应当按照以下顺序进行。

首先应当支付丧葬费。丧葬费是殡葬被继承人所花费的费用,不属于遗产债务。但在清偿遗产债务时,应对丧葬费先予以支付。因为丧葬费用是为安葬被继承人的必要支出,被继承人的遗产首先用于安葬被继承人,合情合理。"死者为大",先支付丧葬费也符合伦理要求。

其次应支付遗产管理费。遗产管理费也不属于遗产债务,而是因遗产的管理、分配所发生的债务。遗产管理费又称为继承费用,实际上属于基于遗产本身产生的费用。而遗产的管理、分配是为全体继承人和利害关系人利益的,因此,继承费用性质上属于共益费用,应当优先从遗产中支付。但是,因继承人的过失而支出的管理费用,应当由有过失的继承人承担,而不应作为遗产管理费从遗产中优先支出。《日本民法典》第885条中规定,"财产继承的相关费用,由继承财产支付。但因继承人的过失发生的费用，不在此限。"我国法虽未如此明确规定，也应为同样的解释。

再次应缴纳所欠税款。因为税款是被继承人生前最应优先支付的，因此，在遗产债务清偿中应先缴纳被继承人所欠的税款。

最后依债务性质确定先后的清偿顺序。依被继承人所欠下的债务的性质，被继承人的债权人的债权可分为有担保权的债权和没有担保的普通债权。因为担保权有优先受偿性，有担保权的债权优先于普通债权受偿，所以，对于遗产债务中有担保的债权，债权人应先行使担保权，行使担保权后不能受偿的债权为普通债权。普通债权具有平等的地位，遗产不足以清偿全部债权时，普通债权人应按比例受偿。

（三）遗产债务的清偿原则

按照我国现行法律规定，遗产债务的清偿应当遵循以下原则：

1. 保留必留份原则

必留份是被继承人处分遗产须为缺乏劳动能力又没有生活来源的继承人保留的必要的份额。按照法律规定，被继承人立遗嘱处分遗产的，应当为缺乏劳动能力又没有生活来源的继承人保留必要的份额。在清偿遗产债务时，也必须为缺乏劳动能力又没有生活来源的继承人保留必要的遗产份额，而后才可按遗产的清偿顺序清偿遗产债务。继承人中有缺乏劳动能力又没有生活来源的人，即使遗产不足以清偿债务，也应先为其保留必要遗产，然后再按有关规定清偿债务。

2. 以遗产的实际价值为限原则

以遗产的实际价值为限原则，是指继承人仅以继承的遗产的实际价值为限清偿遗产债务。

遗产是被继承人的财产权利和财产义务的统一体，继承人接受继承也就同意继受遗产，当然也就应当负责清偿遗产中的财产义务，即遗产债务。但是遗产中的财产义务的价值有可能会超过财产权利的价值。依照遗产债务清偿以遗产的实际价值为限原则，超过遗产实际价值的遗产债务，继承人可以不负清偿责任。

以遗产实际价值为限清偿债务是有限继承的必然要求。在古代法上实行无限继承，继承人对遗产债务的清偿承担无限责任。如罗马法上的继承制度最初是采取概括继承主义，即除了与被继承人之人身相联系债权、债务或其他权利义务之外，继承人要总括地继承被继承人的一切财物和财产上的一切权利义务，而不问资产、负债的多少，纵使死者遗产中的负债远远超过资产，继承人仍然要全部继承下来，替死者还清负债。[①] 我国古代法也实行"父债子还"，不论死去的父亲负债多少，作为继承人的儿子都须替父偿还全部债务。而近现代法上，各国法上普遍实行有限继承制度，继承人不再对被继承人的遗产债务承担无限清偿责任。

遗产债务的清偿以遗产实际价值为限原则，是以准确确定被继承人的遗产的价值和继承人及时做出是否限定继承的意思表示为前提的。为保护债权人的利益，继承人应及时地按照法

---

① 周枏：《罗马法原论》（下册），商务印书馆1994年版，第435页。

律规定制作遗产清单,及时清偿遗产债务。继承开始后,继承人、遗产管理人、遗嘱执行人对遗产的处分行为损害债权人利益的,债权人应享有撤销权以保全其债权;继承人隐匿、转移、消费遗产,虚报遗产债务的,遗产债权人应有权要求继承人清偿超过遗产清单记载的遗产的实际价值部分的全部债务。

因为我国法实行有限继承原则,所以,遗产债务的清偿原则上也以遗产的实际价值为限。继承人放弃继承的,可以对遗产债务不负清偿责任;继承人接受继承的,清偿遗产债务以实际接受的遗产价值为限度,超过继承的遗产实际价值的遗产债务,可以不负清偿责任。当然,继承人愿意清偿遗产债务的,不受此限制。需要指出的是,放弃继承的继承人虽然对被继承人依法应当缴纳的税款和债务可以不负清偿责任,但是其占有、保管遗产的,应当配合以遗产清偿债务,也就是说债权人可以以其为被告,要求其协助清偿被继承人的债务。

3.执行遗赠不妨碍遗产债务清偿原则

执行遗赠不妨碍遗产债务清偿原则,又称为清偿债务优先于执行遗赠原则,指的是执行遗赠不得妨碍遗产债务的清偿,遗产债务的清偿应先于遗赠的执行。遗赠是遗嘱人在遗嘱中指定将其某项财产赠与受遗赠人的民事法律行为。在被继承死亡后,受遗赠人在规定期间内明确表示接受遗赠的,遗赠发生执行效力,受遗赠人可以要求遗产管理人或继承人执行遗赠,交付遗赠的财物。为防止遗嘱人通过遗赠逃避对债权人所负债务,保护债权人的利益,法律规定"执行遗赠不得妨碍清偿遗赠人依法应当缴纳的税款和债务",从而限制被继承人以遗赠侵害债权人权益。依法律规定,在遗赠和遗产债务清偿的顺序上,遗产债务的清偿优先于遗赠的执行,执行遗赠不能妨碍债务清偿,只有在清偿遗产债务后有剩余遗产时,才可以用剩余的遗产执行遗赠。

4.连带责任原则

遗产债务清偿的连带责任原则,是指在遗产债务清偿上共同继承人负连带责任。

继承开始后,接受继承的继承人仅为一人的,当然由该继承人单独承担遗产债务的清偿责任。而在数继承人接受继承时,各继承人对遗产债务的清偿承担何种责任呢?对此,主要有按份责任、连带责任和折中主义三种立法例。按照按份责任立法例,共同继承人按照各自应继份承担遗产债务的清偿责任;按照连带责任立法例,共同继承人对遗产债务承担连带清偿责任,而不是依其应继份确定清偿责任份额;按照折中主义立法例,在遗产分割前,共同继承人对遗产债务的清偿承担连带责任,而在遗产分割以后,各共同继承人对于遗产债务的清偿按其继承的遗产份额承担按份责任。我国法未明确规定共同继承人对遗产债务的清偿负何种责任,但因为在数人继承时,遗产为共同继承人共同共有,尽管这种共同共有与普通的物的共同共有有所不同,但因其共有份额是潜在的,是不能具体确定的,各共同继承人对遗产债务也只能是承担连带责任,而不能是按份责任。也就是说,遗产债权人可以请求共同继承人的一人或数人或全体清偿遗产债务,只要遗产债务未全部清偿,各共同继承人的清偿责任就不能免除。但各个继承人的清偿责任也均以所得遗产实际价值为限。

当然,共同继承人对遗产债务承担连带清偿责任是在对外关系上相对于遗产债权人而言的，就各共同继承人内部关系来说，各继承人对遗产债务应按各自取得的遗产比例承担清偿责任，清偿遗产债务超过自己应承担份额的继承人，有权就超过部分向其他继承人追偿。

（四）遗产债务的清偿时间和方式

关于遗产债务应于何时以何种方式清偿，各国有不同的立法例。有的规定，在遗产清单编制前，不得清偿遗产债务。如《瑞士民法典》第586条规定："1.在编制财产目录期间，不得强制履行被继承人的债务。2.时效停止进行。3.除有急迫情事外，其诉讼程序，不得继续或开始。"有的规定，在公告期间不得清偿遗产债务。如依《日本民法典》第928条规定，限定继承人，在公告期间届满前，可以拒绝对继承债权人及受遗赠人做出清偿。德国法也规定了遗产债务清偿期的抗辩。如《德国民法典》第2014条规定，"继承人得于承认继承后三个月期间未届满前，拒绝清偿遗产债务。但于遗产清册编制完成者，不在此限。"第2015条中规定，"继承人于承认继承后一年内，申请对遗产债权人公示催告，并经准许者，于公示催告程序届满前得拒绝清偿遗产债务。"

我国法没有明确规定限制遗产债务的清偿期间。但我国法明确规定了遗产管理制度。从法律对遗产管理的要求看，遗产管理人负有制作遗产清单职责，在遗产清单制作完成前，遗产情况不明，因此，于遗产清单编制完成前，继承人不应当清偿遗产债务。在遗产清查中，为查清被继承人的债权债务，遗产管理人必要时应发布公告，催告未知的债权人申报债权。于此情形下，在公告期间届满前，也可以拒绝清偿遗产债务。

关于遗产债务的清偿方式，各国也有两种不同立法例。一种做法是未经清偿遗产债务，不得分割遗产。依此种立法例，只有清偿遗产债务后，才可以就剩余遗产进行分割。另一种做法是分割遗产不以清偿遗产债务为前提。依此种立法例，遗产债务未清偿前，也可以分割遗产。我国原《继承法》未具体规定以何种方式清偿遗产债务，司法实务中认为，遗产债务清偿前也可以分割遗产。如《执行继承法的意见》第62条就规定，"遗产已被分割而未清偿债务时，如有法定继承又有遗嘱继承和遗赠的，首先由法定继承人用其所得遗产清偿债务；不足清偿时，剩余的债务由遗嘱继承人和受遗赠人按比例用所得遗产偿还；如果只有遗嘱继承和遗赠的，由遗嘱继承人和受遗赠人按比例用所得遗产偿还。"

在总结实务经验的基础上，《民法典》明确规定，分割遗产，应当清偿被继承人依法应当缴纳的税款和债务。依此规定，遗产债务的清偿原则上应在遗产分割前进行。但是，未经清偿遗产债务，而为遗产分割的，也无不可。不过如此情形下，应由遗产债务清偿人按照规定以其所得遗产清偿遗产债务。

（五）遗产债务的清偿义务人

遗产债务的清偿义务人，是指应负责清偿遗产债务的人。因为，遗产债务为遗产的构成部分，继承遗产的继承人也就承受遗产债务，所以，继承人当然为遗产债务的清偿义务人。但是，继承有法定继承与遗嘱继承之分，继承人也就有法定继承人与遗嘱继承人之分，并且，遗嘱人还可通过遗嘱遗赠财产给受遗赠人。由此也就会产生以下问题：在被继承人立有有效遗嘱时应由遗嘱继承人还是法定继承人清偿遗产债务？受遗赠人是否对遗产债务负清偿责任？

因为遗嘱继承的效力优于法定继承，继承开始后，有遗嘱的，应先执行遗嘱。因此，既有法定继承，又有遗嘱继承和遗赠的，法定继承人为遗产债务的清偿义务人，由法定继承人清偿遗产债务。但法定继承人对遗产债务的清偿也仅负有限责任，超过法定继承人继承的遗产实际价值部分的遗产债务，法定继承人不负清偿责任。于此情形下，对于超过法定继承人继承的遗产实际价值部分的遗产债务，遗嘱继承人和受遗赠人为清偿义务人，由遗嘱继承人和受遗赠人按比例以所得遗产清偿遗产债务。如果被继承人以遗嘱处分了全部财产，不存在法定继承而仅有遗嘱继承和遗赠的，只有遗嘱继承人和受遗赠人为遗产债务的清偿义务人，由遗嘱继承人和受遗赠人按比例以所得遗产清偿遗产债务。

十二、无人承受遗产的处理

第一千一百六十条 无人继承又无人受遗赠的遗产，归国家所有，用于公益事业；死者生前是集体所有制组织成员的，归所在集体所有制组织所有。

本条规定了无人承受遗产的处理。

（一）无人承受遗产的概念和范围

无人承受遗产，是指被继承人死亡后无人继承又无人受遗赠的被继承人的遗产。继承开始后，被继承人的遗产由法定继承人和遗嘱继承人继承，也会由受遗赠人承受。但是，如果继承开始后，既没有继承人继承也没有人接受遗赠，被继承人的遗产就成为无人承受的遗产。

无人承受遗产的情形的发生包括以下三种：一是被继承人死亡后没有任何法定继承人，被继承人也没有与他人订立遗赠扶养协议和设立遗嘱；二是被继承人死亡后继承人全部放弃继承，受遗赠人也全部放弃受遗赠；三是被继承人死亡后虽有继承人和受遗赠人，但继承人丧失继承权，受遗赠人也丧失受遗赠权。

无人承受遗产不同于无主财产。无主财产是没有所有权人或者所有权人不明的财产，而无人承受遗产的所有权人原是明确的，仅是因所有权人死亡暂时不能确定其归属。

无人承受遗产也不同于无人承认继承的遗产。无人承认继承的遗产是指被继承人死亡后有无继承人尚未确定，只是在一定期间内还没有继承人承认继承的遗产。

（二）无人承受遗产的确定

继承开始后，遗产管理人应当及时发出寻找继承人、受遗赠人的公告。公告的内容应包括：被继承人的个人身份信息；被继承人死亡的时间；继承人和受遗赠人申报的期限等。公告期间届满后，在公告规定的期间内没有继承人和受遗赠人出现的，遗产管理人可以认定被继承人的遗产为无人承受遗产。

（三）无人承受遗产的归属

关于无人承受遗产的归属，各国主要有两种不同的立法例：

其一为先占权主义。依先占权主义，无人承受的遗产由国家依先占规则取得。依这种立法例，在没有任何人对遗产提出请求权时，该遗产相当于无主财产，由国家优先于个人先占取得该遗产。

其二为继承权主义。依继承权主义，无人承受的遗产由国家作为法定继承人取得。如《德国民法典》第1936条规定，"继承开始时，被继承人无血亲、配偶或同性伴侣，以其死亡时之最后住所地所属邦之公库为法定继承人；其住所地不能确定者，以其居所地所属邦之公库为法定继承人。其余情形，以联邦国库为法定继承人。"《瑞士民法典》第466条规定，"被继承人无继承人者，其遗产，由被继承人最后住所所在州取得，或者由州指定的乡镇取得。"该法第592条规定，遗产归属于公共政治团体时，应依职权公示催告债权申报，公共政治团体仅在其遗产中所取得的财产的限度内，对遗产债务负责。

我国法基本上也是采取继承权主义的。依我国法规定，无人承受遗产的归属依据被继承人的身份不同而有所不同：被继承人生前为集体所有制组织成员的，其无人承受的遗产归所在集体所有制组织所有。这里的所有制组织也就是农村的集体经济组织，也就是说，被继承人生前为农村集体组织成员的，其遗产归其生前所在的集体组织所有。被继承人生前并非农村集体组织成员的，其无人承受的遗产归国家所有，用于公益事业。

无人承受遗产归国家所有的，只能用于公益事业，而不能用于其他目的。这里至少有两个问题需要讨论：一是国家财政是分级的，无人承受遗产归国家所有是归入哪一级国库？从实务上看，无人承受遗产应归被继承人最后住所地的基层组织支配，更为现实。二是归国家所有的无人承受遗产是否用于公用事业，由何人监督？从有利于人们监督归国家所有的无人承受遗产的使用上说，接受无人承受遗产的部门应将无人承受遗产的使用状况列入政务公开的内容，公众对其使用状况有异议的，可以向有关部门提出质询或向法院提起诉讼。

对于无人承受遗产的处理，应当注意以下两个问题：

其一，处理无人承受的遗产，不能损害债权人利益。承受无人继承又无人受遗赠的遗产的人，不但应承受遗产的积极财产，而且也要承受遗产的消极财产。因此，继承开始后，在无人继承又无人受遗赠时，遗产管理人应在清偿遗产债务后，才按规定将遗产转交给集体所有制组织或者国家。如果遗产管理人未清偿遗产债务就将遗产转交的，取得无人承受遗产的集体所有制组织或者国家也应当在取得遗产的实际价值限度内负责清偿遗产债务，遗产债权人有权要求其清偿债务。

其二，处理无人承受的遗产，不能损害非继承人的遗产酌情取得权。按照法律规定，继承人以外的依靠被继承人扶养的人，或者继承人以外的人对被继承人扶养较多的人，可以要求取得适当的遗产。非继承人要求分给适当遗产的权利，源于其依靠被继承人扶养或者对被继承人扶养较多，与遗产是否有人继承、有人接受遗赠没有关系。因此，被继承人死亡后，即使其遗产无人继承又无人受遗赠，享有遗产酌情取得权的人也可以要求遗产管理人分给其适当遗产。如果遗产管理人没有分给其适当遗产，享有遗产酌情取得权的人可以要求接受无人承受遗产的集体所有制组织或者国家从接受的遗产中分给适当遗产。在实务中，遗产因无人继承收归国家或者集体组织所有时，可以分给遗产的遗产酌情取得权人提出取得遗产请求的，人民法院应当视情况适当分给遗产。

附 录

中华人民共和国民法典（节选）

目 录

第五编 婚姻家庭

第一章 一般规定

第二章 结婚

第三章 家庭关系

 第一节 夫妻关系

 第二节 父母子女关系和其他近亲属关系

第四章 离婚

第五章 收养

 第一节 收养关系的成立

 第二节 收养的效力

 第三节 收养关系的解除

第六编　继承

第一章　一般规定
第二章　法定继承
第三章　遗嘱继承和遗赠
第四章　遗产的处理

第五编　婚姻家庭

第一章　一般规定

第一千零四十条　本编调整因婚姻家庭产生的民事关系。

第一千零四十一条　婚姻家庭受国家保护。

实行婚姻自由、一夫一妻、男女平等的婚姻制度。

保护妇女、未成年人、老年人、残疾人的合法权益。

第一千零四十二条　禁止包办、买卖婚姻和其他干涉婚姻自由的行为。

禁止借婚姻索取财物。

禁止重婚。禁止有配偶者与他人同居。

禁止家庭暴力。禁止家庭成员间的虐待和遗弃。

第一千零四十三条　家庭应当树立优良家风，弘扬家庭美德，重视家庭文明建设。

夫妻应当互相忠实，互相尊重，互相关爱；家庭成员应当敬老爱幼，互相帮助，维护平等、和睦、文明的婚姻家庭关系。

第一千零四十四条　收养应当遵循最有利于被收养人的原则，保障被收养人和收养人的合法权益。

禁止借收养名义买卖未成年人。

第一千零四十五条　亲属包括配偶、血亲和姻亲。

配偶、父母、子女、兄弟姐妹、祖父母、外祖父母、孙子女、外孙子女为近亲属。

配偶、父母、子女和其他共同生活的近亲属为家庭成员。

第二章 结婚

第一千零四十六条 结婚应当男女双方完全自愿,禁止任何一方对另一方加以强迫,禁止任何组织或者个人加以干涉。

第一千零四十七条 结婚年龄,男不得早于二十二周岁,女不得早于二十周岁。

第一千零四十八条 直系血亲或者三代以内的旁系血亲禁止结婚。

第一千零四十九条 要求结婚的男女双方应当亲自到婚姻登记机关申请结婚登记。符合本法规定的,予以登记,发给结婚证。完成结婚登记,即确立婚姻关系。未办理结婚登记的,应当补办登记。

第一千零五十条 登记结婚后,按照男女双方约定,女方可以成为男方家庭的成员,男方可以成为女方家庭的成员。

第一千零五十一条 有下列情形之一的,婚姻无效:

(一)重婚;

(二)有禁止结婚的亲属关系;

(三)未到法定婚龄。

第一千零五十二条 因胁迫结婚的,受胁迫的一方可以向人民法院请求撤销婚姻。

请求撤销婚姻的,应当自胁迫行为终止之日起一年内提出。

被非法限制人身自由的当事人请求撤销婚姻的,应当自恢复人身自由之日起一年内提出。

第一千零五十三条 一方患有重大疾病的,应当在结婚登记前如实告知另一方;不如实告知的,另一方可以向人民法院请求撤销婚姻。

请求撤销婚姻的,应当自知道或者应当知道撤销事由之日起一年内提出。

第一千零五十四条 无效的或者被撤销的婚姻自始没有法律约束力,当事人不具有夫妻的权利和义务。同居期间所得的财产,由当事人协议处理;协议不成的,由人民法院根据照顾无过错方的原则判决。对重婚导致的无效婚姻的财产处理,不得侵害合法婚姻当事人的财产权益。当事人所生的子女,适用本法关于父母子女的规定。

婚姻无效或者被撤销的,无过错方有权请求损害赔偿。

第三章 家庭关系

第一节 夫妻关系

第一千零五十五条 夫妻在婚姻家庭中地位平等。

第一千零五十六条 夫妻双方都有各自使用自己姓名的权利。

第一千零五十七条 夫妻双方都有参加生产、工作、学习和社会活动的自由,一方不得对另一方加以限制或者干涉。

第一千零五十八条 夫妻双方平等享有对未成年子女抚养、教育和保护的权利,共同承担对未成年子女抚养、教育和保护的义务。

第一千零五十九条 夫妻有相互扶养的义务。

需要扶养的一方,在另一方不履行扶养义务时,有要求其给付扶养费的权利。

第一千零六十条 夫妻一方因家庭日常生活需要而实施的民事法律行为,对夫妻双方发生效力,但是夫妻一方与相对人另有约定的除外。

夫妻之间对一方可以实施的民事法律行为范围的限制,不得对抗善意相对人。

第一千零六十一条 夫妻有相互继承遗产的权利。

第一千零六十二条 夫妻在婚姻关系存续期间所得的下列财产,为夫妻的共同财产,归夫妻共同所有:

(一)工资、奖金、劳务报酬;

(二)生产、经营、投资的收益;

(三)知识产权的收益;

(四)继承或者受赠的财产,但是本法第一千零六十三条第三项规定的除外;

(五)其他应当归共同所有的财产。

夫妻对共同财产,有平等的处理权。

第一千零六十三条 下列财产为夫妻一方的个人财产:

(一)一方的婚前财产;

(二)一方因受到人身损害获得的赔偿或者补偿;

(三)遗嘱或者赠与合同中确定只归一方的财产;

(四)一方专用的生活用品;

(五)其他应当归一方的财产。

第一千零六十四条 夫妻双方共同签名或者夫妻一方事后追认等共同意思表示所负的债务,以及夫妻一方在婚姻关系存续期间以个人名义为家庭日常生活需要所负的债务,属于夫妻共同债务。

夫妻一方在婚姻关系存续期间以个人名义超出家庭日常生活需要所负的债务,不属于夫妻共同债务;但是,债权人能够证明该债务用于夫妻共同生活、共同生产经营或者基于夫妻双方共同意思表示的除外。

第一千零六十五条 男女双方可以约定婚姻关系存续期间所得的财产以及婚前财产归各自所有、共同所有或者部分各自所有、部分共同所有。约定应当采用书面形式。没有约定或者约定不明确的,适用本法第一千零六十二条、第一千零六十三条的规定。

夫妻对婚姻关系存续期间所得的财产以及婚前财产的约定，对双方具有法律约束力。

夫妻对婚姻关系存续期间所得的财产约定归各自所有，夫或者妻一方对外所负的债务，相对人知道该约定的，以夫或者妻一方的个人财产清偿。

第一千零六十六条 婚姻关系存续期间，有下列情形之一的，夫妻一方可以向人民法院请求分割共同财产：

（一）一方有隐藏、转移、变卖、毁损、挥霍夫妻共同财产或者伪造夫妻共同债务等严重损害夫妻共同财产利益的行为；

（二）一方负有法定扶养义务的人患重大疾病需要医治，另一方不同意支付相关医疗费用。

第二节　父母子女关系和其他近亲属关系

第一千零六十七条 父母不履行抚养义务的，未成年子女或者不能独立生活的成年子女，有要求父母给付抚养费的权利。

成年子女不履行赡养义务的，缺乏劳动能力或者生活困难的父母，有要求成年子女给付赡养费的权利。

第一千零六十八条 父母有教育、保护未成年子女的权利和义务。未成年子女造成他人损害的，父母应当依法承担民事责任。

第一千零六十九条 子女应当尊重父母的婚姻权利，不得干涉父母离婚、再婚以及婚后的生活。子女对父母的赡养义务，不因父母的婚姻关系变化而终止。

第一千零七十条 父母和子女有相互继承遗产的权利。

第一千零七十一条 非婚生子女享有与婚生子女同等的权利，任何组织或者个人不得加以危害和歧视。

不直接抚养非婚生子女的生父或者生母,应当负担未成年子女或者不能独立生活的成年子女的抚养费。

第一千零七十二条 继父母与继子女间,不得虐待或者歧视。

继父或者继母和受其抚养教育的继子女间的权利义务关系,适用本法关于父母子女关系的规定。

第一千零七十三条 对亲子关系有异议且有正当理由的,父或者母可以向人民法院提起诉讼,请求确认或者否认亲子关系。

对亲子关系有异议且有正当理由的,成年子女可以向人民法院提起诉讼,请求确认亲子关系。

第一千零七十四条 有负担能力的祖父母、外祖父母,对于父母已经死亡或者父母无力抚养的未成年孙子女、外孙子女,有抚养的义务。

有负担能力的孙子女、外孙子女,对于子女已经死亡或者子女无力赡养的祖父母、外祖父母,有赡养的义务。

第一千零七十五条 有负担能力的兄、姐,对于父母已经死亡或者父母无力抚养的未成年弟、妹,有扶养的义务。

由兄、姐扶养长大的有负担能力的弟、妹,对于缺乏劳动能力又缺乏生活来源的兄、姐,有扶养的义务。

第四章 离婚

第一千零七十六条 夫妻双方自愿离婚的,应当签订书面离婚协议,并亲自到婚姻登记机关申请离婚登记。

离婚协议应当载明双方自愿离婚的意思表示和对子女抚养、财产以及债务处理等事项协商一致的意见。

第一千零七十七条 自婚姻登记机关收到离婚登记申请之日起三十日内,任何一方不愿意离婚的,可以向婚姻登记机关撤回离婚登记申请。

前款规定期限届满后三十日内,双方应当亲自到婚姻登记机关申请发给离婚证;未申请的,视为撤回离婚登记申请。

第一千零七十八条 婚姻登记机关查明双方确实是自愿离婚,并已经对子女抚养、财产以及债务处理等事项协商一致的,予以登记,发给离婚证。

第一千零七十九条 夫妻一方要求离婚的,可以由有关组织进行调解或者直接向人民法院提起离婚诉讼。

人民法院审理离婚案件,应当进行调解;如果感情确已破裂,调解无效的,应当准予离婚。

有下列情形之一,调解无效的,应当准予离婚:

(一)重婚或者与他人同居;

(二)实施家庭暴力或者虐待、遗弃家庭成员;

(三)有赌博、吸毒等恶习屡教不改;

(四)因感情不和分居满二年;

(五)其他导致夫妻感情破裂的情形。

一方被宣告失踪,另一方提起离婚诉讼的,应当准予离婚。

经人民法院判决不准离婚后,双方又分居满一年,一方再次提起离婚诉讼的,应当准予离婚。

第一千零八十条 完成离婚登记,或者离婚判决书、调解书生效,即解除婚姻关系。

第一千零八十一条 现役军人的配偶要求离婚,应当征得军人同意,但是军人一方有重大过错的除外。

第一千零八十二条　女方在怀孕期间、分娩后一年内或者终止妊娠后六个月内，男方不得提出离婚；但是，女方提出离婚或者人民法院认为确有必要受理男方离婚请求的除外。

第一千零八十三条　离婚后，男女双方自愿恢复婚姻关系的，应当到婚姻登记机关重新进行结婚登记。

第一千零八十四条　父母与子女间的关系，不因父母离婚而消除。离婚后，子女无论由父或者母直接抚养，仍是父母双方的子女。

离婚后，父母对于子女仍有抚养、教育、保护的权利和义务。

离婚后，不满两周岁的子女，以由母亲直接抚养为原则。已满两周岁的子女，父母双方对抚养问题协议不成的，由人民法院根据双方的具体情况，按照最有利于未成年子女的原则判决。子女已满八周岁的，应当尊重其真实意愿。

第一千零八十五条　离婚后，子女由一方直接抚养的，另一方应当负担部分或者全部抚养费。负担费用的多少和期限的长短，由双方协议；协议不成的，由人民法院判决。

前款规定的协议或者判决，不妨碍子女在必要时向父母任何一方提出超过协议或者判决原定数额的合理要求。

第一千零八十六条　离婚后，不直接抚养子女的父或者母，有探望子女的权利，另一方有协助的义务。

行使探望权利的方式、时间由当事人协议；协议不成的，由人民法院判决。

父或者母探望子女，不利于子女身心健康的，由人民法院依法中止探望；中止的事由消失后，应当恢复探望。

第一千零八十七条　离婚时，夫妻的共同财产由双方协议处理；协议不成的,由人民法院根据财产的具体情况,按照照顾子女、女方和无过错方权益的原则判决。

对夫或者妻在家庭土地承包经营中享有的权益等,应当依法予以保护。

第一千零八十八条 夫妻一方因抚育子女、照料老年人、协助另一方工作等负担较多义务的,离婚时有权向另一方请求补偿,另一方应当给予补偿。具体办法由双方协议;协议不成的,由人民法院判决。

第一千零八十九条 离婚时,夫妻共同债务应当共同偿还。共同财产不足清偿或者财产归各自所有的,由双方协议清偿;协议不成的,由人民法院判决。

第一千零九十条 离婚时,如果一方生活困难,有负担能力的另一方应当给予适当帮助。具体办法由双方协议;协议不成的,由人民法院判决。

第一千零九十一条 有下列情形之一,导致离婚的,无过错方有权请求损害赔偿:

(一)重婚;

(二)与他人同居;

(三)实施家庭暴力;

(四)虐待、遗弃家庭成员;

(五)有其他重大过错。

第一千零九十二条 夫妻一方隐藏、转移、变卖、毁损、挥霍夫妻共同财产,或者伪造夫妻共同债务企图侵占另一方财产的,在离婚分割夫妻共同财产时,对该方可以少分或者不分。离婚后,另一方发现有上述行为的,可以向人民法院提起诉讼,请求再次分割夫妻共同财产。

第五章 收养

第一节 收养关系的成立

第一千零九十三条 下列未成年人，可以被收养：

（一）丧失父母的孤儿；

（二）查找不到生父母的未成年人；

（三）生父母有特殊困难无力抚养的子女。

第一千零九十四条 下列个人、组织可以作送养人：

（一）孤儿的监护人；

（二）儿童福利机构；

（三）有特殊困难无力抚养子女的生父母。

第一千零九十五条 未成年人的父母均不具备完全民事行为能力且可能严重危害该未成年人的，该未成年人的监护人可以将其送养。

第一千零九十六条 监护人送养孤儿的，应当征得有抚养义务的人同意。有抚养义务的人不同意送养、监护人不愿意继续履行监护职责的，应当依照本法第一编的规定另行确定监护人。

第一千零九十七条 生父母送养子女，应当双方共同送养。生父母一方不明或者查找不到的，可以单方送养。

第一千零九十八条 收养人应当同时具备下列条件：

（一）无子女或者只有一名子女；

（二）有抚养、教育和保护被收养人的能力；

（三）未患有在医学上认为不应当收养子女的疾病；

（四）无不利于被收养人健康成长的违法犯罪记录；

（五）年满三十周岁。

第一千零九十九条 收养三代以内旁系同辈血亲的子女，可以不受本法第一千零九十三条第三项、第一千零九十四条第三项和第一千一百零二条规定的限制。

华侨收养三代以内旁系同辈血亲的子女，还可以不受本法第一千零九十八条第一项规定的限制。

第一千一百条 无子女的收养人可以收养两名子女；有子女的收养人只能收养一名子女。

收养孤儿、残疾未成年人或者儿童福利机构抚养的查找不到生父母的未成年人，可以不受前款和本法第一千零九十八条第一项规定的限制。

第一千一百零一条 有配偶者收养子女，应当夫妻共同收养。

第一千一百零二条 无配偶者收养异性子女的，收养人与被收养人的年龄应当相差四十周岁以上。

第一千一百零三条 继父或者继母经继子女的生父母同意，可以收养继子女，并可以不受本法第一千零九十三条第三项、第一千零九十四条第三项、第一千零九十八条和第一千一百条第一款规定的限制。

第一千一百零四条 收养人收养与送养人送养，应当双方自愿。收养八周岁以上未成年人的，应当征得被收养人的同意。

第一千一百零五条 收养应当向县级以上人民政府民政部门登记。收养关系自登记之日起成立。

收养查找不到生父母的未成年人的，办理登记的民政部门应当在登记前予以公告。

收养关系当事人愿意签订收养协议的，可以签订收养协议。

收养关系当事人各方或者一方要求办理收养公证的，应当办理收养公证。

县级以上人民政府民政部门应当依法进行收养评估。

第一千一百零六条 收养关系成立后,公安机关应当按照国家有关规定为被收养人办理户口登记。

第一千一百零七条 孤儿或者生父母无力抚养的子女,可以由生父母的亲属、朋友抚养;抚养人与被抚养人的关系不适用本章规定。

第一千一百零八条 配偶一方死亡,另一方送养未成年子女的,死亡一方的父母有优先抚养的权利。

第一千一百零九条 外国人依法可以在中华人民共和国收养子女。

外国人在中华人民共和国收养子女,应当经其所在国主管机关依照该国法律审查同意。收养人应当提供由其所在国有权机构出具的有关其年龄、婚姻、职业、财产、健康、有无受过刑事处罚等状况的证明材料,并与送养人签订书面协议,亲自向省、自治区、直辖市人民政府民政部门登记。

前款规定的证明材料应当经收养人所在国外交机关或者外交机关授权的机构认证,并经中华人民共和国驻该国使领馆认证,但是国家另有规定的除外。

第一千一百一十条 收养人、送养人要求保守收养秘密的,其他人应当尊重其意愿,不得泄露。

第二节 收养的效力

第一千一百一十一条 自收养关系成立之日起,养父母与养子女间的权利义务关系,适用本法关于父母子女关系的规定;养子女与养父母的近亲属间的权利义务关系,适用本法关于子女与父母的近亲属关系的规定。

养子女与生父母以及其他近亲属间的权利义务关系，因收养关系的成立而消除。

第一千一百一十二条　养子女可以随养父或者养母的姓氏，经当事人协商一致，也可以保留原姓氏。

第一千一百一十三条　有本法第一编关于民事法律行为无效规定情形或者违反本编规定的收养行为无效。

无效的收养行为自始没有法律约束力。

第三节　收养关系的解除

第一千一百一十四条　收养人在被收养人成年以前，不得解除收养关系，但是收养人、送养人双方协议解除的除外。养子女八周岁以上的，应当征得本人同意。

收养人不履行抚养义务，有虐待、遗弃等侵害未成年养子女合法权益行为的，送养人有权要求解除养父母与养子女间的收养关系。送养人、收养人不能达成解除收养关系协议的，可以向人民法院提起诉讼。

第一千一百一十五条　养父母与成年养子女关系恶化、无法共同生活的，可以协议解除收养关系。不能达成协议的，可以向人民法院提起诉讼。

第一千一百一十六条　当事人协议解除收养关系的，应当到民政部门办理解除收养关系登记。

第一千一百一十七条　收养关系解除后，养子女与养父母以及其他近亲属间的权利义务关系即行消除，与生父母以及其他近亲属间的权利义务关系自行恢复。但是，成年养子女与生父母以及其他近亲属间的权利义务关系是否恢复，可以协商确定。

第一千一百一十八条　收养关系解除后，经养父母抚养的成年养子女，对缺乏劳动能力又缺乏生活来源的养父母，应当给付生活费。因养子女成年后虐待、遗弃养父母而解除收养关系的，养父母可以要求养子女补偿收养期间支出的抚养费。

生父母要求解除收养关系的，养父母可以要求生父母适当补偿收养期间支出的抚养费；但是，因养父母虐待、遗弃养子女而解除收养关系的除外。

第六编　继承

第一章　一般规定

第一千一百一十九条　本编调整因继承产生的民事关系。

第一千一百二十条　国家保护自然人的继承权。

第一千一百二十一条　继承从被继承人死亡时开始。

相互有继承关系的数人在同一事件中死亡，难以确定死亡时间的，推定没有其他继承人的人先死亡。都有其他继承人，辈份不同的，推定长辈先死亡；辈份相同的，推定同时死亡，相互不发生继承。

第一千一百二十二条　遗产是自然人死亡时遗留的个人合法财产。

依照法律规定或者根据其性质不得继承的遗产，不得继承。

第一千一百二十三条　继承开始后，按照法定继承办理；有遗嘱的，按照遗嘱继承或者遗赠办理；有遗赠扶养协议的，按照协议办理。

第一千一百二十四条　继承开始后，继承人放弃继承的，应当在遗产处理前，以书面形式作出放弃继承的表示；没有表示的，视为接受继承。

受遗赠人应当在知道受遗赠后六十日内,作出接受或者放弃受遗赠的表示;到期没有表示的,视为放弃受遗赠。

第一千一百二十五条 继承人有下列行为之一的,丧失继承权:

(一)故意杀害被继承人;

(二)为争夺遗产而杀害其他继承人;

(三)遗弃被继承人,或者虐待被继承人情节严重;

(四)伪造、篡改、隐匿或者销毁遗嘱,情节严重;

(五)以欺诈、胁迫手段迫使或者妨碍被继承人设立、变更或者撤回遗嘱,情节严重。

继承人有前款第三项至第五项行为,确有悔改表现,被继承人表示宽恕或者事后在遗嘱中将其列为继承人的,该继承人不丧失继承权。

受遗赠人有本条第一款规定行为的,丧失受遗赠权。

第二章 法定继承

第一千一百二十六条 继承权男女平等。

第一千一百二十七条 遗产按照下列顺序继承:

(一)第一顺序:配偶、子女、父母;

(二)第二顺序:兄弟姐妹、祖父母、外祖父母。

继承开始后,由第一顺序继承人继承,第二顺序继承人不继承;没有第一顺序继承人继承的,由第二顺序继承人继承。

本编所称子女,包括婚生子女、非婚生子女、养子女和有扶养关系的继子女。

本编所称父母,包括生父母、养父母和有扶养关系的继父母。

本编所称兄弟姐妹,包括同父母的兄弟姐妹、同父异母或者同母异父的兄弟姐妹、养兄弟姐妹、有扶养关系的继兄弟姐妹。

第一千一百二十八条 被继承人的子女先于被继承人死亡的，由被继承人的子女的直系晚辈血亲代位继承。

被继承人的兄弟姐妹先于被继承人死亡的，由被继承人的兄弟姐妹的子女代位继承。

代位继承人一般只能继承被代位继承人有权继承的遗产份额。

第一千一百二十九条 丧偶儿媳对公婆，丧偶女婿对岳父母，尽了主要赡养义务的，作为第一顺序继承人。

第一千一百三十条 同一顺序继承人继承遗产的份额，一般应当均等。

对生活有特殊困难又缺乏劳动能力的继承人，分配遗产时，应当予以照顾。

对被继承人尽了主要扶养义务或者与被继承人共同生活的继承人，分配遗产时，可以多分。

有扶养能力和有扶养条件的继承人，不尽扶养义务的，分配遗产时，应当不分或者少分。

继承人协商同意的，也可以不均等。

第一千一百三十一条 对继承人以外的依靠被继承人扶养的人，或者继承人以外的对被继承人扶养较多的人，可以分给适当的遗产。

第一千一百三十二条 继承人应当本着互谅互让、和睦团结的精神，协商处理继承问题。遗产分割的时间、办法和份额，由继承人协商确定；协商不成的，可以由人民调解委员会调解或者向人民法院提起诉讼。

第三章　遗嘱继承和遗赠

第一千一百三十三条 自然人可以依照本法规定立遗嘱处分个人财产，

并可以指定遗嘱执行人。

自然人可以立遗嘱将个人财产指定由法定继承人中的一人或者数人继承。

自然人可以立遗嘱将个人财产赠与国家、集体或者法定继承人以外的组织、个人。

自然人可以依法设立遗嘱信托。

第一千一百三十四条　自书遗嘱由遗嘱人亲笔书写，签名，注明年、月、日。

第一千一百三十五条　代书遗嘱应当有两个以上见证人在场见证，由其中一人代书，并由遗嘱人、代书人和其他见证人签名，注明年、月、日。

第一千一百三十六条　打印遗嘱应当有两个以上见证人在场见证。遗嘱人和见证人应当在遗嘱每一页签名，注明年、月、日。

第一千一百三十七条　以录音录像形式立的遗嘱，应当有两个以上见证人在场见证。遗嘱人和见证人应当在录音录像中记录其姓名或者肖像，以及年、月、日。

第一千一百三十八条　遗嘱人在危急情况下，可以立口头遗嘱。口头遗嘱应当有两个以上见证人在场见证。危急情况消除后，遗嘱人能够以书面或者录音录像形式立遗嘱的，所立的口头遗嘱无效。

第一千一百三十九条　公证遗嘱由遗嘱人经公证机构办理。

第一千一百四十条　下列人员不能作为遗嘱见证人：

（一）无民事行为能力人、限制民事行为能力人以及其他不具有见证能力的人；

（二）继承人、受遗赠人；

（三）与继承人、受遗赠人有利害关系的人。

第一千一百四十一条 遗嘱应当为缺乏劳动能力又没有生活来源的继承人保留必要的遗产份额。

第一千一百四十二条 遗嘱人可以撤回、变更自己所立的遗嘱。

立遗嘱后，遗嘱人实施与遗嘱内容相反的民事法律行为的，视为对遗嘱相关内容的撤回。

立有数份遗嘱，内容相抵触的，以最后的遗嘱为准。

第一千一百四十三条 无民事行为能力人或者限制民事行为能力人所立的遗嘱无效。

遗嘱必须表示遗嘱人的真实意思，受欺诈、胁迫所立的遗嘱无效。

伪造的遗嘱无效。

遗嘱被篡改的，篡改的内容无效。

第一千一百四十四条 遗嘱继承或者遗赠附有义务的，继承人或者受遗赠人应当履行义务。没有正当理由不履行义务的，经利害关系人或者有关组织请求，人民法院可以取消其接受附义务部分遗产的权利。

第四章　遗产的处理

第一千一百四十五条 继承开始后，遗嘱执行人为遗产管理人；没有遗嘱执行人的，继承人应当及时推选遗产管理人；继承人未推选的，由继承人共同担任遗产管理人；没有继承人或者继承人均放弃继承的，由被继承人生前住所地的民政部门或者村民委员会担任遗产管理人。

第一千一百四十六条 对遗产管理人的确定有争议的，利害关系人可以向人民法院申请指定遗产管理人。

第一千一百四十七条 遗产管理人应当履行下列职责：

（一）清理遗产并制作遗产清单；

（二）向继承人报告遗产情况；

（三）采取必要措施防止遗产毁损、灭失；

（四）处理被继承人的债权债务；

（五）按照遗嘱或者依照法律规定分割遗产；

（六）实施与管理遗产有关的其他必要行为。

第一千一百四十八条　遗产管理人应当依法履行职责，因故意或者重大过失造成继承人、受遗赠人、债权人损害的，应当承担民事责任。

第一千一百四十九条　遗产管理人可以依照法律规定或者按照约定获得报酬。

第一千一百五十条　继承开始后，知道被继承人死亡的继承人应当及时通知其他继承人和遗嘱执行人。继承人中无人知道被继承人死亡或者知道被继承人死亡而不能通知的，由被继承人生前所在单位或者住所地的居民委员会、村民委员会负责通知。

第一千一百五十一条　存有遗产的人，应当妥善保管遗产，任何组织或者个人不得侵吞或者争抢。

第一千一百五十二条　继承开始后，继承人于遗产分割前死亡，并没有放弃继承的，该继承人应当继承的遗产转给其继承人，但是遗嘱另有安排的除外。

第一千一百五十三条　夫妻共同所有的财产，除有约定的外，遗产分割时，应当先将共同所有的财产的一半分出为配偶所有，其余的为被继承人的遗产。

遗产在家庭共有财产之中的，遗产分割时，应当先分出他人的财产。

第一千一百五十四条　有下列情形之一的，遗产中的有关部分按照法定继承办理：

（一）遗嘱继承人放弃继承或者受遗赠人放弃受遗赠；

（二）遗嘱继承人丧失继承权或者受遗赠人丧失受遗赠权；

（三）遗嘱继承人、受遗赠人先于遗嘱人死亡或者终止；

（四）遗嘱无效部分所涉及的遗产；

（五）遗嘱未处分的遗产。

第一千一百五十五条　遗产分割时，应当保留胎儿的继承份额。胎儿娩出时是死体的，保留的份额按照法定继承办理。

第一千一百五十六条　遗产分割应当有利于生产和生活需要，不损害遗产的效用。

不宜分割的遗产，可以采取折价、适当补偿或者共有等方法处理。

第一千一百五十七条　夫妻一方死亡后另一方再婚的，有权处分所继承的财产，任何组织或者个人不得干涉。

第一千一百五十八条　自然人可以与继承人以外的组织或者个人签订遗赠扶养协议。按照协议，该组织或者个人承担该自然人生养死葬的义务，享有受遗赠的权利。

第一千一百五十九条　分割遗产，应当清偿被继承人依法应当缴纳的税款和债务；但是，应当为缺乏劳动能力又没有生活来源的继承人保留必要的遗产。

第一千一百六十条　无人继承又无人受遗赠的遗产，归国家所有，用于公益事业；死者生前是集体所有制组织成员的，归所在集体所有制组织所有。

第一千一百六十一条　继承人以所得遗产实际价值为限清偿被继承人依法应当缴纳的税款和债务。超过遗产实际价值部分，继承人自愿偿还的不在此限。

继承人放弃继承的，对被继承人依法应当缴纳的税款和债务可以不负清偿责任。

第一千一百六十二条 执行遗赠不得妨碍清偿遗赠人依法应当缴纳的税款和债务。

第一千一百六十三条 既有法定继承又有遗嘱继承、遗赠的，由法定继承人清偿被继承人依法应当缴纳的税款和债务；超过法定继承遗产实际价值部分，由遗嘱继承人和受遗赠人按比例以所得遗产清偿。